江苏高校品牌专业建设工程项目成果
江苏省高等学校重点专业建设项目成果

LEGAL EDUCATION REVIEW VOL.6
COMBINATION OF MORAL AND LEGAL EDUCATION:
INNOVATION IN THE CONCEPT AND PRACTICE OF CULTIVATING LEGAL TALENTS IN THE NEW ERA

法学教育评论

第六辑

德法兼修：新时代法治人才培养的理念与实践创新

夏锦文 / 主编
蔡宝刚　曲昇霞　李云波 / 执行主编

法律出版社
LAW PRESS · CHINA
北京

图书在版编目(CIP)数据

法学教育评论. 第六辑, 德法兼修 : 新时代法治人才培养的理念与实践创新 / 夏锦文主编 ; 蔡宝刚, 曲昇霞, 李云波执行主编. -- 北京 : 法律出版社, 2023
ISBN 978-7-5197-7984-9

Ⅰ. ①法… Ⅱ. ①夏… ②蔡… ③曲… ④李… Ⅲ. ①法学教育-研究 Ⅳ. ①D90

中国国家版本馆 CIP 数据核字(2023)第104017号

法学教育评论(第六辑)
——德法兼修:新时代法治人才培养的理念与实践创新
FAXUE JIAOYU PINGLUN (DI-LIU JI)
—DEFA JIANXIU:XINSHIDAI FAZHI RENCAI PEIYANG DE LINIAN YU SHIJIAN CHUANGXIN

夏锦文 主编
蔡宝刚
曲昇霞 执行主编
李云波

策划编辑 肖越
责任编辑 肖越
装帧设计 鲍龙卉

出版发行 法律出版社
编辑统筹 法商出版分社
责任校对 王丰
责任印制 胡晓雅
经销 新华书店

开本 710毫米×1000毫米 1/16
印张 25.5 字数 369千
版本 2023年8月第1版
印次 2023年8月第1次印刷
印刷 唐山玺诚印务有限公司

地址:北京市丰台区莲花池西里7号(100073)
网址:www.lawpress.com.cn
投稿邮箱:info@lawpress.com.cn
举报盗版邮箱:jbwq@lawpress.com.cn

销售电话:010-83938349
客服电话:010-83938350
咨询电话:010-63939796

书号:ISBN 978-7-5197-7984-9
定价:88.00元

序　言

法学教育是一个国家法治建设的基础性工程，其主旨在于培养治国理政和从事法律职业的优秀人才。建设社会主义法治国家，离不开一支高素质的法治人才队伍。健全法治人才培养机制，立德树人，德法兼修，培养大批高素质法治人才，是我国法学教育的时代使命。

改革开放以来，我国法学教育进入一个快速发展的时期，经过四十多年的恢复、改革与发展，逐渐形成了办学层次结构多元、综合素质教育与职业教育相结合、学科部门领域齐全的法学教育体系，基本适应了建设社会主义现代化国家的需要，为全面依法治国和世界法治文明作出了重要贡献。随着法治中国建设的全面推进，市场经济进一步规范化、法治化，社会事务的处理逐步纳入法治轨道，提高法律人才培养质量，培养更多面向社会发展需要的应用型、高层次法律人才，充分发挥法学教育的基础性、先导性作用，为加快建设社会主义法治国家提供强有力的人才保证和智力支撑，成为深化高等法学教育改革的重要内容。

江苏法学教育基础深厚、底蕴悠长。在长期的历史发展中，江苏法学教育始终秉承开放务实的人才培养理念，坚持以社会需求为导向、以实践应用为基础、以能力提升为内容的法学教育模式，培养出大批思想信念坚定、基础理论厚实、知识结构合理、实践能力突出的优秀法治人才。同时，江苏区位优势明显，市场经济发达，社会治理法治化程度较高，也不断催生出体现学科交叉融合、区域法治特色的复合型法律人才培养模式。在此基础上，江苏省法学会法学教育研究会于 2012 年成立，旨在搭建法学教育领域理论研究、实践交流的高端平台，为推进法学教育改革总结经验、汇聚力量。经过近几年的不断努力，我们已经在卓越法律人才培养机制、法律实践性教学、法学教育与法律职业的融合、“互联网 + ”时代的法学教育、高素质法治人才培养与法学教育改革等领域取得了重要的研讨成果，形成了一批具有区域特色的法学教育成果。鉴于此,我们在 2016 年年底决定出版《法学教育评论》,借此载体,汇理论之共识,传育人之经验,进一步推进法学教育改革创新和法治人才队伍建设,加强法学教育、法学研究和法治实践之间的深入交流,为我国的法学教育事业做出自己的贡献。

我们将始终关注法治人才培养,面向中国法治实践,坚持立德树人、德法兼修的教育理念,聚焦中国法学教育的创新问题、实践问题和发展问题。

所谓创新问题,是指法学教育要具有改革精神和创新思维,体现法治人才培养满足社会发展需要的教育理念。鼓励和提倡结合自身优势、优化已有资源、强化特色发展,实现差异化竞争。高校法学教育要面向法治建设实践,准确把握经济社会发展趋势,积极调整自身的人才培养模式、专业结构设置等内容,培养在职业技能、法律思维、职业伦理等方面契合社会发展需要的法治人才。法学教育应该对这一问题保持高度的关注并予以不断探索,唯有如此,才能提高法治人才培养的竞争优势。

所谓实践问题,是指法学教育在坚持知识教学的同时,要强化实践教学,并处理好二者关系。习近平总书记在视察中国政法大学的讲话中指出,法学学科是实践性很强的学科,法学教育要处理好知识教学和实践教学的关系;要打破高校和社会之间的体制壁垒,将实际工作部门的优质实践教学资源引进高校,加强法学教育与法治实践之间的交流。法学所具有的强烈的职业背景决定了它是一门应用性学科,具有较强的实践性特点,法学教育应该培养应用性、实践性法律人才。法律职业素养的养成、法律语言的掌握、法律思维的形成都是一个培育、积累和训练的实践过程。而法律职业技能如人际沟通能力、法律文书写作能力、鉴别和运用证据能力、发现和适用法律的能力,都必须通过严格的训练才能习得和提升。我们认为,必须要强化法学教育的实践导向,形成完善的实践教学体系,以明确的实践教学规范保证教学效果,提高学生的法学实践能力。同时,也要重视协同创新,强化资源整合意识,通过与法律实务部门合作、资源共享,形成开放性的协同创新机制,突破高校与实务部门之间的壁垒,有效提升法学教育与法律职业之间的契合度,提升法学教育的整体水平。

所谓发展问题,是指要全面关注法学教育在新时代所呈现的规律、面临的挑战以及发展的动向。新时代的法学教育要在体现与时代发展主要命题相同步的人才培养理念的指引下，优化管理制度、办学条件、师资队伍、学科建设以及教学内容和手段等，使其在各方面都有适应新时代要求的跨越式发展。

前述背景与理念为《法学教育评论》出版之宗旨。我们将致力法学教育研究的思想性、前瞻性和实践性，推进理论创新、制度创新和实践创新，促进法学教育研究成果的推广和应用转化，以地方性实践，为我国法学教育汇聚智慧力量，拓展更多的发展空间。

夏锦文

二○一六年十月

目　　录

第一编　在法治人才培养中贯彻习近平法治思想

第二编　课程思政与法学职业伦理教育

第三编 法学课程与课堂建设

第四编 法治人才培养模式与学科建设

第一编　在法治人才培养中贯彻习近平法治思想

习近平"法治和德治相结合"观与法治人才培养*

蔡宝刚**

摘　要:法治和德治相结合是全面依法治国必须处理好的重大关系,是习近平法治思想的重要内容。坚持法治和德治相结合是由法治和德治承载的治国理政的重要使命决定的,也是高校培养法治人才的重要指导思想。法学教育必须坚持立德树人、德法兼修,创新法治人才培养机制,贯彻落实《法学类教学质量国家标准(2021 年版)》,加强习近平法治思想概论的课程教学和学术研究,为培养更多更好的德才兼备的高素质法治人才作出新的贡献。

关键词:习近平法治思想　法治和德治相结合　法治人才培养

法治和德治相结合观是习近平法治思想的重要内容,在法学教育中必须坚持依法治国和以德治国相结合,始终以法治和德治相结合理论指导法治人才培养工作,坚持立德树人、德法兼修,创新法治人才培养机制,贯彻落实《法学类教学质量国家标准(2021 年版)》,加强习近平法治思想概论的课程教学和学术研究,为培养更多更好的德才兼备的高素质法治人才作出新的贡献。

一、法治和德治相结合的理论主旨

从依法治理到法治和德治相结合是我国在走中国式法治现代化道路

---

* 基金项目:国家社科基金重大招标项目"习近平法治思想研究"(20&ZD004)、国家社科基金重点项目"新时代加强道德立法的理据与进路研究"(19AFX001)研究成果。

** 作者简介:蔡宝刚,扬州大学法学院教授,江苏省法学会习近平法治思想研究中心副主任。

中不断摸索和总结出来的重要法治原则和基本经验。在依法治国方略的指导下,我国的法治建设取得了举世瞩目的成就,但也存在诸如道德建设薄弱、法治信仰缺失等不足,而形成这些缺陷的一个重要原因是重法轻德而导致的德治的疲软和道德水平的滑坡,从而影响了法治的根基和环境。法治建设中不良现象的出现与社会成员尤其是法律从业者的道德素质有关,也与道德建设没有跟上法治建设的步伐密切相关,出现了法治与德治相脱节的现实困境。因此,对于国家治理,除了要加强法治建设之外,还要有道德建设的配合与支持。"一方面,传统社会中单纯的'德治'已经位历史所唾弃;另一方面,现代社会完全的法治状态目前尚未实现,暂时还只能作为我们的一个理想。这样就要求在坚持'依法治国,建设社会主义法治国家'宪法原则的前提下,十分重视其他社会规范尤其是道德规范的调整作用"。[1] 鉴于此,2001 年年初,江泽民在全国宣传部长会议上的讲话指出,对一个国家的治理来说,法治和德治从来都是相辅相成、相互促进的,"我们要把法制建设与道德建设紧密结合起来,把依法治国与以德治国紧密结合起来"。[2] 这些论述把属于精神文明的道德建设和属于政治文明的法治建设都放在治理国家的基本方略的高度来看待,开辟了国家治理的新道路和法治建设的新境界。

进入新时代,我们党更加重视法治和德治相结合,习近平总书记对此发表过多次重要讲话。坚持法治和德治相结合是由法治和德治承载的治国理政的重要使命决定的,习近平总书记指出:"党的十一届三中全会以来,我们党把依法治国确定为党领导人民治理国家的基本方略,把依法执政确定为党治国理政的基本方式,始终把法治放在党和国家工作大局中来考虑、来谋划、来推进"。[3] 因此,全面依法治国不是简单的依法治理,不能仅仅就法治论法治,我国社会主义法治建设需要放在党和国家工作大局中进行考虑、谋划和推进,"全面依法治国是一个系统工程,必须统筹兼顾、把

---

[1] 付子堂:《中国社会转型时期的法律问题论纲》,载刘瀚、马长山主编:《社会转型与法治发展》,黑龙江人民出版社 2003 年版,第 2 页。

[2] 《江泽民文选》(第 3 卷),人民出版社 2006 年版,第 200 页。

[3] 中共中央文献研究室编:《习近平关于全面依法治国论述摘编》,中央文献出版社 2015 年版,第 8 页。

握重点、整体谋划，更加注重系统性、整体性、协同性"。[1] 全面依法治国是国家治理领域一场广泛而深刻的革命，要切实解决法治领域中存在的突出问题，单纯地就法治论法治或仅仅依靠法治的力量是远远不够的，推进国家治理现代化和全面依法治国尤其需要与以德治国相结合，充分发挥道德在调整人的思想方面的教化作用，不断加强精神文明的建设。习近平总书记指出："在新的历史条件下，我们要把依法治国基本方略、依法执政基本方式落实好，把法治中国建设好，必须坚持依法治国和以德治国相结合"。[2] 党的十八届四中全会把坚持依法治国和以德治国相结合确定为实现全面推进依法治国必须坚持的一项基本原则，党的十九大报告明确依法治国和以德治国相结合是坚持全面依法治国的重要内容，习近平总书记在中央全面依法治国工作会议上的讲话再次强调要坚持依法治国和以德治国相结合。

法治和德治相结合就是要充分发挥法律和道德的独特调整功能，习近平总书记指出，法治和德治，如车之双轮、鸟之两翼，各自起着不可替代而相辅相成、相得益彰的作用，其目的都是要达到调节社会关系、维护社会稳定的作用，保障社会的健康和正常运行，[3]"法律是成文的道德，道德是内心的法律。法律和道德都具有规范社会行为、调节社会关系、维护社会秩序的作用，在国家治理中都有其地位和功能"。[4] 法律是准绳，任何时候都必须遵循，道德是基石，任何时候都不可忽视，"治理国家、治理社会必须一手抓法治、一手抓德治，既重视发挥法律的规范作用，又重视发挥道德的教化作用，实现法律和道德相辅相成、法治和德治相得益彰"。[5] 改革开放以来，我们深刻总结我国社会主义法治建设的成功经验和深刻教训，走出了一条中国特色社会主义法治道路，这条道路的一个鲜明特点，"就是坚持依法治国和以德治国相结合，强调法治和德治两手抓、两手都要硬。这

[1] 习近平：《论坚持全面依法治国》，中央文献出版社2020年版，第229页。

[2] 习近平：《论坚持全面依法治国》，中央文献出版社2020年版，第165页。

[3] 参见习近平：《干在实处 走在前列——推进浙江新发展的思考与实践》，中共中央党校出版社2006年版，第325页。

[4] 习近平：《论坚持全面依法治国》，中央文献出版社2020年版，第165页。

[5] 习近平：《加快建设社会主义法治国家》，载《求是》2015年第1期。

既是历史经验的总结,也是对治国理政规律的深刻把握”。[1] 因此,坚持中国特色社会主义法治道路,就必须统筹推进以德治为基础的法治建设、以法治为保障的德治建设,从而使中国式法治现代化新道路越走越宽。习近平总书记指出:“法安天下,德润人心。法律有效实施有赖于道德支持,道德践行也离不开法律约束。法治和德治不可分离、不可偏废,国家治理需要法律和道德协同发力。”[2]新时代新阶段,我们要坚定不移推进法治中国建设,就必须把坚持依法治国和以德治国相结合的要求落实到全面依法治国全过程各环节,使法治和德治在国家治理中相辅相成、相互促进,共同推进国家治理体系和治理能力现代化。

习近平总书记对于贯彻落实法治和德治相结合提出了明确的方案和要求,其中就包括把社会主义核心价值观融入法治建设。习近平总书记指出:“核心价值观,其实就是一种德,既是个人的德,也是一种大德,就是国家的德、社会的德。”[3]为了推进社会主义核心价值观入法,必须坚持法治和德治相结合,“要坚持依法治国和以德治国相结合,把社会主义核心价值观融入法治建设,完善诚信建设长效机制,加大对公德失范、诚信缺失等行为惩处力度,努力形成良好的社会风尚和社会秩序”。[4] 2013年,中共中央办公厅印发的《关于培育和践行社会主义核心价值观的意见》指出,“要把社会主义核心价值观贯彻到依法治国、依法执政、依法行政实践中,落实到立法、执法、司法、普法和依法治理各个方面,用法律的权威来增强人们培育和践行社会主义核心价值观的自觉性”。2018年中共中央印发的《社会主义核心价值观融入法治建设立法修法规划》强调,要加强道德领域突出问题专项立法,把一些基本道德要求及时上升为法律规范,并且力争经过5~10年时间,推动社会主义核心价值观全面融入中国特色社会主义法律体系。2019年,中共中央、国务院印发的《新时代公民道德建设实施纲要》指出,“将社会主义核心价值观要求全面体现到中国特色社会主义法律体系中”。社会主义核心价值观正在不断融入法治建设的各个环节,我国

---

[1] 习近平:《论坚持全面依法治国》,中央文献出版社2020年版,第166页。

[2] 习近平:《论坚持全面依法治国》,中央文献出版社2020年版,第165页。

[3] 习近平:《习近平谈治国理政》(第1卷),外文出版社2018年版,第168页。

[4] 习近平:《论坚持全面依法治国》,中央文献出版社2020年版,第276页。

近年来制定的《英雄烈士保护法》《国歌法》《慈善法》《国家安全法》等诸多法律都把“社会主义核心价值观”写进法律文本，充分体现了我国新时代社会主义道德的基本要求。

二、法治人才培养必须坚持法治和德治相结合

坚持法治和德治相结合理论是高校培养法治人才的重要指导思想，习近平总书记在多次重要讲话中对此予以重视和强调，为高校做好立德树人、抓好法治人才培养工作指明了方向。2017 年 5 月，习近平总书记在中国政法大学座谈会上的讲话指出，全面依法治国是一个系统工程，法治人才培养是其重要组成部分，法治人才培养上不去，法治领域不能人才辈出，全面依法治国就不可能做好。办好法学教育，必须坚持中国特色社会主义法治道路，坚持以马克思主义法学思想和中国特色社会主义法治理论为指导。习近平总书记强调，有一个问题在法学教育中要十分注意，就是要坚持依法治国和以德治国相结合。中国政法大学的校训是“厚德、明法、格物、致公”，就包含“厚德”的理念。希望我们的法学教育要坚持立德树人，不仅要提高学生的法学知识水平，而且要培养学生的思想道德素养。首先要把人做好，然后才可能成为合格的法治人才。希望法学专业广大学生德法兼修、明法笃行，打牢法学知识功底，加强道德养成，培养法治精神，而且一辈子都坚守，努力用一生来追求自己的理想。〔1〕

2018 年 8 月，习近平总书记在中央全面依法治国委员会第一次会议上的讲话指出，要坚持立德树人，德法兼修，创新法治人才培养机制，努力培养造就一大批高素质法治人才及后备力量。高校是法治人才培养第一阵地，思想政治教育特别是法治教育要坚持党的教育方针，坚持立德树人，解决好为谁教、教什么、教给谁、怎样教的问题，更好发挥法学教育基础性、先导性作用，提高法治人才培养质量。〔2〕“全面推进依法治国，建设一支德才兼备的高素质法治队伍至关重要。”〔3〕2020 年 11 月，习近平总书记在中央全面依法治国工作会议上的讲话对坚持建设德才兼备的高素质法治工作

〔1〕 参见习近平：《论坚持全面依法治国》，中央文献出版社 2020 年版，第 174～180 页。

〔2〕 参见习近平：《论坚持全面依法治国》，中央文献出版社 2020 年版，第 231～235 页。

〔3〕 习近平：《加快建设社会主义法治国家》，载《求是》2015 年第 1 期。

队伍提出了明确的要求,习近平总书记指出,全面推进依法治国,首先要把专门队伍建设好。要加强理想信念教育,深入开展社会主义核心价值观和社会主义法治理念教育,推进法治专门队伍革命化、正规化、专业化、职业化,确保做到忠于党、忠于国家、忠于人民、忠于法律。但一些执法司法人员手握重器而不自重,贪赃枉法、徇私枉法,办“金钱案”“权力案”“人情案”,严重损害法治权威。法律服务队伍是全面依法治国的重要力量,但也存在不少问题,有的人热衷于“扬名逐利”,行为不端、诚信缺失、形象不佳,极个别法律从业人员政治意识淡薄,甚至恶意攻击我国政治制度和法治制度。因此,要推进法学院校改革发展,提高人才培养质量。

2021 年 12 月,习近平总书记在中共中央政治局第三十五次集体学习时强调,要完善法治人才培养体系,加快发展律师、公证、司法鉴定、仲裁、调解等法律服务队伍,深化执法司法人员管理体制改革,着力建设一支忠于党、忠于国家、忠于人民、忠于法律的社会主义法治工作队伍。要加强法治理论研究和宣传,加强中国特色法学学科体系、学术体系、话语体系建设。要把中国特色社会主义法治思想落实到各法学学科的教材编写和教学工作中,努力培养造就更多具有坚定理想信念、强烈家国情怀、扎实法学根底的法治人才。2022 年 4 月,习近平总书记在中国人民大学考察时强调,思想政治理论课能否在立德树人中发挥应有作用,关键看重视不重视、适应不适应、做得好不好。思政课的本质是讲道理,要注重方式方法,把道理讲深、讲透、讲活,老师要用心教,学生要用心悟,达到沟通心灵、启智润心、激扬斗志。习近平总书记强调,培养社会主义建设者和接班人,迫切需要我们的教师既精通专业知识、做好“经师”,又涵养德行、成为“人师”,老师应该有言为士则、行为世范的自觉,不断提高自身道德修养,以模范行为影响和带动学生,做学生为学、为事、为人的大先生,成为被社会尊重的楷模,成为世人效法的榜样。

三、贯彻落实法治和德治相结合的人才培养实践

习近平法治思想是顺应实现中华民族伟大复兴时代要求应运而生的重大理论创新成果,是马克思主义法治理论中国化最新成果,是习近平新时代中国特色社会主义思想的重要组成部分,是全面依法治国的根本遵循

和行动指南。习近平法治思想是新时代法学教育和法治人才培养的行动指南，深入学习贯彻习近平法治思想是高校的神圣使命。法治和德治相结合是全面依法治国必须处理好的重大辩证关系，也是习近平法治思想中的重要内容，高校的法学教育必须贯彻落实法治和德治相结合。教育部办公厅《关于推进习近平法治思想纳入高校法治理论教学体系的通知》指出，习近平法治思想是马克思主义法治理论中国化的最新成果，是习近平新时代中国特色社会主义思想的重要组成部分，是全面依法治国的根本遵循和行动指南，为推动法学教育高质量发展、培养德才兼备的高素质法治人才指明了前进方向、提供了根本遵循。《法学类教学质量国家标准（2021 年版）》指出，为深入贯彻落实习近平法治思想，坚持立德树人、德法兼修，创新法治人才培养机制，深化法学类专业教学改革，提高法治人才培养质量，设置本标准。法学专业核心课程采取“1 + 10 + X”分类设置模式，“1”指“习近平法治思想概论”课程。专任教师应坚定理想信念，坚持正确的政治方向，具有高尚的道德情操，成为马克思主义法学思想和中国特色社会主义法治理论的坚定信仰者、积极传播者、模范实践者。

高素质法学专业教师队伍是培养法治人才的基本保障，“教师个人素质和教师队伍整体素质，对提高立德树人成效具有重要的决定性作用”。[1]立德树人的基础是教师要能够成为有德之人，加强师资队伍建设、提升教师的道德素养至关重要。习近平总书记要求，法学专业教师要坚定理想信念，成为马克思主义法学思想和中国特色社会主义法治理论的坚定信仰者、积极传播者、模范实践者。为了贯彻落实立德树人和新的国家标准，扬州大学法学院在第一时间组织教师研讨习近平法治思想和《习近平法治思想概论》教材，挑选精兵强将形成教学团队，团队中两位教授是国家社科基金重大项目“习近平法治思想研究”的子课题负责人，一位老师是江苏省法学会习近平法治思想研究中心副主任，授课教师已在《光明日报》《法学》等报刊杂志发表《论习近平法治思想中的国家安全法治理论》《立足新起点 推进“十四五”时期立法工作》《习近平“法治国家、法治政府、法治社会一体建设”法治思想论要》《论中国特色社会主义法治体系的范式功能》等

〔1〕 杨宗科：《习近平德法兼修高素质法治人才培养思想的科学内涵》，载《法学》2021 年第 1 期。

习近平法治思想研究成果,为教学活动的深入开展奠定了良好基础。教师不断加强法治和德治相结合的理论研究,几位老师获批法治和德治相结合方面的重要项目,如国家社科基金的重点项目“新时代加强道德立法的理据与进路研究”和一般项目“马克思主义实践生存论视域下法治的道德根基研究”。

以习近平法治思想统领法学教育和法治人才培养的基本方向,坚持立德树人、德法兼修,加强理想信念教育,将社会主义核心价值观融入法学教育,将习近平法治思想贯穿法治人才培养全过程,确保做到忠于党、忠于国家、忠于人民、忠于法律。加强习近平法治思想概论课程的教学和研究是做好法治和德治相结合以及立德树人的基本要求和关键所在,我们经过一段时间的授课,取得了良好的教学效果,学生的评价效果优异。在习近平法治思想概论课程教学中,我们将正确处理好依法治国和以德治国的关系作为专门一章予以讲述,讲深、讲透法治和德治相结合的法治原理,并结合具体生动的案例将这一重要法治理论与社会主义法治建设实践和法学教育实践相结合,使得学生在深切感受到作为法律人必须时刻坚持法治和德治相结合,做一个既具有丰富法律知识又能够成为德行高尚的法律人。同时,深入开展法学思政课建设,将习近平法治思想融入各门法学课程教学内容和体系之中,也取得了良好的教学效果。扬州大学法学院较早将“德法兼融、知行合一”作为学院的院训,成为老师和学生奉行的理念和准则,既注重培养学生的专业知识,又注重培养学生的思想品德。经过多年的坚守和实践,在人才培养方面取得了较为满意的成绩,法学专业成为首批国家级一流本科建设点,“司法伦理学”成为国家级一流课程,法学学科获批省重点学科,学生的创新创业项目获批第十七届“挑战杯”全国大学生课外学术科技作品竞赛红色专项活动二等奖,三位研究生同学撰写的《习近平法治社会理论的内涵要义、生成逻辑与路径分析》等三篇论文获得江苏省法学会习近平法治思想研究中心第二届学术研讨会“青年优秀成果奖”,一大批学生成长为各行各业的优秀人才,充分体现了德法兼融的培养效果。我们将在习近平法治思想的指导下,在人才培养中始终坚持法治和德治相结合,进一步加强习近平法治思想的课程教学和学术研究,以立德树人为根本宗旨,为培养更多更好的德才兼备的高素质法治人才作出新的贡献。

习近平法治人才培养观视阈下法学教育供给侧改革研究*

黎 慈**

摘 要:习近平法治人才培养观科学解答了"为谁培养人""培养什么人""怎样培养人"等一系列长期困扰法学教育的重大问题,为法学教育的持续健康发展提供了根本遵循和行动指南。当前,我国法学教育中存在重知识传授轻道德熏陶、重理论教学轻实践训练、重传统模式轻现代需求等问题,与培养"德法兼修的高素质法治人才"这一要求还存在较大差距。为此,应当从建设教师队伍、完善课程体系、改进教学模式、健全协同培养机制等方面加以改进,为全面推进依法治国奠定坚实的人才基础。

关键词:习近平法治人才培养观 全面依法治国 德法兼修 高素质法治人才

党的十八大以来,习近平总书记从全面推进依法治国的战略高度定位法治人才培养、布局法治人才建设,创造性地提出法治人才培养和法学教育改革的一系列新理念、新思想、新战略,形成了习近平法治人才培养观。高校政法院系是法治人才培养的主阵地,肩负着培养适应全面推进依法治国需要的法治人才的重任。因此,高校政法院系及其从事法学研究和授课的教师应当深入学习和贯彻习近平法治思想,将习近平法治人才培养观作为法学教育改革的行动指南,努力造就出一大批德法兼修的高素质法治人

---

* 基金项目:江苏省"333高层次人才培养工程"资助项目"系统论视域下网络安全制度建设问题研究"(BRA2020303)、江苏高校哲学社会科学重点研究基地"总体国家安全与法治"研究中心项目(2018ZDJD-B007)、江苏高校"青蓝工程"(中青年学术带头人)资助项目、江苏警官学院省级培育科研创新团队(2021SS02)建设项目、江苏警官学院教育教学改革研究项目"法学专业课程的思政元素挖掘与教学应用研究"(2021A08)阶段性成果。

** 作者简介:黎慈,法学博士,江苏警官学院教授,从事法治理论与实务研究。

才,为全面推进依法治国奠定坚实的人才基础,完成新时代赋予法学教育的神圣使命和历史责任。

一、习近平法治人才培养观:法学教育发展的根本遵循与行动指南

习近平法治人才培养观深刻阐述了法治人才培养和法学教育改革对全面推进依法治国的重大意义、存在的现实问题、发展方向以及优化路径等重大问题;科学回答了法学教育"为谁培养人""培养什么人""怎样培养人"等一系列长期困扰法治人才培养的重大问题,为法学教育的供给侧改革和发展指明了方向,提供了科学的理论指导和行动指南。

(一)明确法学教育"为谁培养人"

"为谁培养人",这是一个关系法学教育发展的方向性问题,也是法学教育的根本宗旨所在。法学教育培养出来的人才将代表一个国家行使立法权、行政权、司法权等国家权力,注定了法学教育的性质取决于该国的国家性质。关于教育的根本宗旨,习近平总书记认为,应当"坚持教育为人民服务、为中国共产党治国理政服务、为巩固和发展中国特色社会主义制度服务、为改革开放和社会主义现代化建设服务"。[1] 具体到法学教育,习近平总书记进一步指出:"法治人才培养上不去,法治领域不能人才辈出,全面依法治国就不可能做好。"[2]同时强调,要"更好发挥法学教育基础性、先导性作用,确保立法、执法、司法工作者信念过硬、政治过硬、责任过硬、能力过硬、作风过硬"。[3] 可见,法学教育的首要目的在于为实现全面依法治国培养高素质法治人才,只有这样,才能全面推进科学立法、严格执法、公正司法、全民守法。

至于法学教育的深层次目的,习近平总书记在阐述全面推进依法治国时特别强调,"根本目的是依法保障人民权益"。具体表现为,全面依法治

---

〔1〕 习近平:《用新时代中国特色社会主义思想铸魂育人 贯彻党的教育方针落实立德树人根本任务》,载《旗帜》2019 年第 4 期。

〔2〕 习近平:《立德树人德法兼修抓好法治人才培养 励志勤学刻苦磨炼促进青年成长进步》,载《共产党员》2017 年第 12 期。

〔3〕 习近平:《加强党对全面依法治国的集中统一领导 更好发挥法治固根本稳预期利长远的保障作用》,载《思想政治工作研究》2018 年第 9 期。

国在于“积极回应人民群众新要求、新期待”，在于“解决法治领域人民群众反映强烈的突出问题”，其最终目的是要“不断增强人民群众获得感、幸福感、安全感，用法治保障人民安居乐业”。〔1〕因而，“要把体现人民利益、反映人民愿望、维护人民权益、增进人民福祉落实到全面依法治国各领域全过程”。〔2〕可见，法学教育的根本目的在于坚持“以人民为中心”，为保障人民安居乐业、强化人民幸福生活感提供更优质的法治人才。

（二）指明法学教育“培养什么人”

“培养什么人”，是法学教育的目标问题。关于法学教育应当“培养什么人”，一直是我国党和政府高度关注的问题，2012 年 5 月正式启动的“卓越法律人才教育培养计划”，确定了法学高等教育需要“培养适应中国特色社会主义法治国家建设需要的高素质法律人才”。进入新时代，习近平总书记根据全面推进依法治国的实践需要进一步指出，“建设法治国家、法治政府、法治社会，实现科学立法、严格执法、公正司法、全民守法，都离不开一支高素质的法治工作队伍”，因而法学高等教育的任务在于培养“德法兼修的高素质法治人才”。〔3〕

“德法兼修”，是衡量“高素质法治人才”的标准，也给法学高等教育提出了新要求。习近平总书记强调指出：“法学教育要坚持立德树人，不仅要提高学生的法学知识水平，而且要培养学生的思想道德素养。”〔4〕可见，所谓“德法兼修”，就是要求高素质法治人才不仅具有相当高的法学知识水平，还需要具有良好的思想道德修养。对此，习近平总书记在中央全面依法治国委员会第一次会议上进一步强调，要“更好发挥法学教育基础性、先导性作用，确保立法、执法、司法工作者信念过硬、政治过硬、责任过硬、能力过硬、作风过硬”。〔5〕在上述五个“过硬”的要求中，其中，“信念过硬”

〔1〕 习近平：《坚定不移走中国特色社会主义法治道路 为全面建设社会主义现代化国家提供有力法治保障》，载《人民日报》2020 年 11 月 18 日，第 1 版。

〔2〕 习近平：《加快建设社会主义法治国家》，载《求是》2015 年第 1 期。

〔3〕 习近平：《立德树人德法兼修抓好法治人才培养 励志勤学刻苦磨炼促进青年成长进步》，载《共产党员》2017 年第 12 期。

〔4〕 习近平：《立德树人德法兼修抓好法治人才培养 励志勤学刻苦磨炼促进青年成长进步》，载《共产党员》2017 年第 12 期。

〔5〕 习近平：《加强党对全面依法治国的集中统一领导 更好发挥法治固根本稳预期利长远的保障作用》，载《思想政治工作研究》2018 年第 9 期。

“政治过硬”“责任过硬”“作风过硬”四个“过硬”均为“修德”的要求,“能力过硬”则属于“修法”的要求。可见,在法学教育中既需要引导学生“修法”,也需要引导学生“修德”,并且应当秉持“以德为先”,才能培养出德智体美劳全面发展的高素质法治人才,为全面推进依法治国奠定坚实的人才基础。

(三)诠释法学教育“怎样培养人”

“怎样培养人”是在回答“为谁培养人”“培养什么人”之后必须要回答的问题,关系法学教育的目标能否真正实现。要准确回答“怎样培养人”这个问题,必须紧密结合“培养什么人”的任务目标,才能有的放矢,培养出合乎规格和标准的人才。如前所述,习近平总书记为我们法学教育确定的人才培养目标是“德法兼修的高素质法治人才”,因而,“怎样培养人”就应当围绕这一目标展开,即引导法学专业学生既要“修法”,也要“修德”。正如习近平总书记强调:“首先要把人做好,然后才可能成为合格的法治人才”,〔1〕可见,“修德”相较于“修法”更为重要,是居于首位的。

如何引导学生“修德”? 一是要坚持正确的思想和理论指导。习近平总书记指出:“坚持以马克思主义法学思想和中国特色社会主义法治理论为指导”。〔2〕其一,坚持以马克思主义法学思想为指导。法学教育关系着未来掌权的法治人才如何使用手中的权力,因而具有很强的政治性,可见,马克思主义作为我们立党立国的根本指导思想,也应当成为我国大学最鲜亮的底色。〔3〕只有坚持以马克思主义法学思想为指导,才能保障法学教育的正确政治方向。其二,坚持以中国特色社会主义法治理论为指导。当前法治理论呈现多元化态势,必须明确我国法学教育的社会主义属性,“要加强理想信念教育,深入开展社会主义核心价值观和社会主义法治理念教育”,〔4〕推动社会主义法治理论进教材、进课堂、进头脑。二是要重视思想政治教育。习近平总书记指出:“要坚持把立德树人作为中心环节,把思想

---

〔1〕 习近平:《论坚持全面依法治国》,中央文献出版社 2020 年版,第 179 页。

〔2〕 习近平:《论坚持全面依法治国》,中央文献出版社 2020 年版,第 175 页。

〔3〕 参见习近平:《抓住培养社会主义建设者和接班人根本任务 努力建设中国特色世界一流大学》,载《中国纪检监察》2018 年第 9 期。

〔4〕 习近平:《加强党对全面依法治国的集中统一领导 更好发挥法治固根本稳预期利长远的保障作用》,载《思想政治工作研究》2018 年第 9 期。

政治工作贯穿教育教学全过程,实现全程育人、全方位育人。”[1]思想政治教育不仅仅依靠思想政治理论课的强化学习,还应当贯穿于其他各门课,各类课程都必须与思想政治理论课同向同行,形成协同效应。三是要开展法律职业道德教育。习近平总书记强调指出:“执法不严、司法不公,一个重要原因是少数干警缺乏应有的职业良知”,“职业良知来源于职业道德。要把强化公正廉洁的职业道德作为必修课”。[2] 法学教育是培育法治人才职业良知的第一阵地,理应开展法律职业道德教育,引导法学专业学生认识到不公不廉是最大耻辱,自觉强化职业道德素养。

如何引导学生“修法”?习近平总书记指出:要“推进法治专门队伍正规化、专业化、职业化,提高职业素养和专业水平”。为此,法学教育引导学生“修法”,就是要努力提升法治人才的职业素养和专业水平。一是要强化实践教学。对此,习近平总书记认为必须打破高校与社会间的体制壁垒,将法律实务部门的优质实践教学资源引入高校,应当强化法学教育、法学研究工作者与法治实际工作者间的交流合作。二是要培养和训练学生的科学思维方法和思维能力。习近平总书记指出:“青年时期是培养和训练科学思维方法和思维能力的关键时期”,[3]要教育引导学生把学习、观察、实践与思考紧密结合起来,对新事物保持敏锐性,学会用正确的立场观点方法分析问题;要充分发挥青年的创造精神,引导他们勇于开拓实践、探索真理。

二、习近平法治人才培养观视阈下当前法学教育面临的困境

改革开放以来,我国法学教育在中国共产党的坚强领导下,认真贯彻党的教育方针,坚持改革创新,取得了很大进步,为推进依法治国培养了一大批人才。正如,习近平总书记指出,主要表现为法治人才培养规模和质量不断提高,形成了多类型、多层次的法学教育体系,建成了种类齐全、内

〔1〕 习近平:《把思想政治工作贯穿教育教学全过程　开创我国高等教育事业发展新局面》,载《中国领导科学》2017年第2期。

〔2〕 习近平:《论坚持全面依法治国》,中央文献出版社2020年版,第46~47页。

〔3〕 习近平:《立德树人德法兼修抓好法治人才培养　励志勤学刻苦磨炼促进青年成长进步》,载《共产党员》2017年第12期。

涵丰富的法学学科体系。[1] 但与此同时,习近平总书记在全面分析法治人才培养和法学教育发展现状的基础上,也指出了目前尚存在的问题主要表现为"有的学科理论建设落后于实践,不能回答和解释现实问题;有的教材编写和教学实施偏重于西方法学理论,缺乏鉴别批判,对中国特色社会主义法治理论研究不够深入;有的法学教育重形式轻实效、法治人才培养重专业轻思想政治素质,等等"[2]。概括起来,当前在我国法学教育中普遍存在以下三个亟须解决的突出问题。

(一)重知识传授,轻道德熏陶

习近平总书记强调指出,法治人才的培养必须德法兼修,不仅要提升学生的法学知识水平,还要培养学生的思想道德素养。然而,从过去几十年的法学教育来看,法学教师更加注重向学生灌输法律知识,忽视开展以课程思政和法律职业伦理为主要内容的德育教育。

一是对课程思政教学存在认识偏差。从事法学专业课程的教师普遍认为,自己的教学任务和职责在于提升学生的法律知识水平,至于学生思想道德素养的提升,应当是专门从事思想政治课程教学的老师应尽之责,从而忽视通过开展课程思政以引导学生形成正确的意识形态观。二是对职业伦理培养没有给予重视。法律职业伦理是"一种美德性质的教育,其宗旨在于培养法律人的'法律人格'"[3],有助于学生养成追求公平正义的勇气和韧性。当前,法律职业伦理教育还没有引起足够重视,主要体现为:其一,部分学校的培养方案中没有将法律伦理教育作为必修课予以开设;其二,多数已经开设法律职业伦理教育课程的高校,缺少专门的师资队伍,以至于存在浮于表面的形式主义;其三,法律职业伦理课程没有高水平教材,以至于教学缺乏参考蓝本;其四,法律职业伦理课程授课采用讲授式教学,缺乏吸引力,不能充分发挥其潜移默化的功能;其五,法律职业伦理课程缺乏可操作性强的考核评价标准,以至于流于形式而缺乏实效。

基于德育教育机制的不健全,少数学生没有形成正确的世界观、人生

[1] 杨宗科:《习近平德法兼修高素质法治人才培养思想的科学内涵》,载《法学》2021年第1期。

[2] 习近平:《论坚持全面依法治国》,中央文献出版社2020年版,第174~175页。

[3] 曲玉梁:《论我国法律职业伦理教育学科体系的构建》,载《法学》2019年第6期。

观和价值观，缺乏法治人才应当具有的法律精神，以至于在法律职业生涯中缺乏“坚守法治底线、忠于法律规范”的韧性，不能抵制权力与金钱的诱惑，从而走上不公正执法、枉法裁判的违法犯罪道路。

（二）重理论教学，轻实践训练

习近平总书记指出：“法学学科是实践性很强的学科，法学教育要处理好知识教学和实践教学的关系。”[1]也就是说，高素质法治人才要求的法学素养，不仅仅是理论素养，还应当包括实践素养，要求法学教育实现理论教学与实践教学的有效融合。然而，长期以来，我国法学教育存在重视理论教学、忽视实践教学的倾向，以至于有学者发出“法学院距离法院到底有多远”这个颇具深刻寓意之问，也反映出我国法学教育因缺乏实践教学导致不能满足法律职业需要的现实。

从我国法学教育的实践来看，忽视实践教学的主要表现及其原因是多方面的。一是法学专业实践性教学时数所占比例不高。在过去一段时间内，高校认为，法学类学生在学校应尽可能多学习法律知识，到工作岗位再强化其职业技能，因而在培养方案中缺乏实践性教学所需课程和环节的应有教学时数设置。二是法学专业实践性教学所需专任教师缺乏。实践性教学对指导教师的要求较高，必须具有丰富的实践经验和指导能力，然而，就高校长期从事法学专业教学的老师而言，因为其长期居于高校的象牙塔中，对法律实务活动的操作欠缺了解和体验；就从实务部门聘请的兼职教官而言，他们拥有丰富的法律实务经验，但在授课表达和教学技能方面往往存在欠缺。三是法学专业实践性教学所需教学资源存在不足。主要表现为缺乏能有效指导实践性教学的专门教材；难于获取新近发生的典型案例在具体执法、司法方面的原始材料；缺乏开展实践性教学所需的校内设备设施和校外实践基地；等等。四是法学专业实践性教学没有建立严格的考核评价机制。对于校内实践性教学，成绩评定由于缺乏科学衡量标准而存在较强主观性，影响学生的积极参与和努力付出；对于校外的实习、见习，由于采用分散性模式由学生自寻实习、见习单位而缺乏有效监督，导致

---

〔1〕 习近平：《立德树人德法兼修抓好法治人才培养 励志勤学刻苦磨炼促进青年成长进步》，载《共产党员》2017年第12期。

假实习现象比较严重,以至于实习、见习流于形式。

实践性教学环节的缺失,产生的直接结果是法学教育培养出来的学生动手能力差,无法满足高素质法治人才对法律技能的需求,容易导致冤假错案的发生,从而影响全面推进依法治国的进程。

(三)重传统模式,轻现代需求

法学教育属于公共服务事业,既应当满足受教育者的需要,也应当满足社会发展的实际需要。法学教育只有跟上新时代的发展需要,才能培养出全面推进依法治国亟须的法治人才。当前,法学教育正面临诸多新情况和新挑战,其中最为突出的是在涉外法治人才的培养方面,还存在较严重不适应新形势发展需要的情形。

当前,全球经济一体化发展的趋势进一步彰显,我国与世界各国的经济贸易往来十分活跃,但同时也对我国法治建设提出了新挑战,对此,习近平总书记强调指出,“要坚持统筹推进国内法治和涉外法治”。[1] 可见,涉外法治建设也是我国全面推进依法治国的重要组成部分,法治人才的培养理应将涉外法治人才纳入自身的任务范围。相应地,法学教育作为法治人才培养的主渠道,需要重视涉外法治人才的培养,以满足经济全球化发展的现实需要。当前,我国涉外法治人才培养方面存在许多不足,与经济全球化迅猛发展的实际需要之间存在不平衡、不适应的问题较为突出。一是涉外法治人才的数量不足、能力不强。当前,许多政法院校采用的是大法学的专业设置,没有国际法、国际私法等涉外法学专业方向。这种模式下的教学培养方案中尽管有国际法、国际私法等课程,但无法培养出有能力处理国际法律实务的法治人才。二是涉外法治人才培养的师资队伍缺乏。涉外法治人才培养对师资队伍的要求很高,既要懂国际法律规范、外国立法,还要具有较高的外语水平,甚至还要通晓相关国家的风俗习惯,而真正达到这些标准的教师为数不多。三是涉外法治人才的教学资源存量不足。主要表现为涉外法治人才培养的专业教材缺乏、案例库难以及时更新、实践教学基地难于建设,等等。

---

〔1〕 习近平:《坚定不移走中国特色社会主义法治道路,为全面建设社会主义现代化国家提供有力法治保障》,载《理论导报》2021 年第 3 期。

忽视新时代发展对法治人才知识结构和能力素质的需求,不仅会降低法学专业学生的就业数量和就业质量,更深层次的风险在于不能充分满足推进全面依法治国对法治人才的需求,也不利于我国涉外经济贸易领域法治秩序的建立以及涉外企业合法权益保护。

三、习近平法治人才培养观指引下我国法学教育的优化路径

面对全面推进依法治国对高素质法治人才的需求,我国法学教育还存在诸多不适应的问题,亟须实现供给侧改革。对此,习近平总书记指出:"解决这些问题,要统筹谋划、整体布局,该坚持的坚持,该改进的改进,该调整的调整,该创新的创新,使法学学科建设跟上时代发展,体现坚持和发展中国特色社会主义的客观要求"[1],为我国法学教育的优化发展提供了原则和方向。针对前述法学教育中亟待解决的突出问题,以培养"德法兼修的高素质法治人才"为目标,我国法学教育主要应当从以下四个方面实现优化。

(一)建设法治人才培养的师资队伍

教师承担着"塑造灵魂、塑造生命、塑造人"的工作,在培养社会主义事业建设者和接班人中发挥着不可替代的作用。邓小平同志曾经指出:"一个学校能不能为社会主义建设培养合格的人才,培养德智体全面发展、有社会主义觉悟的有文化的劳动者,关键在教师。"[2]习近平总书记强调,"国家繁荣、民族振兴、教育发展,需要我们大力培养造就一支师德高尚、业务精湛、结构合理、充满活力的高素质专业化教师队伍,需要涌现一大批好老师"。[3] 同理,高素质法律人才的培养,离不开高素质的法学教师队伍。根据德法兼修法治人才的培养目标和标准,师资队伍素质提升离不开教师的师德师风建设和业务能力培养两个主要层面。

一是强化师资队伍的师德师风建设。习近平总书记指出:"合格的老

---

〔1〕 习近平:《论坚持全面依法治国》,中央文献出版社2020年版,第175页。

〔2〕 习近平:《做党和人民满意的好老师——同北京师范大学师生代表座谈时的讲话》,载《中国高等教育》2014年第18期。

〔3〕 习近平:《做党和人民满意的好老师——同北京师范大学师生代表座谈时的讲话》,载《中国高等教育》2014年第18期。

师首先应该是道德上的合格者,好老师首先应该是以德施教、以德立身的楷模。"[1]教师的行为具有示范意义,师德高尚的教师能够引导学生把握正确的人生方向、帮助学生扣好通往法律职业道路的第一粒扣子。然而,近年来,媒体报道极少数教师存在道德败坏、贪赃枉法等不良甚至违法犯罪行为,给学生造成了一些负面影响,也给教师队伍形象带来了难以弥补的损害。因而,要让学生"修德",教师必须先"修德",做到率先垂范、以身作则。其一,完善师德师风建设的相关制度。根据《关于加强和改进新时代师德师风建设的意见》(教师〔2019〕10 号),制定符合本校师德师风建设的目标和标准,尤其是应当明确列出违反师德师风的具体情形,并规定适当的处置措施,从而提升师德师风建设制度的可操作性,有效引导教师时刻自重、自省、自警、自励,坚守师德底线。其二,开展师德师风建设的系列活动。通过组织教师集中学习、"三会一课"、主题党日活动、谈心谈话等活动,增强政治认同和思想认同;塑造优秀教师典型,运用给予奖励、开展师德宣讲、借助校内外媒体宣传等方式,发挥先进典型的引领示范作用。其三,强化师德考核结果的实际运用。健全法学教育的考核评价机制,将师德师风建设要求贯穿教师管理全过程。严格招聘引进,将师德作为教师招聘引进环节的重要考察指标,设置政审程序掌握新进教师的政治素养;强化师德考核结果的运用,将师德考核作为年度考核、职称评聘、推优评先、表彰奖励、科研和人才项目申请等方面资格评判的必要标准,并实行师德考核不合格的一票否决制;严格师德督导,构建落实师德师风建设的多元监督体系,设置举报投诉方式和负责处理举报投诉的部门,对违反师德师风准则的举报开展调查核实并依规处理。

二是提升师资队伍的教学业务能力。一般认为,教学能力是指教师从事教学需要具备的各种技能,包括教学方案的设计能力、教学活动的组织能力、教学方法和手段的运用能力、教学改革研究能力等。法学院系教师的教学能力是高质量教学的根本保障,应当成为提升法治人才培养质量的着力点。就法学教师而言,大部分青年教师毕业于政法院校,具有扎实的

---

〔1〕 习近平:《做党和人民满意的好老师——同北京师范大学师生代表座谈时的讲话》,载《中国高等教育》2014 年第 18 期。

专业基础知识，但对于如何从事教学向学生传授专业知识、引导学生运用专业知识解决法律实务问题，则表现为口头表达能力、教学设计能力、教学方法和手段运用能力等方面的欠缺。因而，有效提升法学教师的教学能力，是当前培养高素质法治人才中亟须思考的一个至关重要的问题。其一，支持教师外出参加教学能力培训课程，或者到其他法学院校调研，在学习交流中提升教学能力。其二，举办全体教师参加的教学研讨会议，由具有丰富教学经验且教学效果好的老师进行主题发言，充分发挥传帮带作用。其三，鼓励教师开展各级各类教学改革项目研究，在研究中感悟教学能力的内涵及其提升意义，并将研究中发现的现代教学方法运用到课堂教学中。其四，定期委派教师到公安机关、检察院、法院、律师事务所等法律实务部门调研锻炼，周期为半年至一年，让教师真正体验法律实务活动，提升指导学生从事实训教学的能力，并可以收集近期发生的典型案例作为教学素材，以提升教学与法律实务活动的耦合度。

此外，为提升法学专业学生的职业技能，还需要聘请公安机关、检察院、法院、律师事务所等法律实务部门的业务骨干，到高校法学院系担任兼职教官，与专职教师交流合作，共同承担法律实训课程的授课任务。

（二）完善法治人才培养的课程体系

法学教育培养的德法兼修高素质法治人才，“必须具备厚重的理论基础、优良的人文素质、专业的法律素养与法律实务技能，并能综合运用法学与其他学科知识方法解决实际法律问题”。[1] 要获取上述知识、技能和素养，离不开法学教育课程的合理设置。课程是法学教育教学活动的基本依据，也是师生联系与交往的纽带，更是实现法学教育目的、培养全面发展法治人才的保证。正如习近平总书记提及我国法学教育存在问题时指出，课程体系不够完善已经成为培养德法兼修高素质法治人才的阻碍因素之一，[2] 主要体现为传统的法学课程忽视了对学生进行人文素养、职业技能以及社会应用能力的培养。可见，完善课程体系以实现法学教育供给侧改

---

〔1〕 吕翾：《教育与职业深度衔接的课程实施：理念与评价——以法学课程为例》，载《中国职业技术教育》2020 年第 14 期。

〔2〕 习近平：《立德树人德法兼修抓好法治人才培养　励志勤学刻苦磨炼促进青年成长进步》，载《共产党员》2017 年第 12 期。

革,是培养高素质法治人才的重要保障。

一是强化道德教育类课程的设置。道德教育类课程在法治人才培养中发挥着立德铸魂的作用,主要包括思想政治教育类课程和法律职业伦理类课程。其一,在思想政治教育类课程方面,应当推动“思政课程”与“课程思政”同向同行。正如,习近平总书记指出:“要坚持把立德树人作为中心环节,把思想政治工作贯穿教育教学全过程,实现全程育人、全方位育人”。[1] 除了进一步突出马克思主义基本原理概论、中国特色社会主义理论体系概论、思想道德修养、形势与政策等思政理论课在精神塑造和价值培养中发挥主渠道作用外,还应当推进刑法学、民法学、行政法与行政诉讼法学等各门专业课的课程思政,促进思政教育与专业教育产生更大协同效应,形成育人新格局。其二,在法律职业伦理类课程方面,应当明确法律职业伦理课程的必修课地位。法律职业伦理教育的根本目的在于“提高法律人的伦理素养”,以防范法律人运用权力过程中发生权力滥用现象。[2] 2018 年 9 月,教育部与中央政法委联合发布的《关于坚持德法兼修　实施卓越法治人才教育培养计划 2.0 的意见》明确指出,要“实现法律职业伦理教育贯穿法治人才培养全过程”。可见,除专门开设法律职业伦理课并明确其必修课的地位外,各法学专业课程在授课中也应当引导学生关注法律职业伦理,自觉提升自身的法律职业素养。

二是改进职业技能类课程的设置。法学是一门实践性很强的社会科学,决定着法学教育必须要注重法律实务工作,培养学生的法律职业能力,这也是全面推进依法治国对高素质法治人才的根本要求。法律职业能力是指能熟练运用法律知识解决实际法律问题的能力,在法学教育阶段,这种能力主要依赖于法学实践性课程的设置与实施。当前,尽管绝大多数高校已经开始关注学生的法律职业能力培养,但由于缺乏系统化的课程设置,所开展的碎片化实训对于提升法律职业能力功效不明显。因而,完善法律职业技能类课程设置,使之形成逻辑严密的课程体系,已经成为培养

---

〔1〕 习近平:《把思想政治工作贯穿教育教学全过程　开创我国高等教育事业发展新局面》,载《中国领导科学》2017 年第 2 期。

〔2〕 参见屈茂辉、李勤通:《论法律职业伦理教育的知识性与素养性》,载黄进主编:《中国法学教育研究》(2017 年第 3 辑),中国政法大学出版社 2017 年版。

高素质法治人才亟待解决的问题。其一,设置专门的法律实训课程。根据法律实务活动的专门性,主要应当设置刑事法律实训、行政法律实训、民事法律实训等课程,培养学生运用法律条文,掌握执法、司法、仲裁等法律程序,以及撰写法律文书的能力。其二,设置理论课的实训环节。如法理学、宪法学等理论性较强的课程,设置实训课时数,通过案例分析、专题研讨的方式,培养学生运用法律解释、法律推理、法律论证等理论知识解决法律实务问题的能力。其三,设置校外见习、实习的教学环节课程。合理设置见习和实习的时间,并针对目前见习、实习环节存在的问题,建立相关检查、监督制度,设置专门机构和安排专门教师,开展集中实习并进行严格的考核。

三是健全人文社科类课程的设置。高素质法治人才应当是掌握多学科知识的复合型人才,才能在具体案件处理中综合运用各学科知识,进行全面考虑,保障案件处理结论的正确。随着社会复杂化程度加深,要求法学专业学生应当既懂法律专业知识,又懂经济、管理、人文等其他专业科学知识。因而,法学教育的课程设置不能仅仅是法律知识传授和法律技能培养,还应当设置相关人文社科通识类课程,如社会学、哲学、经济学、管理学、心理学、信息学、文学等,以培养出既懂法律,又善管理、会科技的复合型法治人才。

此外,随着国际交流与合作的迅速发展,各种涉外法律诉讼、涉外行政执法、涉外法律服务等法律实务活动与日俱增,对法学专业学生需要掌握的知识和技能提出了更高要求。在全面推进依法治国过程中,还要求法学教育培养出更多熟练掌握外语、通晓国际法律规则以及他国法律规范的人才。因而,法学专业必须将大陆法系、英美法系等主要国家的涉外法律法规纳入课程体系,同时开设双语课程。

(三)改进法治人才培养的教学模式

教学模式,即具有独特风格的教学样式,在教学理论与教学实践间发挥桥梁作用。教学模式强调从整体上把握教学各要素之间的相互关系和作用,要求通过把握教学过程的本质和规律,进而实现教学过程中各要素的优化组合。关于教学模式的研究,一直是学界高度关注的问题,中国知网搜索结果显示,截至2021年8月20日,已有121,453篇相关期刊论文开展过研究,基于不同学者的研究角度各异、关注点偏差,得出的教学模式大致包括传递——接受式、自学——辅导式、探究式教学模式、巴特勒学习模式、抛锚式教学模式、范例教学模式、合作学习模式、发现式模式。[1] 从教学实践层面来看,教学模式的选择对于教学效果的好坏具有重要意义,因而,要实现培养高素质法治人才的目标,必须依据全面推进依法治国对人才的现实需求,选择科学的教学模式。

一是推动法学教育与现代信息技术的深度融合。随着现代信息技术的快速发展,法学教育的传统授课模式受到了严重的冲击,过去以"以学校课堂为学生获取知识唯一来源"这种"教"与"学"的模式被打破,网络空间的微课、MOOC(慕课)等教学资源基于形象性、生动性、互动性等优点,更容易受到学生的青睐。因此,法学教育也应当顺势而为,与现代信息技术实现深度融合,在当前信息化浪潮中谋求变革。以翻转课堂为例,将学习内容的决定权交给学生,由学生针对自己欠缺的板块知识选择观看视频、听讲座、阅读课件等提前对教师的授课内容进行预习和学习,并将没有弄懂的问题带入课堂,在与教师和同学进行交流探讨中寻求解答,由此改变过去老师按部就班教学、学生被动接受的局面,形成学生主动学习、教师辅导答疑的格局,从而实现"以教师为中心"向"以学生为中心"的教学模式转变。

二是促进法学教育与法律实务活动的广泛耦合。高素质法治人才是一种实践型人才,在法学教育过程中必须经过法律实践性活动的锻造,这就要求法学教育必须关注法律实务活动,让学生更加真实地体悟法律实务活动运行中的程序及其相关要素。从当下法学教育实践来看,强化法学教育与法律实务活动耦合度的主要教学模式包括案例教学、法律诊所、模拟法庭等。这些教学模式有助于提升学生的动手操作能力、强化法律职业技能的提升,但必须保障其正确有效实施。以案例教学模式为例,这种模式早已受到法学教师关注并经常运用,但在教学实践中存在一些误解,如有的老师认为枚举法律案例就是案例教学,实际上是对案例教学的片面理解,无法真正发挥案例教学的功效。实际上,案例教学模式的要求较高,首

[1] 参见黄甫全、王本陆主编:《现代教学论学程》,教育科学出版社2003年版,第336页。

先，应当选择具有典型性、真实性、先进性等特征的案例。其次，对教师和学生在案例教学中的地位进行正确定位，即应当以学生为主体，让学生根据已学知识对案例进行法律发现、法律推理、法律论证，教师在其中发挥的作用是引导、提示和纠错。最后，案例教学模式必须配备合理的考核评价机制，需要邀请法律实务部门的律师、法官、检察官等共同拟定考核标准，并参与案例教学过程予以指导。

（四）健全法治人才培养的协同机制

协同理论自1976年由哈肯（Hermann Haken）系统阐述后，一直受到学界和实务界的推崇，原因在于该理论为复杂公共事务的处理提供了一条有效路径，尤其在资源整合方面具有鲜明的优越性。培养高素质法治人才属于全面推进依法治国的重要组成部分，加之培养过程涉及方方面面、培养效果牵涉各个层面，理当属于一种复杂的公共事务，同样需要在协同理论的指导下，建立健全法治人才培养的协同机制。

一是健全法学院系与法律实务部门的协同培养机制。高校法学院系是培养法治人才的场所，但仅靠高校单一主体，则无法培养出高素质人才。这是因为，法学教育是一种职业教育，具有很强的实践性，而高校在培养学生的法律职业技能方面存在场景和人员方面的局限性，因而需要与法律实务部门间建立起协同培养机制。对此，习近平总书记强调指出："要打破高校和社会之间的体制壁垒，将实际工作部门的优质实践教学资源引进高校，加强法学教育、法学研究工作者和法治实际工作者之间的交流。"[1]因此，加强高校法学院系与法律实务部门间的交流合作，在实务部门的支持配合下开展人才培养方案设计、开发典型案例库、编制实训讲义和教材，共同指导学生的实训实习，都是提升法学专业学生法律职业能力的有效路径。

二是建立法学院系与校内其他院系间的协同机制。如前所述，高素质法律人才是复合型人才，不能光靠法学院系传授纯粹的法律知识，还需要政治学、社会学、心理学、信息学等多方面的知识，才能解决复杂的法律实

[1] 习近平：《立德树人德法兼修抓好法治人才培养　励志勤学刻苦磨炼促进青年成长进步》，载《共产党员》2017年第12期。

际问题。然而,法学院系的教师往往熟练掌握的仅仅是法学知识,这就需要加强法学院系与校内其他院系间的协同,由其他院校专门教师承担法学专业课外的其他课程,同时需要加强相互的研讨交流,促进相互间授课的合理衔接。

三是建立法学院系的跨校、跨境合作交流机制。境内外其他高校法学院系在法学教育方面往往因为思路不同、模式不同,而具有自身特色。因而,法学院系不应该闭门造车、坐井观天,而应当走出去看看,学习借鉴境内外其他高校在人才培养方案制订、教学大纲编制、实习实训操作、教学考核评价等多方面的优秀做法。

结　语

在2020年11月召开的中央全面依法治国工作会议上,我们党正式提出"习近平法治思想",其中强调坚持建设德才兼备的高素质法治工作队伍,是全面推进依法治国的组织保障,为法学教育的发展指明了方向并提供了行动指南,即"坚持立德树人,德法兼修,创新法治人才培养机制,努力培养造就一大批高素质法治人才及后备力量"[1]。新时代法学教育必须坚持以习近平法治思想和中国特色社会主义法治理论为指导,准确把握习近平法治人才培养观的精神实质和内在要求,自觉把法学教育融入党和国家工作大局,围绕解决法学教育领域不适应新时代法治人才需要的突出问题为着力点,找准改进法学教育的切入点,坚持立德树人、德法兼修,践行明法笃行、知行合一,培养出一大批建设社会主义法治国家的一流法治人才。

---

〔1〕 习近平:《坚定不移走中国特色社会主义法治道路,为全面建设社会主义现代化国家提供有力法治保障》,载《求是》2021年第5期。

习近平法治思想入脑入心研究

陈宇翔[*]

摘　要:宣传习近平法治思想的终极目标是实现习近平法治思想入脑入心。其具体目标是武装群众头脑,培养群众思维,塑造群众行为。宣传习近平法治思想的原则包括:服务实践原则、精准施策原则、寓教于乐原则。宣传习近平法治思想的方法包括:单刀直入法、潜移默化法、久久为功法、相似相溶法、与时俱进法。宣传习近平法治思想的具体路径包括:师出有名,理论先行;先入为主,抢占阵地;明确规则,精心组织;贴近群众,喜闻乐见。

关键词:习近平法治思想　依法治国　以德治国

习近平法治思想是我国法治建设的核心指导思想。习近平法治思想是每一个公民、每一个法治人都必须掌握的理论武器。要让习近平法治思想发挥其应有的作用,必须加大对习近平法治思想的宣传力度,实现习近平法治思想入脑入心,让人民群众了解习近平法治思想,记住习近平法治思想,运用习近平法治思想。实现习近平法治思想入脑入心是一个系统工程,不是一蹴而就的,必须坚持顶层设计、步步深化、稳扎稳打、步步为营。

一、目　标

(一)武装头脑

实现习近平法治思想入脑入心的第一个目标是让群众了解习近平法治思想,记住习近平法治思想。要实现伟大的中国梦,必须在思想上武装起来。思想是行动的先导,要想改变现实,必须从改变思想开始。伟大的

* 作者简介:陈宇翔,江苏师范大学法学院讲师,兼职律师,多伦多大学访问学者。

时代需要伟大的思想,这个思想就是习近平法治思想。用习近平法治思想武装群众头脑是实现伟大中国梦的前提。党的每一次重大胜利都是在伟大思想的指引下实现的。伟大的毛泽东思想造就了中华人民共和国,邓小平理论指引了改革开放。习近平法治思想必将开创中国法治建设新的时代。

习近平法治思想必须占领国内主流舆论的高地。随着微博、短视频等自媒体的蓬勃发展,舆论出现了新的情况,一方面是百家争鸣,另一方面是鱼龙混杂。舆论决定了群众的思想。思想阵地,我们不占领,敌人就要来占领。正确的思想不占领阵地,错误的思想就要入侵。我们必须让习近平法治思想迅速得到传播和强化,用习近平法治思想迅速占领人民群众的思想高地,把错误的思想理论从人民群众的头脑中挤出去。

习近平法治思想必须占据主流媒体的头条,必须在舆论中具有压倒性的优势。必须将习近平法治思想的宣传内容放置于各大主流媒体的头条,并且在数量上要占据优势,在质量上要占据制高点伟大的时代需要伟大的思想,伟大的思想开创伟大的时代,习近平法治思想是引领新时代法治建设的指南针。

习近平法治思想必须抢占国际话语权。努力实现习近平法治思想占据国际主流媒体的头条,最大限度地将习近平法治思想置于国外的主流媒体。要利用微信、微博等社交媒体,广泛宣传习近平法治思想,增大对海外华人的影响力,增加海外朋友的数量,扩大中国的朋友圈,改变外国人对中国的误解,把中国的成功经验传播到世界各地。

(二)培养思维

习近平法治思想入脑入心的第二个目标是让群众能够运用习近平法治思想认识现实问题,思考现实问题。实现中华民族的伟大复兴需要新时代伟大思想的指引。中国幅员辽阔,人口众多,在建设国家的征程上,我们必然面临各种各样复杂的难题。习近平法治思想是解决这些难题的金钥匙。习近平法治思想不是死板的教条,是认识问题解决问题的法宝。记住习近平法治思想不是目的,能用习近平法治思想,观察社会问题,思考社会问题,才是习近平法治思想能够发挥作用的关键。

必须让习近平法治思想成为群众的法治信仰。要让习近平法治思想深入老百姓的灵魂深处，让习近平法治思想深入人心，让民众完全认同习近平法治思想，让群众充分认识到习近平法治思想的真理性，认识到习近平法治思想可以给自己、家庭、社会、国家带来美好，习近平法治思想是国泰民安的基础，是个人生活幸福的保障，是民族发展的定海神针。

必须让习近平法治思想成为学生的思维模式。“习近平法治思想植根于新时代全面依法治国伟大实践，始终贯穿着全面依法治国这一鲜明主题，深刻回答了新时代为什么实行全面依法治国、怎样实行全面依法治国等一系列重大问题。”〔1〕习近平法治思想必须成为学生思考问题的方式。让每一个学生都掌握习近平法治思想的基本原理。学生是祖国的未来，青年学生代表着祖国发展的方向，学生掌握习近平法治思想，对于法治国家的建设十分重要。

必须让习近平法治思想成为法律人的思维方法，成为法科学生解决问题的方法。法科学生是法治建设的未来，法科学生的思维方向代表着法治发展的方向，法科学生的思维是习近平法治思想宣传的主要对象之一。“习近平法治思想彰显着突出的时代性、鲜明的人民性和鲜活的实践性等重要理论特质。习近平法治思想内蕴着党的领导与依法治国有机统一、法治与德治兼容相济、法治与教育协同发力的深刻意涵，全面开示着新时代法治中国建设的实践要求。”〔2〕必须让习近平法治思想成为法科学生的思维本能。

（三）塑造行为

习近平的法治思想入脑入心的第三个目标是让习近平法治思想转化为中国的法治现实。让百姓能够自觉运用习近平法治思想处理生活中的现实问题，用习近平法治思想指导自己的行动。徒法不足以自行，只有理论、只有规则，没有行动、没有实践，理论和规则无法产生它应有的作用。中华民族的伟大复兴不是想出来的，不是说出来的，而是干出来的。习近平法治思想只有通过法治人的法治实践才能转化为现实，才能放射出无限的理论光芒。

习近平法治思想应该成为公检法等机关的日常工作指针。“习近平法

〔1〕 周佑勇：《深刻把握习近平法治思想的鲜明主题》，载《红旗文稿》2021 年第 19 期。

〔2〕 王天民、谢图南：《习近平法治思想的理论特质、内在意蕴与实践要求》，载《湖南师范大学社会科学学报》2021 年第 5 期。

治思想坚持以人民为中心的发展理念,把实现人民美好生活向往作为根本价值,强调不断提高尊重和保障人权水平。”[1]习近平法治思想应该成为立法、执法、司法的灵魂,能为司法机关的具体工作指明正确的政治方向。习近平法治思想应该体现到每一个案件的办案工作全过程,应该为立法工作奠定科学的基础,为执法工作充填为民服务的底色,为司法工作注入公正廉洁的基因,为全民守法奠定最广泛的思想基础。

二、原　　则

(一)服务实践原则

要在法治实践的第一线宣传习近平法治思想。习近平法治思想要在宣传中实践,要在实践中宣传。用习近平法治思想指导法治实践,用法治实践来宣传习近平法治思想。习近平法治思想不是枯燥的教条,现实性和实践性是其最鲜明的特征。宣传习近平法治思想不是坐而论道,不是传授条条框框。宣传习近平法治思想的目的是用习近平法治思想指导法治实践,实现公平正义。服务法治实践是宣传习近平法治思想的终极目的。

要用法治实践去诠释习近平法治思想。法治实践包括立法、执法、司法、守法、法治监督。法治实践的过程既是践行习近平法治思想,也是用行动诠释习近平法治思想。习近平法治思想既是深奥的理论,更是实践的哲学。单纯的说教很难明确地表达习近平法治思想的精髓。只有鲜活的法治实践才能凸显习近平法治思想的本质。实践性是习近平法治思想最鲜明的特征。法治实践是宣传习近平法治思想的最好课堂。“习近平法治思想强调必须保证权力真正为人民所有,为人民所用。强调要进一步完善法律,以规范权力运作,建立以权力制约权力的机制,并通过监督机构的高效运作和拓展公民的政治权利范围,加大对权力运行的监督力度。”[2]

(二)精准施策原则

对不同的对象,应该采取不同的方式宣传习近平法治思想。做到精准投放,分类施策。不同年龄阶段的人有不同的思想,不同职业的人有不同的境

---

[1] 汪习根:《论习近平法治思想中的美好生活权利》,载《政法论丛》2021年第5期。

[2] 胡玉鸿:《习近平法治思想中权力运行制约和监督理论》,载《江淮论坛》2021年第5期。

遇。应该根据他们的思想特点,制定不同的宣传教育策略。宣传本身不是目的,改造被宣传者的思想,让被宣传者接受习近平法治思想才是目的。

对未成年人宣传习近平法治思想,应该更多地用快乐教育法。未成年人年龄小、见识少,思想如同一张白纸,简单、单纯,有较强的接受能力。针对不成熟的未成年人就应当循循善诱。对未成年人宣传习近平法治思想,应以讲述《未成年人保护法》《妇女儿童权益保护法》及其相关案例为内容。对未成年人宣传习近平法治思想的首要目的是让未成年人具备保护自身合法权益的意识。未成年人心智发展不成熟,容易受到错误思想的毒害,在社会上容易受到坏人的侵害。针对这种情况,保护未成年人身心健康,应该成为宣传习近平法治思想的首要目的。

对大学生宣传习近平法治思想,要更多用循循善诱的教育方法。对大学生、研究生宣传习近平法治思想,以讲授《宪法》的精神及其相关案例为基本内容。大学生、研究生是社会的栋梁,其承担着振兴中华,实现中华民族伟大复兴的重任。大学生和研究生的年龄普遍在18~28岁,处于人生观和价值观形成的关键时期,其对世界、对人生有非常强烈的好奇心,我们需要用习近平法治思想塑造其正确的人生观、世界观、价值观。中国《宪法》及其相关案例是比较好的教材。

对法治人宣传习近平法治思想,应该多强调服务人民的初心。法治人包括立法者、司法者、执法者、法律服务者。法治人是法治建设的中坚力量。法治人掌握国家权力,其一言一行代表国家,其思想和行为对公平正义的实现具有举足轻重的作用。法治人具有较高的理论水平,丰富的实践经验。习近平法治思想最重要的指导对象应该是法治人。习近平法治思想对法治人进行法治工作具有宏观性的指导价值。对法治人宣传习近平法治思想,应以讲授习近平法治思想的原理为基本内容,尤其要突出为人民服务的关键点。“习近平法治思想中的司法观建立在我国长期司法改革实践基础之上,具有很强的实践品格,是推动我国司法改革纵深推进的基础理论和根本遵循。”[1]法治人要坚持用习近平法治思想处理日常事务,进

〔1〕 王孟嘉:《习近平法治思想中的司法观:理论命题与实践品格》,载《重庆大学学报(社会科学版)》2022年第1期。

行立法、执法、司法、守法。

对普通成年人宣传习近平法治思想,应当多讲授实例。普通成年人见识多、逻辑思维能力强,其思想往往较为复杂。针对普通民众,增强民众的权利意识,增强民众的守法意识,预防违法犯罪,是宣传习近平法治思想的重要目的。对普通公民宣传习近平法治思想,应以讲授刑法、民法案例为主。抽象的理论讲述不太适用于对于普通民众的法治宣传。现实的案例、判决更具有鲜活性,易知性。将习近平法治思想融入这些鲜活的案例,进行宣传教育,会起到更好的宣传效果。

(三)寓教于乐原则

宣传习近平法治思想要善于运用快乐的元素。习近平法治思想既是严肃、深奥的理论,也是与人民生活密切相关的行动指南,与法治密切相关的经验总结。喜闻乐见的表达是将习近平法治思想的抽象理论武装群众头脑的捷径之一,轻松幽默的表达能让人们更快、更好地接受。习近平法治思想的传播者在传播习近平法治思想时应当辅以快乐的元素,应当擅于将革命乐观主义精神融入习近平法治思想宣讲之中,应当用快乐的元素激发人们学习的积极性主动性,形成人人争学习的良好氛围。

宣传习近平法治思想要坚持艺术化表达原则。宣传习近平法治思想方式有二:一是正襟危坐的讲授;二是将习近平法治思想融入文学艺术作品,让人们在欣赏文学艺术作品的过程中,潜移默化的接受习近平法治思想。后一种宣传方式往往会起到意想不到的宣传效果。传播习近平法治思想,应当善于运用艺术化的表达手段,比如,用小品、歌曲、相声、电影、电视、短视频等方式来宣传习近平法治思想。艺术往往能将习近平法治思想带入人们心灵的更深处。

宣传习近平法治思想要既讲理论又讲案例。习近平法治思想的表现方式有两种,一种是理论和规则,另一种是案例与判决。理论与规则是抽象的习近平法治思想,案例与判决是具体化的习近平法治思想。理论和规则具有抽象性、概括性的特点,更容易为民众所记忆。案例与判决有形象化的特点,更容易为民众所阅读与接受。宣传习近平法治思想,应该先宣传形象的案例与判决,让民众理解习近平法治思想,后宣传抽象的理论和规则,让人们记住习近平法治思想。

三、方　　法

(一)“单刀直入”

宣传习近平法治思想要充分、直接、明确,要理直气壮,要敢于亮剑。宣传习近平法治思想要秉持全力以赴的原则。宣传习近平法治思想要动用一切可以动用的宣传工具,采取一切可以实行的宣传手段,动员一切可以动员的宣传力量,不做任何保留。

要突出宣传正面的人和事,突出宣讲正能量,要集中力量弘扬真善美,抨击假恶丑。要敢于直面宣传,不拐弯抹角,不遮遮掩掩,敢于亮明身份,敢于伸张正义。习近平法治思想是指导法治建设的准则,其生命在于惩恶扬善,其使命在于保护人民。在伸张正义的第一线宣传习近平法治思想能起到最好的效果。

宣传习近平法治思想要坚持全面宣传的原则。全面介绍宣传习近平法治思想的内容,向全体国民宣传习近平法治思想,做到没有遗漏,不遗漏一个人,不遗漏一条准则。宣传习近平法治思想既要宣传原理,也要宣传案例,既要宣传现实,也要宣传历史渊源。要尽可能让群众全面、客观地了解习近平法治思想。

(二)潜移默化

宣传习近平法治思想要坚持细水长流,润物细无声。改造人的思想就像攻城,有的城一攻即下,有的城必须长期围攻才能拿下。这是一个系统工程,有的群众思想工作比较好做,有的群众接受慢一点。宣传习近平法治思想需要有耐心:有方法,可以用直接的说服教育的方法,也可以用潜移默化的方法。说服教育是解决思想问题的方法之一,其优点是直接,但有的时候其效果并不显著。潜移默化的方法是指将习近平法治思想包含于文学艺术作品之中向群众宣传,群众在欣赏文学艺术作品的时候,会不知不觉地接受。文学、艺术具有传播意识形态的重要作用,文学、音乐、美术、曲艺,都是潜移默化宣传的好工具,要善于运用文学艺术来宣传习近平法治思想。

宣传习近平法治思想应该坚持中国的立场、人民的立场。解决问题的立场有很多,有不同阶级的立场,有不同地域的立场,有国内和国际的立场,有部分和全面的立场,有不同主体的立场。站在不同的立场,观察同样事物能得出不同的结论,“横看成岭侧成峰,远近高低各不同。”对于同一个问题,不同的主体以不同的立场,采用不同的思考的方法,为不同的目标,自然会得出不同的结论,宣传习近平法治思想的立场应该是人民的立场、中国的立场。

(三)久久为功

宣传习近平法治思想应当坚持持续化原则,久久为功。传播习近平法治思想不能一蹴而就,而应该天天讲、月月讲。宣传习近平法治思想的过程不应该是一个疾风暴雨的过程,而应该是一个润物细无声的过程。思想的转变并不是一蹴而就的,需要一个过程。用习近平法治思想武装民众的头脑,急不得,应该有耐心,坚持不懈。

宣传习近平法治思想要坚持顶层设计,总体规划,由浅入深,步步深入,日拱一卒,持续进行。要实现一张蓝图画到底。章程、计划、步骤、手段、方式都要明确规定,在中央如何宣讲,在地方如何宣讲,在学校如何宣传,在企业如何宣传,在政府机关如何宣传,都要规定得清清楚楚。作为一项系统工程,宣传习近平法治思想不能一蹴而就,而必须做长期的打算,长期坚持,步步为营,逐步深入。要有计划、有步骤、有目的地逐步推进习近平法治思想的宣传教育。

宣传习近平法治思想要有坚持不懈、踏踏实实的行动。真理要化为人们的行为,进入人们的头脑,不能只讲一遍,而要翻来覆去地讲。内容要不停地重复,变换形式地重复,形式可以变,但内容不能变。要有咬定青山不放松的精神,不怕麻烦,不辞辛苦,不怕抱怨,不计得失,一心一意,终能取得好的结果。

(四)相似相溶

宣传习近平法治思想要善于利用相似相溶的原理。理论输入有相似相溶的原理。如果一项理论和被宣传者头脑中已有的知识是相似的,那么被宣传者就比较容易接受这项理论。如果一项理论和被宣传者头脑中的理论是相反的,则这项理论是非常难以进入被宣传者头脑的。宣传习近平法治思想的时候,应该多引用毛泽东思想和中国传统文化,多引用现实的案例、现实的情况。这样做能够大大提高宣传的效果。

要用新时代的伟大成就证明习近平法治思想的合理性。在宣讲习近平法治思想的过程中,我们应该善于利用各种数据方法,结合时代的主旋律来证明它的合理性,从宏观的角度来论证它的合理性,用促进经济发展来证明它的价值,用消费的增长来证明它的价值,用数据来证明它的精准性,用经济发展的速度来证明它的合理性,用人民生活水平的提高来证明它的合理性,用衣食住行的今昔对比来证明它的合理性。要善于从各种角度,包括个人的角度和整体的角度来证明习近平法治思想的正确性。

(五)与时俱进

宣传习近平法治思想要坚持与时俱进,善于运用新理论、新案例。要善于创新,善于讲新故事,讲新案例。新的理论、新的案例、新的故事更有感染力和吸引力,能起到更好的宣传效果。

宣传习近平法治思想要善于运用新方法、新观点、新视角、新思路。思考的方法有很多,观察问题的视角有很多,解决问题的方法有很多,有静态的,有动态的,有全面的,有片面的,有辩证的,有形而上学的,要找到最有利于宣传习近平法治思想的那个方法去论证。事物有很多方面,要抓住其中最有利的一个方面,突出它,强调它,能起到意想不到的作用。观察事物的角度有很多,找到最有力的那个角度强调它,思考的方法有很多,不同的思考方法会得到不同的结果,要找到最有利的那种思想方法,充分运用它。用一切可能运用的手段去大力宣传习近平法治思想。

四、路　　径

(一)师出有名,理论先行

宣传习近平法治思想要突出理论性,充分论证。名正则言顺,言顺才能事成。名不正,则言不顺,言不顺,则事不成。出师有名是成功的前提。出师无名,则该事无法为民众所认可与支持。徒法不足以自行。法律规则、政策本身是无法变成现实的。法律规则、政策要变成现实,必须通过民众的行为才能实现。如果民众在思想上没有接受该法律,民众可能公开反对该法律规则,使规则完全落空,也可能阳奉阴违,使该法律在执行过程中效果大打折扣。无论是民众的公开反对,还是阳奉阴违,法律都会形同虚设。所以,事前应将该事的价值给民众讲清楚,认真做好民众的思想工作,使大部分民众认为该理论是正确的,这是把事情做成的前提。宣传习近平法治思想,我们必须将其价值讲清、讲明,反复讲,以此坚定民众学习、贯彻的信心和决心。

(二)先入为主,抢占阵地

宣传习近平法治思想应该从娃娃抓起,从年轻人抓起。教育有先入为主的规律。教授理论的最好时机是受教育者在相关领域一无所知。如果他的大脑已经被其他的理论占据,你的理论再讲给他听,该理论就比较难进入他的头脑。应该抓紧时间,用习近平法治思想去武装未成年人的大脑。大中小学校应开设习近平法治思想这门课程,要聘请专业的教师来教授。开设习近平法治思想课程,让每个学生学习习近平法治思想课程。应考虑设置习近平法治思想的内容。

应该把宣传习近平法治思想与实现中国梦,实现中华民族伟大复兴相结合,充分说明习近平法治思想的重要性。客观规律和社会的根本特征充分证明了习近平法治思想的正确性。应该使人们充分的接受与信服该理论。要学会用国际的视野来描绘习近平法治思想的壮美,用国际的价值来烘托其成就,用通用的价值来证明其合理性,用现实的困难来证明其作用,用后果的严重性来证明其重要性,用历史的失败来证明其迫切性,用历史的成绩来证明其正确性。

(三)明确规则,精心组织

要把宣传习近平法治思想提高到基本国策的高度。必须长期坚持宣传习近平法治思想,用习近平法治思想指导立法、执法、司法、守法和法律监督。贯彻习近平法治思想的前提是宣传习近平法治思想。只有让每个人都掌握习近平法治思想,才可能让习近平法治思想落到实处。习近平法治思想不是生硬的教条,是法治建设的利器,是革命建设的工具,是能够指导实践的真理。真理只有被群众掌握才能发挥最大的作用。

要确立宣传习近平法治思想的基本纲领。把宣传习近平法治思想的主体、内容、方式,对象制度化、法治化。宣传的纲领要简明扼要,具有可操作性,让人一读就懂,一用就灵。要将宣传习近平法治思想的任务落到实处,责任到人。要将宣传的内容细化、通俗化、理论化,要积极探索、创新宣传方式、宣传手段,做到不忘初心,守正创新。

要建立一支强有力的队伍,专门负责宣传习近平法治思想。首先,要科学立法,实现习近平法治思想的宣传有遵循、有规章、有法可依。其次,徒法不足以自行。有了宣传的规则,还必须配备忠诚的宣传队伍。在各级单位,包括政府系统,学校系统,企事业单位系统中设立专门的习近平法治思想宣传队伍。建立强有力的宣传队伍,要注意构建自上而下坚强的层级领导,明确各级责任,把习近平法治思想不折不扣地宣传到位。

要全国一盘棋,坚持全国总体设计来宣传习近平法治思想。每个地方,每个单位都按照总体的宣传纲领和总体设计来宣传习近平法治思想。宣传习近平法治思想要多强调全国的统一性,少讲地方性,少讲特殊性。宣传习近平法治思想要实现顶层设计与层层落实相结合。实现点对点宣传,精细化宣传,全民化宣传与网格化宣传。每个单位都要压实责任。习近平法治思想的宣传在全国要实现一个标准、一个模式。

要配备强大的物质基础来宣传习近平法治思想。应该建立专门的基金会,为宣传习近平法治思想提供物质保障。宣传不是一句空话,需要大量人力、物力、财力的投入。没有财力的保障,一切的宣传都无法开展。每年财政应该拨付一定的资金,专门用于宣传习近平法治思想。要建立专门账户,实现专款专用。

实现习近平法治思想宣传效果量化与可视化,并将其与官员的政绩考核相挂钩。习近平法治思想的宣传不是一句口号,而是要将习近平法治思想落到实处,将习近平法治思想转化为官员和百姓的行为。推进习近平法治思想落地的最好方式是将宣传效果量化,并将之与地方官员的政绩考核相挂钩,充分发挥各地官员、各级官员宣传、实践习近平法治思想的积极性和主动性。“以习近平法治思想为指导,充分发挥法治中国建设理论对实践的引领作用,必须坚持顶层设计与尊重基层实践创新相统一,坚持目标导向与问题导向相统一,坚持指标评估、注重法治建设效益与人民群众安全感、获得感、幸福感相统一。”〔1〕

(四)贴近群众,喜闻乐见

学术性是宣传习近平法治思想的先导。“习近平法治思想是党的十八

〔1〕 江必新、李洋:《习近平法治思想关于法治中国建设相关论述的理论建树和实践发展》,载《法学》2021年第9期。

大以来以习近平同志为核心的党中央对全面依法治国、建设社会主义法治国家的深刻总结和理论创新,是马克思主义法治理论与中国法治建设实践相结合的最新理论成果,在中国法治建设史和世界法治理论发展史上具有里程碑意义。”[1]宣传习近平法治思想要有理论深度。习近平法治思想是能够解决中国社会现实问题的科学思想。应当以严谨、科学、求实的态度来研究、宣传。要避免随意化,主观化,要做到严谨、科学,要做到宣传全国一盘棋,一套思想、一种理论、一套教材讲到底。在宣传习近平法治思想的过程中,要注重说理和论证,要实现以理服人。习近平法治思想最突出的特点是理论性、科学性、实践性、民族性、人民性、真理性。在宣传习近平法治思想的过程中,要注重凸显这些特点。

教材是宣传习近平法治思想的最有力武器。学校的教材,尤其是9年义务制教育的教材,是每个公民都必须阅读的材料。教材可以决定一个国家的文化走向,教材可以决定青少年的思想意识。要充分注重教材的影响力和作用,将习近平法治思想写入教材。小学、初中、高中、大学、研究生,每个教学阶段都必须包括习近平法治思想的内容。相关的案例可以在小学课本中出现,相关的规则可以在中学课本中出现,相关的理论可以在大学课本中出现。由浅入深,步步深化,潜移默化改造学生的思想意识形态。

通俗化和艺术化是宣传习近平法治思想的捷径。宣传习近平法治思想的语言要简练、精确。宣传习近平法治思想的语言更要生动具有感染力。宣传的语言要让普通群众一听就懂,一看就会,一用就灵。习近平法治思想要进歌曲,进电影、电视、广播,进文艺作品,进小品,进短视频。要善于用民谣、儿歌、口号来宣传习近平法治思想。要充分发挥文艺作品的艺术魅力和感染力,擅于用小品、相声等曲艺作品来表达习近平法治思想的精髓,擅于用电影、电视来阐述习近平法治思想的内涵。要抓住短视频的风口,将习近平法治思想做成短视频,用潜移默化的方式来影响观众。要善于用歌曲将习近平法治思想融化到百姓的内心。

---

[1] 何晓斌:《习近平法治思想的丰富内涵——习近平法治思想学术研讨会综述》,载《山东社会科学》2021年第10期。

习近平法治思想指导下的涉农法治人才培养机制创新研究*

周德军**

摘　要：习近平法治思想是新时代法治国家建设的指导思想，全面指导中国经济、社会法治发展。“三农问题”是新时代中国社会发展的重大问题，涉农法治人才是新时代中国农业农村社会发展的重要人力资源保障。坚持习近平法治思想，探索新时期我国涉农法治人才培养的机制创新和模式创新，是全面贯彻落实习近平法治思想的重要内容。江苏大学法学院开设现代农业农村法学微专业，是在习近平法治思想指导下，开启新时代涉农法治人才培养的重要探索。新时代涉农法治人才培养是一项系统的工程，坚持习近平法治思想指导，积极推进新时代涉农法治人才培养机制创新，培养优秀的涉农法治人才，具有重要的理论价值和实践意义。

关键词：习近平法治思想　涉农法治人才　现代农业农村法学　微专业　人才培养机制

习近平法治思想是在中国特色社会主义法治建设伟大实践中创立的

* 基金项目：2021 年首批江苏高校新文科研究与改革实践省级重点培育项目“推进新文科与新农科融合发展　培养高素质乡村振兴人才的探索与实践”（文件编号：苏教办高函〔2021〕13 号，序号 36）；2021 年度江苏省高校哲学社会科学研究一般项目“江苏乡村法治人才培养体系研究”（项目批准号：2021SJA2067）；2020 年度江苏大学高等教育规划发展研究课题“高校课程思政建设提升路径与模式创新研究”（课题编号：G202018）；2020 年度江苏大学思想政治教育研究院开放课题重点课题“高校‘思政课程’与‘课程思政’协同育人研究”（批准号：KFZD002）；江苏大学 2021 年微专业建设项目“现代农业农村法学”（文件编号：江大教〔2021〕57 号，序号 9）；2021 年度江苏大学高等教育规划发展研究课题“江苏大学学科交叉融合体制机制研究”（项目编号：G202114）阶段性成果。

** 作者简介：周德军（1978～），江苏大学法学实践教学协同创新中心副教授，硕士研究生导师，江苏大学现代农业农村法学微专业负责人，从事法学教育研究。

科学理论体系。[1] 2020 年 11 月 16 日至 17 日,党中央召开了中央全面依法治国工作会议,这是我国社会主义法治建设进程中具有里程碑意义的一次重要会议。这次会议最重要的成果是正式明确提出了“习近平法治思想”,并将习近平法治思想确定为深入推进全面依法治国、建设法治中国的指导思想和根本遵循。[2] 习近平法治思想既是党的十八大以来以习近平同志为核心的党中央通过法治方式治国理政的集体智慧的结晶,是中国特色社会理论建设和实践的重要成果内容,也是习近平总书记作为马克思主义理论家、思想家对法治中国建设实践的全面和系统的法理思考,兼具党的集体领导与领袖个人贡献两方面的理论生成要素,是马克思主义法治理论中国化的最新成果,也是中国特色社会主义法治理论的新形态、新发展。[3] 习近平法治思想是指导我国城乡法治社会发展的重要指导思想,乡村振兴战略的稳健推进离不开习近平法治思想的指引。坚持习近平法治思想,为新时代乡村振兴培养优秀的涉农发展人才,是我国高校法治人才培养的重要创新和有力突破。创新涉农法治人才培养机制,是新时代习近平法治思想贯彻实施、落地生根的重要内容。目前,国内专门围绕涉农法治人才培养开设专业的高校还不多见,开设涉农法治人才培养微专业,是一项积极有益的探索和尝试。

一、乡村振兴与涉农法治人才培养的时代背景

习近平法治思想凝聚着鲜明的时代价值,彰显了人民主体的权利精神、尊重规律的科学精神、和谐包容的人文精神、社会公平的法理精神。[4] 习近平同志指出:“人民幸福生活是最大的人权。”这一思想紧扣人权主体由其自然属性和社会属性产生的对美好生活的期望。[5] 习近平法治思想坚持以人民为中心。“三农问题”是中国社会的核心问题,其本质在于广大

---

〔1〕 参见张文显:《习近平法治思想的理论体系》,载《法制与社会发展》2021 年第 1 期。

〔2〕 参见苗炎:《以习近平法治思想为指导,不断开创法治中国建设新局面》,载《法制与社会发展》2021 年第 1 期。

〔3〕 参见莫纪宏:《习近平法治思想“十一个坚持”的法理逻辑结构与功能透析》,载《新疆师范大学学报(哲学社会科学版)》2022 年第 2 期。

〔4〕 参见汪习根:《论习近平法治思想的时代精神》,载《中国法学》2021 年第 1 期。

〔5〕 参见刘海年:《习近平法治思想与人权保障制度建设》,载《人权研究》2021 年第 1 期。

农民的根本利益，坚持习近平法治思想，推进乡村振兴战略，是全面依法治国战略在当代中国农村的有效践行。习近平法治思想作为当代中国马克思主义法治理论，其理论体系缔造缘于实践经验的总结、理性观念的凝练、理论认知的升华。[1] 习近平法治思想源于实践，运用于实践。党的十九大以来，乡村振兴战略如火如荼积极推进，正是中国共产党坚持人民利益至上的直接体现。乡村振兴，人才支撑是关键，治理有效是基础，涉农法治人才队伍是保障。坚持习近平法治思想为指引，培养优秀的涉农法治人才，是我国乡村社会发展的重要人力资源保障。《农民专业合作社法》等农业专业领域法律的出台和实施，是农业经济发展的重要法治保障；《乡村振兴促进法》的颁布实施，是我国乡村法治建设的又一重要事件，为乡村振兴战略的积极实践注入新的活力。习近平法治思想中的司法观建立在我国长期司法改革实践基础之上，具有很强的实践品格，是推动我国司法改革纵深推进的基础理论和根本遵循。[2] 涉农法律的科学立法、严格执法、公正司法、全民守法，是新时代农业农村法治化进程的重要内容，必须依托优质的涉农法治人才队伍。坚持习近平法治思想指导，培养新时代涉农法治人才，为人民群众提供优质的法治服务，这既是乡村振兴本身的具体内容之一，也是乡村振兴的法治建设的人力资本保障。

二、乡村振兴进程中涉农法治人才培养现状与原因分析

（一）涉农法治人才供给数量明显不足

法律职业资格考试历来被称为“中国第一考”，其通过难度广为公认。现阶段，法治人才是我国社会人力资源中的稀缺资源，经济、金融等领域的法律服务往往具有较高的经济效益。相关从业的法治人员往往被认为是社会的高收入群体。农村的法律纠纷往往更多融合了农村乡土社会的传统特点，用“鸡毛蒜皮”形容普通农民民间纠纷不为过。服务农村法治需求往往被认为是较低档次的法律工作。事实上，随着我国乡村振兴战略的持

〔1〕 参见童成帅：《生成机理·科学内涵·实践导向：习近平法治思想的三维解读》，载《重庆邮电大学学报（社会科学版）》2022 年第 3 期。

〔2〕 参见王孟嘉：《习近平法治思想中的司法观：理论命题与实践品格》，载《重庆大学学报（社会科学版）》2022 年第 1 期。

续推进,涉农纠纷将不仅仅是农民之间的普通民事纠纷,还涉及农产品生产、销售,农村社会治理和产业发展等诸多方面的法律问题,其中不乏农产品生产营销等领域的案件纠纷。尽管已有法律从业人员将目光转向农村法治服务市场,但是就其总量而言,涉农法治人才在我国现有法制人才队伍中所占的比例总体较低。乡村振兴战略推进,必将带来更多的"三农"法治需求,坚持习近平法治思想指导,增加涉农法治人才培养已经迫在眉睫。

(二)涉农法治人才培养意识明显不足

高校对法治人才培养的目标是服务于社会法治需求,长期以来的社会法治需求往往被理解为公司企业等经济主体的法治需求。涉农的民事纠纷等往往被视为"小案件",不受重视。从学校对毕业学生的校友资源的认同程度来看,高校希望培养优质的上层法律工作从业人员。在法治专业人才培养过程中,侧重于经济、金融方面的法律理论和实践应用能力的培养,主要开设针对工业经济的相关法律实务课程,对涉农法律往往很少涉及甚至从不涉及。习近平法治思想认为,应坚持建设德才兼备的高素质法治工作队伍,就明确了法治人才的培养,不仅应该包括服务城市经济发展建设的专业法治人才,还应该包括服务于乡村振兴的涉农法治人才。目前,高校在法治人才培养过程中,注重法治人才培养过程中的理论与实务相结合,注重专业方向的凝练和特色方向的拓展,但是涉农相关领域很明显还存在很大的提升空间。从调研统计的情况来看,我国绝大多数的地方高校显然尚未确立涉农法治人才培养的意识,成为制约涉农法治人才培养的重要因素。

(三)涉农法治人才师资队伍明显不足

目前,我国高校尚缺乏专业的涉农法治人才师资力量,主要的依托仍然是现有法学院的师资力量,讲授的内容仍然是以传统的法律专业知识为主要内容。涉农法治人才不仅需要具备涉农额特色法律专业理论知识,而且需要掌握农业产业、农业产品、农民纠纷等专业领域的法律实务基础和实践技能。在处理涉农纠纷时,农业专业基础知识和农业传统文化理念等皆是不可或缺的知识储备。现有高校法学专业人才培养体系,很显然尚未涵盖这些内容。农业农村发展过程中长期形成和积累的涉农纠纷,具有明显的"农"字特色。农业发展基础薄弱,农民法治意识淡薄,农村法律纠纷繁杂,解决这些涉农法律问题必须要经历专业的涉农法治培训。而我国目前的高校显然不具备专业的涉农法治人才师资队伍。在涉农法治人才培养的起步阶段,师资问题已然成为制约涉农法治人才培养的重要因素。

(四)涉农法治人才培养资源明显不足

在高校的法学教学中,专业理论讲解仍然是主流的人才培养模式。涉农法治人才培养不仅面临涉农专业理论建设和涉农法治专业教材的不足,同时,还面临专业学习网络资源和平台建设的不足。涉农法治人才培养需要更多的农业法治实践资源,现有的高校重视程度和农村经济发展需求,很难满足涉农法治人才实践教学需要的实践实习基地建设需求。在现有的网络教学资源中,也甚少涉及涉农法治人才培养的教学资源。教育资源建设平台往往忽视相关产品的开发与营销,正是这一现状的真实写照。事实上,在理论研究领域,涉农法治人才是近年来出现的新的专业法治人才培养方向,涉农法治人才培养目标的模糊,广大农村法治市场尚未充分开发健全,相关专业理论知识尚未形成体系,高校在能否培养出涉农法治人才问题上仍然存在较大的游离,涉农法治人才教学资源的贫乏和经济管理类教学资源的泛滥,已然形成鲜明对比。

(五)涉农法治人才培养投入明显不足

涉农法治人才培养是一项系统的工程,需要配备优质的教师资源、教学平台和实践基地,这些资源的建设和完善都需要大量的资金投入。涉农法治人才队伍服务乡村振兴和产业发展,其社会价值远远大于经济价值,缺乏长远眼光的人才培养价值追求往往对此视而不见。目前,在高校的专业建设中,往往侧重于短期见效快的理工科热门专业,几百万元甚至上千万元的投入毫不吝啬,法学等文科专业建设资金本身就捉襟见肘,三五万元的投入亦极其吝啬。对于长远社会效益重大、短期经济效益不足的涉农法治专业,高校不愿投入哪怕甚少的资金。尽管在国家卓越法治人才培养建设目标中提出要加强基层法治人才培养,但是目前很少高校明确提出设立专门面向农业农村社会的法治人才培养方向。涉农法治人才培养资金投入不足,客观上制约了涉农法治人才的培养的物质基础建设,影响了涉农法制人才创新培养机制建设。

三、江苏大学现代农业农村法学微专业与新时代涉农法治人才培养模式创新与探索

习近平法治思想是在中国特色社会主义法治建设伟大实践中创立的科学理论体系,覆盖了城乡一体化的整个进程,其内涵丰富、论述深刻、逻辑严密、系统完备,在概念上系统集成、在话语上自成一体、在逻辑上有机衔接。〔1〕坚持习近平法治思想,探索新时代涉农法治人才的培养机制创新,是新文科与新农科融合发展,培养高素质乡村振兴法治人才的重要探索。江苏大学是国内知名的传统农机院校,江苏大学法学院结合自身发展特点和学校“农”字特色,申请开设了现代农业农村法学微专业,面向全校进行招生,旨在为社会培养涉农法治人才,是新时代涉农法之人培养的有益尝试。

(一)现代农业农村法学微专业的目标定位

现代农业农村法学微专业以涉农法学课程作为教学的主干科目,专业开设将为具有“知农爱农”农业情怀、心怀“公平正义”法律理想的学生提供了解学习掌握我国现代农业农村社会发展和经济运行过程中的基础法律知识的平台,通过微专业朱主干课程的学习,学生能够熟悉农村社会保障法律、农村社会法治与基层治理、农村生态环境法律理论,掌握相关农业经济法律、农业机械法律、农业知识产权法律实务,从而培养良好的“农业+法学”综合素养、具备农业法律实务应用能力的江苏大学特色新农科法律人才。现代农业农村法学微专业以服务乡村振兴为主要目标,着力解决涉农法律纠纷,是新时代特色法治人才的重要创新。

(二)现代农业农村法学微专业的课程设置

根据《江苏大学微专业建设与管理办法(试行)》的规定,每个微专业需开设5~8门课程,总学分控制在15学分左右,每门课程原则上为2~3学分。现代农业农村法学微专业目前开设的专业主干课程包括农业机械法律实务、农业经济法学、农业知识产权法律、农村生态环境法律、农村社会保障法学、农村法治与基层治理六门课。在所开设课程中,农业机械法律

---

〔1〕 参见张文显:《习近平法治思想的理论体系》,载《法制与社会发展》2021年第1期。

实务为江苏大学涉农特色法治课程,农业经济法学为农业经济基础法律课程,农业知识产权法律着眼现代农业科技发展专业法律课程,农村生态环境法律立足农村生态文明法治发展,农村社会保障法学立足广大农民社会保障法治问题,农村法治与基层治理关注乡村治理现代和治理能力提升。此外,微专业还将开设涉农法治实践课程,全面培养学生的涉农法律理论和实践能力。

(三)现代农业农村法学微专业的师资配备

目前,江苏大学现代农业农村法学微专业的开设主要是以法学院现有师资队伍为核心教学成员,同时吸收财经、管理学院的优质师资资源,尤其是知识产权学院的涉农研究专家共同组成。目前,学校尚未具备专业的涉农法治教师队伍,主要是以教师的个人研究方向和涉农法治服务相结合,打造涉农法治课程。现有教师对江苏大学的农业农机特色有深刻的了解和理性的认知,负责开设的课程能够立足于江苏大学的农业机械特色,以及现代农业知识产权发展的法治需求。基于现有师资力量和研究方向,微专业建设过程中重点打造农业机械法律实务和农业知识产权作为专业建设的核心重点课程。

(四)现代农业农村法学微专业的经费投入

现代农业农村法学微专业是江苏大学系列微专业中的一项,根据《江苏大学微专业建设与管理办法(试行)》的规定,学校为微专业提供3万~5万元建设和管理经费。鼓励学院为微专业建设提供配套经费,确保微专业建设工作顺利开展。此外,为了保障微专业的优先建设和顺利运行,学校支持现代农业农村法学微专业进行课程教材建设,在培育校级精品课程和重点教材时,同等条件下优先立项。现代农业农村法学微专业课程教学工作量与学校同类课程同等计算。年终对评估合格的微专业给予绩效和教学管理补贴,鼓励教师积极参与微专业建设。

(五)现代农业农村法学微专业的开设问题

就江苏苏大学现代农业农村法学微专业开设的现状而言,目前,现代农业农村法学微专业开设过程中主要存在前期资金投入不足、教学平台建设不足、现有师资力量不足、学生选课兴趣不足等现实问题。尤其是涉农领域的法治问题社会效益明显大于经济效益,选课人数较少。在后续的课程建设周期,如何采取积极有效的措施,引导学生树立正确的法治服务价值观,积极投身乡村振兴法治实务,增加选课人数,是高校涉农法治人才培养过程中必须面对的难题和长期坚持的任务。

四、习近平法治思想指导下的涉农法治人才培养机制构建

(一)构建思想引领机制:坚定习近平法治思想的指导是前提

习近平法治思想深刻揭示了社会主义法治的先进性和优越性,习近平法治思想核心要义认为,坚持中国特色社会主义法治体系是全面依法治国的总目标和总抓手,涉农法治人才是新时代社会主义人才培养的重要组成部分,是中国特色社会主义法治体系的人才保障的重要内容。中国特色社会主义法治的基本理论是习近平法治思想的理论内核,[1]新时代中国特色社会主义人权发展的进路选择,是以"发展促人权",即在国家发展、民族复兴和人民幸福的进程中实现全体人民人权。[2] 农民问题是我国"三农问题"的核心和关键,农民权益保障是我国人权保障的重要内容。我国高校涉农法治人才培养必须坚持习近平法治思想的指导,这是建立完备的"三农"法律规范体系、高效的"三农"法治实施体系、严密的"三农"法治监督体系、有力的"三农"法治保障体系的根本指导思想。作为践行新时代"三农"法治思想的重要主体,习近平法治思想必须渗透融入涉农法治人才培养的全过程,以实现和保证德才兼备的高素质涉农法治人才的思想道德素质和法治职业素养,确保乡村振兴涉农法治人才的有效供给和有效供给。

(二)明确意识引导机制:树立涉农为农法治服务意识是根本

习近平法治思想涵盖全面依法治国的各领域全过程,乡村法治社会理论是其重要组成部分。[3] 乡村法治工作队伍建设理论是习近平法治思想的重要组成部分,是新时代乡村法治工作队伍建设的根本遵循。[4] 从目前的法治人才队伍的职业发展方向来看,金融、公司方面的法律实务因为经

[1] 参见张文显:《习近平法治思想的理论体系》,载《法制与社会发展》2021 年第 1 期。
[2] 参见汪习根:《习近平法治思想的人权价值》,载《东方法学》2021 年第 1 期。
[3] 参见陈柏峰:《习近平法治思想中的法治社会理论研究》,载《法学》2021 年第 4 期。
[4] 参见黄文艺:《论习近平法治思想中的法治工作队伍建设理论》,载《法学》2021 年第 3 期。

济前景广受欢迎，而冷门的领域则相对受到冷遇。涉农领域服务基层，服务农民，是法律职业领域中的冷门。习近平法治思想贯通了我们法治建设过去的经验、当下的聚焦和未来的远景目标，对乡村振兴具有伟大的实践指导意义，[1]具备全面性、政治性、人民性、正义性、统筹性、实践性和创新性等七个方面的理论特征。[2] 习近平法治思想坚持以人民为中心，认为全面依法治国最广泛、最深厚的基础是人民，坚持人民主体地位，坚持以保障人民权益为根本目的，坚持以维护社会公平正义为生命线。广大农民群体是我国人民的重要组成部分，涉农法治领域是我国社会主义法治的重要组成部分，是全面依法治国战略布局的重要一环。加强对涉农法治人才培养过程中的课程思政融入，教育学生树立涉农、为农的法治服务意识，扎根农村，服务"三农"的职业理念，坚持习近平法治思想服务农业、服务农村、服务农民的目标和方向，为新时代乡村振兴贡献法律人的力量。

（三）加强技术支撑机制：强调涉农教育信息技术运用是关键

习近平法治思想始终坚持以人民为中心的根本立场，贯穿良法善治、公平正义的根本观点，以及辩证统一的法治系统论方法，是马克思主义法治理论中国化的最新成果。[3] 新时代的农村社会，是农业现代与农业科技全面发展的社会，已经不再是传统与落后的代名词，农民对法治服务的需求已经贴上了技术的标签。新时代涉农法治人才必然具备时代性与现代性，培养涉农法治人才，必须有效运用现代化的教育信息手段，这是"互联网+"时代高等教育涉农法治人才培养的重要手段和工具。涉农法治服务是以农业农村生活生产实务为服务对象的法治实践活动，必须让学生有效地接触农业农村生产生活实践。运用虚拟实验室等现代教学工具，是突破时空限制的重要手段。涉农法治人才培养是一项系统工程，专业知识的学习和实践应用能力的提升不仅依赖于课堂教学课程的开设，实践应用环节的开展，通过涉农教育信息网络平台的有效运用，让学生深入理解和掌握

[1] 参见王旭：《习近平法治思想的历史意义、理论意义和实践意义》，载《中国高校社会科学》2021年第1期。

[2] 参见江必新：《习近平法治思想的逻辑体系与理论特征》，载《求索》2021年第2期。

[3] 参见周佑勇：《习近平法治思想的人民立场及其根本观点方法》，载《东南学术》2021年第3期。

涉农法治知识和司法实务,借助网络信息平台开展涉农案件模拟法庭、案例研讨、专家讲座等培养模式,是有效提升涉农法治人才培养质量的关键要素。

(四)强化师资培训机制:加强涉农法治人才师资供给是基础

强化师资培训机制是当前开创涉农法治人才培养新局面的现实需求。优秀的师资是涉农法治人才培养的重要保证。涉农法治人才培养是在专业师资队伍的有力保证下的人才产出,只有充足的师资队伍,才能保障涉农法治人才的优质培养。涉农法治人才培养教学团队应当坚持立德树人,师德师风好;教学经验丰富,教学能力与水平高,教学特色鲜明,能将涉农专业法治专业知识、法治实务能力培养、价值引领有机融合,这是加强涉农法治人才培养的前提和基础。加强涉农法治专业人才涉农方向培训是一项有效的途径。不仅是学生,从事涉农法治教学的教师也应走向农村,接触农村社会,体验农村生活,接触涉农实务,切实提升涉农法治理论讲授能力和涉农法律事务的教学能力。通过对这些现有教师的涉农领域专业培训,为涉农法治人才培养提供充分的师资来源,是涉农法治人才培养的现实需求和问题重点。长期从事涉农区域、涉农领域的法律理论和实务专家是涉农法治人才培养的重要的师资来源。地方院校可以尝试开展订单式的涉农法治人才培养模式,结合地方农业发展特色,邀请涉农法治专家结合地方农业发展过程中的特色需求,培养专业涉农法治人才。

(五)丰富资金支持机制:增加涉农法治人才培养投入是保障

新时代涉农法治人才建设的主要培养结构是高校。高校人才培养的根本依托在于专业建设,而专业建设的根本保障在于资金投入。目前,高校专业建设的着眼点主要还是高精尖的专业领域,涉农领域不受重视,涉农法治人才培养更加需要大量的资金投入保障。无论是涉农法治实践教学环节的开展,还是涉农专业师资的引进建设,都迫切需要政府和高校加大资金投入,用于涉农法治人才培养专业建设、人才引进和资源积累。高质量的涉农法治人才培养虚拟教研室等基础教学物质和平台的建设都需要强有力的资金保障。进入新时代,我国社会主要矛盾已经转化为人民日益增长的美好生活需要和不平衡不充分的发展之间的矛盾,广大农村农民对优质涉农法治服务的需求已经成为阻碍农村社会经济社会发展的重要影响因素。优质的涉农法治人才培养和供给将有效缓解直至解决这一矛盾。各级教育主管部门、高校及二级学院应充分保障涉农法治人才的基础设施建设和实践平台建设,着眼于我国农业农村社会的长远发展,为社会培养优秀的涉农法治人才。此外,建立联合涉农法治人才培养机制,订单式涉农法治人才培养机制亦是有益的创新和尝试。通过发动校友资源,建立涉农法治人才就业平台,拓展涉农法制人才就业渠道,都是解决资金投入不足的重要路径。有力的资金支持将确保涉农法治人才的优质产出,为新时代乡村振兴战略的有效推进提供优质的涉农法治人才供给。

结　语

乡村振兴战略是党的十九大以来我国农业农村发展的重大决策部署,坚持以习近平法治思想为指引,创新新时代涉农法治人才培养机制,是我国新时代农业发展的重要人力资源保障。积极回应农村和农民对涉农法治的新要求新期待,加强农业农村重点领域的立法、执法和司法,是应对新时代“三农”问题的重要举措。通过设置现代农业农村法学微专业等举措,探索涉农法治人才培养的有效路径,为我国农业农村发展培养优质的涉农法治人才,必将有效发挥习近平法治思想在三农领域的积极作用,是新时代乡村振兴战略法治保障的重要内容。

习近平法治思想指导下立法型法治人才培养探析*

苏海雨**

摘　要:依法治国的前提是制定良法,而这离不开高素质的立法型法治人才。当前,我国法学教育是以司法型法治人才为培养目标,立法型法治人才培养体系尚未健全,立法导向下的教学与实践机制还不健全。立法型法治人才应当学习贯彻习近平法治思想,掌握扎实的法学知识与立法技术,还应具备综合分析问题的能力。法学院校可以建立以学生为中心的教学实践机制,引入模拟立法课堂模式,创新法学教学方式,从而培养德才兼备的高素质立法型法治工作队伍。

关键词:习近平法治思想　立法学　立法型法治人才

一、习近平法治思想中关于立法的重要内容

习近平法治思想是全面依法治国的根本遵循和行动指南。习近平法治思想的核心要义是"十一个坚持",其中关于立法的内容指导着我国立法工作的具体开展。具体如下:一是党对立法工作的领导,体现在对立法工作中重大问题决策的领导。习近平总书记指出,"善于使党的主张通过法定程序成为国家意志、转化为法律法规,推进党的领导制度化、法治化、规

* 基金项目:江苏省教育科学"十三五"规划2020年度重点资助项目"新时代高校师生交往的软法规范研究"(项目编号:C-a/2020/01/06);南京审计大学校级高教研究课题"大学生入学即指导的导师制度构建研究"(项目编号:2021JG051);南京审计大学"课程思政"示范课建设项目"党内法规"。

** 作者简介:苏海雨,法学博士,南京审计大学法学院讲师,从事教育法学研究。

范化”[1]。同时,党领导人大机关工作,具体来说,全国人大常委会党组每年向中央政治局委员会、中央政治局报告工作。二是以人民为中心,发挥人民代表大会制度的社会主义优越性。尤其是,人大立法权的根本目的是保障人民权益,通过立法赋予全体公民享有广泛的权益。三是通过法治保障经济社会健康发展,有法可依是依法治国的前提,法律的稳定性与预期性对社会发展具有重要指引作用。法律规范往往是顶层设计和法治实践相结合的社会产物,只有及时总结现实中成功的可复制的经验做法,将其上升为法律法规规章,从而成为全社会的行为准则,最终形成完备的中国特色社会主义法治体系。当前,我国一些新兴领域、涉外领域的立法还存在空白,是立法工作的当务之急。四是全面推进科学立法。习近平总书记指出,“人民群众对立法的期盼,已经不是有没有,而是好不好、管用不管用、能不能解决实际问题”[2]。立法机关应当不断地提高法律规范的制定质量,不仅是法律部数的增加,而应当是发挥出良好的法律效果和社会效果。首先,应当完善我国立法体制机制,发挥出人大立法的主导作用。其次,应当完善立法程序,健全当前立法技术规范与准则,逐渐地扩大公众参与立法的深度与广度,从而实现科学立法与民主立法的有机结合,制定出一部“好”的法律。五是建设德才兼备的高素质法治工作队伍。我国专门的法治队伍包括在人大和政府从事立法工作的人员,也应当加强立法工作队伍建设。[3] 习近平总书记指出,“研究谋划新时代法治人才培养和法治队伍建设长远规划,创新法治人才培养机制”[4]。因此,将习近平法治思想中关于立法的重要内容,融入立法型法治人才培养方案中来,坚持立德树人的教育理念,完善立法方面的课程内容教学,强化立法型模拟实践教学,从而培养我国新时代的立法型法治卓越人才。

---

〔1〕 习近平:《推进全面依法治国,发挥法治在国家治理体系和治理能力现代化中的积极作用》(2020 年 2 月 5 日),载习近平:《论坚持全面依法治国》,中央文献出版社 2020 年版,第 273 页。

〔2〕 习近平:《推进全面依法治国,发挥法治在国家治理体系和治理能力现代化中的积极作用》(2020 年 2 月 5 日),载习近平:《论坚持全面依法治国》,中央文献出版社 2020 年版,第 20 页。

〔3〕 参见《习近平法治思想概论》编写组编:《习近平法治思想概论》,高等教育出版社 2021 年版,第 223 页。

〔4〕 习近平:《推进全面依法治国,发挥法治在国家治理体系和治理能力现代化中的积极作用》(2020 年 2 月 5 日),载习近平:《论坚持全面依法治国》,中央文献出版社 2020 年版,第 274 页。

二、立法型法治人才培养的必要性

党的十八大以来,党中央高度重视重点领域的立法工作。乡村振兴与精准扶贫、系统性金融风险监管等重点领域,都需要立法者跟上时代步伐,以良法促善治。修改后的《立法法》赋予了设区的市地方立法权,这也使我国所有设区的市都获得了地方立法权。地方立法改革让立法人才更加稀缺,特别是新增立法权的设区的市人大和政府法制部门,对专业立法人才的需求不断增加。[1] 培养新时代立法型法治人才,应当开展复合型、交叉型的法学教学方式,创新立法人才的培养模式,满足重点领域立法的人才需求。

现阶段,法学院校的法治人才培养目标是司法型法治人才。从法学课程来看,主要是从法教义学、法解释学的角度开展教学,让学生熟悉如何适用法律依据与规定,但并未解读该法条是如何制定,其背后的立法目的与背景并未阐释清楚。因此,法学教学课堂的培养目标是培养从事法官、检察官、律师等司法型职业的人才。从教学实践来看,法学教育的实践环节主要采用的是模拟审判法庭的方式,即通过让学生扮演检察官、法官、律师、当事人、证人等角色,指导学生深入个案,了解审判程序、分析详细案情、书写相关文书,该模式选择与传统法学教育目标是息息相关的。[2] 这种模拟审判法庭的法学教学方式,采用的是单方角度辩护立场,尤其是以原告被告的诉讼角色,这很容易让学生形成“私人利益立场”的观点,从而缺乏“公共利益立场”的理性表达。因此,这需要立法型的教学方式帮助学生建立“公共利益立场”的法学视角。

立法型法治人才培养是新时代背景下法学实践教育模式的创新。立法型法治人才培养是通过起草、调研、辩论、解释等模拟立法环节,让学生模拟参与起草一部法律法规规章,从而体会其中深刻的法律关系与社会关系,真正理解法条背后所蕴含的立法目的与内涵。这种教学方式可以弥补当前司法型法治人才培养的弊端。立法型法治人才培养的背后是立法学

〔1〕 参见李喜:《地方立法转型发展中的人才队伍建设问题》,载《山西大同大学学报(社会科学版)》2017 年第 1 期。

〔2〕 参见李伟:《法学本科院校立法人才培养若干问题研究》,载《大学教育》2019 年第 5 期。

与立法学科的发展。立法学研究是在立法实践中发展起来的。[1] 基于立法学源于实践、成于经验的特殊性,立法原理、立法制度、立法技术等形成一个独立的、具有一定影响的法学分支学科。[2] 因此,立法学发展一直处于相对滞后的状态,甚至是附属的地位。目前,立法学课程的并未得到普及,立法实践教学也鲜有进入法学课堂。[3] 立法实践教学是通过让学生亲身体验模拟立法的形式,学习掌握立法流程,能够灵活运用理论知识解决实际问题。

三、立法型法治人才培养的目标

培养立法型法治人才,首先是学习贯彻习近平法治思想。立法型法治人才是法治工作队伍的一员,是全面实现依法治国的重要人才保障,尤其是对有法可依的"法"所作出的独有贡献。应当认真学习贯彻习近平法治思想,尤其是关于立法方面的重要论述,将习近平法治思想作为立法型法治人才培养的根本遵循。

其次,立法型法治人才需要掌握法学理论知识,尤其是精通立法学知识。法学基本知识不仅是《刑法》《民法》《行政法》等实体法,还包括了《民事诉讼法》《刑事诉讼法》《行政诉讼法》等基本司法制度。除了法律之外,实际上还存在大量的法规规章,一般而言法规规章实际上多是行政法律规范。行政法律规范大多数是关于城乡建设与管理、环境保护、历史文化保护等方面的规定,属于重点领域的立法,需要熟悉掌握相关领域的专业性知识。同时,立法学知识主要是立法自身的原理与技术,涉及立法的制定程序、立法原则、条文写作以及立法解释等内容,尤其是要掌握行政处罚、行政许可、行政强制等方面的知识,避免出现违背上位法的规定。当然,立法所面临的问题很多是新的社会问题需要加以规范,是从现实规范上升为法律规范的论证过程。除此之外,立法学与其他学科有较强的关联性,这

〔1〕 参见封丽霞:《面向实践的中国立法学——改革开放四十年与中国立法学的成长》,载《地方立法研究》2018 年第 6 期。

〔2〕 参见赵一单:《"后体系时代"我国立法学的研究进路》,载《中国社会科学报》2017 年 3 月 15 日,第 5 版。

〔3〕 参见彭振:《培养卓越立法人才的教学改革与创新研究——基于"立法学"课程的思考》,载《百色学院学报》2020 年第 6 期。

要求立法者必须掌握《民法》《刑法》《行政法》以及相关部门法。[1]

再次,立法型法治人才需要熟悉立法程序与技术,还要掌握立法条文写作。全国人大常委会办公厅印发《关于立法中涉及的重大利益调整论证咨询的工作规范》《关于争议较大的重要立法事项引入第三方评估的工作规范》等立法规范,旨在健全立法起草、论证、咨询、评估、协调、审议等工作机制,发挥人大在立法工作中的主导作用。立法程序与技术的学习不能只局限于"纸上谈兵"。与此同时,全国人大常委会法工委发布了《法律常用词语规范》《立法技术规范(试行)》等规范,对容易引起歧义的一些法律常用词语的使用作了规范。因此,法学院校还可以开设法律语言课程,讲授如何使用法律常用词语等,从而提高学生写作能力。

最后,还应具备一定综合分析能力。社会现实的复杂性对社会科学提出了更高的要求。从事立法工作需要理性的分析能力,应当能够发现问题、分析问题、解决问题。当然,分析问题不能仅是书面上的分析,而是要深入基层、深入社会的调查分析,听取人们的利益诉求,才能做出综合的判断,形成各方面都能接受的立法方案。通过法律规范来解决当前社会问题,是法律的重要功能之一。为了提高学生综合分析问题的能力,可以采取模拟情景教学的方式,就是让学生置身于现实的社会问题中,学生经过调研、讨论、辩论,再制定一个法律法规的草拟稿。这种实训模拟方式,我们称为模拟立法课堂。这种课堂是以学生为中心,教师是课堂的组织者、观察者,学生是课堂中心,一定能够提高学生的立法操作能力、综合分析能力,为立法事业提供高质量的法治人才。

四、模拟立法课堂培养立法型法治人才

模拟立法课堂通过提案、起草、审议、表决和公布等立法程序进行全程模仿式立法教学,学生参与从提案到公布的整个立法程序,让学生深入了解我国立法的每一个过程。[2] 模拟立法课堂是模拟现实的立法活动,实现

〔1〕 参见张婷婷、张玉洁:《我国立法学的学科建设与课程设置研究》,载《黑龙江教育学院学报》2019年第4期。

〔2〕 参见陈玉山:《论法律案论证在立法学课程中的地位》,载《合肥师范学院学报》2020年第6期。

立法进入课堂，让学生能够深入学习和掌握立法的目的与内涵。比起单纯的适用法律，而从立法上更能够深刻其背后的法理与利益。与传统的理论教学不一样，模拟立法教学是主动式的教学，学生是教学主体与中心，遇到困难问题才会寻求教师的帮助，那么整个教学活动基本是学生自主完成的。模拟立法课堂还可以将习近平法治思想贯彻到法学教学课堂中，将社会主义核心价值观融入课堂，让学生身临其境地体验立法程序。[1] 目前，我国法学院校很少开展模拟立法活动，仅有中国人民大学、首都经济贸易大学、湘潭大学等高校的法学院开展模拟立法活动。因此，建议模拟立法课堂能够走入全国法学院校，开展体验式、模拟式的思政教学活动。

模拟立法课堂有利于培养学生理解法律的含义，提高学生运用法言法语解决社会问题的能力，也能够深刻地理解社会主义核心价值观的内涵。通过模拟立法课堂挖掘课程思政因素，也将习近平法治思想贯彻到法学课程。同时，也能够提升学生的社会责任感，通过深入的社会调查和研究，跳出单一的价值取向，形成多元化的视角，以“亲眼所见”的方式实现对法律的深刻理解。这也激发了学生学习的热情，培育学生为社会服务的责任感。因此，模拟立法课堂能够培养出优秀的立法型法治人才。

---

〔1〕 参见王怡：《社会主义核心价值观如何入法——一个立法学的分析框架》，载《法学》2019 年第 9 期。

习近平法治思想指引下创新法治人才建设范式探索*

李秀华**

摘　要:在习近平法治思想指引下如何创新法治人才建设范式成为新时代人才建设的重要命题之一。习近平总书记强调:“法学学科是实践性很强的学科。法学教育要处理好知识教学和实践教学的关系。”从国家治理、国家发展战略规划高度加强对法治人才建设力度切入,设立高校法律诊所不同阶段、不同维度教学目标,通过建构与法律职业特点和要求相适应的法律诊所教育理论与实践及相关主题培训制度,通过科学有效的法律诊所教育手段与措施,对法律诊所学生进行有目标、有步骤建设,有助于优化本科与研究生阶段法律诊所教育质量效果。有效设计法律知识精准传授、法律诊所教育和实践教学间的互动与逻辑关系,有助益于使本科生与研究生成为专业技能、职业伦理道德、社会责任感高度合一的复合型、应用型法治人才。本文在习近平法治思想指引下,认为建构并不断优化与创新法治人才建设模型,需要从社会治理、国家发展、有效激活法治人才建设内在生命机理,从而创新新时期法治人才建设范式。

关键词:习近平法治思想　法律诊所　法律诊所教育　法治人才　建设范式

习近平法治思想是法治人才建设最核心的思想保障,是实现全面法学

* 本文收入2021年中国法学会诊中国法学教育研究会诊所法律教育专业委员会年会论文集,系扬州大学2021年度研究生教育教学改革与实践课题“法学研究生学术与实践创新能力提升模式建构与探索”研究成果之一(项目编号 JGLX2021_007);2005年扬州大学首创中国高校婚姻家庭法律诊所;2010年扬州大学在研究生阶段开设反家庭暴力法律诊所。

** 作者简介:李秀华,扬州大学法学院教授,中国法学教育研究会诊所法律教育专业委员会常委,中国法学会婚姻法学研究会常务理事,中国民法典婚姻家庭编立法专家组专家;江苏省律协婚姻家庭法律业务委员会主任;扬州大学法学院婚姻家庭法律诊所、反家庭暴力法律诊所创始人与负责人;从事婚姻家庭法学、诊所教育、性别与法律研究。

教育改革、法律诊所教育事业可持续发展的规范性、系统性与协调性思想支撑，是新的历史时期法治人才建设的总指引。党的十九届四中全会对中国目前“开放型经济新体制”的定位，及习近平总书记关于法学教育要建设复合型法治人才的观点，为中国高校创新法治人才建设范式探索指明了方向。全面理解、深入领悟习近平法治思想的重大意义和精神内涵，将法治建设定位于中国特色社会主义事业发展全局十分重要，“并以法治的引领机制、规范机制、促进机制、保障机制推动发展的平衡性、协调性、可持续性”。[1] 如何通过习近平法治思想推进法律诊所事业可持续发展是时代命题。习近平法治思想对法律诊所教育未来人才建设的预测、评价、规范、指引作用，为法律诊所教育事业发展提供合理预期、规范指引和强大动力。法律诊所教育如何保持可持续性？如何建设法治人才？建设法治人才的路径有哪些？用法律诊所教育的价值导向与实践模式建设法治人才模式得到了有关部门、法律诊所师生、当事人的高度认可，体现当下法律诊所教育范式建设法治人才确认、保护、规约体现在建设法治人才方面法律诊所教育发挥了一定引导与推进作用。随着法律诊所教育进入攻坚期和深水区，法治人才建设面临诸多问题、冲突与障碍也日渐呈现。如何在习近平法治思想的引领下，通过各高校法律诊所发展的优秀经验提炼成果，消解发展中的局限与不足，改善影响法律诊所教育与法治人才建设的障碍与结构性弊端，实现法律诊所教育发展与法治人才建设“同频共振”，确保法律诊所教育健康稳定发展，又能够有序推动法治人才建设的开展，不断优化建设法治人才的路径。2021 年 9 月 28 日习近平总书记在中央人才工作会议上的重要讲话，全面回顾了党的十八大以来人才工作取得的历史性成果，科学回答了新形势下人才建设工作的重大理论和实践问题，具有很强的指导性、针对性、时代性、导向性、是指导高校法学院在新的历史时期法治人才工作的重要文献。法学本科生与研究生是我国法学教育实践性、职业化法学教育不同的特定对象。为了建设知识结构更趋向合理、实践能力更强的应用型高层次法治人才，许多大学在本科生不同阶段及研究生不同

[1] 胡明：《新时代法治建设的总指引—全面理解、深入领悟习近平法治思想的重大意义和精神内涵》，载人民论坛网 2021 年 5 月 25 日，https://news.cupl.edu.cn/info/1015/33998.htm。

阶段尝试更多元更生动的教育模式,其中,法律诊所成为许多大学进行法治人才建设发展创新的重要路径。

一、习近平法治思想对创新法治人才建设范式价值引领

习近平总书记指出:“必须把社会公平正义这一法治价值追求贯穿到立法、执法、司法、守法的全过程和各方面,努力让人民群众在每一项法律制度、每一个执法决定、每一宗司法案件中都感受到公平正义。”〔1〕习近平法治思想明确了新时代法治建设实践的发展道路和正确方向、工作重点、实现良法善治的必由之路、发展目标和总抓手、战略布局。法律诊所服务社会与弱势群体的鲜明的公益属性,与习近平法治思想要求的建设一支高素质的法治工作队伍的价值目标高度吻合。习近平总书记强调:“随着中国特色社会主义事业不断发展,法治建设将承载更多使命、发挥更为重要的作用。推进全面依法治国既要着眼长远、打好基础、建好制度,又要立足当前、突出重点、扎实工作。建设法治国家、法治政府、法治社会,实现科学立法、严格执法、公正司法、全民守法,都离不开一支高素质的法治工作队伍。法治人才培养上不去,法治领域不能人才辈出,全面依法治国就不可能做好。”〔2〕如何通过法律诊所发展建设法治人才?如何提高法治人才政治素质、专业能力、职业道德水准?如何加快法治人才建设的步伐?为法治中国建设提供强有力的组织和人才保障?教育部、中央政法委员会多年前在《关于实施卓越法治人才教育建设计划的若干意见》(以下简称《若干意见》)中曾特别强调:加强校内实践环节,开发法律方法课程,搞好案例教学,办好模拟法庭、法律诊所等。笔者认为,法治人才建设不仅是法学教育、法律诊所教育深化发展系统性与科学化工程,更是有益于国家、社会、法治人才建设的系统工程。优化建设法治人才路径,有利于建设思想型、实务型、复合型法治人才。创新法治人才建设范式高度贴合了习近平总书记强调的人才建设的观念与精神,标志着法治人才的建设范式更贴近法学

---

〔1〕《习近平新时代中国特色社会主义思想学习纲要⑨》,载《人民日报》2019年8月1日,第6版。

〔2〕秦华、闫妍:《习近平在中国政法大学考察时强调:立德树人德法兼修抓好法治人才培养励志勤学刻苦磨炼促进青年成长进步》,载《人民日报》2017年5月4日,第1版。

教育的发展目标及法治人才的建设目标:让学生在政治、经济、社会、文化及教育的系统性与动态环境中去成长,全面挖掘法治人才成长的需求、弱势群体的需求、国家与社会的需求,从而促进法治人才建设范式不断优化,进而实现法治人才建设的目标,从而极大调动法律诊所学生的主动性、思想性与创新性。各高校法律诊所基于本土资源与特色会有不同法治国家人才建设范式。例如,具体建设法治人才方面所启动法律诊所教育机制、设计法治人才的建设方案与实际资源投入等方面均有差异。法律诊所教育是法治人才建设的重要路径之一已是不争事实。实现法治人才建设目标是法律诊所教育可持续发展的重要动力之一。为国家建设具有战略高度的法治人才是习近平总书记关于人才发展的理念,同样也符合法律诊所教育服务国家与社会的特质。

二、习近平法治思想指引下法治人才建设范式壁垒的挑战与思考

如何创新具有创新特色、实践特色、时代特色、思想特色与专业特色的法治人才建设范式?如何从法律诊所教育本土实际切入,回应中国法治人才建设问题,提炼推进法治人才建设的理论与实践成果,创新具有中国法治标识性及国际性法治人才建设范式?如何面向现代化法学教育、法律诊所教育、如何面向世界、面向未来去建设中国特色法治人才建设范式?周强院长强调法治人才建设要坚持理论与实践相结合,不断完善建设机制,为推进全面依法治国、建设社会主义法治国家建设更多高素质法治人才。人才建设应充分发挥审判实践优势,建立健全法治人才建设制度,积极服务和推进中国特色社会主义法治人才建设。法治人才建设有助于进一步推进社会主义司法文明,促进世界法治文明发展进步。[1] 笔者认为,立足

〔1〕 2021年1月12日,最高人民法院召开学习贯彻习近平法治思想、推进社会主义法治人才建设工作座谈会,最高人民法院党组书记、院长周强表示,人民法院审理案件要兼顾天理、国法、人情,这里的人情是人民的朴素正义情感,人民法院只有旗帜鲜明讲政治,深刻认识到没有脱离政治的法治,法治当中有政治,始终坚持以人民为中心的政治立场,确保案件审理实现政治效果、法律效果、社会效果的有机统一,才能实现"努力让人民群众在每一个司法案件中感受到公平正义"的目标。参见周强:《积极推进社会主义法治人才建设工作》,载中国法院网2021年1月12日,https://www.chinacourt.org/index.shtml。

于法律诊所教学的法治人才建设范式创新,除对法治人才业务能力考量外,更应强调法律人要具备与国家治理要求相匹配的道德品质,注意公民权利与国家权力之间的逻辑关系。中国特色法治人才应树立对中国法治体系的信念与信心,为国家治理和社会治理体系提供智力与人才保障。自2000年以来,中国高校一些法律诊所在法治人才建设、服务弱势群体及服务社会与国家治理方面进行诸多层面的探索,并取得卓越成效。但笔者认为,我国高校在法治人才建设方面仍存在以下壁垒:

1. 高校法律诊所教育课程设置实务性弱,缺少特色;

2. 法律诊所教育形式与知识结构过于简单而狭窄;

3. 缺少跨学科与跨行业视野,知识与实践容量不足;

4. 法律诊所课程设计仍囿于传统刻板模式,与学生及社会需求匹配度不够;

5. 法律诊所教师资源有限、公平性评价机制缺失或有待优化;

6. 后疫情时代,案件来源受限、实践基地功能薄弱;

7. 后疫情时代,办案机制不健全、案源基地建设受损;

8. 法律诊所与合作部门无缝对接存在壁垒;

9. 多向度激励机制缺失或不完善;

10. 智能时代下平台建设技术性与资金支持不足。

这十大方面的壁垒与问题说明仍存在应用型与复合型法治人才建设质量不足、法律诊所学生专业度、知识结构狭窄、责任感弱、处理案件能力不够等问题。面对社会对法治人才的呼唤与迫切需求,如何设计将学生培育成应用性与复合型人才的建设范式仍充满了挑战性。这十大方面问题均会不同程度地影响对法治人才建设,同样会影响学生在职业伦理道德、实践创新能力、法律服务公益意识与社会责任感建立,以及法律诊所老师与学生共同优化法律诊所、积极服务当事人与社会的积极性。如果从宏观、中观到微观法治人才建设范式无法建构、优化与创新,法治人才培养将在一定程度上难以适应后疫情时代、后民法典时代、互联网时代下法学法律诊所教育发展的客观规律与法律服务需求快速增长的要求。

三、融通法治人才建设理念:科学建构并创新法治人才建设范式

习近平总书记指出,党的十八大以来,党中央深刻回答了为什么人才强国、什么是人才强国、怎样建设人才强国的重大理论和实践问题,提出了一系列新理念新战略新举措。一是坚持党对人才工作的全面领导;二是坚持人才引领发展的战略地位;三是坚持面向世界科技前沿、面向经济主战场、面向国家重大需求、面向人民生命健康;四是坚持全方位建设用好人才;五是坚持深化人才发展体制机制改革;六是坚持聚天下英才而用之;七是坚持营造识才爱才敬才用才的环境;八是坚持弘扬科学家精神。[1] 笔者认为,习近平总书记提出的关于人才建设与发展的理念对正确认识我国人才事业发展的规律性,创新法治人才建设的范式具有重要的指导作用。

(一)在法律诊所教育体系中构建德法兼容育人新内容

习近平法治思想特别强调法学教育与法学教育改革应充分关注的我国法学教育的制度优势和法治人才建设范式确定与发展的时代背景。法律诊所教育体系的规范化、标准化和思想化,赋予了法律诊所学生极强的专业化特质。目前,我国社会与经济的快速发展,对法治人才的专业化程度、复合型要求很高。习近平总书记强调法学教育和法治人才建设应该坚持立德树人、德法兼修,不仅要提高学生的法学知识水平,而且要建设学生的思想道德素养。[2] 首先,政治素养好,严格遵守职业伦理的法律人才有可能成为合格的法治人才。因此,法律诊所教育在进行法治人才建设的过程中始终以强调信念教育和价值引领。注意建构以德法并行为法治人才目标的法律诊所课程体系。积极推进法治人才目标与价值引领方面转化。法律诊所教师既要传授专业知识,带领学生积极参与实践,又要注重信念、理想与目标的价值引领,传递积极向上的正能量。使法律诊所课程与社会主义核心价值观紧密相关,让法律诊所学生在法学知识学习与服务弱势群

---

〔1〕 参见《习近平出席中央人才工作会议并发表重要讲话》,载中国政府网 2021 年 9 月 28 日,http://www.gov.cn。

〔2〕 参见《习近平出席中央人才工作会议并发表重要讲话》,载中国政府网 2021 年 9 月 28 日,http://www.gov.cn。

体的过程中充分理解公平、正义等法治价值的思想内涵，实现法律诊所显性法学教育功能与隐性德育教育功能的同频效应，创设以价值引领，品德养育为目标的法治人才建设范式，从而构建道德优质、能力不断拓展、激励机制相对完善有效法治人才建设范式。

(二)优化主题法律诊所课程方案与体系建设，完善法律诊所理论与实践课程体系

在法律诊所教育先进理念的引导下，注重以诊所模式规范家事法律诊所的课程，同时又要突出家事法专业之特色，不断改进家事课程设置体系与模式，从而科学地渗透法律诊所教育的规则与精神，多次将课堂放在法律援助中心、警察与妇联培训基地、社区，并由社区百姓与执法人员共同参与。考虑家事案件特色，开设具有心理视角、婚姻分析视角，法官、律师、检察官、当事人的课堂，探讨婚姻家庭问题处理及如何面对接待家事案件的心理困惑，旨在防止学生在面对家事案件时用单一法律手段处理问题训练法律诊所学生家事案件裁判要素审查表见图1。

家事案件裁判要素审查表
(离婚纠纷)

原告姓名		性别		年龄	
文化程度		职业		健康状况	
被告姓名		性别		年龄	
文化程度		职业		健康状况	
有无子女 多子女分别填写		子女基本情况 多子女分别填写		出生日期	
				性别	
				就读学校	
裁判要素					
相识时间		相识方式			
结婚时间		有无共同生活			
此前有无婚史		婚前有无子女			
女方是否处于妊娠或哺乳期		一方或双方是否为现役军人			
婚前感情评价	缺乏了解、草率结婚		感情一般		
	感情尚可		感情深厚		
婚后感情评价	无言语交流		经常吵打		
	感情冷漠		感情深厚		
有无协商离婚					
协商不成原因	一方不同意离婚		财产分割		
	子女抚养		经济补偿		
夫妻矛盾发生原因	性格问题		感情基础		
	经济问题		信任问题		
	子女抚养		家庭相处		
有无家庭暴力		有无重婚或与他人婚外同居			
有无吸毒、赌博等行为	有	被强制戒毒			
		被行政处罚			
	无				

有无分居	有	分居时间			
		分居原因	感情不和		
			其他原因		
	无				
此前诉讼离婚情况	有无起诉过离婚				
	法院裁判结果		判不离		
			撤诉		
			调解和好		
	诉后感情是否改善				
证据清单				**有**	**无**
当事人相关证据	结婚证原件				
	子女出生证原件				
	特殊身份或身患疾病证明				
夫妻感情相关证据	与家庭生活相关的照片、录音录像、证人证言				
	与重婚、与他人同居相关的证人证言、报警记录等				
	与家庭暴力相关的伤情照片、报警记录、就医证明等				
	与赌博或吸毒恶习相关的行政处罚决定书、刑事判决书等				
	与感情不和相关的证人证言、短信或微信聊天记录、录音、视频资料				
	与一方失踪相关的报警记录、宣告失踪判决书				
法律索引					
包括但不限于以下法条：《婚姻法》第32条：有下列情形之一，调解无效的，应准予离婚：(1)重婚或有配偶者与他人同居的；(2)实施家庭暴力或虐待、遗弃家庭成员的；(3)有赌博、吸毒等恶习屡教不改的；(4)因感情不和分居满二年的；(5)其他导致夫妻感情破裂的情形。一方被宣告失踪，另一方提出离婚诉讼的，应准予离婚。					

我承诺：以上内容全部由本人如实填写，并自愿提交法院作为认定事实的根据；无任何虚假内容，否则自愿承担不利的法律后果。

填表人：

时　间：

图1　训练法律诊所学生掌握家事审判要素

笔者认为,专业化、主题法律诊所准入法学教育是创新型、应用型与复合型法治人才建设的重要切入口。研究认为,国内外诊所教育在很多方面为推进法治人才模型建立的国际性、实务性、融合性等方面累积了一定经验。“美国法学院力求教会学生学会在广泛学科领域中进行法律分析、掌握法律技能和理解职业价值。”[1]但美国法学教育亦受到一些质疑与批评。有学者质疑法学院是否在设置课程、培训学生方面是否为学生从事法律职业提供较为充分理念、职业道德与技能方面的准备。而这些质疑同样可能是我们在人才建设方面面临的挑战。苏力教授认为:“中国精英法学院的毕业生,即使在智力和潜能上毫不逊色,但在职业技能掌握上,虽然很难跨国比较而且也没有相关的实证研究,但在我看来,却很难同美国精英法学院毕业生相比。”[2]这个结论精准性可能会受到质疑,但不可否认,受国外高校法学院法治人才教育模型启迪与法律诊所教育实践效果反馈,越来越多的法学教育者强调在建设法治人才方面必须注重强化法律技能与职业伦理教育。笔者认为,在法治人才建设模型方面我们还存在理念、方法、视角、实践性缺损的问题,也存在课程设计、教师队伍建设、教学手段改进等问题。而恰当地运用心理学与婚姻分析的知识以多元视角观察并解决当事人的家事问题,充分体现了法律援助与法律诊所以人为本的精神。法律诊所教育力求将法学教育、实践活动、服务社会、服务弱者及推进社会进步进行有机统一、参与立法推进社会发展。并不断调整和充实教学计划,以适应法律诊所教育发展的需求。以扬州大学法律诊所为例,作为实践环节选修课,法律诊所教育课程本科生婚姻家庭法律诊所指导课共计 112 学时,4 学分,按学期开设。研究生反家庭暴力法律诊所春季开(36 学时,因研究生培养方案与本科生有极大不同,因此课时偏少,实践性不足)。习近平总书记指出,“法学学科体系建设对于法治人才建设至关重要”,这体现出法律诊所课程适应了国家与所属大学战略需求,着力打造法律诊所优势并进行多科融合的发展格局。法律诊所学科体系、课程体系是建设研究生高素

〔1〕《习近平出席中央人才工作会议并发表重要讲话》,载中国政府网 2021 年 9 月 28 日,http://www.gov.cn。Judith A. McMorrow:《美国法学教育和法律职业养成》,载《法学家》2009 年第 6 期。

〔2〕苏力:《中国法律技能教育的制度分析》,载《法学家》2008 年第 2 期。

质法治人才的基础。以实践为基础、以问题为导向,建立回应现实急需的法律诊所学科专业和课程体系。在法律诊所学科体系建设中,关注实践中呈现的急需的社会领域,尝试以反家庭暴力作为切入点,探索法律诊所建设范式,重视建设法律与社会学、心理学、妇女学等交叉学科,推进学科间有机融合与发展。习近平法治思想教育涉及“进课堂、进教材、进头脑”工作,其法治教育思想逻辑严密、蕴含丰富的法治教育理念、法治人才建设原则。扬州大学正是以婚姻家庭与反家庭暴力法律诊所作为契机,开设婚姻家庭法律诊所与“反家暴”法律诊所课程,并将该课程作为选修课纳入本科生和研究生法治人才建设方案。

(三)深化协同,创新内外联动的法治人才建设新格局、新范式

习近平总书记多次强调,应打破高校和社会之间的体制壁垒,将校外实践部门的优质实践教学资源引进高校。在中央全面依法治国工作会议上,习近平总书记指出:“要坚持建设德才兼备的高素质法治工作队伍。”习近平总书记多次指出必须善于运用法治,强调要加快推进我国法治专业人才建设。在不确定性明显增加的时代下,建设社会治理变革进程的推动者、引领者,离不开良好政治素质、坚实法学功底、多维思维能力和跨学科与跨行业知识,能为社会与家庭解决重大疑难复杂事务的高素质法治人才。这就要求我们要坚持不断开放理念、优化法律诊所教育资源,破除法治人才建设范式壁垒。以扬州大学法律诊所为例,与多家法律实务部门对接,建立近多个实践基地(扬州大学法律诊所部分简报见图2)。后疫情时代、互联网时代引入法官、检察官和律师、心理专家、社工等线上或线下讲授:如何接待当事人、模拟法庭、法律职业伦理、调解与谈判、法律文书写作等主题。疫情期间,聘请数十名法律实务部门专家线上或线下作短期或长期指导教师,探索法律诊所教学定位、法治人才建设目标与范式,共同设计法律诊所课程体系,共同开发优质教材,共同组织教学团队,共同建设实践基地,共同开展相关法律援助方式,例如,通过线上平台法律诊所小组与当事人共同组成特定法律援助小组,通过线上交流与互动,更直接有效地帮助当事人。

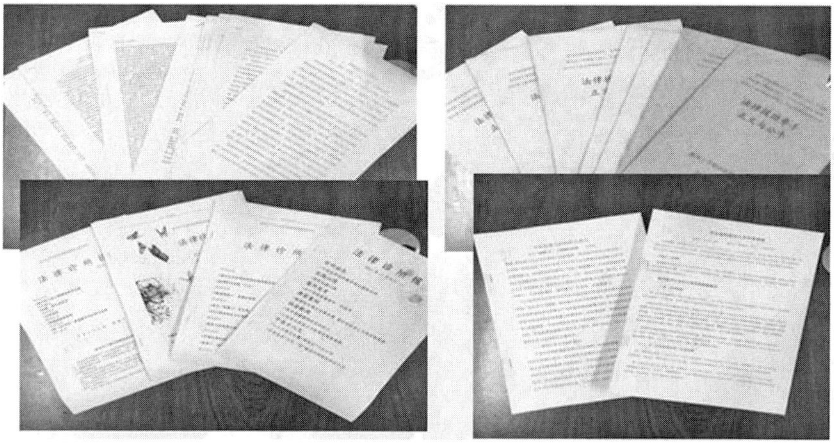

图2　扬州大学法律诊所部分简报

(四)通过法律诊所不同功能实现服务育人,建立与完善法治人才建设范式

1. 法治人才建设定位。培养以专业化和职业性并重、高层次与复合型兼具的中国特色社会主义法治人才为基本目标。

2. 实现法律诊所教育育人、法学实践历练人的目标。通过开展主题讲授、民法典难点与重点解析、当事人走进课堂、律师、法官、心理专家、社工、相关部门的工作者、当事人进课堂、开展模拟法庭和精析案件等活动,实现法律诊所教育育人、法学实践历练人的目标。

3. 打造"项目引入 + 法律诊所"教育项目链最终实现法律诊所项目育人。优化法律诊所教育项目管理精细化、人性化、专业化服务流程。通过项目实施,不断调整法律诊所案件处理与服务社会、锻炼学生功能布局,探索建立多维一体的法治人才建设范式。

4. 关注法律诊所学生未来的职业走向,优化法治人才建设范式。以法官、检察官、律师等传统法律服务工作者为基本导向,同时兼顾政府、企事业单位法务工作人员的定向需求,从而构建与社会需要与个人成长密切关联的动态化、立体化、多元化的法治人才建设范式,不仅促进法律诊所教育可持续发展,更有助于法治人才建设。

5. 关注法律诊所学生未来的职业走向,优化法治人才建设范式。根据法律职业的特殊性质和高层次要求,对考生知识背景、政治素养、基本道德水平与基本专业素质进行严格考察。

6. 法治人才建设方案,逐渐增加对法律诊所学生进行职业性、应用型专业建设。应从更多元视角综合法律素养及法律思维能力等方面选拔合适的法治人才予以重点培养。在考试机制上,改革现行机械的考察方式。在法律诊所教育中对法治人才建设方案上,逐渐增加对法律诊所学生进行职业性、应用型的专业建设。

7. 强化法治人才逻辑思维能力、法律技能建设。针对毕业后的法律诊所职业需求开设多类型实践课程,加强法律技能培训,以法律诊所毕业学生可以零对接、无障碍从事法律专业工作为实践目标。根据新时代发展需求,加强和细化法学院学生专业类型建设,改变当前法治人才建设结构单一、专业设置不够科学的现状,结合专业化职业需求,为国家治理、社会与经济建设与家庭稳定和谐储备高层次复合型人才。例如,弱势群体需求与法治人才建设范式的关联在图 3 中详解。

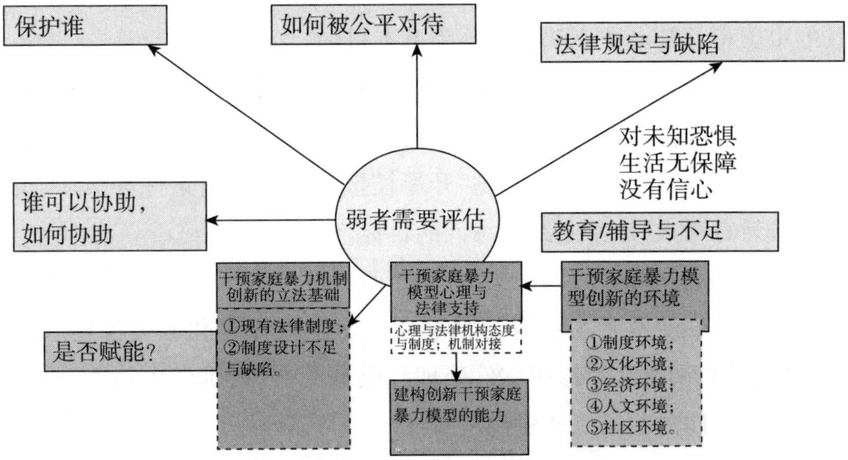

图 3　弱势群体需求与法治人才建设范式的关联

(五)后疫情与智能时代充分利用时空优势融合资源创新法治人才培养范式

后疫情时代将劣势转为优势与契机,充分利用网络时代的便利与优势,优化与整合更丰富的资源,扩大法律诊所教学效果,从而实现法学教育活动、实践价值、服务社会与为弱者服务的有机统一、参与立法推进社会发展。以扬大法律诊所为例,课程设计方面进行了改进与优化。

1. 课程设置更具科学性、思想性与规范性。后疫情时代,在法律诊所教育先注重以诊所模式规范法律诊所课程,强化家事课程设置体系的科学性与实效性。利用线上节约人力与物力成本的优势,可以请专家学者、法官、律师、检察官、心理专家、社工、当事人等同步进入线上课堂共同探讨婚姻家庭问题处理、防止学生在面对家事案件时用单一方法处理问题。充分体现了法律诊所以人为本精神。

2. 对线上课堂内容进行改革。例如,如何接待当事人、律师职业道德、多元视角处理家事案件方案与策略制定、调解与谈判等,通过线上组成让当事人进入的小组,进行有效互动并提供解决问题的思路与方案、心理视角与社工视角观察家事案件处理、证据收集,庭前准备、如何代理案件、调解与谈判技术、诉讼技能与技巧等。

3. 利用互联网的快捷便利优势、组成特殊法律援助小组、制定处理案件的方案与策略(见图4)。从法律、社会学、心理学、女性学、社会性别等多元视角观察两性资源分配、权力关系及其运作模式进行分析与处理个案。

(a) (b)

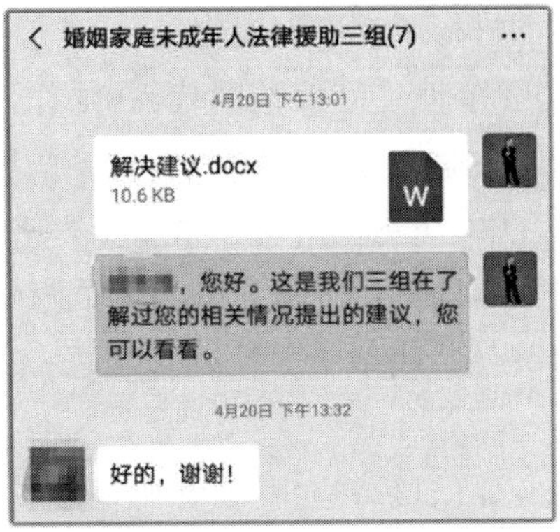

(c)

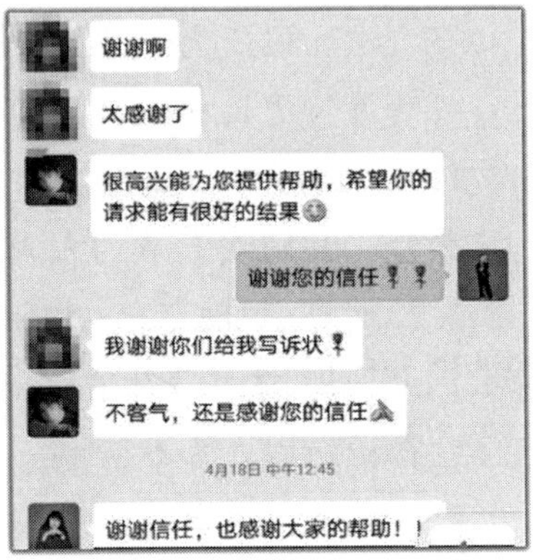

(d)

(e)

(f)

图4 扬大法律诊所线上课堂、线上法律与心理援助热线、线上法律援助组

4. 完善法治人才的建设规划系统性。对法治人才建设范式进行全方位规划,对不同类型法治人才分层建设,并设立科学的法治人才建设标准。法治人才的建设规划系统性集中体现在知识结构、课堂设计等。[1] 具体而

〔1〕 按照中共中央印发《法治中国建设规划(2020－2025年)》的要求,把习近平法治思想融入学校教育,纳入高校法治理论教学体系,做好进教材、进课堂、进头脑工作,以完整法学知识体系,帮助学生理解法治建设的现实需求和未来走向,塑造优良的政治素养、公平正义的价值追求和法治思维能力,提升解决实际问题的能力。课程体系是实现建设法治人才建设目标的载体,是保障和提高法治人才建设质量的关键。

言,打破法学教育和社会间的体制壁垒,将实际工作部门的优质实践教学资源引进高校,鼓励法律诊所与政府、法官、检察院、公安机关等实务部门、律师事务所等建立长期合作法治人才培养制度,为法律诊所学生提供稳定高质量实践机会。同时,让法律诊所师生参与法治人才建设方案的规划、课程体系设计、教材编写等。培养法律诊所学生成为法治人才,要立足法学学科、法律诊所教育,又要对学生进行跨学科知识与综合能力建设,使之全面系统掌握法律诊所基础知识,熟悉国家、社会与家庭治理内涵与手段,明晰在国家治理与社会治理、弱势群体核心利益保护方面具体有效干预方法。

结　论

教育兴则国家兴,法治人才强则国家强。习近平强调,加快建设世界重要人才中心和创新高地,必须把握战略主动,做好顶层设计和战略谋划。习近平总书记向全党全国发出了深入实施新时代人才强国战略、加快建设世界重要人才中心和创新高地的动员令,为做好新时代人才工作指明了前进方向、提供了根本遵循。[1] 笔者认为,对法治人才的建设范式不能简单沿袭以往经验和做法,必须不断接受法律诊所教育的持续性训练,真正实现法律诊所教育的价值功能。在优化法治人才培养模式时应根据教育规则合理运用诊所教育资源,实现对法治人才建设范式的创新:注意避免单一、被动培养的惯性影响,建立多元、积极型法治人才建设范式。探索建立诸如法治人才综合型建设范式,以培养法律诊所学生的法学技能、服务国家、社会及弱者大局为目标,进行全方位、动态的经验交流和资源共享,为法治人才的建设范式的建构与优化提供支持。法治人才的培养模式创新还会在合作意识、专业操作技能、创新精神、开放理念、健康心态、社会责任感、公益意识、法律诊所课堂与运行管理能力、多元化、有效的教学措施方面进行创新,在法律诊所教育这一有效的载体中有效实现法治人才培养的功能。

---

〔1〕 参见怀进鹏:《为加快建设世界重要人才中心和创新高地贡献力量》,载《人民日报》2022年1月26日,第9版。

“习近平法治思想概论”课程设计探析

吕建高*

摘　要:“习近平法治思想概论”课程设计要实现课程目标、课程内容、课程教学、课程评价的有机统一。课程目标的定位既要突出其与专业培养目标的有机衔接,又要探寻其现实依据。课程内容的选择应遵循合目的、适时性、结构性和实践性四项原则,由习近平法治思想的主要方面、有关全面依法治国的指导性或纲领性文件、习近平总书记关于全面依法治国的重要论述等构成。课程教学要突出习近平法治思想的鲜明特色,严格遵循“三原”至上,并灵活运用唯物辩证法。课程评价应坚持发展性评价,要着眼评价对象发展的全面性,注重评价功能的诊断性,突出评价的过程性,关注个体的差异性,强调评价主体的多元性。

关键词:习近平法治思想　“习近平法治思想概论”　课程设计

2021年5月19日,教育部办公厅《关于推进习近平法治思想纳入高校法治理论教学体系的通知》要求开好“习近平法治思想概论”(以下简称概论)专门课程,新修订的《法学类教学质量国家标准(2021年版)》明确了习近平法治思想的指导地位,将概论课程纳入法学专业核心必修课,同时要求各高校于2021年秋季学期面向法学专业本科生开设。如何对这门全新的法学专业核心必修课进行课程设计,不仅理论上意义重大,而且在实践中迫在眉睫。所谓课程设计,就是指基于特定的逻辑关系将课程的基本要素组合成内在统一的课程形式,它是一个涉及课程实质性结构、形式或

* 作者简介:吕建高,南京工业大学法政学院教授,博士,主要从事理论法学的教学与研究。

组织的术语,[1]其任务是要把社会发展的客观要求、知识增长的客观趋势和学生成长的客观需要转化为具有适当水准、适当内容和结构优化的课程。[2] 由此可见,课程设计是一个系统的组织,强调不同课程要素在系统中的相互关联。基于此,本文拟从课程目标、课程内容、课程教学、课程评价四个要素出发,对概论课程设计展开讨论。

一、精准定位课程目标

(一)突出课程目标与专业培养目标的有机衔接

《中国大百科全书·教育》将课程定义为"课业及进程",可见,课程是一种具体化的教育进程,而课程目标就是课程本身要实现的目的和达到的预期结果,它是课程构成的首要成分,是课程设计的基础环节与核心要素。概论课程目标的定位必须明确其与法学专业培养目标之间的内在衔接。实际上,课程目标就是专业培养目标在教育活动中的具体化,也就是说,概论课程目标就是法学专业培养目标在概论课程中的具体化或操作化表述,两者之间有着密切关联。

一方面,概论课程的核心地位决定了其对法学专业培养目标具有导向作用。基于《法学类教学质量国家标准(2021 年版)》的要求,法学类专业人才培养要坚持"立德树人、德法兼修"的根本方向,而在法学专业核心课程采取的"1+10+X"分类设置模式中,"1"指的就是概论课程,它在整个法学专业核心课程体系中具有根本地位,发挥着指导性和方向性作用。正如习近平总书记2017 年在考察中国政法大学时强调的,全面依法治国是一项长期而重大的历史任务,要始终坚持以马克思主义法学思想和中国特色社会主义法治理论为指导,立德树人,德法兼修,培养大批高素质法治人才。由此可见,概论课程目标与法学类专业人才培养目标具有内在一致性。坚持立德树人、德法兼修,这是以习近平法治思想统领我国法学教育和法治人才培养的基本方向。

另一方面,法学专业要"培养德才兼备,具有扎实专业理论基础、熟练

---

[1] 参见瞿葆奎主编:《课程与教材》,人民教育出版社 1988 年版,第 11 页。

[2] 参见廖哲勋:《课程学》,华中师范大学出版社 1991 年版,第 119 页。

职业技能、合理知识结构……的复合型、应用型、创新型法治人才及后备力量"。这正是概论课程试图实现的目标。习近平法治思想是概论课程的核心组成部分,其重要内容包括"坚持建设德才兼备的高素质法治工作队伍"。这就意味着,概论课程的重要任务在于,严格贯彻落实习近平法治思想的内容,要把习近平法治思想全面纳入高校法治理论教学体系,深度融入高校法学教育和人才培养过程,进而在坚持立德树人、德法兼修的基础上,真正解决好为谁教、教什么、教给谁、怎样教的问题,努力培养一批不仅政治过硬、业务过硬、责任过硬、纪律过硬、作风过硬,而且忠于党、忠于国家、忠于人民、忠于法律的革命化、正规化、专业化、职业化高素质社会主义法治人才及后备力量。

(二)探寻课程目标精准定位的现实依据

概论课程目标的精准定位必须有充分的现实依据,否则就没有说服力和生命力。概论课程目标的现实依据主要源于学生的需要、社会生活的需要和学科发展的需要。

1. 学生的需要

"教师在课堂上讲什么当然是重要的,然而学生想的是什么却更是千百倍地重要。"[1]因此,概论课程目标的定位首先源于学生的需要。只有真正满足学生的需要,才能实现课程目标的精准定位。这就要求概论课程设计要持续关注学生的当下现状、专业认知、生活经验、知识储备、学习预期、思维方式、交往能力、心理状况、性格特征、职业期待等诸多方面,从而在全面了解学生需求的基础上设定课程目标。例如,如果选择在大学一年级开设概论课程,由于面对的学习者是刚入学的新生,处于从中学向大学的转型过渡期,而且没有相对系统的法学专业知识,此时,课程目标的设定必须符合当下学习者的需要,侧重于强调习近平法治思想的背景知识,帮助学生培养有中国特色的社会主义法治素养。反之,如果选择在高年级开设概论课程,由于学生的专业知识、生活经验等方面较一年级新生都有大幅度提升,此时,课程目标的设定显然不同于前者,更应侧重于强调习近平法治

〔1〕[美]乔治·波利亚:《数学的发现——对解题的理解、研究和讲授》,刘景麟译,科学出版社2006年版,第285页。

思想的基本原理,帮助学生提高法治思维能力和创新能力。总之,概论课程目标的精准定位必须时刻关注学生的各种需求。当然,学生的需求可能处于潜意识状态,这就需要老师的帮助、指导、激励、促进才能上升为自觉需要。

2. 社会生活的需要

教育是人类的一项社会活动,具有促进人与社会发展的双重功能。适应社会发展的需求并为之服务,这是教育的基本规律。而且,社会对教育的需求具有多样性和层次性。因此,教育必然与一定的社会生活密切关联,此时,课程目标的定位必然要反映社会生活的需要。实际上,学校教育的政治、经济、社会、文化等功能都是以课程为中介来实现的。习近平法治思想从历史和现实相贯通、国际和国内相关联、理论和实际相结合上深刻回答了新时代为什么实行全面依法治国、怎样实行全面依法治国等一系列重大问题,坚持从我国革命、建设、改革的实践中总结适合自己的法治理论,提出全面依法治国的战略布局,阐明中国特色社会主义法治体系的科学内涵,强调坚定不移走中国特色社会主义法治道路。[1] 因此,概论课程要为社会主义现代化建设服务,其目标必须体现社会发展的需要,预测未来的可能生活并将其融入课程,甚至还可以通过课程来影响社会发展。[2] 当然,需要强调的是,在将社会生活需要转化为课程目标的过程中,我们不仅要考虑当下社会生活的需要,而且要考虑未来社会生活的需要;不仅要考虑社会生活需要的表现形式,而且要考虑这些需要背后的深层次本质,真正做到与时俱进,守正创新。

3. 学科发展的需要

学科发展离不开核心课程建设,而核心课程建设又离不开学科发展的推动,两者相辅相成,相互促进。概论作为一门全新的法学类专业核心课程,其课程目标的定位与学科发展和法学学科体系建设密切关联。实际上,法学学科发展与学科体系建设对于法治人才培养至关重要。而且,法学学科承担着培养法治人才的重要职责。因此,构建具有中国特色的法学

---

〔1〕 参见胡明:《深刻认识习近平法治思想的重大意义》,载《人民日报》2020 年 12 月 15 日,第 9 版。

〔2〕 参见孙泽文:《关于大学课程目标的问题分析》,载《教育与职业》2007 年第 24 期。

学科体系,我们要有底气、有自信;要以我为主、兼收并蓄、突出特色;要在深入学习习近平法治思想的基础上,提炼中国特色社会主义法治理论的核心概念、重大命题和基本观点,进而为加快建设社会主义法治国家提供学理支撑、智力支持和人才保障。[1] 然而,现有的法学学科结构不尽合理,法学学科体系、课程体系不够完善,有的学科理论发展甚至跟不上实践需要。鉴于此,我们要统筹谋划、整体布局,使法学学科发展与学科体系建设紧跟时代步伐,并严格以习近平法治思想为根本遵循。[2] 由此可见,概论课程目标的确立必须满足中国特色法学学科发展和法学学科体系建设的需要。

二、科学选择课程内容

课程内容,是指"学科中特定的事实、观点、原理和问题,以及处理它们的方式"。[3] 它是根据课程目标有目的地选择各种直接经验和间接经验的知识体系,是课程的核心要素,是课程内在结构的有机组成部分。

(一)课程内容选择的原则

课程内容的选择不是任意的,它必须以相关原则为基础并综合考虑其他因素。被选择的课程内容既要有助于实现课程目标,又要有助于培养学生全面发展。基于此,概论课程内容的选择应该遵循以下基本原则。

1. 合目的原则

课程内容的选择必须符合既定的课程目标,并以课程目标为直接依据。课程内容体现课程目标的要求,课程目标引领课程内容的选择。合理的课程内容及其组织安排是课程设计的核心所在。当然,在选择课程内容时,除了要考虑其与课程目标的关联性,还要综合考虑其他因素,如课程内容的价值和有效性,学生能否接受或在多大程度上接受等。[4]

---

[1] 参见马怀德:《构建具有中国特色的法学学科体系》,载《人民日报》2021年5月18日,第15版。

[2] 参见马怀德:《贯彻习近平法治思想,培养高素质法治人才》,载《中国教育报》2020年12月17日,第6版。

[3] 施良方:《课程理论——课程的基础、原理与问题》,教育科学出版社2001年版,第106页。

[4] 参见汪霞:《课程设计的几个基本问题》,载《教育理论与实践》2001年第11期。

2. 适时性原则

课程内容的选择必须紧跟时代步伐。习近平法治思想的形成和提出，是时代的要求、实践的呼唤和历史的必然。因此，概论课程内容的选择必须体现时代特色，与时代脉搏保持同频共振。毫无疑问，概论课程的增设绝不是仅仅为了增加一门课程，相反，它关乎新时代法学专业教育观念的更新、人才培养模式的改变，是一场涉及法学教育理论、教师职业发展、课堂教学方式、学生学习方式乃至日常教学管理等全方位的变革。

3. 结构性原则

课程内容是一个由各种要素按照一定逻辑关系组成的有机整体。在选择概论课程内容时，一是必须确保该课程自身系统知识的完整性，但这种完整性并不意味着课程内容的选择越多越好、越全越好；二是指课程内容在基本理念、基本原则、专业知识等方面具有逻辑上的连贯性。同时，课程内容的各个组成部分之间要具有恰当的比例性，既要重点明确，又要层次分明。

4. 实践性原则

该原则要求概论课程内容的选择必须能够使学生有机会去实践课程目标所包含的“行为”。例如，如果课程目标要求提升学生的法治素养，那么，课程内容的安排就必须能为学生提供实现这一目标的实践机会，否则，课程内容就不能达到课程目标的要求。因此，概论课程内容的选择与安排应该注重与实务部门的有机结合，突出问题导向，强调社会实践，将社会实践与理论教学结合起来，在实践中学习理论，利用理论解释指导实践。

（二）课程内容的构成

基于上述课程内容选择的基本原则，概论课程的内容主要由以下三部分构成。

1. 习近平法治思想的主要方面

2020 年 11 月，中央全面依法治国工作会议首次提出习近平法治思想，其主要方面就是习近平总书记在这次会议重要讲话中精辟概括的“十一个坚持”，即坚持党的领导，坚持以人民为中心，坚持中国特色社会主义法治道路，坚持依宪治国、依宪执政，坚持在法治轨道上推进国家治理体系和治理能力现代化，坚持建设中国特色社会主义法治体系，坚持依法治国、依法执政、依法行政共同推进,法治国家、法治政府、法治社会一体建设,坚持全面推进科学立法、严格执法、公正司法、全民守法,坚持统筹推进国内法治和涉外法治,坚持建设德才兼备的高素质法治工作队伍,坚持抓住领导干部这个“关键少数”。这“十一个坚持”内涵丰富、论述深刻、逻辑严密、系统完备,既是重大工作部署,又是重大战略思想。它们之间的关系不是孤立的存在,而是相互联系的统一整体,深刻体现了中国特色社会主义法治的本质特征。它们是概论课程的核心内容。

2. 有关全面依法治国的指导性或纲领性文件

党的十八大以来,中共中央国务院关于全面推进依法治国工作颁布了一系列指导性或纲领性文件,这些文件涉及的背景知识、作出的相关规定、提出的相关理论、作出的制度安排、体现的法治精神等都是概论课程的重要内容。例如,党的十八届四中全会作出的《中共中央关于全面推进依法治国若干重大问题的决定》就是依法治国的指导性文件,它是中国共产党在新的历史起点上全面推进依法治国、加快建设社会主义法治国家的奋斗宣言和行动纲领。[1] 又如,中共中央 2021 年 1 月印发的《法治中国建设规划(2020 – 2025 年)》是新中国成立以来第一个关于法治中国建设的专门规划,是新时代推进全面依法治国的纲领性文件,是深入贯彻落实习近平法治思想的重大成果。这些文件是概论课程内容的重要组成部分。

3. 习近平总书记关于全面依法治国的重要论述

党的十八大以来,习近平总书记围绕全面依法治国作出一系列重要论述,涵盖了全面依法治国的指导思想和本质要求、总体目标和基本原则、工作布局和时代特征、重点任务和发展道路等,为做好全面依法治国工作奠定了理论基础、指明了前进方向、提供了根本遵循。[2] 这些论述主要体现在习近平总书记的系列重要讲话、文章、批示之中,是习近平新时代中国特色社会主义思想的重要组成部分,是新时代中国共产党不断推进社会主义

---

〔1〕 参见袁曙宏:《全面推进依法治国,加快建设社会主义法治国家的纲领性文献——〈中共中央关于全面推进依法治国若干重大问题的决定〉解读》,载《发展》2014 年第 12 期。

〔2〕 参见封丽霞:《全面推进法治中国建设——学习习近平总书记关于依法治国的重要论述》,载《人民公安》2013 年第 22 期。

法治国家建设过程中形成和发展的法治理论。[1] 它们是概论课程不可或缺的重要内容。

三、有效开展课程教学

作为教学过程的基本单元,课程是以教学内容为载体开展的一系列教学活动,是落实人才培养目标的关键所在。[2] 确立了概论课程的目标和内容后,接下来讨论的问题是有效开展概论课程教学的基本要求。

(一)课程教学要突出习近平法治思想的鲜明特色

习近平法治思想是马克思主义法学中国化的最新理论成果,是中国特色社会主义法治建设的重大理论创新。作为科学完整的理论体系,习近平法治思想具有鲜明的时代特色。概论课程教学安排要充分体现这些特色,具体包括以下内容。

1. 创新性

习近平法治思想是对马克思主义法治理论的全面继承和创新发展,既是新中国成立后特别是改革开放和党的十八大以来中国法治实践的经验总结和理论升华,又是中国未来法治发展的前瞻与谋划,科学回答了中国特色社会主义法治建设面临的一系列重大理论和实践问题,这些回答都是重要的理论创新发展,体现了底蕴深厚的理论自信。[3] 除了理论创新之外,习近平法治思想的创新性还体现为一系列制度创新和实践创新,这些创新通过深化法治领域改革,有效应对重大挑战,抵御重大风险,克服重大阻力,解决重大矛盾。

2. 人民性

坚持以人民为中心,不仅是习近平法治思想的重要内容,而且是全面依法治国的基本立场。习近平法治思想的人民性特质具有深厚的理论根基,是新时代"以人民为中心"的发展思想在法治领域的具体体现,是推进

---

〔1〕 参见褚国建:《习近平全面依法治国重要论述的理论体系与创新价值》,载《法治研究》2020 年第 3 期。

〔2〕 参见黄振菊:《应用型课程教学内容体系的重构与优化》,载《黑龙江高教研究》2012 年第 8 期。

〔3〕 参见邱水平:《习近平法治思想的鲜明理论特质》,载《光明日报》2020 年 12 月 9 日,第 11 版。

全面依法治国的重要优势所在。坚持人民性,就是要把实现好、维护好、发展好最广大人民根本利益作为出发点和落脚点,坚持以民为本、以人为本。它主要体现在坚持人民主体地位、以公平正义为崇高价值追求、以依法保障人民权益为根本目的、把坚持以人民为中心贯彻到全面依法治国各领域全过程。[1]

3. 系统性

习近平法治思想坚持立足全局看法治、着眼整体行法治,强调全面依法治国是一个系统工程,加强对法治中国建设的系统谋划、部署和推进,[2]其主要概念、重大命题、核心观点、基本理论等各个思想逻辑单元有机结合、相互联系、内在统一,构成了一个严谨而开放的、具有深刻理论逻辑力量的法治理论系统。[3] 可以说,习近平法治思想就是立场、观点和方法的有机统一体,是注重系统性、整体性、协同性的系统观念的生动表达。[4]

4. 实践性

习近平法治思想具有强烈的问题意识和鲜明的问题导向,体现了紧扣时代的实践属性。理论的生命力在于实践,作为全面依法治国根本遵循和行动指南的习近平法治思想也不例外。因此,概论课程的教学必须要在学懂弄通习近平法治思想的基础上做实,把博大精深的创新理论与思想观点转化为法治中国的生动实践,尤其需要把握实践方向、锚定实践目标、统筹实践任务、紧扣实践需求、推动实践创新、强化实践保障。[5]

5. 时代性

习近平总书记立足中国特色社会主义进入新时代的历史方位,立时代之潮头,发思想之先声,科学回答了新时代我国法治建设向哪里走、走什么

[1] 参见李林:《全面依法治国必须坚持以人民为中心》,载《光明日报》2020年12月9日,第11版。

[2] 参见黄文艺:《论习近平法治思想的形成发展、鲜明特色与重大意义》,载《河南大学学报(社会科学版)》2021年第3期。

[3] 参见公丕祥:《习近平法治思想的重大历史性贡献》,载《光明日报》2021年1月21日,第8版。

[4] 参见张文显:《习近平法治思想的系统观念》,载《中国法律评论》2021年第3期。

[5] 参见付子堂:《习近平法治思想的实践要求》,载《光明日报》2021年1月8日,第11版。

路、实现什么目标等根本性问题。[1] 这种时代精神主要体现为:习近平法治思想孕育于深厚的时代背景,蕴含党的领导这一时代之魂,紧扣时代主题,发出法治中国的时代之问,凝聚着鲜明的时代价值。[2]

（二）课程教学要严格遵循“三原”至上

对概论课程教学的解读必须始终忠实于习近平总书记的原著、原文、原意,切实做到原汁原味、不折不扣地呈现习近平法治思想的理论精华、思想精髓、实践精义,在重大提法、重大概括、重大论断、重要论语等方面符合习近平总书记原著、党中央重要文献中的权威性表述。[3] 基于此,概论课程教学的解读必须以这些表述为基础,尤其要关注解读的主体、对象、目的和要求等核心要素。

首先,解读主体是教师。教师是将预期课程转化为实施课程的主体。[4] 在对课程教学的解读中,教师居于主导地位,要与原文展开“主体间”对话。要想讲好概论课程,教师首先要做的不是研究教法,而是如何解读文本。教师对概论课程所涉文本的解读要做到读懂、读透和超越。读懂意味着,教师要掌握文本的真正含义和内在价值,确保教学内容的科学性;读透意味着,教师要发现教学内容的体系结构,探索教学设计的基本思路;超越意味着,教师要发现教学的独特意义和功能。

其次,解读要以原文作为基点,切不可离开原文任意解读。只有将课程教学的解读与习近平总书记在不同场合下的讲话、报告、文章、批示、指示、论述以及党的会议文件等文本相结合,才能深入学习习近平法治思想,才能把握习近平法治思想的整体性和全面性,真正做到知其然更知其所以然。

再次,解读目的是教学所需,是基于教学、为了教学的专门解读,解读

---

〔1〕 参见陈一新:《习近平法治思想是马克思主义中国化最新成果》,载《人民日报》2020年12月30日,第10版。

〔2〕 参见汪习根:《论习近平法治思想的时代精神》,载《中国法学》2021年第1期。

〔3〕 参见张文显:《如何讲好〈习近平法治思想概论〉》,载《中国大学教学》2021年第9期。

〔4〕 参见王嵘、蔡金法:《问题提出:从课程设计到课堂实践》,载《课程 · 教材 · 教法》2020年第1期。

的成果不仅直接为教学内容的创生和选择服务,[1]而且要有效融入各门法学专业核心课程,融入实践教学,融入创新创业,融入法学培养的整个过程。

最后,做到准确、系统的解读。一方面,对课程教学的解读要以准确为前提,这是确保原文解读科学性的基本要求;另一方面,对课程教学的解读要采取系统论的观点,突出习近平法治思想的整体性和系统性,在坚持联系而不是孤立、系统而不是零散、全面而不是片面解读的基础上理解掌握其内在逻辑。

(三)课程教学要灵活运用唯物辩证法

唯物辩证法是马克思主义世界观和方法论的集中体现。习近平总书记非常重视辩证思维,他多次强调指出,辩证唯物主义是中国共产党人的世界观和方法论。党的十八大以来,以习近平同志为核心的党中央始终坚持运用马克思主义唯物辩证法统筹全面依法治国的战略布局,[2]这是一场广泛而深刻的社会变革,是一项宏大且复杂的系统工程,关乎中国特色社会主义法治建设的诸多领域,涉及一系列重大关系和利益格局。[3] 只有深入学习这些重大关系,才能深刻吃透习近平法治思想的基本精神,从而在概论课程教学过程中贯彻落实。基于此,概论课程教学必须坚持和运用新时代全面依法治国的辩证法,正确处理法治与政治、法治与改革、依法治国与以德治国、依法治国与依规治党等一系列重大关系。

1. 辩证处理法治与政治的关系

法治与政治的关系在本质上是依法治国和党的领导的关系,这是中国特色社会主义法治建设的核心问题,也是习近平法治思想的重要内容。列宁早就说过,法律是一种政治措施,是一种政治。[4] 习近平总书记也深刻指出,“每一种法治形态背后都有一套政治理论,每一种法治模式当中都有

[1] 参见李敏、张广君:《融贯式文本解读:内涵、原则与方法》,载《课程·教材·教法》2018年第2期。

[2] 参见公丕祥:《坚持和运用新时代全面依法治国的辩证法》,载《群众》2019年第23期。

[3] 参见李林:《坚持处理好全面依法治国的辩证关系》,载《法制日报》2019年5月23日,第4版。

[4] 参见中共中央马克思恩格斯列宁斯大林著作编译局编译:《列宁全卷》(第23卷),人民出版社1990年版,第40~41页。

一种政治逻辑,每一条法治道路底下都有一种政治立场”。[1] 由此可见,法治当中有政治,没有脱离政治的法治。党和法的关系是政治和法治关系的集中反映。我国《宪法》明确规定,党的领导是中国特色社会主义最本质的特征。因此,党的领导与社会主义法治是一致的,社会主义法治必须坚持党的领导,党的领导必须依靠社会主义法治。所谓的“党大还是法大”从根本上是一个伪命题。全面依法治国绝不是削弱党的领导,而是要加强和改善党的领导,健全党领导全面依法治国的体制和机制,不断提高党依法治国、依法执政的能力和水平。[2]

2. 辩证处理法治与改革的关系

改革常指改变旧制度、旧事物,是社会发展的强大动力,而法律具有的滞后性与稳定性似乎与改革的性质不相一致。对此,习近平总书记有非常明确的阐述,如“凡属重大改革都要于法有据”“以法治方式凝聚改革共识”等,这就意味着,改革要高度重视运用法治思维和法治方式,发挥法治的引领和推动作用,确保在法治轨道上推进改革。因此,改革与法治如鸟之两翼、车之两轮,两者相辅相成、相伴而生,共同推动中国特色社会主义事业奋力前行。此外,改革与法治的关系还要求我们处理好发展与法治的关系。实际上,法治是实现经济社会全面协调可持续发展的重要保障,在新时代,我们更应该坚持在法治轨道上审视发展问题,谋划发展思路,破解发展难题。总之,正确处理改革与法治的关系,就需要在改革与法治之间形成某种动态平衡,既要改革推动经济社会发展,又要保障法治秩序的稳定,实现在法治下推进改革、在改革中完善法治的有机统一。

3. 辩证处理依法治国与以德治国的关系

作为两种不同的治国理政方式,法治与德治既有明显区别,又有密切联系。坚持依法治国与以德治国相结合是马克思主义中国化在治国理政领域的重要体现,是中国共产党科学、民主、依法执政的根本遵循。正如习近平总书记指出的,法安天下,德润人心。“法律是准绳,任何时候都必

---

〔1〕 中共中央文献研究室编:《习近平关于全面依法治国论述摘编》,中央文献出版社 2015 年版,第 34 页。

〔2〕 参见周佑勇:《推进全面依法治国要加强理论思维》,载《解放军报》2021 年 1 月 29 日,第 7 版。

须遵循;道德是基石,任何时候都不可忽视。”[1]法律是成文的道德,道德是内心的法律。在新的历史条件下,我们必须坚持依法治国和以德治国相结合,“既重视发挥法律的规范作用,又重视发挥道德的教化作用,实现法律与道德相辅相成,法治和德治相得益彰”,[2]这既是对历史经验的科学总结,也是对治国理政规律的深刻把握。

4. 辩证处理依法治国与依规治党的关系

党的十八届四中全会指出,要形成完备的法律规范体系、高效的法治实施体系、严密的法治监督体系、有力的法治保障体系,形成完善的党内法规体系,从而确立了党内法规在社会主义法治体系中的重要地位。党内法规既是管党治党的重要依据,也是建设社会主义法治国家的有力保障。要正确处理好依法治国与依规治党的辩证关系,就要“发挥依法治国和依规治党的互补性作用,确保党既依据宪法法律治国理政,又依据党内法规管党治党、从严治党”。[3] 其中,依规治党是依法治国的重要保障,依法治国是依规治党的重要依托,两者相辅相成,在各自的规范界限内相互作用,共同推进中国特色社会主义法治建设。

四、全面实施课程评价

课程评价是课程设计必不可少的要素,也是衡量课程目标实现程度的重要依据。有什么样的评价指挥棒,就有什么样的办学导向。然而,传统的课程评价普遍重结果轻过程,多以终结性评价为主,过于强调实证和定量评价,忽视课程本身的发展性,忽视师生的主体地位。基于此,对概论课程的评价应坚持发展性评价,其核心在于“发展”,既强调以学生发展为本,又重视课程系统的整体发展;其目的在于促进学生全面发展、教师不断提高、课程持续完善。[4] 对概论课程实施发展性评价尤其要强调以下五个方面。

---

〔1〕 习近平:《习近平谈治国理政》(第2卷),外文出版社2017年版,第133页。

〔2〕 习近平:《论坚持全面依法治国》,中央文献出版社2020年版,第109页。

〔3〕 习近平:《论坚持全面依法治国》,中央文献出版社2020年版,第231页。

〔4〕 参见王惠:《发展性课程评价在高校课程评价中的运用》,载《黑龙江教育(高教研究与评估)》2008年第3期。

一是着眼评价对象发展的全面性。首先,概论课程本身处在不断发展之中,所以,对概论课程的评价要突出课程本身的发展性。其次,对概论课程的评价不仅要全方位体现"以学生为本"的理念,而且要选择科学的评价方式;不仅要评价学生认知因素的发展,而且要评价其非认知因素的发展。这是概论课程培养高素质法治人才的客观要求。最后,概论课程的评价除了要评价学生的"学"之外,还要评价教师的"教",从而实现教学相长、互为一体,共同满足各自的获得感,共同推动课程本身的发展与完善。

二是注重评价功能的诊断性。对概论课程实施的发展性评价必须充分发挥课程评价的诊断功能,为此,教师要在课程活动开始之前或进行中有针对性地发现学生在知识、方法、心理等方面存在的具体问题,分析产生这些问题的原因,从而判断学生是否具备实现当前课程目标所要求的基本条件。[1] 诊断功能的优势在于,教师对自己的学生有充分了解,这有助于其对学生的学习目的、动机、行为乃至整个学习过程作出及时准确的评价。而且,针对概论课程的诊断性评价不仅对当前的课程发展有帮助,而且对未来的课程发展更有贡献。

三是突出评价的过程性。对概论课程的评价不能只关注结果,更要关注过程。通过过程评价,使学生逐步树立正确的学习动机,掌握有效的学习方法,选择合适的学习策略。传统的课程评价方式在相当程度上忽视很多有价值的教育目标,相反,过程性评价则指向学生学习活动的整个过程,全面引导学生发现自己在学习过程中存在的不足与缺陷,激发学生在学习过程中提升自己的学习潜力和能力,从而实现自己的全面发展。[2]

四是关注个体的差异性。学生的个体差异是客观存在,只有充分尊重并正确对待这些差异,才能使每个学生在学习中满足自己的获得感,这是"以学生为本"教育理念的重要体现和基本要求。对概论课程实施的发展性评价就是要通过精准判断每位学生的不同特点、不同层次、不同潜力,并在此基础上因人施教,从而为他们提供一个人人能够体验成功喜悦的学习

---

〔1〕 参见黄国辉:《本科医学人才培养质量的诊断性评价与对策研究》,载《中国医学教育技术》2016 年第 6 期。

〔2〕 参见何春梅:《过程性评价、成就目标定向与学习投入:机制与路径》,载《高教探索》2020 年第 11 期。

环境,实现优等生“吃得饱”、中等生“吃得好”、后进生“吃得了”的理想效果。

五是强调评价主体的多元性。课程评价不仅要明确评价内容,而且要明确评价主体。评价内容的多元性决定了评价主体应该具有多元性。不同评价主体通过积极参与课程活动,有助于全面实现课程目标。基于此,为了有效实施课程评价并确保评价质量,概论课程的评价主体不仅应该包括教师、学生和学校教育教学管理者,还应该广泛吸收教育主管部门、第三方评价机构、司法行政机关、校内外社会团体、学生家长代表等参与课程评价。

第二编　课程思政与法学职业伦理教育

法学课程思政案例教学实践创新研究*

沈　洁**

摘　要:在全面推进依法治国的法治国家建设进程中,加强课程思政建设对于法科人才培养具有重要的实践应用价值。法学课程思政可以通过多种渠道实施,从不同层面引导学生树立社会主义法治理念。案例教学是法学专业教学的重要方式手段,贴近生活,结合实务,能有效激发学生的学习兴趣和创新精神。以案例教学为依托,将思政元素融会贯通到法学科班人才培养过程中,是法学专业人才培养过程中实践课程思政的重要抓手。立足于新时代高等教育法科人才培养过程中课程思政实践现状,以案例教学为出发点,寻求法学课程思政的实践创新路径,具有重要的理论价值和实践意义。

关键词:课程思政　案例教学　实践创新

法学课程思政的实施方式多样,无论是理论教学还是实践环节,都蕴含丰富的课程思政元素,而这些课程思政元素最重要的依托则是司法实践案例。法学课程本质是教授各方面社会规则的课程,不同的部门法包含社

---

* 基金项目:2021 年江苏省高校研究生课程思政示范课程"法理学专题"(文件编号:苏教办高函〔2021〕11 号,序号 29);2021 年江苏省高等教育教改研究立项课题一般项目"课程思政视域下法学案例教学方法转型研究"(课题编号:2021JSJG358);江苏大学 2021 年高等教育教改研究课题立项建设项目重中之重项目"课程思政视域下法学案例教学方法转型研究"(课题编号:2021JGZZ012);2020 年度江苏大学高等教育规划发展研究课题"高校课程思政建设提升路径与模式创新研究"(课题编号:G202018);2020 年度江苏大学思想政治教育研究院开放课题重点课题"高校'思政课程'与'课程思政'协同育人研究"(批准号:KFZD002);江苏大学 2021 年课程思政示范项目《民事诉讼法》;江苏大学 2020～2021 学年第一学期研究生"课程思政"示范课《民事诉讼与仲裁》阶段性研究成果。

** 作者简介:沈洁,江苏大学法学院讲师,硕士,从事法学教育研究。

会不同领域的价值规则,其蕴含丰富的价值判断与取舍,是高校课程思政建设的重要组成部分。[1] 作为社会科学中实践应用性极强的专业学科,法学专业无疑可以广泛采用案例教学方式。以案例教学为视角,分析法学专业人才培养过程中的课程思政融入,对于有效实现课程思政效果,提升课堂教学魅力,激发学生专业学习兴趣,为社会输送高素质实践应用型法治人才具有重要的现实意义。

一、法学课程思政案例教学的实施现状概述

(一)案例使用常态化

法学专业课程中的案例使用已经成为常态。由于专业本身的特点,法学学科的实践应用性决定了教学案例采用的广泛性。我国高校的法学教师已经普遍接受并在教学过程中实践案例教学方式,在法学部门法的知识点的讲授过程中大量采用案例,已经成为常态;与此伴生的另外一个问题是,具体在专业知识点的讲授过程中如何有效融入社会主义核心价值观等课程思政内容,目前尚未形成普遍的认知和统一的标准,在实践教学中也没有统一的案例教学相关统编教材。如何充分利用课程思政元素开展有效专业教学,是目前高校法学教师仍在积极探索过程中的重要内容。

(二)案例选择复杂化

过于简单的案例很难引起学生的兴趣,因此,为了提升法学专业案例的吸引力,很多教师在选择案例时往往选择较为经典的案例,而案件内容复杂,审判程序曲折的案例更能够体现这一价值追求。中国裁判文书网上有大量的历经一审、二审、再审的案件,成为教师法学案例教学的重要案件来源。但是,这些案例本身所蕴含的法学专业知识较为丰富,内容甚至尚存争议,更有不少是该领域的创新和突破,就专业基础知识的一般讲解而言,显得层次较深,在具体讲解的过程中对教师的把控能力要求很高,对学生的整体学习能力也提出了较高的要求。

---

〔1〕 陈琛:《谈高校法学课程思政建设——以合同法课程为例》,载《广西政法管理干部学院学报》2021 年第 3 期。

（三）案例研讨形式化

由于课堂教学时间有限，案例研讨不可能占据太多的课堂教学时间。即便是采用翻转课堂的教学方式，也不可能所有的专业课程都采取广泛的案例研讨方式，因此，不论在法学本科生还是研究生教学中，采用案例研讨方式进行的有组织的教学次数有限。受到研讨式教学场地、内容等的制约，法学案例研讨的参与度不高，法学部门法专业课程内容繁多，即便是专业核心课程的《民法》《刑法》等重量级的课程，授课时间也较为紧张，更不论作为专业选修课程的其他法律门类。部分院校的法学案例研讨更多是作为教学改革的一种创新方式呈现，很难普遍有效融入课程思政。

（四）案例分析单一化

课程思政案例教学是融会贯通在课堂教学中的常态化操作。在日常的法学专业课程教学中，通过提问学生等方式来呈现，而在课堂上受制于教学时间等因素，在通常情况下一个学生的课程发言时间有限，出于公平性因素的考核衡量，教师不可能让一个学生就一个案例充分地进行阐释。所以，事实上，法学课程的案例教学的课堂安排是一项比较复杂的考核衡量，从课堂效率等因素考量，往往教师会倾向于选择具有典型性的单一案例作为教学内容，分析的知识点较为单一，分析的内容要求相对浅显，相较于复杂多样的社会现实对法律的需求，这样的处理往往不能和法律的实践应用有效接轨。

（五）案例考核生活化

目前，法律职业资格考试采用案例分析方法进行专业知识点的考核已经成为众所周知的事实，这亦是课程思政案例考核的重要体现。每一年度的试题中都有大量的生活化的案例。这些案例在考核设计时依托于现行立法，涉及的内容往往是年度的时事热点案例。生活化的案例考核能够引发学生的关注兴趣，但是教师在考核中使用的往往数量较少，仅仅是那些颇具代表性的案例，不具有广泛覆盖性。事实上，我国的基层法院每年审理的普通民事、刑事案件数量繁多，除了这些典型的生活化的案例，更多的则是非典型性普通案件，学生缺乏充分认知。

（六）案例产生碎片化

在“互联网+”时代背景下，信息爆炸带来了丰富的案例素材。但是，和以往经过专家学者收集整理系统汇编的案例不同,高校法学专业师生也和普通社会公众一样,被爆炸式的案例素材包围着。法学师生每天每时每刻都通过网络平台和手机平板接触到大量的碎片化的案例,内容包罗万象,涉及学科部门覆盖面广,除了质量较高的法学公众号发布的案例信息,还有海量的自媒体发布的种类繁多的案件信息,其中很大一部分涉案内容真伪不明,案情分析对错不清,近年来动辄出现的"反转"事件比比皆是,层出不穷。优秀的司法实践案例是培养法治人才的重要资源,劣质的道听途说如不加制止,其负面影响不容忽视。

二、法学课程思政案例教学的实施影响因素

(一)案例使用泛滥化影响法学课程思政的理论性构建

习近平总书记明确指出,中国社会主义法治建设需要大批高素质、德法兼备的专业法治人才为基础。[1] 法治人才培养是一项系统而宏大的工程,法学专业知识的学习并不是案例的罗列,在专业理论知识的讲解过程中泛滥使用案例,将会导致法学专业课程本身成为单纯的案例分析课程,不仅影响法学专业理论知识的讲授和教学,而且不利于在法学课程教学过程中实现课程思政的理论性建构。法学专业课程思政是与法学专业课程学科体系相伴生的,不是完全剥离的独立存在,过多讲解案例,只为体现课程思政,反而忽略了法学专业课程内容本身的讲授,不仅不利于优秀法治人才的培养,而且将课程的教学方式和教学内容本末倒置,不能有效构建课程的理论体系,无法实现课程思政的逻辑架构,无法实现专业课程的育人目标。

(二)案例选择复杂化降低法学课程思政的课堂效率性

法学案例教学中的案例选择是案例教学课程思政成功与否的重要因素。能够对案件做好取舍,将案例教学融入课堂,是法学案例教学方式的重要追求,也是在案例教学中融入课程思政的重要前提和基础。案例教学是为课程讲学服务,而不是为了讲案例而讲案例。事实上,越是经典的案

〔1〕 参见唐素林:《高校法学"课程思政"教育教学改革发展探究》,载《高教学刊》2021年第1期。

例，案情往往越是复杂。如果教师在讲解案情的过程中不能有效把控时间分布，讲好实务故事，可能会导致教学事故——花费大量时间，选取经典案例，认真细致讲解，却无法完成教学内容。法学专业作为一门逻辑性极强的实践应用学科，专业知识的学习离不开教师有组织有系统的专业讲解。不恰当的案例选择降低了法学课程的课堂效率，在基本教学内容都无法充分有效完成的情况下，教师很难兼顾教学内容的课程思政的有效融入，实际的后果是不仅影响了课堂教学的整体设计，而且影响了学生学习知识的系统性和完整性。

（三）案例研讨形式化淡化法学课程思政的教学有效性

案例研讨式教学是课程教学改革的重要创新，如通过项目分组、小组研讨等进行案例研讨，但是一个学期一门课程的教学课时终究有限，专业理论知识的讲解需要大量的时间，学生不可能把所有的课程都按照翻转课堂的要求来完成。因为，实践中的法学本科生的案例探讨很难有效地开展，更多的是作为课程教学改革创新的一种形式象征。如何有效地组织案例研讨，将其常态化运作，这不是一门课的专业教师能有效协调和解决的。在不能有效组织和安排案例研讨活动的前提下，要求教师将课程思政融入案例教学，其实际效果不容乐观。教师在组织案例研讨时关注的更多是活动的本身能否在确定的时间地点举行，留下活动素材，作为教学创新的重要证据；参与案例研讨的学生是为了参与而参与，将其作为一项任务完成，而不是因为兴趣而积极用心投入，案例研讨活动的实际效果甚微。

（四）案例分析单一化制约法学课程思政的实际应用性

在法学课堂教学中使用案例分析，要在师生之间形成有效互动才能发挥其积极作用。目前的法学专业理论课教学留给学生完全自由发挥的时间非常有限，教师在课堂教学过程中进行提问，很多时候是出于考勤等因素，本应发挥法学课程思政职能的案例分析可能成为另一种形式的课堂考勤。一方面，学生不愿意配合教师对案例进行分析，只是简单应答，表明没有缺席。对案例分析的课堂提问和评价机制缺失，学生没有感受到直接的利益获得，不愿意深入参与案例分析课堂讨论。另一方面，教师在得不到学生有效回应的情况下，往往采取自问自答的方式，缺乏学生深度参与的案例分析，很难将其中的思政元素深度融合，法学课程思政的实际应用效能不足,案例分析本身也仅仅只是作为课堂教学中的一个环节,其最直接的价值在于表明课堂具备了师生互动的元素,不能从根本上提升学生的实践应用能力和社会法治素养。

(五)案例考核生活化削弱法学课程思政的理论价值性

法学专业课程的考核是法治人才考核衡量的重要手段。无论是法科学生的日常课程考核,还是作为法学专业毕业生职业敲门砖的法律职业资格考试,都包含了大量的案例考核,尤其是生活化的案例考核内容。实务案例作为考试内容无可厚非,不仅不应受到批评指责,而且应该广泛使用。但是专业课程考试时间有限,目前主要仍是采用笔试的方式居多。受到教学大纲、考试要求等诸多限制,一门课程的试卷考核题型往往要求多样化的题型设置,留给案例考核的分值和内容往往有限。法学部门法的学习是融理论性与实践性相结合的专业学习,过多采用生活化案例的直接后果可能给学生带来的负面引导是只要根据法条分析案例,就是学会了法律,只重实践忽视理论。即便通过专业考核,甚至是法律职业资格考试,学生也仍然是以应试作为自己的主要目标,忽略了法学理论价值的探究。

(六)案例产生碎片化影响法学课程思政的体系性融入

信息爆炸时代带来的案例泛滥,尤其是自媒体的无序发布,对法学教师的案例教学的有效实施和高质量实施带来了严峻挑战。目前,教师使用的课程思政案例不再局限于传统的固定的教科书,立法、执法、司法与时俱进,法学案例也在不断更替。网络信息的传播速度极快,案例发生之后的影响也呈井喷式爆发。师生共同关注同一个案例,及时有效融入课堂,往往能收到较好的课程思政效果。但是在目前网络监管乏力的现实背景下,许多原本普通的案件,经过网络传播发酵,往往真实性广受质疑,产生很多负面影响,甚至一些官媒有时也发布了错误的案件信息。在这样碎片化案例泛滥的背景下,法学教师使用案例讲授了法学知识,一旦出现案情反转,就尤为尴尬。同时,由于碎片化法律的广泛存在,对于专业课程的体系性产生巨大的冲击,不仅不利于法学专业课程思政的有效性发挥,也影响了学生专业知识学习的体系性。

三、法学课程思政案例教学的实践创新对策思路

（一）理论实践充分结合强化法学课程思政案例运用机制

党的十八大以来，习近平总书记高度重视高校思想政治工作，我国高校陆续启动课程思政改革探索。在新时代法治人才培养过程中深入融入课程思政，已然成为高校法科生培养的重要教学改革内容。但是不可否认的是，“课程思政”作为学校教育尤其是课程建设的一种新思想、新理念、新方法，产生时间不长，尚处于起步发展阶段，其内涵、问题、逻辑及落实机制尚缺乏深刻的理论论证。[1] 因此，在教书育人的过程中采取法学理论与司法实务相结合的方式共同构建法学课程思政案例运用机制，是法学课程思政案例教学的重要路径选择。法学专业理论教学不是一般的概念解读，也不是简单的案例列举，深入的理论阐释是不可或缺的，丰富的理论内涵和深度的逻辑体系，是法学专业教学的必然要求；高校法科生的培养，是面向新时代社会法治实践的，其中，法治中国情怀培育是融会在法学专业知识学习过程中的政治课，是师生法学专业知识传承的价值课，是学生法律职业方向选择的导向课，是法律职业方向滋养的情感课，[2] 因此，通过构建、完善、强化法学课程思政案例运用机制，综合考核衡量法学课程思政案例使用数量、内容、更新、考核和实施，将法学理论知识讲授和法学课程思政紧密结合，深度融合，将有效提升法治人才培养课程质量。系统建立法学课程思政案例运用机制只是开始，后续的运行、实施、完善，是一项长期的系统的工程。

（二）案例选择繁简适当提高法学课程思政课堂实际效率

高校作为培养新时代社会主义法治人才的“第一阵地”，应该从新时代中国特色社会主义发展的全局出发，在提高法科学生的法学知识水平的同时，培养学生的法律职业伦理和思想道德素养。[3] 这已经成为高校法治人

---

〔1〕 参见郝德永：《“课程思政”的问题指向、逻辑机理及建设机制》，载《高等教育研究》2021年第7期。

〔2〕 参见刘伟琦：《法学课程思政教学改革的新理路：法治中国情怀培育》，载《黑龙江高教研究》2021年第10期。

〔3〕 参见沃耘：《高校法学“课程思政”教育教学改革路径与对策》，载中国社会科学网2019年3月7日，http://ex.cssn.cn。

才培养的普遍共识和实践操作。教师们的实践和探索、学者们的关注和研究,已然充分表明案例教学在法科生培养过程中的不可或缺的价值。需要注意的是,法学课程的思政元素虽然丰富,但不宜提炼太多作为课程思政教学内容。[1] 在一流法治人才培养过程中,案例教学的"金课"是当前教学改革创新的重要目标。法学课程教学忌枯燥的理论讲解,引入实务案例开展课程思政教学改革诚然是增强法学专业课程课堂活力的重要举措,但是如果没有机制约束,不注意案例选择的繁简取舍,容易将法学专业课程开设成为案例罗列的"水课",偏离"金课"轨道。教师在开设课程的过程中,要加大对适用案例进行整体考核衡量的力度,选择具有一定难度、适合在课堂教学过程中使用的案例作为课堂讨论案例,控制参与人数,把握发言时间,切实融入课堂,将思政元素分解,通过积极引导,通过系统谋划、简洁操作、增加参与、有效控制,提高课程思政的课堂覆盖面,在讲授知识的同时,做到"润物细无声",从而从根本上提升法学课程的授课效率。

(三)案例研讨精心组织提升法学课程思政课程教学效果

法学案例教学课程思政的最大难度在于如何突破思想政治教育元素难以融入法学领域的思想壁垒,找准课程思政元素在法学教学中的落脚点。[2] 教师准确进行案例研讨教学目的定位,精心组织案例研讨,优化案例研讨教学环节设置,是有效避免案例研讨教学形式化的重要保障。首先,法学专业任课教师要将案例研讨作为专业课程的必要组成部分,是法治人才培养的重要内容,而不是可有可无的形式表现,只有将案例研讨教学作为法治人才培养的必要环节,才能激发教师的积极性、主动性和创造性,为案例思政元素挖掘提供保证。其次,教师在选择案例时,应精选案例,提升自身案例讲解水平,[3]把控案例研讨教学的能力,将课程思政全面融入研讨过程,引发学生在思考案例的同时体会思政元素的价值和作用。教师是高校教学的主导因素,直接影响和决定案例研讨的质量和效果。教

[1] 参见陈琛:《谈高校法学课程思政建设——以合同法课程为例》,载《广西政法管理干部学院学报》2021年第3期。

[2] 参见罗晓萌:《"互联网+"法学"课程思政"教学改革研究》,载《湖北开放职业学院学报》2021年第8期。

[3] 参见李凌旭:《法学案例教学之困境与脱困》,载《高教学刊》2021年第29期。

师的案例教学水平,是当前高校法学教育案例教学实施的重要制约因素。组织教师进行案例教学实施培训,对法学专任教师进行课程思政案例教学专项训练,将能有效提升教师案例教学思政改革的能力。最后,为了提升教师的积极性,地方院校的院系部门应给予积极开展法学案例研讨教学改革创新的教师以课堂理论教学同等的甚至更高的教学工作量的认定,提高教师的案例研讨教学的参与程度和改革热情。此外,通过法律诊所等形式,将案例研讨的内容实践化,不仅能有效增强学生的法律实践应用能力,更能有效增强学生对课程思政内容的现实体验。

(四)案例分析立足实际拓展法学课程思政实践应用价值

法学课程思政是在理论价值发挥积极作用的基础上,影响学生的实践应用思维,而不是单纯局限于生活实务案例的简单解决,故而单纯地生活化的案例考核方式往往制约学生的法律思维的养成和拓展。法学课程思政是将思政教育融于法学课程教学,是要让学生掌握系统的法律专业知识的同时,将其塑造成为建设社会主义法治国家的新时代法治人才。法治人才培养对高校提出了明确的要求,那就是要求培养法科学生德法兼修、与思政教育天然共通、职业导向、追求公平正义等职业价值追求。[1] 拓展法学课程思政案例分析方法的使用,必须构建系统的考核评价机制,从而避免单一的生活化案例考核带来的不利影响。加强过程考核,运用实践考核,是完善考核机制的重要内容。过程考核要求教师加强对学生接触法律理论知识,了解法律实践应用的全过程的系统考核;实践考核要求教师加强对学生运用法律理论知识解决客观社会现实法律纠纷的应用能力。学生学习法律知识,分析领会案例,其根本目的在于从事法律职业后的实践应用。因此,开展法学课程案例分析教学模式创新,就必然要求教师在考核过程中拓展法学专业知识的实际应用价值,让学生学以致用,融会贯通,将知识与实践自然结合,进一步坚定社会主义法治信仰,有效提升课程思政案例教学的实际效果。

[1] 参见朱继胜、谭洁、朱振明:《论法学课程思政特点、难点与实施路径》,载《高教论坛》2021 年第 9 期。

(五)深入挖掘案例内涵丰富法学课程思政法学理论价值

2016年,全国高校思想政治工作会议召开后,“课程思政”逐渐成为一种新的思想政治教育理念和模式,成为高等教育专业课程教学改革的重要内容。实践课程思政,其主要目的在于发挥所有课程的“隐性”育人作用。[1] 专业课程实施课程思政,不是把专业课上成思政课,而是要做到“润物细无声”,在专业素质提升中帮助学生树立正确的世界观、人生观、价值观。[2] 法治人才是全面依法治国战略实现的人力资源的保障,因此,加强法学专业课程思政教学改革创新,具有更加深远的现实意义。法学“课程思政”教育教学改革本质上就是将社会主义法治价值理念融合到高校法学专业课程教学中,利用法学课程教育本位回归,来实现德法教育无缝衔接,旨在为中国社会主义法治建设提供坚实人力资源保障。[3] 法治人才是实践应用人才,法学课程思政案例教学不是单纯的实务案例的讲解,简单地让学生了解案件的案由、诉请、裁判的结果,而是通过对案例的分析,向学生传达社会主义法治理念和社会主义核心价值观,让他们成长为一名优秀的法治人才。教师在进行课程教学时,应深入挖掘选用案例中所蕴含的课程思政元素,将专业知识讲授和案例思政元素微妙融合,将司法实务案例从生活化事例提升凝练为法学专业理论知识,通过模拟法庭、法律诊所等法律实践教学方式,提高学生的案例教学参与度,激发学生的法律兴趣,强化学生的法治理念,实现法学课程思政案例教学的细水长流。

(六)建设法学案例资源加强法学课程思政体系机制构建

“互联网+”时代高校法学专业人才培养的核心是“德法兼修”,高校法学专业“课程思政”是必然趋势。[4] 信息网络时代到来的不仅是海量的案例信息,同时也给教师开展课程思政案例教学带来了选择困难。案例使用

---

〔1〕 参见谢波、刘会娜:《政法院校法学课程思政建设问题探讨》,载《中国法学教育研究》2020年第1期。

〔2〕 参见石建勋、付德波、李海英:《新时代高校课程思政建设重点是“三观”教育》,载《中国高等教育》2020年第24期。

〔3〕 参见唐素林:《高校法学“课程思政”教育教学改革发展探究》,载《高教学刊》2021年第1期。

〔4〕 参见罗晓萌:《“互联网+”法学“课程思政”教学改革研究》,载《湖北开放职业学院学报》2021年第8期。

不当，不仅影响教学效果，甚至产生负面影响。因此，按照新时代法治人才培养的目标要求，构建法学专业的案例资源库，在经过教研室（系、部）统筹审核把关、专家论证的基础上，形成具有专业课程特色的案例资源库，并经过长期的教学实践的检验，在此基础上适时进行更新完善，保证案例库资源的时效性，是保障法学课程思政案例教学的资源基础。教研室（系、部）把关、专家论证，能够有效避免不适当案例进入课堂。丰富的案例资源趋势带有普遍性，但是其中动辄“反转”的部分劣质案例素材，如果在课堂上被采用甚至反复讨论，容易引发学生对司法实践的否定性评价，缺乏法治信心，动摇法治信仰。构建法学专业课程思政案例资源库，可以从地方院校做起，逐步形成规范做法，院校特色，地方特点，打造、发展和丰富院校法学案例库资源的特色亮点，系统建设打造法学案例库电子数据资源、法学案例库电子教材或者纸质图书，教师在教学过程中也应关注时事，适时跟进，针对学生的代际更替，寻求更加贴近时代和社会需求的案例资源，充实完善案例库，使法学课程思政案例的与时俱进，促进法学课程思政元素的深度融合。

结　　语

法学专业课程中蕴含大量的思政元素，往往被认为是比较容易开展课程思政教学改革，但是如何有效实施法学专业课程思政，提升教学质量，强化教学效果，打造法治人才，则是不断探索、改进和完善的过程。法学课程思政建设的实施方式多样，实施手段丰富，以案例教学为抓手，创新法学课程思政教学实施方式方法，是新时代社会主义法治人才培养的重要探索。借助实务案例，将课程思政融入法学专业课程，将有效提升法学专业学生的职业伦理和道德情操，为社会主义法治人才培养发挥积极作用。

课程思政在法学课程教学中的实践
——以“民事诉讼法学”课程为例*

范艳萍**

摘　要:思政课是落实立德树人根本任务的关键课程。在“民事诉讼法学”教学实践中,深挖民事诉讼法学课程中蕴含的“知识、价值、能力”,运用建构主义教学模式,帮助学生了解民事诉讼理论的新课题、民事诉讼立法的新发展和民事审判实践中的新问题,培养学生发现、分析和解决实际问题的能力,引导学生关注现实问题,培育学生经世济民、诚信服务、德法兼修的职业素养。

关键词:立德树人　课程思政　民事诉讼法学　建构主义

要精准理解“课程思政”,首先必须系统、全面地学习和领会习近平总书记关于立德树人的重要论述。

一、关于立德树人的重要论述

2012 年 11 月 8 日,党的十八大报告提出“教育是民族振兴和社会进步的基石。要坚持教育优先发展,全面贯彻党的教育方针,坚持教育为社会主义现代化建设服务、为人民服务,把立德树人作为教育的根本任务,培养德智体美全面发展的社会主义建设者和接班人”。

2014 年 9 月 9 日,习近平总书记同北京师范大学师生代表座谈时,指出“好老师应该懂得,选择当老师就选择了责任,就要尽到教书育人、立德树人的责任,并把这种责任体现到平凡、普通、细微的教学管理之中”。

---

* 基金项目:河海大学课程思政示范课程建设项目资助(2021A08)重点项目。

** 作者简介:范艳萍,河海大学法学院副教授,社会学博士。

2016年12月7日至8日，习近平总书记在全国高校思想政治工作会议上，指出，“高校立身之本在于立德树人”“要坚持把立德树人作为中心环节，把思想政治工作贯穿教育教学全过程，实现全程育人、全方位育人，努力开创我国高等教育事业发展新局面”。

2017年5月3日，习近平总书记在中国政法大学考察，强调：“全面推进依法治国是一项长期而重大的历史任务，要坚持中国特色社会主义法治道路，坚持以马克思主义法学思想和中国特色社会主义法治理论为指导，立德树人，德法兼修，培养大批高素质法治人才。”“法治人才培养上不去，法治领域不能人才辈出，全面依法治国就不可能做好。”

2017年10月18日，习近平总书记在党的十九大报告指出：“要全面贯彻党的教育方针，落实立德树人根本任务，发展素质教育，推进教育公平，培养德智体美全面发展的社会主义建设者和接班人。”

2018年5月2日，习近平总书记在北京大学师生座谈会上指出：“人无德不立，育人的根本在于立德。这是人才培养的辩证法。办学就要尊重这个规律，否则就办不好学。”“要把立德树人的成效作为检验学校一切工作的根本标准，真正做到以文化人、以德育人，不断提高学生思想水平、政治觉悟、道德品质、文化素养，做到明大德、守公德、严私德。”“要把立德树人内化到大学建设和管理各领域、各方面、各环节，做到以树人为核心，以立德为根本。”

2018年9月10日，习近平总书记在全国教育大会上指出：“要在加强品德修养上下功夫，教育引导学生培育和践行社会主义核心价值观，踏踏实实修好品德，成为有大爱大德大情怀的人。”“要深化教育体制改革，健全立德树人落实机制，扭转不科学的教育评价导向，坚决克服唯分数、唯升学、唯文凭、唯论文、唯帽子的顽瘴痼疾，从根本上解决教育评价指挥棒问题。”“要把立德树人融入思想道德教育、文化知识教育、社会实践教育各环节，贯穿基础教育、职业教育、高等教育各领域，学科体系、教学体系、教材体系、管理体系要围绕这个目标来设计，教师要围绕这个目标来教，学生要围绕这个目标来学。凡是不利于实现这个目标的做法都要坚决改过来。”

2019年3月18日，习近平总书记在学校思想政治理论课教师座谈会上指出：“办好思政课，最根本的是要全面贯彻党的教育方针，解决好培养什么人、怎样培养人、为谁培养人这个根本问题。新时代贯彻党的教育方针,要坚持马克思主义指导地位,贯彻新时代中国特色社会主义思想,坚持社会主义办学方向,落实立德树人的根本任务,坚持教育为人民服务、为中国共产党治国理政服务、为巩固和发展中国特色社会主义制度服务、为改革开放和社会主义现代化建设服务,扎根中国大地办教育,同生产劳动和社会实践相结合,加快推进教育现代化、建设教育强国、办好人民满意的教育,努力培养担当民族复兴大任的时代新人,培养德智体美劳全面发展的社会主义建设者和接班人。"

至此,全面推进课程思政建设是落实立德树人根本任务的战略举措。

马克思主义理论研究和建设工程重点教材《民事诉讼法学》,作为法学专业核心课程,涉及内容丰富,兼具复杂的理论性与较强的实践性,肩负保障公民实体权利及实现公平正义的重任。学好民事诉讼法学,就个人而言,既能丰富法学知识,有利于维护自身合法权益,还有利于做好法律职业工作。在此基础上,对整个国家和社会来说,掌握民事诉讼法学知识的人越多,人们的程序理念越科学,越有利于实现民事纠纷的依法有序解决,也越有利于社会的和谐、稳定与发展,全面实现依法治国、建设社会主义法治国家。[1]

二、"民事诉讼法学"课程中的思政育人二三谈

民事诉讼法,是关于诉讼程序的规则。以规范诉讼程序和诉讼关系为对象,以公正、适当解决纠纷为目的。民事诉讼关系是一种立体的法律关系,体现为作为国家司法机关与原告、被告之间,原告与被告之间的二维空间关系,是流动、不断变化的,其多维时空思维、多重价值衡平思维,多重主体思维的特点,[2]不乏丰富的思想价值、精神内涵,深入挖掘并运用习得效果显著的教学模式,可以很好地将育人和育才相统一,立德和树人相统一。

1."民事诉讼法学的学习方法"内容,结合生活谚语及影响立法、司法

---

〔1〕 参见马克思主义理论研究和建设工程重点教材《民事诉讼法学》编写组:《民事诉讼法学》,高等教育出版社2018年版,第12页。

〔2〕 参见张卫平:《民事诉讼法学方法论》,载《法商研究》2016年第2期。

改革的社会热点案例，帮助学生精准认知民事诉讼法学乃至整个法学学科课程的特点并构建适应法学学科的实践性、内化性学习方法，学以致用，努力成为适应国家法治建设需要的“复合型、应用型”高素质法治人才。

2.“民事诉讼法与民事实体法的关系”“证据与证明”“审判程序”等内容，通过辩证唯物主义和历史唯物主义相统一的世界观指引，一切从实际出发，实事求是，坚持程序和实体相辅相成，树立公正与效率相得益彰的均衡程序价值观。

3.“民事诉讼法的任务”内容，结合真实的动态的“案例”，让同学们了解纠纷何以产生，涉及哪些法律关系，民事诉讼法何以保护和解决，从而激发同学们设身处地地思考“假如我是其中当事人”“假如我是其中的法官或代理人”“我会如何做”“我还有哪些欠缺及不足”“我要如何做才能客观、中立的明辨是非、正确适用法律，及时做出裁判，从而让每一个案件的当事人都能感受到法律的公平正义”，培育探索新知、自我教育的终身学习能力。

4.“民事诉讼法的基本原则与基本制度”内容，以“人民权利为中心”，为实现更加广泛、真实的民主和建设更加平等、公平、正义的法治环境，做到有法可依，有法必依。帮助学生了解到法律与个体、与社会与他人的关系，培育法治信仰，让同学们认识到法律规则不仅仅在书本中、条文中，更在自己日常生活的行为准则中。

5.“法院调解与诉讼和解”内容，结合“和为贵”的优秀文化传统，参考司法实务中调解结案的大数据及社会中“案结但事未了”的诸多“悲剧”，比较“调解和判决”的利与弊，帮助同学们了解“枫桥经验”及其在现代社会中及司法实务中的“新视角”与“新突破”。在传播优秀文化的同时，激发学生热爱祖国，拥护中国特色社会主义法律制度，提升法学专业自信。

6.“公益诉讼”内容，结合公益诉讼的实践发展及立法进程，帮助同学们了解社会经济发展与生态环境保护的关系、私权利与公共权利及其不同的维权方式，从法律的视角加强学生“人人皆社会”的“公共”观念，激发同学们热心公益，践行“美美与共”“人人为我，我为人人”的社会主义核心价值观。

“民事诉讼法学”课程开展思政，应紧扣两者共通共融之处，回归“育人初心”,重构“育人内涵”。针对“培养什么人、怎样培养人、为谁培养人这一根本问题”,围绕课程思政将育人内涵全面渗透到课程目标、理念及培养路径,实现全员全程全方位的育人目标。

三、“民事诉讼法学”课程思政建设

(一)课程目标:践行中立德,过程中树人,明法笃行、知行合一

众所周知,在中国法治进程中,“有法不依”“知法犯法”“司法腐败”“法学毕业生就业率低”现象屡见不鲜。立德树人也是“法学院毕业生不能完全适应社会主义法治国家建设需要”的时代回应及切实要求,如“高分低能”“就业率低”,走上工作岗位却“有法不依”“知法犯法”“司法腐败”,破坏了公平正义的最后一道防线,不利于社会优良风气的形成。立德树人不仅要博学之审问之慎思之明辨之,而且要笃行之,即明法笃行,知行合一、知与行的互通。

民事诉讼法,作为程序法,与民事实体法、民事程序法及刑事法律、行政法律都有交叉和融合,并且各高校在开设该课程时,一般是在宪法、民法典、刑法课程结业后,其他程序法律开课之前,即学生接触到的第一门程序法必修课。所以,从程序法角度,学好民事诉讼法学,奠定了学习其他程序法的基础;从实体法角度,民事诉讼法与实体法唇齿相依,互相支撑与保障。基于民事诉讼法的这一媒介及应用性,在设置课程目标时要切实回应“培养什么人”,围绕知识探究、能力建设、价值引领、人格养成四个方面。

早在20世纪30年代,孙晓楼先生在其专著《法律教育》中就曾指出:法律人才“一定要有法律学问,才可以认识并且改善法律;一定要有社会的常识,才可以合于时宜地运用法律;一定要有法律的道德,才有资格来执行法律”;“只有了法律知识,断不能算作法律人才;一定要于法律学问之外,再备有高尚的法律道德”,“因为一个人的人格或道德若是不好,那么他的学问或技术越高,越会损害社会。学法律的人若是没有人格或道德,那么他的法学越精,越会玩弄法律,作奸犯科”。[1]

---

〔1〕 转引自张志铭:《中国法学院的法律职业伦理教育问题》,载北大法律信息网2017年9月20日,https://www.chinalawinfo.com。

(二)课程理念:以学生为主体,尊重学生的意愿和兴趣,激发学生内生力,构建法学学习思维和法律职业思维

"青年时期是培养和训练科学思维方法和思维能力的关键时期,无论在学校还是在社会,都要把学习同思考、观察同思考、实践同思考紧密结合起来,保持对新事物的敏锐,学会用正确的立场观点方法分析问题,善于把握历史和时代的发展方向,善于把握社会生活的主流和支流、现象和本质。要充分发挥青年的创造精神,勇于开拓实践,勇于探索真理。养成了历史思维、辩证思维、系统思维、创新思维的习惯,终身受用。"[1]

现代大学生是未来社会的建设者和接班人,"民事诉讼法学"课程理念要紧紧围绕"为谁培养人",坚持"以人为本",以学生为中心,围绕学生、关照学生、服务学生,引导和帮助他们培养主体意识、权利意识、参与意识、平等意识、宽容态度、法治观念、义务(责任)观念、理性精神。在内容安排上,要有一定的高阶性、创新性、挑战度,激发学生自主学习的内生力、好奇心,变被动接受为自主自觉自律性的积极正向学习观,树立和强化经验中总结、反思中提升的终身学习、自我教育的观念。

(三)培养路径:基于当代大学学生特点及民事诉讼法学学科特点的建构主义学习观和教学模式

立德,需要在思政课程中强化学生在学习过程中的"主体性、认同性、内心确信性",揭示法律职业特性与法律职业道德之间的内在关联,使法律从业者发自内心地感受到职业道德对于其事业的决定性作用,从而形成内在的道德确信,并基于道德认同在自己的日常行为中表现出道德自觉。

而现今大学生,是从"圈养式"的应试教育直接进入"放养式"的大学生活。第一,大学生活的茫然、不知所措是主流现象;第二,十几年的为高分、为大学而学习的成长经历,让他们习惯了"赶鞭子"的学习习惯,对此,他们也是心有余而力不从;第三,为考试而学习的应试教育,练就了他们的考试能力,但缺乏生活经验和必要的社会常识、缺乏合作意识;第四,学生乃至社会对法学课程的学习仅停留在"考前背背法律条文"的应试状态,缺乏将法学理论与社会、与个人生活联系的意识和能力;第五,法学学科的抽象性

[1] 黄进:《志存高远　培养卓越法治人才》,载《光明日报》2017 年 5 月 26 日,第 11 版。

及法律规范的文字性,让学生天然地感觉到“看着文字都会,但实践起来就懵圈”。

每个人的进步与成长总是循序渐进的,是在学习、实践的过程中由一点、一滴、一尺、一寸、一分的很微细变迁而来的,它只能零卖,不能批发。

因此,要让学生改变十几年的应试型学习模式,对法学学有所爱学有所仰并学有所获,就必须以学生学习中存在的问题为切入点,从而引导和帮助学生自己产生好奇和想学的内驱力,由浅入深,由表及里,重构法学学科的学习意识和学习习惯,进入法律思维的深度学习模式。

建构主义认为,知识不是通过教师传授得到,而是学习者在一定的情境即社会文化背景下,借助其他人(包括教师和学习伙伴)的帮助,利用必要的学习资料、通过意义建构的方式而获得的。因此建构主义学习理论认为“情境”、“协作”、“交流”和“意义建构”是学习环境中的四大属性。

“情境”:“民事诉讼法学”课程,可以通过师生分享身边真实案例、学习强国平台的“法与社会频道”,选择跟课程内容相关的法治节目,如“律师来了”“庭审现场”“庭审纪实”“今日说法”“法治深壹度”,学生在观看时自觉进入其中的某一个或某几个角色,成为信息加工的主体,自觉把当前学习内容所反映的事物尽量和自己已经知道的事物相联系,并对这种联系加以认真的思考,发现问题还能主动搜集、分析有关的信息和资料,并努力加以验证。

“协作”:《审判程序》一编,以学生为中心,采取意思自治原则,自由组成小组担任翻转课堂小讲师,在教师指导下深度学习、思考,然后备课、做PPT,课堂完成20~25分钟的“教学工作”后,教师再予以相应点评与建议。正如担任小讲师学生A的总结反思:“《礼记》中说‘学然后知不足,教然后知困’,教学相长,教与学可以互相促进,当我们学生在不断的学习中可以学习着去教学,我想这就得到了极大的成长。”

“交流”:也可以说是同伴性学习、合作性学习。学生担任小讲师,同辈群体之间的交流,基于平等关系的师生交流,在增进情谊的同时,更是互相学习,取长补短。如学生B的总结反思:“这次与圣同学一起合作,感受到了她的执行力特别强,对我这种有拖延症的人来说,以后要好好向她学习。与她一起合作十分开心,也学习到了许多闪光点,希望自己能够和她一起进步变得更加优秀!”

“意义建构”:整个民事诉讼法学学习过程的最终目标,就是帮助学生认识到自己是未来法治社会的建设者和引领人,自觉把小我学到的法律知识融入大我的法律实践。掌握事物发展规律,通晓天下道理,丰富学识,增长见识,塑造品格,努力成为德智体美劳全面发展的社会主义建设者和接班人。

最后以“民事诉讼法学”课程中学生们的亲身感悟与收获结束此文。

学生C:“通过担任小讲师,认识到学习有两种态度和追求:一种是低层级的基础性的理论学习,一种是高层级的融会贯通。”

学生D:“有什么需要改进的地方便好好学习,慢慢去调整。早一点出现问题,早一点反思并改正,我觉得这就是学习的意义。不仅仅是专业知识的学习,也是个人观点的表达方式与呈现方式的学习,也算是积累上台经验吧。这也就是翻转课堂的意义。很感谢老师给我们这次学习与成长的机会。大学,不就是一个不断试错,不断成长的黄金时期嘛。”

法条得来终觉浅,绝知学法要躬行。

法学专业研究生课程思政教育的审视与改进

——以 J 高校为例*

秦媛媛　牛玉兵**

摘　要:课程思政教育是培养“德法兼修”的高素质高层次法治人才的重要途径。通过对 J 高校法学研究生及教师的调研发现,当前法学专业课程思政还存在师生对于课程思政的理性认识有待提升、专业教师以及导师作用发挥还可加强、课程思政元素融合以及课程体系内容有待凝练、课程思政教学方法还可创新等问题。针对这些问题,可从提升法学专业研究生课程思政教育理念、构建法学课程思政与思政课程协同育人机制、打造法学专业研究生课程思政的通融体系构、建构新型法学专业研究生课程思政导师育人团队、优化法学研究生课程思政教学方法等方面加以改进。

关键词:法学研究生　课程思政　研究生教育

2016 年,习近平总书记在全国高校思想政治工作会议讲话中提出,要用好课堂教学,开展思想政治教育。在此之后,我国课程思政教育得到各高校重视,课程思政逐步从本科教育朝向研究生教育深入。在这一过程中,法学专业研究生课程思政也随着我国高校课程思政建设的推进而不断发展。然而,受制于法学学科特性以及研究生学习层次等因素的影响,法学专业研究生课程思政教育相较于本科课程思政建设仍相对滞后,其中的

* 基金项目:江苏大学高等教育教改研究课题“新时代高校卓越法治人才培养体系创新研究”(2019JGYB018)阶段性成果,同时受江苏大学研究生课程思政示范课“法理学专题”课程建设经费支持。

** 作者简介:秦媛媛,江苏大学法学院讲师。牛玉兵,江苏大学法学院教授,副院长。

问题也亟须认真分析。本文以法学专业研究生课程思政教育意义的思考为基础,结合江苏J高校法学专业研究生课程思政教育的实际调研,尝试管窥当前法学专业研究生课程思政教育的现实问题,进而提出相应的对策,以期借助个案分析,助益于我国法学专业研究生课程思政教育的深入发展。

一、对于法学研究生课程思政教育意义的再思考

教育部《高等学校课程思政建设指导纲要》强调指出,“培养什么人、怎样培养人、为谁培养人是教育的根本问题”。就研究生培养而言,课程思政的推行,无疑同样是对这一“教育根本问题”的积极回应,研究生课程思政教育在“潜移默化地将主流意识形态、核心价值观念等传递给大学生,帮助他们解决‘何以为才’‘以何为才’‘才何以为’的思想、观念、价值问题”[1]等方面发挥着至关重要的作用。法学专业研究生课程思政教育在这一点上与其他各专业各层次的课程思政教育当无实质性差异。然而,鉴于法学专业的专业性、社会实践性、政治倾向性等特性[2]以及研究生教育对于“高层次人才”的培养要求,与此相关的课程思政教育也仍有着值得注意的特殊意义。

第一,法学研究生的专业性教育需要与包括课程思政在内的素质性教育相配合。法学研究生教育是在本科基础上对法律人才的专门性培养。这些专门人才,是将来治理社会、管理国家的人才,是维护社会公正、建构社会秩序的高层次人才。就这些人才的培养而言,专业教育固然重要,但更为重要的是,是要培养这些未来法律人才的理想信念。我国台湾地区学者罗智强在其《法律人,你为什么不争气》一书中曾经写道,“过度强调实证条文诠释的主流法学教育方式,使得法律人退化成法律的技艺工匠,或许是今天法律人在整体表现上获得社会极低评价的主要原因。在这样的法学教育逻辑下,法律人背诵法律的能力一流,但却缺乏成为法律人最重要

---

〔1〕 郝晓美:《高校研究生课程思政教学改革论》,载《学校党建与思想教育》2020年第23期。

〔2〕 参见刘湘溶主编,蒋新苗本册主编:《大学生专业学习指南——法学》,湖南师范大学出版社2006年版,第8页。

的一项条件:对正义的信仰与信念”。[1] 这虽然是对我国台湾地区法律教育的批评,但对于大陆法律人才的培养,其实也同样值得我们借鉴。正是由于这一缘故,法学研究生教育中,“德法兼修”就必然成为法学研究生培养的重要方向,而课程思政作为研究生教育中素质培养的重要方式,其之于法学研究生教育的重要性自然更为突出。

第二,法学研究生教育的实践性需要由包括课程思政在内的思想教育来支撑。法学是实践性学科,法学研究生教育是学生迈向法律职业实践的重要环节。由于法律职业实践不仅事关社会个体的生命、财产等重要权益,而且事关社会整体秩序与公平正义,法学研究生的教育就不得不考虑其对受教育者的未来行为及其所在的社会可能产生的影响。在今天,随着社会迅速变迁,“现代社会对法律人才需求的功利化趋势日益明显,对法律专业学生在法理造诣和法技术有着等质的要求,精通法律技术并能够运用法律技术服务于社会,是社会衡量和取舍法律人才的基本要求”。[2] 法律职业者因而不仅要有高超的法律职业技能,而且还应有关心社会、肩负责任的担当精神。对此,唯有全面、多元的思想教育方能够完成。课程思政作为思想政治教育的重要方法,自然更应引起法学专业研究生教育的足够重视。

第三,法学研究生教育的政治性需要由包括课程思政在内的教育过程来实现。“法学专业具有极强的政治倾向性。”[3]“尽管有些法学家尤其是西方某些法学家否认法学的政治性,强调法学的独立性和中立态度,但历史和现实都明确表明:法学总是与本国的政治、经济有直接关联,尤其是在经济危机与政局不稳时期,法学必将为其保护的政治、经济服务。”[4]法学的政治性,决定了在法学教育中开展思想教育的必要性;而法学专业研究生教育对于高层次人才的培养定位,更使得包括课程思政在内的教育过程显得更为重要。通过课程思政教育,不仅有利于更好地实现法学专业研究

〔1〕 陈长文、罗智强:《法律人,你为什么不争气?——法律伦理与理想的重建》,法律出版社2007年版,第163页。

〔2〕 陈剑峰主编:《实践教学论文集》,漓江出版社2013年版,第160页。

〔3〕 刘湘溶主编,蒋新苗本册主编:《大学生专业学习指南——法学》,湖南师范大学出版社2006年版,第8页。

〔4〕 李龙主编:《法理学》,武汉大学出版社2011年版,第7页。

生教育“立德树人”的目标，而且更有利于培养具有坚定的社会主义法治理念、法律信仰的高素质、高层次法律人才，使法学专业研究生真正成为德智体美劳全面发展的社会主义建设者和接班人。

总之，面向法学专业研究生开展课程思政教育，不仅是对法学专业学科特点的回应，更是研究生这一高层次人才培养的现实内在需要；不仅是法学职业实践性积极社会效果的保障，而且更是引导法学研究生树立正确的世界观、人生观和价值观，确立奉献社会、报效国家理想的必要举措。[1]所有这些，均使得课程思政教育在法学专业研究生教育中具有了重要地位，成为培养“德法兼修”的社会主义法律人才的必要举措。

二、法学研究生课程思政教育的实践审视——以J高校为例

鉴于课程思政对于法学专业研究生教育的重要意义，研究生课程思政正成为我国高校课程思政改革实践的重要内容，其中存在的问题也得到人们不同程度的关注。例如，已有研究分析指出，在课程思政嵌入法学研究生课程方面，不同地方的院校还存在“法学知识传授与价值引领间关系缺乏正确认识，思政教育融入法学的力度明显不足，教师（包括导师）对课程思政认识不到位甚至忽视”等问题。[2] 这些分析无疑为我们把握法学专业研究生课程思政教育实践提供了思考的基础，然而，观察既有研究，相关讨论对于我国法学院专业研究生课程思政实际状况如何，大多缺乏具体的个例分析。法学专业研究生课程思政教育的实践情况究竟如何，学生和教师对于课程思政的真正想法处于何种样态，也缺乏足够的说明。由此展开的分析，无疑缺失了现实的依托。鉴于此，笔者选取了江苏J高校为样本，开展了一定的调查研究。J高校为一所综合性高等院校，是教育部2019年确定的第二批“三全育人”综合改革试点高校之一，学校对于包括课程思政在内的三全育人工作倾注了大量投入，取得了较为丰富的经验。以其为调查

---

〔1〕 参见孙广俊、李鸿晶、陆伟东、王俊：《高校课程思政的价值蕴涵、育人优势与实践路径》，载《江苏高教》2021年第9期。

〔2〕 参见郑丽清：《将“课程思政”嵌入法学研究生课程》，载《中国社会科学报》2020年6月12日，第5版。

对象,无疑是较为合适的选择。[1]

从调查的总体情况来看,目前 J 高校法学研究生课程思政教育实践呈现以下特点。

第一,多数研究生对课程思政教育有较高程度的了解,但理性认识的程度还可提升。

在对学生进行的课程思政认知度调查中,54.94% 的学生表示清楚并了解课程思政建设,30.25% 的学生表示对课程思政建设仅了解一些,14.81% 的学生表示目前仍不了解、不清楚课程思政建设。调查结果说明,J 高校绝大多数法学专业研究生了解课程思政,但也存在少数学生不知道课程思政的情况。此外,在"课程思政在专业课教学中的意义"调查中,117 人认为专业课程融入课程思政建设元素具有重要意义,且感受到课程思政的思想引领作用,占总数的 85.4%;18 人认为专业课融合课程思政元素是出于课程建设的需要,实际意义不大,占总数的 13.1%;仅有 2 人认为课程思政没有意义,对实际学习和生活并无帮助,占总数的 1.5%,如图 1 所示。

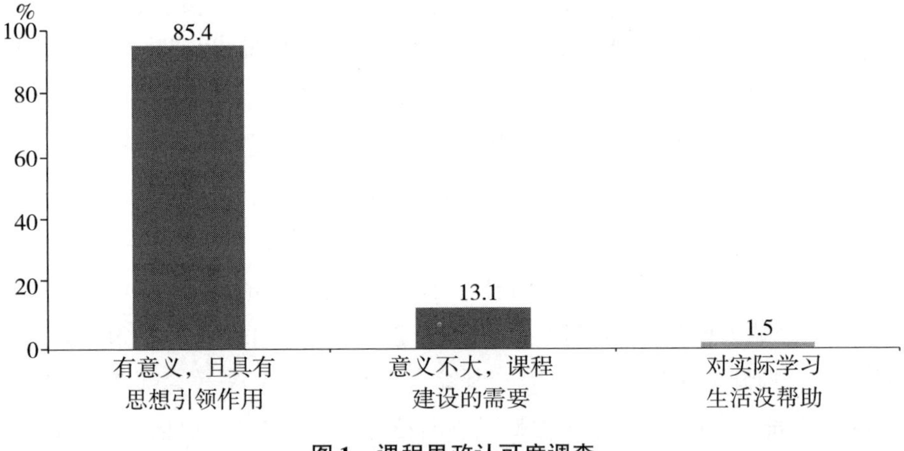

图 1 课程思政认可度调查

[1] 调研主要采用了问卷调研、实证分析、个别访谈、归纳总结等方法,时间持续一个半月,调研对象以法学院在读研究生和部分研究生授课教师为主要对象,同时也对其他院系的部分老师和同学进行了比较性的调查访谈。由于法学研究生课程多集中于一年级和二年级上半学期,因此本次所调查的学生主要涉及一年级和二年级两个年级,受访教师则来自不同的专业,教授不同的研究生专业课程,主要包括法理学、刑法学、宪法学、伦理学等。本次调查共针对学生发放调查问卷 150 份,共收回有效问卷 137 份。针对研究生专业课授课教师和课程思政相关课题研究的教师则主要采用了个别访谈的形式。

调查发现,学生对不同类型的课程思政教育效果的认识存在明显差异。在"哪类课程对良好品格的形成影响较大"调查中(见图2),48.77%的人选择传统思政课程,30.25%的人选择专业课程,20.99%的人选择通识类课程。调查结果说明,J高校法学专业近半数研究生仍习惯于传统思政课程对品德的形成和思想的引领,专业课、通识类课程隐性的思政教育无法替代传统思政课的显性思政教育,但这与课程思政建设的初衷并不冲突。不过,课程思政元素的渗透效果还远远没有达到人们预期的效果,研究生课程思政教育理念还未深入法学教育各环节之中。

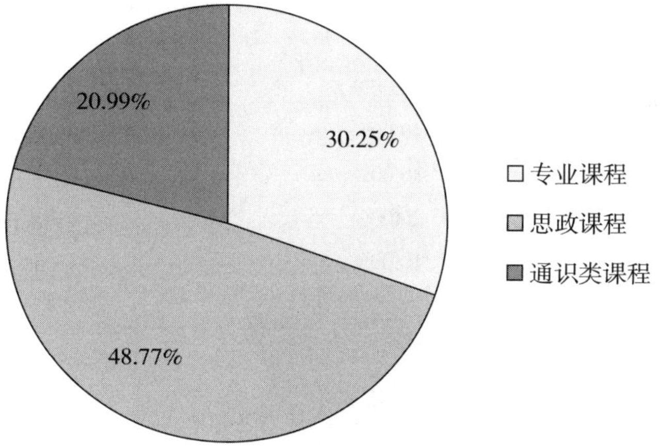

图2　课程类型对学生品德的影响

第二,专业教师在课程思政教育中具有重要的作用,教师的思政意识提升至关重要。

在对学生进行的"专业课教师是否需要重视学生思想品德修养"调查中,94.4%的学生希望专业教师关注他们的思想动态,得到教师的引导和帮助。这意味着,通过专业课教师展开思政教育,是非常可行也非常有必要的。

在对学生进行的"专业教师理想信念、道德情操和职业操守对学生的品德影响程度"调查显示(见图3),45.84%的学生认为影响较大,32.28%的学生认为影响非常大,17.09%的学生认为影响一般,仅有3.8%的学生认为影响程度微乎其微,如图3所示。调查结果表明,J高校法学专业近八成研究生认为专业教师是其品德形成的重要影响因素。蕴藏于教师的政治方向感、政治敏锐性和政治是非观是课程思政根本性质和专业教师主体自觉的重要保障。[1] 专业教师的道德修养、育人意识和育人能力必将成为课程思政的关键因素。专业教师只有对专业知识和思政教育有同样深刻的理解和坚定的认同,才能在课堂教学过程中有效地实现思政教育功能。[2] 但是,我国相当长一段时间内专业设置分类过于细化,专业课教师较少的接受专门的教师教育培训,课程思政能力不足,[3] 个别教师的不规范行为还会对学生造成的负面影响。因此,如何着力提升专业教师的思想道德水平、思政意识,对课程思政改革具有极为重要的意义。只有如此,才能真正实现学生"亲其师,信其道",实现传道与授业的有机统一。

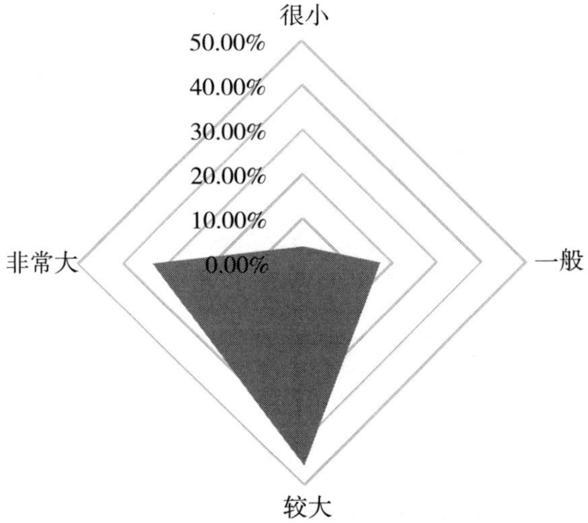

图 3　法学专业教师对研究生品德的影响力

第三,导师在课程思政建设中的作用日益重要,但如何进一步提升值得重视。

在对学生进行的"哪些人对研究生良好品格、行为的形成影响最大"调

[1] 参见王莹、孙其昂:《高校课程思政教师的政治底蕴:学理阐释与厚植路径》,载《高校教育管理》2021 年第 2 期。

[2] 参见丁丽、张贵友、方晓:《高职百万扩招背景下课程思政的实施路径探究》,载《淮南职业技术学院学报》2020 年第 2 期。

[3] 参见何润、陈理宣:《试析高校专业课教师课程思政能力的提升进路》,载《学校党建与思想教育》2021 年第 18 期。

查显示,76 人选择导师、43 人选择专业课教师、18 人选择辅导员。调查结果表明,研究生阶段导师对学生品格的形成影响最大。这与本科阶段辅导员对学生影响较大有很大的区别。[1] 本科阶段辅导员承担着学生的日常管理工作,深刻影响学生的学习、生活、思想等方方面面。而在研究生阶段,学生年龄和心智逐渐成熟,学习重心由单纯的接受知识转为更多的研究和创新工作。在这一过程中,导师既是专业学科教学的中坚力量,更是研究生的人生导师、思政工作的践行者。就研究生而言,导师的重要性不言而喻,他们更加尊重,也更加依赖导师。在这种情况下,如何进一步强化研究生导师在课程思政体系中的角色,充分发挥研究生导师在课程思政主体协作模式中的作用,就成为一个值得注意的问题。

第四,法学院专业课程与课程思政元素的融合情况较好,但也存在改进空间。

在对法学专业教师开展思政课程的访谈中,教师们均表示对课程思政有一定程度的了解,在具体教学实践中也尝试积极引入课程思政元素,但目前仍属于摸索阶段,还未实现专业课和思政内容的高度契合。

针对研究生进行的"目前课程思政元素融入法学专业课程的总体评价"调查显示,55.6%的被调查者认为二者融合较好;40.74%的人认为融合,但程度不够;仅有 3.6%的人认为极少融合甚至未融合(见图 4)。且调查中的 76 人认为思政元素融入专业课程中对他们爱国、爱党、爱社会主义、关心国家发展和民族复兴影响较大,23 人认为影响一般、24 人认为影响较小、14 人认为没有影响。

调查结果表明,J 高校法学专业教师正在尝试将专业课程与思想政治教育相联系的元素、资源进行整合,已经在课堂上向学生传授,这是值得欣喜的。但或许是课程思政隐性教育技巧不足,抑或专业课程与课程思政元素融合点不够,导致学生对课程思政教育效果的感受不突出。

[1] 参见郑鹏、赵师嘉:《案例教学法在会计学研究生教学中的应用研究》,载《大学教育》2017 年第 7 期。

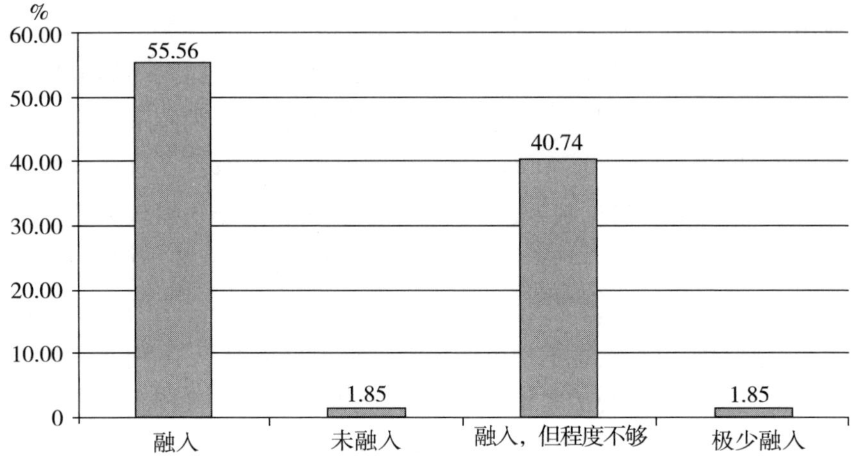

图 4　课程思政元素与专业课程融合和程度

第五,课程思政体系内容还可以进一步凝练,教学方法还可进一步创新。

表 1 是对“课程思政内涵、元素和融合点”的调查,具体数据如下。调查结果为法学专业教师今后开展课程思政建设提供了重要的依据。

表 1　课程思政内涵、元素、融合点调查

项目	内容	人数	百分比/%
课程思政内涵	是要在专业课程中融入思政教育内容,但角度和深度与思政课程不同	102	74.5
	目的是构建全员、全程、全方位的育人格局	115	83.9
	是要通过整合校内各种要素,建立立体的综合育人理念	113	82.5
	是要弘扬社会主义核心价值观,培育四个自信	119	86.9
课程思政元素	马克思主义	128	93.4
	社会主义核心价值观	123	89.8
	新时代中国特色社会主义	131	95.6
课程思政融合点	文化自信	129	94.2
	职业素养	114	83.2
	国家意识	125	91.2
	国内外形势政策分析	111	81.0
	政治认同	122	89.1
	社会价值和人生价值	131	95.6

在对学生进行的“较为喜欢的课程思政教学方式”调查显示(见图 5),

117 人选择讲座和宣讲的方式、116 人选择实践教学的方式、98 人选择互动讨论的方式、76 人选择集中理论授课的方式、72 人选择网上互动交流的方式(见图 5)。其中,对于实践类课程,14.56% 的学生认为对他们道德品质提升的影响非常大、41.77% 的学生认为较大、37.97% 的学生认为一般。

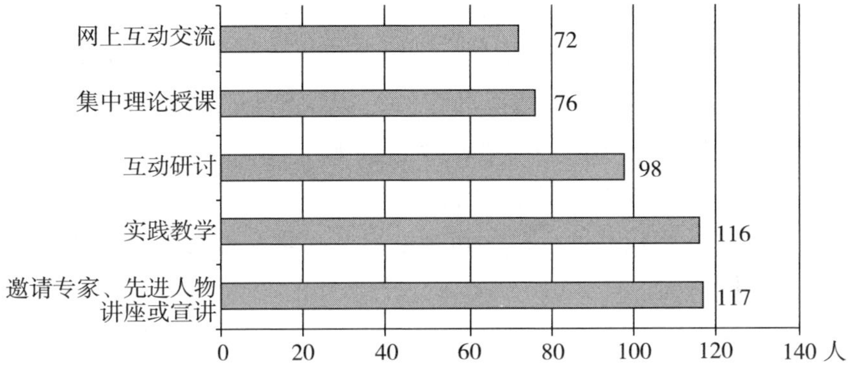

图 5　法学专业课程思想教育方式

调查结果表明,法学专业研究生对教学方式的选择呈现多样化的特点,其中,实践性和互动性较强的授课方式更受他们的欢迎。因此,如何在法学专业研究生教学中,利用学院和周边律所、公检法机构搭建的实践教学平台,创新课程思政教育方式方法,有待进一步思考。

三、法学专业研究生课程思政教育的改进对策

前述针对 J 高校法学专业研究生课程思政教育的调研,虽然仅仅是我国众多法学高等院系的个例,但其中的现状特点却也在一定程度上体现了当前我国法学专业研究生教育的某些共性困境。例如,有学者针对法学课程的课程思政中存在的“较强的现代性与实用性易阻碍思政元素的导入,主流教学模式对思政因素的弱化和课程受众对政治价值和政治参与的漠然和认同性缺乏”[1]等困境是分析,无疑即可以在前述调查研究中得到一定程度的印证。结合前述法学专业研究生开展课程思政的重要意义以及 J

〔1〕 李磊:《法学类课程开展课程思政的进路研究——以民法学中“农村土地承包经营权”的授课为例》,载《攀枝花学院学报》2019 年第 6 期。

高校个例反映的现实情况的分析,笔者认为,针对法学专业研究生课程思政教育,还可以从多个方面进一步改进。

第一,提升法学专业研究生课程思政教育理念,加大课程思政的宣传和研究。

一是进一步加强课程思政意识,确立思想政治工作在研究生专业课程中推进的观念,有意识引导学院师生进行课程思政改革。这需要确保学院在实施课程思政的过程中始终以马克思主义为指导思想,以立德树人为育人目标,与各系、各支部共同促进课程思政工作的落实。可以考虑成立专门的法学研究生课程思政领导小组,由专人负责,专人督导,实现课程思政落到实处。也可以以系或支部为单位对法学研究生课程思政的建设情况进行交流。

二是加大对法学研究生课程思政的有效宣传,使广大师生进一步加深对课程思政的认知度、认可度和参与度。学生方面可以通过宣讲、学术沙龙、微视频等活动方式;教职工方面可以利用网络、平台,教职工政治理论学习、教研室活动等,组织教师进行研讨,互相取长补短,并对法学研究生课程思政改革过程中遇到的难点问题进行讨论,共同出谋划策,相互启发、开拓思维,营造法学研究生课程思政的教学氛围,推进课程思政的建设。

三是积极鼓励广大师生开展法学研究生课程思政方面的课题研究,为课程思政提供现实依据。师生共同参与法学研究生课程思政方面的研究,以问题为导向,可以极大地调动他们的积极性,激发他们对课程思政的兴趣,尽可能地解决法学研究生课程思政改革中遇到的难题,为今后课程思政的开展积累丰富的经验。

第二,构建法学课程思政与思政课程协同育人机制。

目前,硕士研究生阶段需必修中国特色设主义理论与实践研究,选修自然辩证法概论和马克思主义与社会科学方法论。从课程设置来看,思政课程的独特之处在于,这些课程是由具备马克思主义理论学科背景的教师来教授,将社会主义主流价值观和法律道德规范传授给学生,让研究生更加深入掌握中国特色社会主义理论体系,坚定科学的理想信念,提升运用马克思主义立场和观点展开思维和创新的能力。[1] 在坚持全面依法治国、深化依法治国实践的时代背景下,法学专业研究生要成为具有较高法学专业水平的法学人才,成为深化依法治国实践、推进法治工作建设重要力量,就需要从法学研究生专业课程体系中深入挖掘与思政课立场、观点和方法相融合是切入点,加强对法学专业研究生规则思维、良法思维和高尚的法治精神的培养。

在这方面,可考虑的措施包括:(1)为研究生专业课教师、专职思政教师创建沟通交流平台,搭建法学专业教师与专职思政教师之间的桥梁;(2)定期聘请专职思政教师为法学专业教师讲授思想政治教育的经验和方法,确保专业课教师保持政治方向上的正确导向性和思想觉悟上的先进号召力;(3)通过学术沙龙、专题讲座、学习研讨等方式,引导法学专业教师积极吸收思政课教师的教学理念、教学方式方法,做好专业课教师的思政教育工作,让思想政治教育的种子在专业课的土壤中生根发芽。[2]

第三,打造法学专业研究生课程思政的通融体系。

课程体系是人才培养目标和高校办学使命的内在反映,是知识传授、技能培养、价值塑造的有效途径。研究生课程思政所提倡的课程体系是不同课程的通融体系,是各类课程的衔接体系,是全课程同向同行的育人体系。[3] 打造法学专业研究生课程思政通融体系,就是要针对法学专业研究生专业课程体系、法学专业研究生特点、法学专业办学特色和优势,找到专业课程与思政课程的衔接点,从培养社会发展所需要的法学人才的角度,最大限度地利用法学专业课程对研究生进行价值引领。

目前,我国法学专业研究生课程设置大多是依据各院校自身办学特点、学科发展方向、教师队伍、导师结构等因素设置和安排的。因此,设定法学专业研究生课程思政通融体系时,一方面,要遵循法学课程的内在逻辑体系,掌握不同年级、不同专业研究生的认知与需求特点(例如,学术型

---

〔1〕 参见章忠民、李兰:《从思政课程向课程思政拓展的内在意涵与实践路径》,载《思想理论教育》2020年第11期。

〔2〕 参见李爽:《高校课程思政建设中存在的主要问题及应对策略研究》,载《东北师大学报(哲学社会科学版)》2021年第5期。

〔3〕 参见叶志明、王骞、陈伶俐:《论教书育人与课程思政之关系》,载《力学与实践》2021年第5期。

法学硕士研究生和专业型法律硕士研究生之间、法本和非法本的法律硕士研究生之间、全日制和非全日制的法律硕士之间),关注学生在学习、实践过程中的兴趣点、需求点。另一方面,要正视思政课的主导地位,借助思政课程教学内容和教学方法反哺法学专业课,避免出现专业课程中思政教育的显性化和由此带来的学生抵触情绪。根据对J高校的调研,笔者认为,可以采取的措施主要如下。

1. 在法制史的专业课程教学中,可通过对古代中国法律思想和法律制度的解读,启发学生的发散思维,增强其在专业领域的民族自豪感;通过对中国古代法治思想的阐释,让学生深刻理解我国依法治国的"中国基因"等。

2. 在刑法学的专业课程教学中,通过对保卫国家安全、保卫人民民主专政的政权和社会主义制度、保护社会主义的经济基础等内容中典型案例的阐释,激发学生的爱国热情和民族自信心等[1]。

3. 在法理学的专业课程教学中,通过对法理学基础理论问题,如价值观念等内容的阐释,将其与社会主义核心价值观相融合;通过对传统法律文化,如儒家的礼主刑辅、道家的无为而治、法家的缘法而治的阐释,将其与新时代中国特色社会主义思想、新发展理念、命运共同体理念相融合;通过对法学的一般理论、基础理论、方法论和意识形态的阐释,对学生的知识体系、思维方法、伦理价值等进行引导,有意识地培养学生遵守法律的观念、尊重学术规范的观念、服务社会服务大众的公共观念等。

4. 在民事诉讼等专业课程教学中,通过对民事诉讼程序等相关理论的介绍,将工匠精神融入民事诉讼教学,实现庭审程序法治教育价值。加强对民事诉讼庭审实践的打磨与挖掘,将司法审判流程与法制宣传、法制教育相融合,提升学生的职业尊荣感,激发学生爱岗敬业的精神;以工匠精神打磨法律实务,养成职业理想信念和社会法治情怀;通过将家国情怀融入民事诉讼理论内涵教学,培养学生法律专业素养;克服简单粗暴的灌输模式,采用潜移默化式思想接纳方法,将爱国爱家和学法用法爱法结合起来,构建系统和谐的法学思政课程理论体系。

---

〔1〕 参见陆敏:《刑法案例课程思政教学的规范化问题》,载《社会科学家》2021年第7期。

第四，构建新型法学专业研究生课程思政导师育人团队。

研究生导师不仅要在课堂教学中注重学生知识和能力的培养，还要在生活和学习的方方面面做好学生思想引领和价值观的塑造，提升研究生思想政治素质、增强社会责任感、恪守学术道德规范，确保立德树人目标的最终实现。

结合目前国内法学院系研究生导师对学生的指导情况来看，多数研究生导师是根据自己的学科和研究方向对研究生进行指导和培养，呈现单打独斗的状态，团队意识相对薄弱，未能形成研究生导师育人团队模式。单一导师在指导研究生过程中呈现的弊端日益突出，如导师的知识结构相对单一，导师之间缺乏学术、育人的沟通和交流，部分导师虽然学术能力较强但育人方面缺乏经验等。从构建新型的符合课程思政建设理念的研究生导师育人团队出发，可以采取的措施有以下几项。

一是根据导师的研究方向、学科发展方向，组建相对稳定的导师团队。导师团队定期进行思想政治教育培训，通过学习相关政策文件，了解改革与实践的热点问题，及时更新知识结构，掌握最新的育人知识理论，强化团队导师的育人观念和育人职责。

二是定期召开座谈会和交流会，分享导师在课程思政教学改革中挖掘利用的思政元素和资源，携手团队成员共同提高，改进教学方法，提高育人能力；团队就研究生的思想动态和学习状况进行内部分析和交流，增强思想政治教育工作的针对性，形成教育的合力。

三是由团队指派相对年轻的导师与研究生进行思想交流，减少年龄代沟，让学生敞开心扉，使教师能够随时了解学生动态，遇到问题及时给予引导和帮助。实现导师主导性和研究生主体性的有机结合。

第五，优化法学研究生课程思政教学方法。

习近平总书记在全国高校思想政治工作会议上指出，好的思想政治工作应该像盐，但不能光吃盐，最好的方式是将盐溶解到各种食物中自然而然吸收。[1] 这既说明了思想政治工作的生命线意义，又是对高校思想政治

---

[1] 参见张啸飞：《好的思想政治工作应该像盐》，载《内蒙古日报》2018年7月16日，第5版。

教育工作提出的新要求。课程思政作为一种柔性的思想政治教育方式,方式方法尤为重要。法学专业规范性很强,法学专业研究生对规则规范极度遵守,但又不呆板、视野开阔。对法学专业研究生更加要避免使用填鸭式的课程思政教学方法。这方面可能的改进措施如下。

一是在课程教学过程中注意引导学生的参与,通过组织课程讨论小组、进行阅读汇报、小论文讨论、演讲(如有关法律职业的构想、对待法律人的理解和实现)等形式,激发学生参与,避免单纯的说教和灌输,力争使教学过程生动活泼,能够充分吸引学生。

二是在授课过程中充分利用现代信息化教学手段和信息化教学经验,运用云班课、ALPHA 法律智能操作系统、中国慕课资源、微信与 QQ 等技术平台或工具,结合网络媒体有关传统法律文化的知识课程,拓展学生知识视野,培养塑造学生正确的价值观。

三是在教学过程中充分利用学院与社会相关法律实务部门建立的合作关系,邀请省内外知名法学专家来校参与课程。如邀请当地或省内外法治建设先进人物现身说法,通过榜样示范,使学生既能深入了解法律实务,增长法律技能,也能通过这些优秀的法律工作者让学生感受法律职业的荣耀与神圣,鼓舞与培养学生职业伦理精神。

四是利用当代中国法治建设的伟大成就丰富法学专业研究生课程思政素材。法治建设的成就与法律实践中涌现的职业楷模是法学与社会实践对接、法律理论学习与学生爱国、报国情怀相连接的重要桥梁。结合法治发展与实践中的典型人物,将影视、案例、情景演绎、实践体验等引入法学专业课程思政教学模式,激发学生爱国热情,坚定"四个自信",培养学生家国情怀,进一步提升课程思政的有效性。

五是组织学生参与校园治理,运用课堂理论知识解决身边问题,如组织学生在"12·4"国家宪法宣传日等法治节日开展校园普法宣传活动,组织学生开展法律服务志愿者活动,加强学生对法理学理论知识的认知和理解,在法律实践中加深学习,培养学生服务社会的公共精神。

结　语

法学专业研究生课程思政教育是法学高层次、高素质人才培养的重要内容和有效途径。针对法学专业研究生的课程思政教育，回应了高校法学专业人才培养目标，对于培养“德法兼修”的社会主义法治人才具有重要意义，值得在实践中不断总结经验，持续加以改进，认真加以对待。

法学案例教学中社会主义核心价值观融入机制研究*

刘　强**

摘　要:法学教育课程思政是新文科建设的重要部分,在法学案例教学中融入社会主义核心价值观是法学课程思政的主要表现形式之一。由于种种原因,法学案例教学融入社会主义核心价值观尚面临本土资源不足、话语缺失等局面。对此,可以根据不同类别的案例教学从公法类案例、私法类案例、社会法类案例等角度有所侧重地分别运用不同方式加强社会主义核心价值观的融入,从而为国家政法队伍储备人才,提高未来国家政法队伍的政治觉悟。

关键词:课程思政　社会主义核心价值观　新文科　法学教育

将社会主义核心价值观融入法学教学是高校课程思政的重要内容之一。课程思政的主要形式就是将思想政治教育元素,包括思想政治教育的理论知识、价值理念以及精神追求等融入课程中去,潜移默化地对学生的思想意识、行为举止产生影响,通过构建全员、全程、全课程育人格局的形式将课程与思想政治理论课同向同行,形成协同效应,引导当代学生树立正确的国家观、民族观、历史观、文化观,从而为社会培养更多德智体美劳全面发展的人才,为中国特色社会主义事业培养合格的建设者和可靠的接班人。近年来,最高人民法院积极践行和弘扬社会主义核心价值观,不断规范和加强裁判文书释法说理,先后印发了《关于在人民法院工作中培育

---

* 基金项目:江苏大学教改课题"新时代高校卓越法治人才培养模式创新研究"(课题编号:2019JGYB018)阶段性研究成果。

** 作者简介:刘强,江苏大学法学院讲师。

和践行社会主义核心价值观的若干意见》《关于在司法解释中全面贯彻社会主义核心价值观的工作规划(2018－2013)》等规范性文件,还先后发布三批“弘扬社会主义核心价值观典型案例”,充分发挥人民法院在培育和践行社会主义核心价值观方面的引领、规范和保障作用。可以说,在司法案例中体现社会主义核心价值观是实务界的重要目标之一。而法学案例教学是法学教学的主要形式之一,如何通过案例教学潜移默化地融入社会主义核心价值观,相关工作面临哪些困难,相关机制应如何构建是本调研报告所要解决的问题。

一、法学案例教学融入社会主义核心价值观面临的困难

案例教学法是法学课程中经常应用的一种教学方式,这种方式形式活泼、印象深刻、激发灵感,可以说案例教学是法学教育的灵魂。然而,当下在案例教学中融入社会主义核心价值观尚面临如下困难。

(一)缺乏本土化的经典案例

法学教学案例中本土的经典案例在数量和影响力上依旧不足。比如,法学教学经常引用的“枪口抬高一厘米案”“磨坊主与国王案”等经典案例均非本土化案例。虽然近些年相关案例的教材层出不穷,但堪称经典的却比较少。这种局面的原因是多方面的。首先,我国法治事业相对于发达国家而言起步较晚,尚没有足够长的时间段检验某个案例具备经久不衰的作用。其次,发达国家在历史上都经历过反对封建王权的社会斗争,积累了反对专制王权的制度经验,这部分经验有的就以案例的方式流传开来。再次,1998 年时任中国国家主席江泽民和时任美国总统比尔·克林顿达成“中美元首法治计划”,扩大两国在法律领域内的交流和合作。该计划的内容包括翻译美国法律著作的美国法律文库计划,这在一定程度上促进了国外经典案例的传播。最后,我国的法律体制是成文法而非判例法,案例相对而言缺少重要性,为了加强案例的作用,最高人民法院建立的案例指导制度又刚刚起步建设,尚缺乏积累。综合以上原因导致在法学案例教学中,我国本土化的经典案例较少,在案例来源上面临资源不足的局面。

(二)缺乏本土化的讲述方式

国外经典的法学案例作为人类法治文明成果的一部分不是不可以用,

借鉴优秀国外成果也是我国发展战略的一部分,而是在借鉴过程中要古为今用、洋为中用。在对国外法学案例的讲授中,缺乏本土化的讲述方式,往往将案例的事实直接讲述,进而引申相关意义。这种方式往往就事论事,但社会科学的研究本身就带着一定的前见,完全客观中立的阐释是不存在的,所谓的中立阐释往往包含了未经审视的前见。对案例的讲述应当更应注意这一点,如果缺乏对学生的正确引导,很可能造成不好后果。这种局面形成的原因是多方面的。首先,对具有我国特色的革命时期的法律观念没有很好地从逻辑上、学理上进行充分的整理挖掘,导致改革开放后法治建设更多地从发达国家汲取经验,对本土资源重视不够。其次,市场经济初期特别是私法领域法律移植现象明显,与此相关的法律话语体系也就相对缺失。最后,缺乏相关的培训。案例的讲述应当既借鉴又批判,不能搞"拿来主义",这个道理虽然直白,但缺乏相关培训,导致在实践中难以被得心应手地运用,以至于照本宣科地讲授成为常态。

由于种种原因,社会主义核心价值观融入法学案例教学暂时面临一些困难,解决这部分困难,既需要在理论上明确社会主义核心价值观对法学教学的重要意义,也需要在实践上提炼相对具体的类型化解决方案。

二、法学案例教学融入社会主义核心价值观的重大意义

党的十九大报告提到,要培育和践行社会主义核心价值观。要以培养担当民族复兴大任的时代新人为着眼点,强化教育引导、实践养成、制度保障,发挥社会主义核心价值观对国民教育、精神文明创建、精神文化产品创作生产传播的引领作用,把社会主义核心价值观融入社会发展各方面,转化为人们的情感认同和行为习惯。在法学教学过程中,融入社会主义核心价值观至关重要,这可以从以下几个方面分析。

(一)法学学生是国家政法队伍的储备人才

习近平总书记在2014年7月1日的中央政法工作会议上曾指出:"要按照政治过硬、业务过硬、责任过硬、纪律过硬、作风过硬的要求,努力建设一支信念坚定、执法为民、敢于担当、清正廉洁的政法队伍。"政法队伍的素质事关国家稳定大局,随着公务员制度化的不断完善,政法队伍作为国家公职人员的一种,其来源除了军转干部、内部调任这些一小部分之外,绝大

多数都是从法科应届毕业生里招录的。而且,随着国家监察体制的改革,监察官的设立也需要大量的法科学生,可以说,法学专业的学生将成为未来国家政法队伍的主要来源。大学本科学习阶段对于学生树立正确的价值观、人生观、世界观至关重要,加强这一阶段学习中社会主义核心价值观的融入相比学生考入公务员后的教育学习来说可以起到事半功倍的效果。虽然政法队伍也有内部培训,但在效果上远不如学生时代就接受相关教育更好。习近平总书记多次强调,我们办的是社会主义教育,要坚持以马克思主义为指导,坚持社会主义办学方向。这些指导纲领在法学教学中的具体体现之一就是加强社会主义核心价值观的融入,为国家政法队伍提供有理想、有素质的储备人才,进而为维护国家政治稳定奠定良好基础。

(二)融入社会主义核心价值观是学校育人的关键

学校是人才培养的主阵地,而人才培养则是育人与育才的相统一过程。育人是根本,其具体体现就是立德树人,反映的是社会主义核心价值观的体现。2021 年 9 月 9 日,习近平总书记在北京市八一学校考察时曾强调要加强政治教育、品德教育,加强社会主义核心价值观教育,引导学生自尊自信自立自强。法学案例教学的一个特点就是与现实紧密相连,与宏观理论讲授不同,案例教学更为具体,而具体化的东西对传授价值观而言限制相对较多,因为案例讲授传授价值观的逻辑就是小中见大,在事实边界清晰的案例中融入价值观而不显得生硬是需要锤炼的。这种方式育人要求的技能较高,需要教育界人士的共同努力。培育社会主义核心价值观是凝魂聚气、强基固本的基础工程。在案例教学中灵活融入社会主义核心价值观能够更为有效地将相关内容转化为学生的情感认同和行为习惯,实现育人与育才的统一。首先,案例具体内容会对学生的认识起到明确的示范作用,潜移默化影响学生的行为。案例具体内容对于学生行为有较强指引作用。其次,案例所反映的社会主义核心价值观的解说可以引领学生将价值观自觉推导为具体行为的规范,从而在其他类似场合也能做出正确的行为判断。最后,案例的效力影响亦可以促使学生向家长等亲友宣传相关精神,进而促使社会主义核心价值观得到更为广泛的传播。

党的十九大报告提出“青年一代有理想、有本领、有担当,国家就有前途,民族就有希望”,法学学生既是国家的接班人,又是政法队伍的储备军。

通过案例教学的方式,加强社会主义核心价值观的融入,对于国家的长远发展发挥着不可替代的作用。

三、公法类案例教学融入社会主义核心价值观的机制构建

公法类案例教学相对来说较为特殊,因为公法主要包括宪法、刑法、行政法、诉讼法等重要法律部门。这类法律与我国国家性质密切相关,而且宪法在我们国家尚不能司法化,这就导致在讲授时难免引用国外经典案例说明一些原理原则。刑法及刑事诉讼法近来发展很快,但诸如非法证据排除制度也是借鉴国外经验而且尚没有本土化的经典案例出现。行政法级行政诉讼法在一定程度上限制了民告官的范围,规定了许多不可诉的领域,这也为相关案例教学带来挑战。如果完全照搬国外案例讲解,难以取得良好的思政效果。所以可以从以下几个方面入手,加强社会主义核心价值观的融入。

(一)强调价值共性的一面,体现构建人类命运共同体的目标

发达国家以标榜自由、民主、人权为特色,我们国家的社会主义核心价值观也有上述内容,如自由、平等、公平、法治等。作为人类命运共同体的成员,在认识上还存在一些价值共性的东西。我国提出“一带一路”建设的着力点之一就是法治建设,因为面对民族各异、风俗习惯各异的地区,法治是最具有凝聚力的目标。这也从侧面反映了我们国家实际上也是认可存在价值共性的。基于此,在讲授涉及国外公法案例的时候,要从价值共性入手展开讨论,案例之所以经典不是因为它是美国的或英国的,而是在一定程度上反映了人类追求自由、民主等价值共性的斗争。此外,还可以从资本主义反抗封建王权方面入手,将对封建主义的斗争作为共性进行讲解。这与我国的历史也正相符合,在纪念辛亥革命 110 周年的讲话上,习近平总书记提出,中国共产党人是孙中山先生革命事业的最坚定的支持者、最忠诚的合作者、最忠实的继承者。在反对封建专制的问题上,我国与西方国家还是有许多共性的。可以从这个角度切入,将一些宪法经典案例进行讲授,明确法律特别是基本法律在反对封建专制过程中的作用。所以,可以从社会主义核心价值观的内涵出发,统领国外案例体现的价值观,将体现二者共性的一面进行讲解,最终落脚点是我们与国外发达国家的人

民是有着共同美好愿望和追求的。

(二)注重差异性一面,诠释中国特色社会主义制度自信

在强调价值共性的同时,也要突出差异性的一面,这种差异性主要就是中国特色社会主义制度。一方面,在西方资本主义国家在反对封建专制和改良自身存在的问题过程中的努力予以肯定;另一方面,也要强调其社会所固有的矛盾,而我国的国家制度则是在本国资产阶级改良失败后,由中国共产党领导广大人民探索出来了适合本国国情的道路。在这一过程中,通过对比,将中国特色社会主义制度的先进性讲解清楚,虽然在某些地方做得还不够好,但要让同学们认识到这在根本上还是发展中的问题。我国法治建设从无到有、从草创到专业化的进程也凸显了法治建设步伐的加快,特别是党的十八大以来司法改革进程的加快,优化了司法职权配置、加强了人权保障、提高了司法能力、践行了司法为民为重点,扩大了司法民主,推行了司法公开,保证了司法公正。这些成绩的取得都是中国特色社会主义制度自信的体现。在面对国外公法类的经典案例研讨中,在强调共性的同时,还要将该制度嵌入该国实际中进行分析,切忌脱离实际,抽象出空洞的道理到处生搬硬套。该案例之所以经典从法社会学角度看是因为契合了该国的经济社会发展,法学是一门实践性很强的学科,法学案例的经典不是那种纯粹式的、完全抽象的,而是根植于社会发展之中。从这个角度,可以分析相关国外案例可以借鉴的要素是什么,而不是仅仅一个结论。结合我国实际,有哪些地方值得借鉴,有哪些地方不符合我国实际,从而得出更为科学的结论,理性客观看待相关公法案例,从而将社会主义核心价值观融入公法类案例教学。

四、私法类案例教学融入社会主义核心价值观的机制构建

随着我国《民法典》的颁布,我国法律体系特别是私法体系的建设日趋成熟。私法主要是调整涉及公民人身权、财产权的法律,与人们生活密切相关,关注度高、适用率大,有较大机会出现典型的本土化案例。在这类法律的案例教学中,可以从以下几个方面融入社会主义核心价值观。

(一)涉及人身权方面,通过传统美德融入社会主义核心价值观

人身权主要涉及婚姻、赡养和抚养三大领域。鉴于我国传统的家文化

浓厚,熟人社会理念根深蒂固。在这三个方面,我国传统文化也有着丰富精神资源,虽然现代社会与传统社会有很大区别,但涉及家庭伦理、亲情伦理的地方仍有相通之处。

就婚姻、抚养方面而言,《民法典》倡导的婚姻自主、夫妻忠诚等原则是中国传统文化的现代化表达。对相关案例的讲解,可以从传统文化入手,从关于婚姻理念的发展、变化逐步引申,特别是可以结合革命时期共产党革除封建社会婚姻陋习的运动,进一步讲解传统文化应当如何在新的时代条件下发生转变,既要遵守一夫一妻的现代文明婚姻制度,又要强调男女平等、夫妇和睦、以家为重的等传统婚姻伦理。社会主义核心价值观强调的和谐、友善等内容就可以通过婚姻方面的典型案例进行融入。特别是在一些涉及婚姻撤销纠纷和离婚纠纷的案例中,可以对法院作出的说理进一步引申、升华,通过婚姻忠诚等说理,强调社会主义核心价值观在案例中的体现,归纳出社会主义核心价值观下夫妻和谐的法律意蕴。特别是针对我国新出现的少子化、不婚化等问题,可以通过婚姻、抚养案例方面的讲解,引导同学们树立体现社会主义核心价值观的婚恋观、生育观,将传统美德的多子多福等因素与社会主义核心价值观相融合,促使同学正确理解婚姻、抚养方面的法律法规,在法律只是为夫妻感情破裂的情况下,为婚姻解除提供了救济渠道,但并不意味着法律鼓励不结婚或者离婚。对于借离婚炒房、逃避债务的反面案例则是应当给予负面评价,提高学生的辨别力。

就赡养方面而言,随着我国老龄化进程的加快,赡养问题越来越成为一个社会问题。尊老敬老是中华民族的传统美德,从这一文化源头出发,就涉及赡养纠纷的案例展开分析,结合社会主义核心价值观的和谐要求引申出家庭和谐的规范内涵,通过对法院对不履行赡养义务案件的调解和裁判的案例讲解,强调家庭和谐对个人、社会乃至国家意义,引导同学们树立正确的家庭观。赡养是一个伦理与法律密切结合的问题,对其中内在张力的化解,需要社会主义核心价值观引领。不赡养老人的原因很多,有的是长期在外打工,有的是兄弟财产分配不均,有的是婆媳关系不好,有的则是好逸恶劳嫌麻烦。通过类型化的案例讲解,将这些赡养人自认为站得住脚的理由从法律的角度逐一反驳,在此过程中,阐明尊老、敬老等中华民族的传统家庭伦理美德,并结合当下中国的发展,连接社会主义核心价值观中文明、和谐等内容。

（二）涉及财产权方面，通过对自由放任经济政策的深刻反思融入社会主义核心价值观

财产权主要涉及财产的取得、持有和流转，这三个方面的法律关系成为财产法律规定的重点。而关于财产问题，社会主义国家和资本主义国家有过激烈的争论。结合“资本主义有计划，社会主义有市场”的认识以及社会主义市场经济理论，可以从以下几个方面入手。

就财产的取得、持有而言往往涉及以所有权为主的物权法方面的案例。在讲授这部分案例中，首先肯定自由放任经济政策有利的一面，也就是市场中的产权明晰对于整个市场健康运转的重要性。财产自由也是人类生活自由的重要体现，我国社会主义核心价值观的自由也包含这一层面，社会主义的目标是人的自由发展，财产自由是不可或缺的一部分。而且，可以结合我国近些年对知识产权高度重视这一现实，阐明社会主义核心价值观引领下的财产制度是保护人的自由的。但也要看到自由放任经济政策不利的一面，完全的自由放任只是少数人的自由，资本的自由，广大人民特别是劳动阶层依然是被压迫的对象。所以要向学生讲明，我国实行的是社会主义市场经济制度，在财产取得和持有方面，应当体现社会主义的精神，例如，在我国有一些物品只能国家或集体所有，在金融法律领域，也对资本运作有着诸多的限制。之所以做出这种规定，就是要防止资本的无须运转。社会主义核心价值观的自由不是资本的自由，而是人的自由解放；社会主义核心价值观的平等不是利益集团获取利益的平等，而是广大人民经济机会的平等；社会主义核心价值观的公平不仅仅是交易的形式公平，更是实质公平。

就财产的流转而言往往涉及债权方面的案例。这部分案例主要通过对自由放任经济政策的反思性批判为切入，融入社会主义核心价值观。在涉及债权实现和债权转让过程中，对公共利益的维护是不容忽视的一部分，社会主义的自由不是某部分人的自由，而是全体人民的自由。在财产流转的过程中，必须要遵守诚实信用原则，这也是社会主义核心价值观诚信要求的体现。例如，针对因为市场价格变化导致房屋买卖一方当事人不履行合同的案例，虽然房屋没有过户前，一方仍享有所有权，但要从社会主

义的角度阐明,权利的行使是应当受公共利益的约束的。在相关案例的讲授中,可以从社会主义核心价值观的诚信、友善这一链接点入手,反思自由放任经济政策的不足之处。诚信要求信誉高于私利,友善要求与人为善、合作共赢。通过相关案例讲解,引导同学们对我国社会主义特色市场经济的产生认同,尤其是要认识到基于此而产生的财产制度与国外是有所区别的。我国尊重并保护公民合法的私有财产,但在私有财产的运用方面,依旧要受到社会主义公共利益的制约。

五、社会法类案例教学融入社会主义核心价值观的机制构建

社会法主要是为弱者利益提供保护的法律部门。一般包括劳动法、劳动合同法、工会法、未成年人保护法、老年人权益保障法、妇女权益保障法、残疾人保障法、矿山安全法、职业病防治法等,相对而言,这类法律案例由于其保护弱者的自身特性,融入社会主义核心价值观较为容易,具体可以从以下几个方面入手。

(一)通过强调对弱者保护的立法宗旨融入社会主义核心价值观

社会法本身就是资本主义市场经济在发展过程中为了解决自身面临的矛盾和批评而产生的,所以可以从相关法律的立法宗旨产生入手,分析其对弱者保护的重要意义。为什么要构建一个保护弱者,而不是弱肉强食的社会。马克思主义曾经做出了理论阐释,特别是针对资本主义国家看似公正实则存在大量剥削现象的揭露,才提出了构建更为公正的社会的构想。在讲授社会法相关案例时,可以将相关立法目的与马克思主义相结合,进而层层过渡到平等、友善等社会主义核心价值观的内容中,强调社会法在我国和谐社会建设中的重要作用。特别是可以结合互联网新用工形态对劳动者的冲击,深入讲解相关案例体现的对劳动者的保护,不能让骑手困在系统里,对于算法的法律规制也是保护劳动者利益的表现,比如,南京市多部门专门出台了相关意见保护骑手利益,这其中鲜明地体现了社会主义核心价值观的内容及目标。对弱者利益的司法保护是共同富裕、共享发展成果的体现,这也是内嵌于社会主义核心价值观中的内容。其中,社会主义核心价值观的公平,即包括社会公正,社会公平正义是社会和谐发

展的基本要求和目标,也是一个文明社会进步的标志。

(二)结合我国在抗疫过程中的成绩融入社会主义核心价值观

当下疫情肆虐全球,我国抗疫取得了显著成绩,保护了人民的生命安全。特别是针对可能因为疫情陷入生活困难的群体,司法机关等也加强了对相关群体的保护,尤其是对疫情时期的劳动者权益保护。从国家层面看,最高人民法院专门印发了《关于依法妥善审理涉新冠肺炎疫情民事案件若干问题的指导意见(一)》并且和人力资源社会保障部首次联合发布了涉及疫情的劳动争议审判指导性案例,这些内容都特别强调要保护疫情时期的劳动者权益。特别是从原理上讲解了劳动法中的一些原则理解不能套用民法理论,而是要从劳动法这类社会法的照顾弱者的特殊性出发来理解,比如,案例明确劳动合同法领域不能适用合同法的情势变更而终止劳动合同。社会主义核心价值观的富强即国富民强,面对疫情,既要维持国家正常的经济秩序,也要注意保护人民,特别是弱者的基本权利。在相关案例的讲解过程中,从防疫与权利保护的接合点出发,进一步突出社会主义制度的优越性,进而总结出社会主义核心价值观在司法中的体现。越是在困难时期,社会主义核心价值观越具有重要作用,越能保护最广大群众的根本利益。

结　语

法学案例教学是法学教育中比较常用的教学方法,在法学案例教学中融入社会主义核心价值观是法学课程思政的关键。虽然在这一过程中尚存在本土资源不足,讲述方式与我国实际契合不够等问题,但只要将案例进行类型化处理,并根据不同类型的案例运用一些技巧讲解相关案例,同时,不断整理搜集本土化案例,上述问题都是可以解决的。法科学生是国家政法队伍的储备力量,在本科阶段加强社会主义核心价值观的塑造对于国家政法人才的储备建设具有积极的促进作用。这一过程需要教师更为辛勤的付出,在不久的将来,为政法队伍培养出合格的接班人。

法律职业共同体视阈下法律职业伦理教育的反思

王　松　陈婉婷　杨　楠*

摘　要:当前,我国各种法律职业人员往往仅关注自身法律职业伦理的独特性,忽视了其作为法律职业共同体组成部分的法律职业伦理的共通性,导致相互产生隔阂、偏见甚至敌视等问题。对此,可以从法律院校的法律职业伦理教育着手,通过明确教学目标,改进教学内容,提高教师综合能力,丰富教学方法,完善体制机制,努力解决当前法律职业伦理教育不足所引发的法律职业共同体之间相互对立的问题。

关键词:法律职业共同体　法律职业伦理教育　法学

一、问题的提出

近日,经全国政法队伍教育整顿领导小组审议通过,最高人民法院、最高人民检察院、司法部联合印发《关于建立健全禁止法官、检察官与律师不正当接触交往制度机制的意见》《关于进一步规范法院、检察院离任人员从事律师职业的意见》,上述两意见对于全面加强法官、检察官与律师队伍建设,进一步规范法检律的关系具有重要意义。从近年发生的违法违规实例来看,或是律师"蚕食"司法人员,或是司法人员违规为律师介绍案源,或是司法离职人员为不正当交往牵线搭桥、充当司法掮客等,种种现象层出不穷,不仅造成了恶劣的社会影响,也体现出各法律职业人员缺乏职业共同

* 作者简介:王松,江苏师范大学法学院产业教授。陈婉婷,江苏师范大学法学院学生。杨楠,江苏师范大学法学院学生。

体意识。

法律职业共同体是以法官、检察官、律师、法学家为核心的法律职业人员所组成的特殊的社会群体。法官、检察官、律师作为法律职业共同体的重要组成部分,理应坚守法律职业伦理、秉持法治信念。法律职业伦理是法律职业发展过程中必不可少的组成部分,从功能主义视角来看,法律职业伦理对于法律职业共同体的形成与发展具有重要作用。一方面,法律职业伦理帮助法律职业共同体形成职业意识形态;另一方面,法律职业伦理以其经济价值促进法律职业共同体的发展及其经济绩效的增长。

法律职业共同体并不仅仅是一种物理学组合上的意义,更重要的意义在于寻求一种共同的法治精神和法治理念,形成一种建立在共同知识训练背景基础上的共同的知识体系、思维方式以及由此而上升形成的更高层次的共同的理念、共同的价值追求甚至共同的信仰。〔1〕 然而,当前法律职业伦理教育却往往忽略了这一点,不同的法律职业之间过于强调法律职责的相对性、独特性,而忽略了共通性,导致法科学生毕业后因从事不同的法律职业而产生隔阂、偏见甚至敌视的意识,影响了法律职业的正常功能,严重阻碍法治社会建设。因此,亟待在法学院的教育中完善法律职业伦理教育,以期避免上述问题。

二、法律职业伦理教育困境的原因分析

(一)历史渊源:缺乏法律职业共同体意识

我国法律伦理教育的历史最早可追溯到国民政府时期,中央大学法学院与东吴大学法学院开设了法律伦理学方面的课程,东吴大学法学院的孙晓楼教授在其著作《法律教育》第五章“法律伦理学”中明确提出了法律职业伦理的重要性。〔2〕 孙晓楼认为,法律人才至少要有三个条件:法律学问、社会常识、法律道德。“缺少了法律道德,那就不免留为腐化恶化的官僚政客,亦不能算作法律人才。”他认为法律道德的核心是“守正不阿”和“牺牲小己”。〔3〕 遗憾的是,除了上述两所院校之外,其他法律院校中均无此类课

〔1〕 参见许身健:《法律职业伦理》,中国政法大学出版社 2020 年版,第 27 页。
〔2〕 参见曲玉梁:《论我国法律职业伦理教育学科体系的构建》,载《法学》2019 年第 6 期。
〔3〕 王健编:《法律教育》,中国政法大学出版社 1997 年版,第 9 页以下。

程的设置,并且也没有出版独立配套的教材。新中国成立后,法学教育逐渐得到重视,但法律职业伦理教育并没有得到多少关注,教育部1998年确定的法学专业14门核心课程中并无法律职业伦理,该门课程仍然依赖于思政课上的简单普及。

法律职业伦理教育真正开始腾飞是进入21世纪以来,学术界不断加深对法律职业伦理教育的研究,不仅发表了不少论文,而且促使了很多法律职业伦理教材的相继出版。其中比较具有代表性的教材有李建华、曹刚主编的《法律伦理学》[1]、李本森主编的《法律职业伦理》[2]、许身健主编的《法律职业伦理》[3]等。这些教材主要分别从法律职业与伦理、审判伦理、检察伦理以及律师伦理等各方面进行阐释,往往刻意强调不同的法律职业之间法律职责的相对性、独特性,忽略了它们的共通性,法律职业共同体意识是相对不足的。

(二)实践阻力:重视程度低

纵观各大高校的法学课程设计,我国的法律职业伦理教育存在一种严重缺位的状态。这主要体现在两个方面。一是课程开设缺位。早期有学者选取了我国不同地域的10所具有代表性的法律院校,诸如中国政法大学、中国人民大学、吉林大学、武汉大学、西南政法大学等,通过调查分析这10所高校法学本科教育中法律职业伦理课程的教学情况,发现其中只有5所高校开设了"法律职业伦理"课程,而且这些课程全部都是选修课,学分也普遍不高。虽然中国政法大学将"法律职业行为规则与法律职业伦理"课程开设为必修课,但也仅仅只针对法学实验班开设。[4] 诚然,2018年教育部将"法律职业伦理"课程列入十门法学专业核心必修课程之一,但多数高校的法律职业伦理课程设计并不合理,对于法律职业伦理的重视程度仍然不够。二是师资力量匮乏。目前,我国各大法律院校中法律职业伦理课程的教师大多由其他专业课老师兼任,并没有专职该领域教学科研的教

[1] 参见李建华、曹刚:《法律伦理学》,湖南人民出版社2006年版。

[2] 参见李本森主编:《法律职业伦理》,北京大学出版社2006年版。

[3] 参见许身健主编:《法律职业伦理》,北京大学出版社2014年版。

[4] 参见张涛、刘聪:《司法改革视阈下法律职业伦理教育之路径研究——以大学生法律援助"课程化"为视角》,载《交大法学》2017年第2期。

师,这不仅导致该门课程的开设成为一大难题,而且课程的开展效果也堪忧。

对于法律职业伦理教育的长期忽视,导致法律职业伦理教材一直没有得到相应的改进,或者是改动不大,基本是顺延之前的教材编撰思路。

此外,司法实践中的法律职业共同体建设存在很多不足,如共同体意识尚未完全形成,律师执业权利保障尚不够切实充分,司法机关与律师队伍的合作深度有待强化。[1] 法官、检察官、律师的培训都是各自条线开展,缺乏足够的沟通,不利于形成共识,反而容易形成隔阂。

三、国外的法律职业伦理教育透视

(一)美国的法律职业伦理建设

美国对于法律职业的要求严格,最基本的门槛即毕业于法学院。美国基本所有自治州都要求在本州执业的律师毕业于全美律师协会认证的法学院,在这种背景下,全美律师职业伦理的内容就成为法学院职业伦理教育中的重要组成部分。最直接的反映即《1921 年法学教育标准》《1973 年法学院批准标准》,虽然它们并没有强制要求法律职业伦理教育的教授,但已经构建出美国早期法学教育中法律职业伦理教育的基本框架。美国法律职业伦理教育转折的关键点在水门事件,众多律师陷入丑闻,使得社会各界呼吁法学院加强法律职业伦理教育。1996 年,全美律师协会正式确定了关于法律职业伦理教授问题的"标准 302(b)",由此,法律职业伦理的教授变为强制,且在教授过程中不断地有法院成员和律师协会成员考察实际实施效果,无形之中推动了法学院法律职业伦理教育的正规化。随着大量专家学者开始研究法律职业伦理教育问题并发表文献,研究的内容越来越细致,法律职业伦理教育得到了迅速发展,进而形成了一套具有美国特色的法律职业伦理教育体系。

(二)加拿大的法律职业伦理建设

加拿大的法律职业伦理教育处于较为领先的地位,相关的研究文献十

[1] 参见于潇:《吕红兵委员、李大进委员建议把律师纳入同堂培训范围:推动同堂培训制度化规范化经常化》,载《检察日报》2021 年 3 月 8 日,第 7 版。

分丰富。加拿大法学界对法律职业伦理教育的目标、不足之处以及教学方法等有着系统的认知,且其教育目标、课程框架、教学方式多种多样,法律职业伦理课程已经由一门简单的课程发展为一套完整的法学课程体系。在教育方案上,加拿大各法学院采取贯穿性教学课程设置方法、诊所式教学方法、仿真实践、单独课程等教育方案帮助学生学习法律职业伦理;在教学方法上,加拿大各法学院根据教育阶段选择案例教学法、问题中心方法、苏格拉底教学法、讨论法等多元教学方式,让学生真正感受到法律职业伦理的重要性,逐渐形成了一整套具有加拿大特色的成熟的法律职业伦理教育体系。

(三)韩国法律职业伦理建设

在韩国,对法律人的职业伦理教育被称为“法曹伦理”。1945 年之后,韩国在大陆法系法学教育传统的基础上,借鉴英美法系法学教育的经验,并结合本国的历史文化与法律文化,建立了具有混合特点和多元特征的现代法学教育体系。现行韩国法学教育贯彻以职业教育为主、通识教育为辅的教育理念,并力图在课程结构、教学内容和教学方法中结合两种理念以培养具有扎实理论基础和实际操作能力、能够适应社会需求的法律人才,培养出能够实践民主和正义的法官、检察官、律师和社会各个领域的领导人。这种民主与正义价值的实现即要求培养的法律人才不仅要具备扎实的基础知识和实际操作能力,还要具备法律人才应有的伦理道德和职业道德。〔1〕

(四)对我国的启示

梳理美国、加拿大、韩国的法律职业伦理教育的情况,可以对我国的法律职业伦理教育提供如下参考。第一,进一步重视法律职业伦理教育在法学教育体系中的地位。改变普遍的轻视气氛导致的法律职业伦理教育在法学教育体系中处弱势地位的局面〔2〕。第二,多样化发展法律职业伦理教育的教学方法。改变目前我国法律职业伦理教学方法相对较为单一的情况。根据我国历史文化和法律文化等实际情况,有选择地引入案例教学

〔1〕 参见徐东旭:《韩国法学教育与法曹培养制度的改革》,载《中国法学教育研究》2008 年第 3 期。

〔2〕 参见刘坤轮:《法律职业伦理教育必要性之比较研究——以美国、澳大利亚、加拿大和韩国为比较》,载黄进主编:《中国法学教育研究》(2014 年第 4 辑),中国政法大学出版社 2014 年版。

法、研讨式学习、苏格拉底教学法、问题中心方法等，丰富法律职业伦理教育的教学方法。第三，建立高校法律职业伦理教育的监督评价机制。以对法律职业伦理教育监督评价的方式倒推法律职业伦理教育的进步，最终形成一套成熟的法律职业伦理教育体系。

四、新形势下法律职业伦理教育的完善路径

2018 年 9 月 17 日，教育部、中央政法委发布《关于坚持德法兼修实施卓越法治人才培养计划 2.0 的意见》(教高〔2018〕6 号)，明确指出要"厚德育，铸就法治人才之魂"〔1〕。故各大高校在法学人才培养过程中不仅要注重专业知识的提升，也要给予法律职业伦理教育足够重视。

(一)明确教学目标

没有明确的教学目标，就像一艘没有航向的轮船，终究到达不了成功的彼岸。我国学者对于法律职业伦理教育的目标有不同的认识，如吕铎认为培养学生法律职业精神，要以培养学生道德认知能力为目标。道德认知能力是由道德评价能力、道德判断能力和道德冲突的处理选择能力构成的。〔2〕 许身健则认为法律职业伦理课程的教学目标为：第一，通过相关课程的学习，法科生应当了解职业伦理的相关内容；第二，能够评估并防止伦理风险，面对特定情况，能够分析其是否具有导致自身违背职业伦理的风险，并对风险进行防控；第三，能够投身于公益事业，用自身的法律知识与实务经验保护公众特别是弱势群体的利益，使法科生警醒法律职业的公共主义使命，避免成为只关注营销、博取利益之精致的利己主义者。〔3〕

笔者认为，法律职业伦理教育的教学目标，主要有两个方面：一是培养法科学生的"法律品格"，忠实于法律，信仰人的尊严与自由〔4〕；二是培养

---

〔1〕 教育部、中央政法委：《关于坚持德法兼修实施卓越法治人才教育培养计划 2.0 的意见》，载中华人民共和国教育部网 2018 年 10 月 17 日，http://www.moe.gov.cn/srcsite/A08/moe_739/s6550/201810/t20181017_351892.html。

〔2〕 参见吕铎：《大庆市法学教育与法律人职业道德提升研究》，载《经济研究导刊》2014 年第 26 期。

〔3〕 参见许身健：《认真对待法律职业伦理教育》，载《检察日报》2018 年 2 月 28 日，第 7 版。

〔4〕 周永坤教授认为，应当将"忠实于法律，信仰人的尊严与自由"作为法律人的共同伦理。舍此则法律职业不存，法律人不是堕落为官僚，就是变异为讼棍。参见周永坤：《法理学：全球视野》(第 4 版)，法律出版社 2016 年版。

法科学生评估并防止伦理风险的能力。

(二)改进教学内容

第一,改进配套教材。为了能够更加直观地了解我国法律职业伦理教材的内容分布,笔者选取了现如今市面上比较具有代表性的三本教材,通过目录对比,来反思当前法律职业伦理教材的问题所在。

表1 我国法律职业伦理教材目录对比

<table>
<tr><th>《法律职业伦理》[1]</th><th>《法律职业伦理》[2]</th><th colspan="2">《法律职业伦理教程》[3]</th></tr>
<tr><td>第一编 法律职业伦理总论</td><td>第一章 法律职业与伦理</td><td colspan="2">绪论</td></tr>
<tr><td>第二编 律师职业伦理</td><td>第二章 法律职业伦理基本规范</td><td rowspan="3">总论篇</td><td>第一章 法律职业伦理概述</td></tr>
<tr><td>第三编 法官职业伦理</td><td>第三章 审判伦理</td><td>第二章 法律职业伦理基本准则</td></tr>
<tr><td>第四编 检察官职业伦理</td><td>第四章 检察伦理</td><td>第三章 法律职业伦理教育</td></tr>
<tr><td>第五编 公证员职业伦理</td><td>第五章 律师伦理</td><td rowspan="8">分论篇</td><td>第四章 法官职业伦理</td></tr>
<tr><td>第六编 仲裁员职业伦理</td><td>第六章 公证伦理</td><td>第五章 检察官职业伦理</td></tr>
<tr><td>第七编 行政执法人员职业伦理</td><td>第七章 仲裁伦理</td><td>第六章 律师职业伦理</td></tr>
<tr><td></td><td>第八章 司法职业责任</td><td>第七章 仲裁员职业伦理</td></tr>
<tr><td></td><td>第九章 法律职业伦理的养成</td><td>第八章 公证员职业伦理</td></tr>
<tr><td></td><td>第十章 法律职业伦理教育</td><td>第九章 立法工作者职业伦理</td></tr>
<tr><td></td><td></td><td>第十章 行政执法人员职业伦理</td></tr>
<tr><td></td><td></td><td>第十一章 法学专业教师职业伦理</td></tr>
<tr><td></td><td></td><td colspan="2">后记</td></tr>
</table>

①参见许身健:《法律职业伦理》,中国政法大学出版社2020年版。

②参见李本森主编:《法律职业伦理》,北京大学出版社2016年版。

③参见郭哲主编:《法律职业伦理教程》,高等教育出版社2018年版。

从表1可见,我国法律职业伦理教材的内容设置过于强调不同法律职业之间法律职责的相对性、独特性,而忽略了它们的共通性。在实践中,各法律职业往往由于立场不同、思维模式不同，导致双方的价值理念、价值追求大相径庭，存在敌对状态。因此，在后续教材的编撰中应当增添一个板块，着重强调各职业之间应当共同遵循的法律职业伦理，例如，追求公平正义、维护法律尊严、有良好的职业道德等。并且，对于各法律职业之间的交往不应当"一刀切"，要禁止不正当交往，也要发挥法律职业共同体的精神，允许正当良性的交往、互动以及合作。

第二，完善课程设置。现阶段，各大法律院校大多只设置了"法律职业伦理"这一门课，但在实践中发现该课程的教学效果并不好，很多学生反馈课程过于单调枯燥。应当将法律职业伦理教育分为理论和实践两个板块，并且贯穿于法学教育始终。

（三）提高教师综合能力

教师是教育工作的中坚力量，强大的师资力量是《关于坚持德法兼修实施卓越法治人才培养计划 2.0 的意见》实现的必备条件，因此，要不断加强法律职业伦理教师团队的建设，加大资金投入力度。第一，引进大量专业人才，专职该领域教学科研。第二，积极为本校教师提供外出访学、科研深造的机会，加强高校的科研建设。第三，定期对法学专业教师进行法律职业伦理考核与培训，坚持"一课双责"，各门法学课程既传授专业知识，又注重价值引领，传递向上向善的正能量。[1]

（四）丰富教学方法

我国法律职业伦理教育的教学方法比较单一，更趋向于照本宣科地读书，灌输式教育，枯燥乏味、互动性不强，容易引起同学们的反感，导致课堂效果以及考核成绩都不甚理想。基于此，应当不断丰富法律职业伦理教育的教学方法。

第一，摒弃填鸭式教育，强化案例教学。实践无理论则无灵魂，理论无实践则无生命。[2] 目前，我国对法律职业伦理教育的教学方式总体上仍然以单声道式的灌输式教学方式为主。因此，丰富教学方法是十分有必要

〔1〕 参见教育部、中央政法委：《关于坚持德法兼修实施卓越法治人才教育培养计划 2.0 的意见》，载中华人民共和国教育部网 2018 年 10 月 17 日，http://www.moe.gov.cn/srcsite/A08/moe_739/s6550/201810/t20181017_351892.html。

〔2〕 参见许身健：《零容忍的权利》，清华大学出版社 2014 年版，第 37 页。

的。建议引入大量具体的案例,采用研讨式方法,加强师生课堂互动,让学生能够主动学习并领悟法律职业伦理的内涵,从心底里敬畏并遵守法律职业伦理,从而助力法律职业共同体的建设。

第二,与模拟法庭、法律诊所等特色课程相融合。法律的价值在于实践。笔者所在的院校便开设了这两门特色课程,并且颇受好评。这两门课程的设置不仅有助于同学们更加贴近司法实务,了解整个司法审判的流程,而且有助于提升司法实践能力,从撰写起诉书、举证质证意见,再到法庭辩论,每一个环节都是对于能力的锻炼。将法律职业伦理教育的内容与课程培养学生实践能力的目标相融合,在司法程序的各个环节中体现法律职业伦理教育,有助于加强各法律职业之间的良性互动,提高同学们的法律职业共同体意识,加深对法律职业伦理的理解。

第三,其他教学方法。正所谓“兴趣是最好的老师”,在法律职业伦理教育实践中要改变传统的教学方法,将传统的讲授式教学与微课、慕课等新兴科学技术相结合。首先,可以多开展电影沙龙、法学名著读书会等活动,提高同学们的学习兴趣,实现娱乐与教育的完美结合。其次,与当地的司法机关建立良好的合作关系,校企结合:一方面,定期邀请律师、法官、检察官等来校开展讲座、组织场景演练等,分享实务案例,以其切身经历为媒介,帮助同学们更好地了解法律职业伦理;另一方面,安排法科学生到当地司法机构、律所等实习,不但可以提升法科学生的实践能力,也有助于法科学生在职业环境的熏陶中实际感受法律职业伦理的内涵,为日后建成法律职业共同体做铺垫。最后,成立法律援助中心,定期进行社会调研和普法宣传,切实帮助周围居民提高法律意识,解决法律难题。

(五)完善体制机制

第一,严格法律职业的准入机制。我国的法律执业资格考试是每一个想要从事法律职业的人的必经之路,但这一准入机制与我国高校法律职业伦理教育的衔接并不到位。现如今的法律职业资格考试着重强调对于专业知识的考查,而忽略了法律职业伦理的作用,无法引起法科学生对于法律职业伦理的重视,从而导致其在学习过程中应付了事。因此,在法律职业资格考试中适当增加法律职业伦理的内容和占比,实现法律职业资格考试与高校法律职业伦理教育的有机衔接。

第二,建立高校法律职业伦理教育的监督评价机制。在法律院校进行法律职业伦理教育过程中,定期邀请具有丰富实务经验的法官、检察官、律师等法律职业者评价法律院校开设法律职业伦理教育课程的实施效果,以该反馈方式倒推法律职业伦理教育的进步,最终形成一套成熟的法律职业伦理教育评价监督机制。

第三,完善法律职业伦理考核机制。法律职业伦理教育是一个长期的过程,拿到法律职业资格证书并不代表着一劳永逸,在后续的法学研究与实践工作中仍然要定期接受法律职业伦理考核,鼓励法律职业人之间的职业流动,多换位思考,不断提升自己的法律职业修养。

第四,让律师与检察官享有制度上的对等地位。长远之道是重建职业法律人共同体,以此作为制约权力的坚固壁垒,同时,在通过法言法语互相制衡的过程中形成团体自治机制,实现有司法独立而无司法腐败的社会愿望。[1]

结　　语

当代中国法治人才不仅应当具备扎实的理论基础和过硬的专业技能,同时也应当具备良好的法律职业伦理。法科学生是建设法治国家的后备军和生力军,只有不断加强法律职业伦理教育,培养法科学生的法律职业共同体意识,才能为法治中国建设输送真正有用的人才。[2]

---

〔1〕 参见季卫东:《中国律师的重新定位》,载《财经》2013 年刊“预测与战略”,第 156 ~ 158 页。

〔2〕 当然,法官、检察官与律师的职业伦理还是有区别的。周永坤教授认为,法官、检察官的职业伦理包括:忠实于法律、依法独立行使职权、客观中立的立场、维持良好的职业形象;律师职业伦理包括:独立自由地执业、诚实信用、尊重司法官、维护律师形象。但不能忽视法律职业共同体的伦理教育,尤其是忠实于法律,信仰人的尊严与自由。参见周永坤:《法理学:全球视野》(第 4 版),法律出版社 2016 年版。

习近平讲话中的比喻说理对课程思政教法的逻辑启示*

郑天祥**

摘　要:习近平讲话中的比喻说理在传承中国传统逻辑之比喻的同时,又兼具创造性转化、创新性发展,善于根据听众选择喻体,创造了一批比喻说理的经典案例。这一备受中外听众好评的说理方式,启示当下课程思政教学既要善于借鉴中国传统逻辑来发现新方法,又要以听众为中心进行说理来提升教学的针对性。

关键词:比喻说理　课程思政教学　中国传统逻辑　听众

党的十八大以来,习近平总书记广泛运用比喻说理,在国内外的重要讲话中收获了听众的好评。这不仅提升了中国话语权,形成了"平易近人"的"习式语言风格",也树立了思想政治教育的典范,为当下思政课教学提供了逻辑启示。

一、借鉴中国传统逻辑思想

党的十九大报告指出,"文化兴国运兴,文化强民族强。没有高度的文化自信,没有文化的繁荣兴盛,就没有中华民族伟大复兴"。关于中华优秀传统文化,习近平总书记更进一步强调,"要加强对中华优秀传统文化的挖掘和阐发,使中华民族最基本的文化基因与当代文化相适应、与现代社会相协调"。中国作为逻辑思想的三大发源地之一,有着深厚的逻辑文化底

* 基金项目:扬州大学2022年校教改课题"基于马克思主义研究与叙述方法的法律逻辑学课程建设"(YZUJX2022—C2)。

** 作者简介:郑天祥,博士,扬州大学法学院讲师。

蕴与丰富的说理方法。而比喻就是其中重要的说理方法之一。中国哲学学科的主要奠基人冯友兰即强调,“中国哲学家惯于用名言隽语、比喻例证的形式表达自己的思想”[1]。习近平讲话中的比喻说理的成功,正是在高度文化自信的基础上,尊重中国传统说理文化,借鉴中国传统逻辑的优秀成果。

在古代中国,比喻也称辟、譬、喻等。早在《尚书·胤征》和《礼记·檀弓下》中就可见“玉石俱焚”“苛政猛于虎”等深刻的比喻说理。而且,自先秦始,中国先贤对比喻的认识就不限于文法修辞层面,他们亦在逻辑上对“譬”进行了深入探析。关于比喻,孔子最早在思维层次上提出“能近取譬”的规则。无譬不能言的惠施则指出了比喻“固以其所知谕其所不知,而使人知之”的特征。这不仅揭示了“譬”具有从“已知”到“未知”的推理性质,也明确了比喻“使人知之”的向他人说理的功用。在稍后成书的中国传统逻辑巨著《墨经》中,比喻(“譬”)已被作为七种推理方式(“说”)之一,纳入了中国传统逻辑系统。至东汉末年,王符进一步强调“夫譬喻也者,生于直告之不明,故假物之然否以彰之。物之有然否,非以其文也,必以其真也”。这在继承《墨经·小取》对比喻是“举他物而以明之”的定义的同时,更突出了比喻较“直告”说理更强大的解题功能,及其较文法修辞更深层次的求“真”逻辑价值。

习近平总书记指出,“话语的背后是思想、是‘道’。不要为了讲故事而讲故事,要把‘道’惯通于故事之中,通过引人入胜的方式启人入‘道’,通过循循善诱的方式让人悟‘道’”。其比喻说理即是如此,重在使人悟“道”。例如,习总书记强调青年价值观培养时指出,“如果第一粒扣子扣错了,剩余的扣子都会扣错。人生的扣子从一开始就要扣好”。通过日常再熟悉不过的“扣扣子”行为,说明了青年价值观养成对于其整个人生的逻辑必要性。再如,对于我国当下正在进行的全面深化改革,习近平总书记则通过“蹄疾而步稳”的比喻表达了当下改革既要快速发展又要一步一个脚印地扎实推进的辩证逻辑关系。类似地,“绿水青山就是金山银山”的“两山”比喻也表达了生态环境和经济发展的辩证逻辑关系。所以,习近平的比喻说

[1] 冯友兰:《中国哲学简史》,赵复三译,四川人民出版社2020年版,第9页。

理与中国传统逻辑是相通的,其比喻“物”既形象生动又高度契合主题,能达到让人悟“道”的求“真”逻辑价值。

习近平总书记的重要讲话关切新形势下党和国家发展的一系列重大理论和现实问题。借鉴中国传统逻辑之比喻,采用从熟知的事物入手完成深刻问题说理的逻辑,使内容具“亲和力”,更易于听众对讲话的理解和接受。而亲和力不够和针对性不强正是陈宝生强调的高校思想政治工作存在的主要问题。以习近平讲话中的比喻说理为范式,一方面,思政课教学可以通过引进比喻说理,开辟提升教学“亲和力”的可行性路径;另一方面,也把发现思政课教学方法的视线引入了广阔的中国传统逻辑畛域。

中国传统逻辑自诞生就与论辩密切相关。先秦诸子的“百家争鸣”孕育了丰富的说理方法,造就了中国传统逻辑的首次繁荣。《墨经》中列出了“效”“譬”“或”“牟”“援”“推”“止”等七种推理模式。在《孟子》《庄子》《战国策》等典籍中精彩的说理案例更俯拾皆是。中国传统逻辑可为当下课程思政教学提供大量的方法论借鉴。例如,墨子就曾以“驱良马上太行山”的比喻教育弟子耕柱子,有效地向其阐释了被严格要求的原因。然而,正如范爱默伦、赫尔森等学者在当代具有广泛影响力的论证理论著作——《论证理论手册》中所总结的,“虽然中国古代有着较强的论辩传统,但该传统后来并没有延续下来。当代中国论证研究似乎首先受西方研究传统的影响”。〔1〕但习近平总书记面对构建中国特色话语体系的时代任务,却以高度的文化自信打开了中国传统逻辑的宝库,使中国传统逻辑之比喻在新时代焕发生机,引领了借鉴中国传统逻辑、发掘中国传统方法的新方向。所以,习近平总书记讲话中的比喻说理的成功首先启示思政课教学要具有文化自信,善于借鉴中国古代逻辑发掘新方法。

二、以听众为中心

习近平总书记讲话中的比喻说理是对中国传统逻辑的高水平的现代转化与创新。关于对外新闻舆论工作,习近平总书记指出,要创新对外话

〔1〕[荷]范爱默伦:《论证理论手册》,熊明辉等译,中国社会科学出版社2020年版,第913页。

语表达方式,研究国外不同受众的习惯和特点,采取融通中外的概念、范畴、表述,把我们想讲的和国外受众想听的结合起来。习近平总书记强调的“受众”即“听众”,乃非形式逻辑的关键词之一。佩雷尔曼、奥尔布赖切斯—泰提卡等学者便从听众入手,以新修辞学为径构建了其论证理论。他们认为,“论证中所使用的技巧,需要适应听众的参照系”。[1] 习近平总书记对听众的深入把握为中国传统逻辑之比喻注入了新活力,推动了其现代转化与创新。

习近平总书记在比利时布鲁日欧洲学院讲话中指出,“正如中国人喜欢茶,而比利时人喜爱啤酒一样,茶的含蓄内敛和酒的热烈奔放代表了品味生命、解读世界的两种不同方式。但是,茶和酒并不是不可兼容的,既可以酒逢知己千杯少,也可以品茶品味品人生”。他以比利时人熟悉的“茶酒之喻”向欧洲说明了中国“一带一路”倡议的共商原则及其可行性。再如,习近平总书记在秘鲁首都利马举行的亚太经合组织(Asia-Pacific Economic Cooperation,APEC)工商领导人峰会主旨演讲中指出,“地瓜的藤蔓向四面八方延伸,但它的块茎始终长在根基位置。同样道理,无论发展到什么程度,中国都将扎根亚太、建设亚太、造福亚太”。他通过“地瓜蔓茎之喻”,以原产于拉美的地瓜向亚太成员阐释了中国发展与亚太的密切关系。习近平总书记注重听众的比喻,使说理更具针对性,更利于听众对于理论的认同,构建起融通中外的说理模式,使其语言被誉为“世界语言”。

此外,践行“以人民为中心”思想,习近平总书记讲话也密切关注人民听众,常使用“点赞”“朋友圈”“鞋子合不合脚,自己穿了才知道”等能引起人民群众共鸣的网络用语、歇后语,深受听众喜爱。这使习近平总书记的讲话也被亲切地称为“群众语言”。无论是“世界语言”还是“群众语言”,其背后都蕴藏了习近平总书记讲话对听众的深入分析。所以,习近平总书记讲话对听众的关注不仅实现了中国传统逻辑之比喻的现代性转化与创新,使其与当代文化相适应、与现代社会相协调,也展示了以听众为中心对增强说理针对性的普遍功用。

---

〔1〕 [荷]范爱默伦:《论证理论手册》,熊明辉等译,中国社会科学出版社2020年版,第307页。

课程思政是纵向贯穿大、中、小学,横向面对多地域文化、专业知识背景学生的课程。没有针对性的课程思政教学,必然难以收获理想的课堂"抬头率"。而习近平总书记讲话展示出的听众理论对提升说理针对性的重要功用,则为课程思政学解决"抬头率"问题,给予了非形式逻辑的启示。同时,以听众为中心也细化了比喻说理的规则,将思政课说理的喻体之选择指向了具体的文化、专业和层次等方向,有利于做到习近平总书记在学校思想政治理论课教师座谈会上强调的"因地制宜、因时制宜、因材施教",提升了课程思政比喻教学方法的可操作性。

总　结

习近平总书记讲话中好评如潮的比喻说理,不仅为中国传统逻辑的现代性转化与创新提供了经验,为课程思政教学方法的发现提供了中国传统逻辑的广阔视域,而且还具体地为课程思政教学提供了中国传统逻辑之比喻说理方法和非形式逻辑以听众为中心的说理方法,沟通了思政课教学与逻辑的关系,对完善新时代思政课建设具有重要意义。

高校法律职业伦理教育的实践创新研究

王志成*

摘　要:建设社会主义法治国家,需要一大批法律职业素养卓越,法律执业本领过硬的高素质人才队伍。但是,我国各高校法律职业伦理教育起步较晚,起初也不够重视。尤其是各大高校教学计划不统一、师资力量薄弱、有关教材建设滞后、教学方式缺乏创新等问题突出。为了解决法律职业伦理教育在高校中存在的问题,笔者将从以下四点进行讨论:一是要主动适应新时代法治建设需要,明确法律职业伦理教育的目标;二是要将法律职业伦理教育深度融入司法实践,加强"德法兼容"的师资队伍建设;三是要坚持贯彻习近平法治思想,加大对编写法律职业伦理相关著作书刊的财政投入;四是要适应科技化时代,运用"互联网+"技术,以线上线下相结合、理论实践相融合的教育方式助力法律职业伦理教育的发展。

关键词:法律职业伦理教育　实践创新　人才队伍建设

习近平总书记在中央全面依法治国工作会议上提出"十一个坚持",其中着重指出全面推进依法治国,首先要毫不动摇地加强建设德才兼备的高素质法治工作队伍。"徒善不足以为政,徒法不足以自行。""良法善治"不仅需要完善的法律体系,还需要高素质的法治人才队伍。在新时代法治建设的关键时期,各高校承担着培育德才兼备的高素质法治人才的责任,在注重专业知识的教授过程中,各高校也应当注重对学生进行职业伦理教育。"才者,德之资也;德者,才之帅也。"法治工作队伍建设应当将职业伦

---

* 作者简介:王志成,江苏大学法学院硕士研究生。研究方向:诉讼法。

理素养作为首要任务。在教学过程中,潜移默化地将“德法兼容,以德为先”的思想灌输到学生头脑里,帮助其树立正确的法律职业伦理观。

一、问题的提出

目前,我国已进入“依法治国,建设社会主义法治国家”的新时期、新阶段,而处于这一阶段最紧缺的便是德才兼备的高素质法治人才工作队伍,高校是培养高素质法治人才的主阵地,因此,我们不禁思考高校需要培养什么样的法治人才?通过什么方式来培养这种法治人才?早在2012年,中央政法委和教育部就联合发布并实施“卓越法律人才教育培养计划”,旨在全面落实“依法治国”基本方略,深化中国法学教育改革,提高我国法律人才的专业素养。随着时代发展,“习近平法治思想”的提出充分彰显了由对法律人才的培养到对高素质法治人才的培养的转变,那么何为高素质的法治人才?以往单单依靠法律技能去衡量法律工作者资质的方式已然不适用,如今法学教育的目标是以法律工作者能否在个人层面做到德才兼备,在社会层面树立法律权威,切实解决现实生活中老百姓面临的法治难题为衡量其是否具备成为“高素质法治人才”的标准。教育部发布的《法学类教学质量国家标准2021版》明确提出当前任务之一便是培养“德才兼备”的高素质法治人才,不难看出“德”在“才”之前,充分说明了对法治人才加强法律职业伦理教育的紧迫性和必要性。而国内各类高校在落实这一目标培养高素质的法治人才时要切中利害,一手抓“德”育,一手抓“智”育,倾注更多的资源用于培育“以德为先”的高素质法治人才。但是,如何培养高素质法治人才,具体措施如何将在本文被讨论。

二、法律职业伦理教育的目标与内容

明确目标才能够针对性地实施具体行为从而达到既定目标,法律职业伦理教育的目标需要对法律职业伦理进行准确的定位并加以科学的界定。

(一)法律职业伦理教育的目标

一般认为,法律职业伦理的目的就在于培养造就一大批信念坚定、道德高尚的法治人才,即通过系统性的法律职业伦理的教学传授,使法律工作者成为崇尚法治、遵守道德的“个体”,使法治人才队伍成为“德才兼备”

的“群体”。因此,高校在进行法律职业伦理教育时有以下教学目标:第一,通过理论教学让学生基本理解和掌握法律职业伦理,使学生们明白在今后的执业过程中“应为”和“勿为”的事项,恪守身为法律人应当遵守的行为规范;第二,在潜移默化的教学过程中帮助学生们树立正确的法律职业观,培育法学生们法律职业认同感、责任感、使命感;〔1〕第三,通过实践教学、案例教学,使学生们基本掌握从伦理角度、社会角度解决今后职业生涯中可能会面临的法律职业伦理危机。

(二)法律职业伦理教育的内容

提及法律职业伦理教育的内容,我们会想到在高校中这门课应当教什么?该怎么去教?因此,笔者由浅入深,先从字面含义到深层次内涵层层递进加以说明。

从字面含义上看,不妨对职业伦理和职业道德加以界定。首先,职业伦理通常是指某一行业预先设定的用于规范从事该行业的行为准则,而职业道德则是对从事该行业的人员做出的一般道德要求。前者侧重于规范性约束,后者侧重于道德教化。〔2〕 其次,法律职业伦理和其他职业伦理相比,法律职业伦理是面向所有法律职业者,规定其应当作为或不应当作为的行为规范准则,相较于其他职业伦理具有专门性。最后,法律职业伦理教育相比较于其他职业的伦理教育也应当是针对目前从事或将来从事相关法律职业的人员。有了以上界定,我们不难得出这样的结论:法律职业伦理教育就是针对法律职业人员的一系列伦理素养的培养过程。

从历史渊源来看,早在19世纪中后期,西方诞生了职业伦理学,主要涉及行政学、法学、会计学等社会学科。法国社会学家涂尔干提出“倘若没有相应的道德纪律,任何社会形势都不会存在”。〔3〕 这一假设有力地论证了在规模较大的世界中,社会与个体的距离被拉大,个体与整体的相互联系变弱,倘若没有相应的规范加以限制和约束,那么个体行为会产生反社

〔1〕 参见屈茂辉、李勤通:《论法律职业伦理教育的知识性与素养性》,载《中国法学教育研究》2017年第3期。

〔2〕 参见苏新建:《法律职业伦理:历史、价值与挑战》,载《河南财经政法大学学报》2021年第6期。

〔3〕 [法]涂尔干:《职业伦理与公民道德》,渠敬东译,商务印书馆2015年版,第20~25页。

会的结果。基于此,涂尔干又提出“任何社会职业都必须有自己的伦理存在”之后,随着法学职业的发展完善,法律职业伦理也得到相关学者的重视。马克斯·韦伯通过研究社会中的法律职业者的行为,得出这样的结论:法律工作者在一个相对自由的市场中取得竞争优势的主要目的一是取得一定的社会地位,二是获得社会财富。不同于一般的生产制造商为消费者提供产品,法律职业者则是提供服务。这种服务不像实物产品那样可以自由组建市场并按照一般的市场供求关系一样运行。那么寻求法律服务的客户必须衡量所获得的法律服务的价值几何,因此,法律职业伦理无疑使客户相信并接受法律服务起到至关重要的作用。

从法律职业分类来看,在我国,法律职业主要可以划分为法官、检察官、律师等法律从业人员。不同的职业对法律职业伦理的侧重点有所不同。基于此,相关部门也出台了诸多的法律法规和职业纪律。例如,最高人民法院出台的《法官职业道德基本准则》强调法官的职业道德的核心是公正、廉洁、为民。又从五个方面对法官做出要求:忠诚司法事业、保证司法公正、确保司法廉洁、坚持司法为民、维护司法形象。《法官法》也规定了诸如严格遵守宪法法律、秉公办案、保守审判工作秘密、接受群众监督,等等。2016 年通过的《检察官职业道德基本准则》要求检察官公正、为民、担当、公正、廉洁。《检察官法》也同样规定了检察官在执业过程中应当履行的义务。不难看出,同为国家工作人员的法官和检察官在法律执业过程中都要保持政治本色,强调对公权力的正确公正行使。而作为律师,在接受委托为当事人提供法律服务的过程中也应当遵守《律师法》和《律师职业道德基本准则》的各项规章制度,但是与检察官和法官不同,因为要代表被委托的当事人的利益则更多强调维护自然人、法人及其他组织的合法权益,积极引导当事人通过正当合法手段理性维权。

综上所述,法律职业伦理教育的目标和内容,既需要我们了解指引性质的行为规范要求,又要求我们从意识层面的角度去分析、识别和判断。基于此,对于法律职业伦理教育我们既要内化于心又要外化于行。一方面,通过各种教育方式让学生感悟体会,将法律职业伦理的要求内化其自觉的意识;另一方面,通过传统的授课方式和实践相结合,更好帮助学生理解、掌握、运用。

三、我国高校法律职业伦理教育的现状

2018年教育部、中央政法委发布《关于坚持德法兼修 实施卓越法治人才教育培养计划2.0的意见》明确指出了要加强高校法学生法律职业伦理教育的工作力度，将法律职业伦理教育贯穿于法治人才培养的全过程。但由于我国法律职业伦理教育起步较晚，在发展完善的过程中仍然存在诸多问题。

（一）教学计划不统一

一是由于各高校对法律职业伦理教育的认识不足，教学任务和规划不同，部分高校的法学院未开设此类课程，导致各高校关于法律职业伦理的教学质量参差不齐。二是各高校法学院关于法律职业伦理教育的教学阶段不同，导致有的高校在本科阶段就开设此类课程，而有的高校在研究生阶段才进行开设，这导致升学的同学重复学习或压根没有学习。三是各高校法学院将法律职业伦理教育纳入不同的教学系统，有的高校将社会主义法治纳入其中，而有的将西方法律纳入该体系，导致即使学生学习法律职业伦理道德，学习的内容体系也不尽相同。这些现象都不利于我国推进法律职业伦理教育，培养法治人才的职业素养。

（二）师资力量薄弱

一是法律职业伦理教育长期以来不受到重视，相关研究领域的专家学者较少，各高校都偏重于实体法、程序法的教育，对职业道德操守的教育就显得相对轻视，课程安排占比较少，那么从事相关领域的老师也相对较少，或者不够专业。[1] 二是很多相关领域的老师偏重于简单讲授一些法律职业的行为规范，而缺乏从伦理学、政治学、社会学角度剖析法律职业伦理。三是很多高校缺乏相应的教育平台，为青年教师成长提供帮助。基于此，很多学生从内心里对法律职业伦理的理解不深刻，立场不坚定，因此无法解决今后法律职业生涯中实际存在的职业伦理难题。

---

〔1〕 参见刘继虎：《法律职业伦理养成教育的实践性特征与综合途径》，载《湖湘论坛》2017年第1期。

(三)教材建设滞后

一是相关教材和理论专著本身较少,各高校较为常用的教材主要有许身健主编的《法律职业伦理》、李健华等著的《法律伦理学》以及 Richard O'Dair 著的《法律伦理教程》等法学系列教材。这些法学系列教材多为本科生阶段使用,研究生阶段则少有相关著作。二是相关教材更新速度太慢,大多数教材的出版时间多为 20 世纪 90 年代末 21 世纪初,近几年相关著作鲜有发表。三是由于相关著作不多,导致法律职业伦理的理论体系还不成熟,不利于在学生学习过程中被理解或形成理论架构。以上缺点使得各高校在培育高素质法治人才时在理论教材使用上捉襟见肘,更无法满足建设"德才兼备"的高素质法治人才队伍的现实需要。

(四)教学方式缺乏创新

一是各类高校大多数都采用讲授的教学方法,学生们在学校一般也是获得的间接经验,而专业性法学高校则大多采用"理论知识 + 案例教学 + 模拟法庭",这些教学方式都呈现规范性和程序性特点,无一不是在教学过程中禁锢了学生思想,难以调动学生学习的积极性。二是面对这样的教学模式,偏重理论而欠缺实践最终也会让学生在面临法律伦理问题时过度依赖理论知识,做出不合时宜的选择。三是容易造成教学工作低效,法律职业伦理教育落实不到实处,自然无法完成培育相关领域人才的任务。基于此,我们不难发现倘若不施行"知行合一"的教学模式,不运用科技的力量,便难以实现高质量教学的突破。

四、法律职业伦理教育的完善建议

(一)主动适应新时代法治建设需要,明确法律职业伦理教育的目标

主动适应新时代法治建设需要,首先就要明白新时代法治建设的指导方针,即科学立法、严格执法、公正司法、全民守法。第一,在新时代背景下,人民群众关注的不只是有没有法律法规,而是这些法律法规是不是良法善法,这就要求培养德才兼备,以德为先的立法者。第二,严格执法,这是针对享有执法权的政府机关及其公职人员的,在执法过程中要摒弃"人情执法"坚持"秉公执法",这也要求执法队伍提高执法素养,让人民群众信服。第三,公正司法,这是当今社会政治民主进步的重要标志,司法公正要

求在司法活动的全过程和结果中体现公平公正，即“程序公正”和“实体公正”，这就要求培养具有正义心的司法工作人员。第四，全民守法，法治的最高层次就是人民群众在日常生活中养成尊崇法律、相信法律、依靠法律的良好习惯。全民守法正是老百姓不断深入社会，积极承担主人翁责任的重要信号，这也要求培养高素质的法治人才队伍为老百姓提供便捷高效的法律服务。

明确法律职业伦理教育的目标，上文笔者提到法律职业伦理教育的目的就在于通过系统的专业化培训培养造就一大批具有坚定信念、道德高尚的高素质法治人才。上述新时代法治建设的目标也要求我国培养一大批能够忠于国家、忠于人民、忠于法律的法治专门队伍。基于此，各类高校法学院尤其是政法类高校更应当积极响应新时代法治建设的号召，重视“德育”教育，帮助学生树立良好的职业素养、职业道德和职业伦理。

（二）将法律职业伦理教育深度融入司法实践，加强“德法兼容”的师资队伍建设

将法律职业伦理教育深度融入实践，“坐而论道，不如起而行之”。各高校除了理论教育，也要加强实践能力的培养，虽然各类高校也在积极开展课堂实践，如开设模拟法庭、模拟案例分析等，但是课堂实践的局限性也十分突出，学校应当增加学生们参与法律实务的机会，在实务过程中培养学生的职业伦理观。一方面，这使得学生在实践过程中理解并选择伦理道德；另一方面，老师也可以在实践中观察学生们的伦理选择，如有错误偏差亦可及时纠正。当前，很多高校也开设了实务培训课程，并设定了实习导师，但是大多采用了毕业实习的方式，时间为1个月到6个月不等，且大多是边缘化的实习体验。由于法院、检察院或是律师事务所处理的司法案例具有时效性和保密性，因此，学生们在实习操作中大多涉入不多或涉入不深。各类高校不仅要增加学生实习机会的多样性，也要适当延长实习频率和时间，更应当牵线搭桥，与相关单位合作，帮助学生们真正接触到真实的司法案例，从而在实践中树立正确的法律职业伦理观。[1]

---

〔1〕 参见刘坤轮：《“学训一体”法律职业伦理教学模式的实践与创新》，载《政法论坛》2019年第2期。

加强“德法兼容”的师资队伍建设,加强法律职业伦理教育离不开专业老师的教授讲学,但是由于我国各高校对法律职业伦理教育的重视程度不够,发展较晚,因此,该领域老师较少。为了解决师资短缺的问题,短期来看,可以暂时由法学院现有的理论法学的授课老师来担当教学任务,也可以邀请该领域的专家教授和法律职业人来开展讲座;长期而言,各类高校要自行培养该领域的高校教师,在司法部和教育部牵头,各省市承办,各高校单位参与下,定期开展高校老师的法律职业伦理教育。

(三)要坚持贯彻习近平法治思想,加大对编写法律职业伦理相关著作书刊的财政投入

习近平法治思想是全面依法治国的根本指导思想,其中明确指出未来法治中国建设的着力点问题,从四大方面分析:首先,立法方面,积极推动科技创新、生态文明、涉外法治等重要领域立法,这无疑需要不同领域的法治人才,为了方便管理,也必须加强培育不同领域法治人才的法律职业伦理教育。其次,法治政府建设方面,要始终遵循“权为民所用,情为民所系”的思想理念,加快政府职能转变,把权力关进制度的牢笼,规范公正文明执法。因此,不仅要对专门从事法律职业的人群提供法律职业伦理的教育,更要加强对政府机关工作人员,尤其是政法干部的伦理道德教育。再次,司法方面,要加强司法责任制综合配套改革,加强司法监督,严格规范司法工作人员的司法活动,让人民群众在每一次司法审判中感受到公平正义。鉴于此,对于司法工作人员的职业伦理教育是法律职业伦理教育任务的重中之重。最后,普法方面,提高全体公民的法治意识和法治思想,尤其是对青少年进行普法教育,因此,各高校不仅应该主动承担培育具有“德才兼备”的高素质法治人才,也应当鼓励高素质的法治人才下乡或者去中西部司法资源较为薄弱的地区普法宣传以此提升社会整体的法治素养。

加大对编写法律职业伦理相关的著作书刊的财政投入。在各大类高校,对学生的教育主要是课堂教授的方式,学生获得知识也主要是依靠间接经验,因此,编著相关的职业伦理书刊极为重要,需要由司法部和教育部等部门合作,加大对法律职业伦理教育的经费支持投入,组织法学专家、学者、法律职业者,依据法学教育的培养方案,考虑不同学习阶段、不同法学研究方向的学生,分别制定法律职业伦理教材以达到因材施教的效果。

(四)适应科技化时代,运用"互联网+"技术,以线上线下相结合、理论实践相融合的教育方式助力法律职业伦理教育的发展

在疫情期间,线下教学方式呈现弊端,各类高校运用线上教学的方式授课、考试。高校职业伦理教学也可以运用互联网和多媒体应用平台打破时空界限,高效地与法律专家、学者和法律职业者交流,学生也可以通过互联网平台及时将自己所遇到的法律职业伦理问题反馈给教师,教师也可以及时给予指导和帮助。但是,我们不仅要发展线上教育的模式,还要重视线下教育的创新。因为在后疫情时代,我们的日常生产生活还会逐渐恢复,线上教育依然是主流的教学模式。笔者将从以下三点谈谈如何创新法律职业伦理教育。第一,运用多样化的教学方法加深伦理教育,比如,使日常的教学内容紧紧贴合社会生活中的司法案例,运用法律实践、模拟法庭等形式,引导学生知行合一,将专业理论知识融入法律实践当中,在司法实践中贯彻落实法律职业伦理。第二,拓展第二课堂教育,巩固法律职业伦理教育的结果,可以适当采取法院庭审旁听、法官助理等方式让同学们在实践中感受法律职业伦理。第三,建设法律职业伦理教育的反馈评价机制,法律职业伦理教育需要构建这样一种机制来检测我们的教学成果,强化教学效果,一般可以分为对过程的评价和对效果的评价。过程评价即对教学形式的内容加以评价;效果评价即通过模拟案例看看学生是否在处理案例中秉承正确的职业伦理。因此,各大高校应当积极采取线上线下相结合,过程效果"两手抓"的方式推进我们法律职业伦理的建设性法治工程。[1]

结　语

在新时代习近平法治思想的指导下,法律职业伦理的教育举足轻重。高校作为法律职业人才输送的高地,肩负着培育"德才兼备"的高素质人才的重要使命。作为新一代的法律人,我们应当认识到对于法律职业伦理的树立绝非是一蹴而就的,需要我们下功夫认真地在理论知识的学习和司法

〔1〕 参见吕涛:《关注新时代中国法学教育改革与发展》,第二届"法学教育研究"专题研讨会2018年会议论文。

实践中习得。“德法兼容”是依法治国和以德治国相互包容的关键,在法律专业知识教育相对完善的今天,法律职业伦理教育还显得相对薄弱和稚嫩,需要我们不断探究法律职业伦理教育的新方法、新理念,才能为我国在新时代法治建设的背景下培养出专业理论过硬、职业伦理观坚定的高素质法治人才队伍。

学生视角下的法律职业伦理教育

薛砚凝*

摘　要:法律职业伦理教育是培养德才兼备的法律人才的重要途径。高素质的法律人才不光要具备完善的法律知识体系,"德"更是重中之重。在充分了解法律职业伦理教育的理论背景后,将其落实到教学课程中,以学生为本。当前,我国法律职业伦理的教育尚存在一些局限,其他有一些国家开展这门课程较早,经验也更加丰富,我们可以参考他们的经验,做到扬长避短,从而不断进步,为建设法治社会,培育优秀的法律人才贡献力量。

关键词:法治人才　法学职业伦理　伦理教育　法学生

人类是最终落实依法治国的总推手,学校是培养法治人才的主阵地。要培养什么人?如何培养?这些是我们要面对的问题。法律技能的高低并不是衡量法律人才的唯一标准,对法治的弘扬、法律权威的树立、法律群体正义形象的塑造等起到正面的推动作用也是重要的标准。法学教育的目标是培养一代代有温度的法律人,而不是冰冷的法律机器。中国有一句古话:德才兼备,"德"在前,"才"在后,道德品质是一个民族,一个国家文化价值观的核心。德法兼容培养原则离不开法律职业伦理教育这一环节的落实,其中还存在很大的进步空间。高校在培养法学人才的过程中要切实深入地提升法律职业伦理教育的实效,将"德""才"两手抓,才能培养出社会所需求的高素质法治人才。

* 作者简介:薛砚凝,江苏南通人,硕士研究生。研究方向:民商法学。

一、法律职业伦理教育

(一)内涵

职业伦理、法律职业伦理、法律职业伦理教育三者的概念容易混淆,我们要区分它们。第一,职业伦理和职业道德并不相同,前者侧重于从业者的行为标准,后者则是社会对某一职业的一般道德要求。第二,法律职业伦理,"伦理"可解释为一系列指导行为的思想观念,[1]是法律职业者在从事法律职业活动中要遵循的法律规范。它包括两方面的内容:一是具体而明确的行为准则,如前面所说的法律法规及其他形式的规范性文件所要求的,相关法律职业人员应该遵守的规则;二是没有明确规定,但是作为法律职业的本身特性所要求的,法律职业人应当持有的公平、正义等理念。第三,法律职业伦理教育,是教育主题对从事或将来要从事法律职业的全体进行的一项教育内容,简言之,就是受教者在接受教育主体针对性的教育后具备或强化伦理素养的一系列培养过程。

(二)意义

以下几点是法律人才所应具备的,法律技能是工具,没有它就不可能从事法律工作;学习法治社会的常识也是必不可少的;最后要有法律职业道德。法律技能是法律人执业的工具,俗话讲:"巧妇难为无米之炊",它是重要的环节。社会常识让我们懂得何时用法,怎样用法更容易让广大人民群众接受,更有效地运用到生活实践中去。法律道德是执行法律的基石,如果一个学生完全不在意法律人的责任,只是把所学的知识看作一个谋生的工具,那么在此背景下产生的就是冷漠的法律人,乃至成为"魔鬼代言人"。法律职业伦理教育的目的,是培养和造就法律的信仰者,社会公平正义的维护者,法治国家的创建者,增强法学生对创建社会主义国家的使命感,肩扛这面大旗,砥砺前行。

(三)目标

为了有效实施教育必须要有明确的目标,法律职业伦理教育的目标要结合多方面的内容,进行特定的科学性界定。最重要的是,要有明确教育

---

〔1〕 参见李本森主编:《法律职业伦理》,北京大学出版社 2005 年版,第 3 页。

内容，这包含两点：一是切实掌握伦理内容并且理解其中的深意，熟练把握法律职业人能为或不能为之的各项事项，明确法律职业者在从事法律职业活动中所应遵守的行为规则；二是理念、观念的培育，帮助学生树立法律职业认同感、正义感、使命感、责任感，通过职业伦理来保障其职业技术理性中的道义性成分的有效发挥。[1]

二、法律职业伦理教育的主要场所

法律职业伦理应刻在每个法律人的心里，个人自学具有很大的意义，体现在对职业行为的约束和对个人人格的塑造上。有学者认为，伦理属于个体的内在素质，或者是大众文化条件、大众传媒等传统文化的熏陶，所以是学不到的。这种观点把学校教育和自学分为两个板块，并分离了两者之间的内在联系。当下，法律职业伦理的形成不仅是先天活动的塑造，与后天的各种活动也有密不可分的关系并随着社会的发展，不断地完善。法律职业伦理的自我教育是否开展、如何开展，存在很大的不确定性。如果与“他者”缺乏沟通，自我教育很容易迷失方向，为此需要一盏引路的明灯，适时地指引。美国法学院协会主席罗德说：“伦理教育的重要性既不该过分夸张，也不该低估。上百个评估职业伦理课程的研究发现，设计良好的课程可大为提升职业伦理能力。”

（一）课堂教育对于培育法律职业伦理的基础性

老师的角色在法律职业伦理教育这一课程起着举足轻重的作用。首先，课堂教学是自我教育和实践教学的指导和准备，是指向标，指明了确切的方向。法律道德的重点是“意义”而非“知识”，即正确价值观的引导。如果没有老师的指导，没有思想的启蒙，没有法律职业道德意识，法学生很难在浓厚的功利性氛围下茁壮成长。对于在校学生，他们对老师怀有崇敬之情，老师们言传身教，以教学形式将法律职业伦理植入法科学生的脑海，能够帮助他们树立正确的荣辱观、是非观、道德观，让其在潜移默化中养成良好的职业道德习惯。

在法律研究中，丰富的知识和技能与内在的伦理成为一个整体。作为

---

[1] 参见孙笑侠：《法律家的技能与伦理》，载《法学研究》2001 年第 4 期。

学习对象的法律概念,法律关系和法律制度都具有价值性与技术性的双重属性。因此,有必要建立完善法律职业道德教育体系,引导学生正确认识法律职业,树立职业荣誉感。

在课堂教学中,要保证法律知识和技能的教学质量,就不可能摆脱法律职业伦理精神。由此,让学生不断探索自己内心深处的声音,有自己的立场和定位。法律职业伦理的课堂教学能否有效展开,离不开以下几点:一是课堂学习要能够指导法律实践,与社会现实相统一;二是在课堂教学中,要鼓励学生发现兴趣,激发学生自我发现和探索,以达到塑造法律人人格的目的。著名教育学家杜威的“学校即社会”思想内容给了我们很大的启发,各高校在本科或硕士学习阶段都会开展或多或少的活动如模拟法庭、法律诊所、法律咨询等,这些都是把学生步入社会后可能会遇到的各种问题,提前搬到课堂中来,在模拟实践中尽量为学生进入社会打好基础,做好铺垫作用,增强学生对于这份职业的认同感和社会责任心。杜威认为,人们在社会中参加真实的生活,才是身心成长和改造经验的正当途径。由此可见,课堂教育作为最直接、最有效的传播路径对学生建立完善的法律伦理道德的重要性。

(二)实践教育对于培育法律职业伦理的重要性

各高校在固定学期中安排法科生的实习,也是加强对法科生的职业伦理培育的重要途径,学生时代是法律人法律职业伦理形成的关键时期。首先,法科学生大都属于青年群体,心智尚未完全熟,接触社会较少,他们带着无尽的热情与好奇开启初步探索,此时进行正确的法律伦理教育,有利于吸收、内化;其次,“纸上得来终觉浅,绝知此事要躬行”实践教育是学生步入社会前必不可少的步骤,可以起到一定的过渡作用,不会让身份的转换太过突然以至于不知所措。

长远来看,无论是在学校还是社会中,法科生都会面对各式各样的道德岔路口,接受过法律职业伦理教育熏陶的法律人,可以在一些重大问题上坚守道德底线,免受商业主义的诱惑。法律职业伦理的培育不是一蹴而就的,法律人必须经过职业伦理教育的洗礼,不然很难自发形成系统的职业伦理素养,因此,法律职业伦理教育能使法律从业者增强道德实践的自觉性,提高自身的精神境界和道德水平。法律人拥有良好的职业伦理,一方面,满足了德治与法治相辅相成治国方略的基本要求,展现出我国坚持依法治国和以德治国的决心;另一方面,也可以展现自身的精神风貌,通过良好的职业行为影响各方当事人,从而推动整个社会法治氛围的营造。[1]

(三)司法考试培训对于培育法律职业伦理的辅助性

在法治中国的背景下,我国的司法制度要想持续良好地运行下去,就要依托一支具有高水准法律素养和司法技能的法治人才队伍。通过司法考试就是进入法治队伍的敲门砖,法科生在本科和研究生阶段通常会把通过司法考试作为学习的目标,通过十几门科目的系统化学习,其中也包括职业伦理教育,这让未来的法治人才和中国特色社会主义政法队伍更加正规化、专业化、职业化,形成正确的职业道德观,做到关注人性、崇尚正义、忠于法律、珍视荣誉,养成良好的法律伦理人格。司法考试的学习过程让法科生或是其他专业、行业的从事者更全面的了解法律领域,起到养成良好的法律职业道德观的作用。

三、我国高校法律职业伦理教育存在的问题及建议

(一)实践教学对培养法律职业伦理的局限性[2]

实践教学对法律职业伦理的培养至关重要。然而,高校在组织实践教学时,在法律职业伦理的培育上仍然会碰到“钉子”。以最基础的假期实习和更高层次的诊所式法律教育为例,可以看出法律职业道德教育在实践教学中的局限性。首先,实习具有双面性,它对学生的影响有好有坏。实践证明,职业伦理教育很难有效地嵌入其中,通过实践学习,学生可以亲身体验各种案件的处理过程,了解案件当事人,观察执业者们的执业活动,把书本中学到的一系列流程切实搬到现实中来。在这个过程中,必须有个人内心的评价活动,法律职业伦理的根源就会有更深的经验土壤。虽然实习对学生来说是一个积累实践经验、增强法律知识、学习法律从业人员实践活动的非常宝贵的机会,但是学生不能确定他们究竟能够获得什么样的实习机会,可能会接触什么样的工作环境,对此,学校也无法监管。因此,学生

[1] 参见许身建主编:《法律职业伦理》,高等教育出版社2020年版,第56页。

[2] 参见杨兆龙:《中国法律教育之弱点及其补救之方略》,载《苏州大学学报(法学版)》2015年第3期。

的实践学习充满了各种不确定性。学校里的学生学识尚浅,心智还不成熟,对这个社会尚不熟悉,如果过早地让他们沉浸在世间百态、勾心斗角的人事纠纷中会对他们的价值观有所影响,有可能会出现消极的心态。因此,在法律职业伦理方面更应该给他们打好“疫苗”,否则如果所处环境不佳,反而容易沾染一些不良的社会习气。

虽然诊所法律教育模式可以有效解决上述问题,但目前的法律教育规模还远远不够。“法律诊所”起源于美国,由著名教育家杰罗姆·弗兰克提出。其特点是遵循以临床实践培养医学院医务人员的形式,教师指导学生亲身参与法律案件,亲生感受法律纠纷的处理过程。其主要的目的是培养学生的职业道德、职业责任和职业技能。鼓励和支持学生在法律实践中学习法律,获得具有创造性的发散思维。中国的法学院在2000年后引入诊所法律教育模式,并立即就和法律援助相结合,法律诊所的学员面对的是真实的案件和当事人,更容易理解职业责任感,更能从社会的角度冷静思考法律的价值,从法律的角度追求社会的公正,使法学教育与职业责任、职业道德有机结合。但是,十分可惜的是案源是有限的,那些具有社会敏感性的案件会被排除在外,常常选取的只有一般的民事案件。因此,诊所式法律教育能够覆盖到的受益学生很少,而投入的教育资源很大,并不具有规模化推广的可能性。

(二)法律职业伦理课堂教学存在的问题

首先,在中国法学教学理念上应试教育还没有消除,其主要是强调技术和知识的传授,有明确的内容和固定的答案却忽视了法律职业伦理的主观维度,这种会造成高分低能的情况,并不符合当下要培养的优秀法律人才的要求。[1] 应试教育是发展素质教育的拦路虎,不适应法律职业伦理教育的需要,要放弃这种陈旧的教育方式。其次,教学的方式偏向于老师单方面输出、学生被动接受信息,这种灌输式的教育方式意味着学生并不能表达自己的真实想法,导致各个环节脱节,不能紧密联合在一起。老师不能充分地了解学生,从而不能正确地指导学生,会在法律伦理教育的课程

〔1〕 参见马勇:《法律职业伦理教育在课堂教学中的展开》,载杨宗科主编:《法学教育研究》(第29卷),法律出版社2020年版。

中走许多的弯路。最后,功利主义的考核方式并不利于法律职业伦理的内在养成,为了检测学生的学习成果学校基本以闭卷考试的形式进行考核,考核结果直接与奖学金、保研、评优等挂钩。这样太过功利的方式难以让学生提高职业伦理素养而且会让功利主义根植于心。

(三)法律职业伦理课堂教学的改进建议

法律职业伦理的教育要能够指导法律人对于目标和行动的选择,是以"立德树人"为内核的陶冶式教育。要想达成这一长远目标,首先,要从学校开展的教育出发,在课堂中要给学生灌输正确的价值观念。[1] 但也不是盲目地灌输,要了解学生心中真实所想,具有一定的针对性。让法科生接受完整的伦理教育,实践能力得到充分锻炼。法治中国的建设要求更多高素质的法律人才,而"这种高素质的法律人才,绝不仅仅只是掌握了法学知识体系的人,他应当是和必须是法律专业知识、法律职业素养和法律职业技能的统一体"。[2]

四、法律职业伦理教育的创新研究

随着社会的不断发展,科技是引领发展的第一动力,是建设现代化经济体系的战略支撑。如今,人工智能已经渗透到生活的方方面面。经过大数据的搜索,采取合理的计算公式,将所得的数据进一步分析,然后运用到法律职业环节中。如果想要促进法律职业伦理教育的进行,也可将它运用在教育目的的实现。人工智能的运用可以降低法律服务业成本,让普通人更为受益。因此,人类利用人工智能技术从事法律服务不仅有商业价值,更有使用的道德义务。人工智能的发展为法律职业伦理教育提供了更多的模拟场景,提供了更容易与社会实践相结合的教学模式和手段,有利于法律职业伦理教育中诊所式、案例式、贯通式等教学方法的展开。[3]

有了先进的科学技术,可以方便学生课堂内的讲授与课后实践相结合,不断完善法律职业伦理教育的过程管理。通过人工智能大数据分析,

---

[1] 参见张荣霞:《法治中国视域下高校法律职业伦理教育》,载《北华大学学报(社会科学版)》2015 年第 3 期。

[2] 霍宪丹:《中国法学教育反思》,中国人民大学出版社 2007 年版,第 69 页。

[3] 参见卢春龙:《法治人才思政教育的改革创新》,载《前线》2019 年第 8 期。

可以优化法律职业伦理的课程,通过各种不一样的形式,合理有效地建设优良学风,更加全面地展现了坚持培养法学人才德法兼修的目标。在人工智能的大背景下,我们要坚持正确的核心价值观,法学职业伦理教育要以中国特色社会主义核心价值观为引领。我们要正确地利用好人工智能,使其发挥其最大的作用。在疫情常态化的当下,充分体现了人工智能的重要性。单从教学领域来说,在不便多人聚集上课的情况下多数学校采取线上线下结合的方式大大提高了教学效率,不耽误教学进程。

在大数据背景下,我们接受信息的渠道更广、速度更快,各种选择不计其数。各大顶尖学府的法学院都会推出公开课程,供学生学习,不论身处何地都可以体验最优质的法律职业伦理课程。还有网络上的法学"网红"老师,他们因"有趣""案例丰富"等原因走红网络,抛开表面的一些娱乐成分,老师们的求学精神、职业素养、专业技能等值得我们法学生学习。

科技的进步给我们带来无尽的便利,我们要珍惜并利用好这些资源,但是也不能完全依赖于它们,还是要保持自己独立的判断。

五、其他国家法律职业伦理教育的发展

法律职业伦理教育受到各个国家高度重视,以下几个国家的例子可以充分证明这一观点。

(一)美国

在美国,争论的焦点已不再是"是否要开设法律职业伦理课程",法科生接受职业伦理教育是不容置疑的,人们把更多的目光投向教学方法和考核方式。[1] 为了使该核心的职业性课程在开设目的与预期效果之间达到高度一致,美国各法学院对于法律职业伦理课程的任课教师尤为重视,安排专职教师教授法律职业伦理课程。[2] 这些教师一般是专门研究法律职业伦理问题的专家或学者,有些经验丰富的执业律师也会被聘任为讲师。在授课过程中,老师们有充分的教学自主性,可以自行决定授课方式而不

---

〔1〕 参见汪静、李晓琴:《美国法学职业教育中的法律职业道德教育研究及启示》,载《职教论坛》2015 年第 31 期。

〔2〕 参见王隆文:《中美法律职业教育的比较及启示》,载《教育与教学研究》2013 年第 11 期。

受固定教材的束缚，例如，以案例为中心、以道德情景为中心，甚至以团队协作为中心的教学方式都有可能被采用。

由于美国法律职业共同体的自治性，大多数州都要求其执业律师毕业于由国家律师协会认证的法学院。正是这种直接联系，使全美律师协会的伦理规制直接反映在法学院的法学教育中。与此直接相关的是全美律师协会所采用的法学教育标准。《1921 年法学教育标准》是最早成型的法律教育标准，此标准内容不长但却贯穿指导了整整 20 年。遗憾的是这一标准并没有强制规定法律职业伦理教育的教学工作。随着时代的发展，关注法律职业伦理这一领域的学者越来越多，研究文献更加多元化、更加全面具体，所思考的问题越来越详尽，也出现了争议。这些文献的大量涌现，代表法律职业伦理的教育在美国已经逐渐成熟，开始走在了世界的前列，成为法律职业伦理领域的领军国家。

（二）韩国

第二次世界大战结束后，韩国以大陆法系法学教育为基础，借鉴英美法系法学教育的经验并结合本土的传统文化，开始摸索着建立属于本国的法学教育体系。现行韩国法学教育贯彻以职业教育为主、以通识教育为辅的教育理念，既不是完全的职业教育，也不是完全的通识教育。[1] 这就要求韩国法学院所培养的学生要集扎实的基础知识、丰富的实践经验和完备的职业伦理于一身。韩国将法律职业伦理教育称为“法曹伦理”，20 世纪末开始重视对它的建设，虽然起步较晚，但发展十分迅速。21 世纪初期韩国进行了司法改革，将法律职业伦理设为必须课程，在正式的律师考试之前，还有专门的“法曹伦理考试”。[2]

在教学方式上，韩国也尽可能地吸收借鉴西方国家的有效做法，使之适应韩国本土司法改革的需要，具体包括如下几种：一是参与式教学，即教师营造一个职业伦理情景并带领学生参与进去，引导他们代入某一角色全面体验该案；二是苏格拉底式教学，即教师给定一个问题，不断追问学生，学生通过思考作出回答；三是法律诊所式教学，即通过法律诊所，放手让学

〔1〕 参见韩大元：《韩国法学教育的基本体制与改革趋势》，载《法学家》2002 年第 4 期。

〔2〕 刘坤轮：《法律职业伦理教育必要性之比较研究——以美国、澳大利亚、加拿大和韩国为比较》，载《中国法学教育研究》2014 年第 4 期。

生自己处理实际案件,提前让他们感受法律职业的使命感;四是问题中心式教学,就是让学生分小组模拟实务中可能会遇到的职业伦理冲突,类似于排演“法律情景剧”,这种方式可以充分调动每一位同学的主动创造性,使他们更深刻地体会法律职业伦理的重要性。

(三)澳大利亚

澳大利亚的法学教育传承于英美法系但又自成一体。和美国相似,但没有达到美国如此发达的程度。法学教育内部对法律职业伦理的投入和热情不足,导致法律职业伦理的变革和创新往往是迫于外部的压力,没有一些领军人物由内部进行驱动,这阻碍了澳大利亚法律职业伦理教育的长远发展,缺乏驱动力。在优势方面,澳大利亚的课程设置较为灵活,可以根据具体的师资力量和项目类别随时调整课程,充分利用好有限的资源。澳大利亚的法学教育主要遵守的标准基本来自各州的法律,职业属性的要求决定了在澳大利亚除了职业技能的教育外,职业伦理的教育同属于各个法学院校所重视的教育科目。

结　语

作为法学生,法律职业伦理的重要性毋庸置疑,它对我国法治建设进程的顺利进行有着举足轻重的重要性。法律职业人才的主要来源地是高校,高校应当高度重视职业伦理教育,培养学生的职业习惯和素养。双向的奔赴才是有意义的,教育也是如此。对法学生自己来讲提升对职业伦理的重视,自觉地规范自己的行为是重要一环。但职业伦理的培养绝非一蹴而就,这是一个长期浸润的过程,需要无比的耐心。在培养学生专业知识的同时提高学生的职业伦理素养,培养“德才兼备”的法治实务人才,最终实现法学教育培养卓越法治人才的目的。

第三编　法学课程与课堂建设

金课建设中教学设计策略的优化和提升

——基于编导思维的视角*

孟卧杰　黎　慈**

摘　要:课程改革和教学质量建设目标的实现在很大程度上取决于教学设计策略的优化与提升的效果。优化和提升教学设计策略、激发学生的学习动力和学习欲望、保证学生集中注意力,可能是达成"高阶性、创新性、挑战度"教学质量建设目标的必要途径。编导思维在提升受众兴趣、丰富课堂内容方面对教学设计则具有方法论价值。编导思维和教学设计思路具有同质性,二者都以吸引受众为重要目标,以文字材料向视觉场景的转化为重要任务,都具有鲜明的时代性和创新性。基于对编导思维应用于教学设计领域的可行性分析,笔者认为高校教师需要重视教学素材的选择和运用,有意识地跨专业、跨群体组建团队,借鉴编写剧本的方法设计课程,强调课堂氛围的渲染,才能够通过教学设计激发学生的学习兴趣和求知欲望,从而提升教学效果。

关键词:教学设计　编导思维　教学设计策略

在智能手机普及的时代,教师在教学过程中不得不面对单位课时内学生注意力不能集中、教学效果很难保证的问题。学生在课堂上注意力不集中,一个重要原因在于缺乏学习动力,或者说大学生在校学习期间,学习动

---

* 基金项目:江苏警官学院教改项目"法学专业课程的思政元素挖掘与教学应用研究——以《法理学》课程为主要研究对象(2021A08)"阶段性成果,并受到江苏省第五期"333 第三层次人才培养工程"(中青年学术技术带头人)人才资助项目、"十四五"江苏省重点建设学科建设工程项目、江苏高校优势学科建设工程项目(PAPD)的资助。

** 作者简介:孟卧杰,江苏警官学院教授,法学博士,从事宪法与行政法学等法学理论教学科研工作。黎慈,江苏警官学院教授,法学博士,从事法理学、法律史等法学理论教学科研工作。

力是多方面因素中影响最大的〔1〕。如何让学生拥有高品质的注意力是教师的重要任务〔2〕。当然,学生对课堂教学提不起兴趣,原因可能是多方面的。本文只从教师这一方面来讨论教师教学设计的问题。

教育的真谛在于激励好学之心,激发求知欲。如火如荼的金课建设,“打造金课,淘汰水课”成为课程改革和教学质量建设的目标。顾名思义,“水课”即含有水分的课堂教学,“金课”就是高质量的课堂教学。能够激励学生好学之心、激发受众求知欲的课堂才有可能成为“高阶性、创新性、挑战度”、高质量的课堂。而这在很大程度上取决于教学设计策略的优化和提升,因为真正有意义的教学应该是能够促进学生深度学习的教学〔3〕,目前的教学设计策略在调动学生的求知欲激发学生学习兴趣方面亟待提升。高校教学应该结合大数据时代的技术优势及时转变教学思路,培养具有独立行为和思考能力的个人。大数据时代学生学习方式的变化是影响教育效果的重要因素,在新媒体技术背景之下高校学生的学习方式由大而全向短平快的方式转变,学生获取知识的特征呈现模块化、快捷化、及时化等特征。基于这样的时代特征,教师在教学设计的过程中需要大力提升自己的“模块化”能力,删繁就简,去粗取精,萃取精要,信手拈来,满足学生及时、迅捷、瞬息式掌握知识的要求。在这方面,编导思维具有较为成熟的经验,我们应当探讨编导思维在教学设计领域的应用空间,调动学生的求知欲,从而提升教学质量。

一、金课建设过程中教学设计的目标和任务

教学设计是根据课程标准(教学大纲或者教学专题)的要求和教学对象的特点,将教学的各个要素有序安排,确定合适的教学方案的一种设想和安排。教学设计的构成要素包括教学目标、教学重难点、教学方法、教学步骤以及各部分教学时间的分配与安排。课堂教学设计的过程,其实就是

〔1〕 参见刘燕、高艳等:《大学生学习动力影响因素及作用机制研究》,载《思想教育研究》2013 年第 7 期。

〔2〕 参见徐虹:《多角度训练提升低年级学生注意力》,载《中国教育学刊》2018 年 S2 期。

〔3〕 参见张鹏、郭恩泽:《指向“深度学习”的教学策略研究》,载《教育科学研究》2017 年第 9 期。

制定一份比较科学的教学方案设计,编制教学目标、设计单位时间内的教学内容,以及选择与该单元内容相契合的教学方法、预设较为科学合理的教学过程。

(一)教学设计以吸引受众有效传递教学内容为目标

教学目标既是教学设计的出发点,又是教学设计的最终归宿;既是教学设计的活动方向,也是教学设计的预期结果。教学目标有三个层面的内容:一是知识目标,包括需要了解和理解的知识和理论;二是能力目标,指运用专业知识的能力、与人沟通的能力,如法学领域的执法能力;三是情感价值目标,指的是我们在专业知识基础上形成的体验或者感受,如执法意识和服务意识。具体而言,教学设计的目标有以下几个方面的内容。

其一,有效推进和传递教学内容。一方面,培养学生扎实的基础知识功底是课堂教学需要完成的最基本任务。实现人类知识的延续和传承是教育最首要的功能[1],基础知识的传递是教学内容的最基本要求,是教师引导学生开展更深入的教学活动的必要条件,是学生展开自主学习的基本前提。另一方面,培养学生独立思考的能力是课堂教学的最根本目的。教师在课堂上不仅应当解决"是什么"的问题,还应当回应"为什么"的问题,通过对知识背后深层次原理的分析培养学生的专业思维,这可以帮助学生在已有知识和陌生领域之间建立密切联系,提升学生解决未知问题的能力[2]。

其二,引导和吸引受众。教师在进行教学设计的时候必须遵循以为学生为中心的原则,课堂上有关专业知识的讲授方式必须符合学生的知识需求,适合学生的知识水平,采用学生容易接受的讲授方法。一方面,教师应当减少学生在课堂中的倦怠感。专业知识的学习不可避免地具有枯燥性、挑战性,因此,学生容易缺乏学习的兴趣和动力,在教学过程中首先要避免学生对专业知识产生抵触情绪。另一方面,要激发学生主动学习的动力。兴趣是最好的老师,教师要擅长激发学生的求知欲。美国佛罗里达大学的

---

〔1〕 参见吴立宝、康岫岩、张晓初:《教学目标设计的要素分析》,载《教学与管理》2017 年第 19 期。

〔2〕 参见[荷]杰伦·J. G. 范梅里恩伯尔、盛群力:《四元教学设计模式主要设计原理》,载《开放教育研究》2020 年第 3 期。

知名教授约翰·凯勒教授提出以训练教师激发学生求知欲为主要目的的ARCS模型[1],在该模型中概括了激发学生主动参与的四个基本要素:学生的注意力、问题与专业知识的相关性、解决问题的信心、成功解决问题的满足感。所以,教师需要更加重视引导和吸引。

其三,提升单位时间的教学效果。教师和学生都需要从教学效果中获得成就感,教学效果的好坏将直接影响教师教学的信心和学生学习的动力。在现代化课程的设计中,直播授课、在线交流、大数据分析等新兴技术的加入为教学设计的实施提供了便利,同时,这些技术手段也阻碍了教师与学生之间面对面沟通的渠道,这将直接影响教学效果。[2] 所以,在现代化课程的设计中,必须更加重视单位时间内教学效果的提升。教学效果的提升具体应当包括以下几个方面的提升:一是学生在课堂上专注度的提升;二是学生对基础知识掌握程度的提升;三是学生对拓展问题思考程度的提升;四是教师对学生思维启发程度的提升。

(二)教学设计需要完成任务

其一,有效编排教学内容。教师在授课的过程中存在课时的限制,为了实现教学内容的推进和传递,要在有限的时间之内系统全面地将教学内容呈现出来,使教学内容既有重点,又不失知识的全面性和整体性。这需要对教学内容进行合理精心的编排:第一,教学内容要明确。教师对其讲授的知识内容必须清楚明确,不能含混不清;第二,在教学内容的选择上必须以学生的知识需求为导向,合理安排重点内容,提高教学的实效;第三,教学内容在编排上需要注重整体性的思维脉络,帮助学生形成系统化的专业思维。

其二,保证教学内容的系统涵盖。教师的授课应当以系统化讲授的方式保障知识点的全面覆盖,如果学生对专业知识的理解不全面,容易造成对具体知识的误解,难以形成整体性的专业思维。而在实际授课中,因为存在课时限制,如何保证有限授课时间内知识结构的整体性与系统性是教

---

〔1〕 参见朱麟、袁贝诺:《基于ARCS模型的MOOC教学设计策略探讨》,载《中国成人教育》2016年第19期。

〔2〕 参见朱文辉:《指向深度学习的翻转课堂的教学设计》,载《教育科学研究》2020年第5期。

师在教学设计时必须完成的重要任务。为保证专业知识的整体性,需要先将教学内容梳理成具体的知识点,然后在知识点之间建立逻辑联系,形成知识体系。

其三,确保课堂单位时间的教学效果。为了确保教学效果,在具体教学设计中需要注意以下几个问题:第一,丰富课堂内容。在大数据时代各种新兴科技与教育相融合的背景之下,更加需要强调课堂内容的广度和深度,不能盲目追求技术效果而忽视教学内容;第二,教师要擅长把握学生的心理特征,运用各种艺术手段、表演技巧激发学生主动学习的兴趣;第三,在基础知识讲授的基础之上还应当注重学生的学术思维训练,培养学生用已有知识探究未知领域的能力,从而为学生提供更加宽广的发展空间;第四,通过课外作业或者社会实践等方式训练学生对理论知识的实际运用能力,通过第一课堂与第二课堂之间的良性互动巩固基础知识,提升实践能力,培养创新精神。

二、编导思维的特点和策略

(一)值得教学设计者学习的编导思维

顾名思义,“编导”含有编排和导演的意思,多用于影视创作领域,其任务既包括剧本编写,也包括剧本场景的演绎和记录。编导思维则是指编导在进行影视作品创作的过程中对其中各种规律和技巧的把握[1],如何将文字材料转化为视觉场景,并且成功吸引受众的注意力是编导思考的重要问题。教学是教师为了达成特定教学目标而主导的交流活动,教学设计正是教师为了提升课堂上学生的获得感而努力创设和主导的交流活动。为了在课堂上实现教学内容的有效传达,构建教师与学生的良性互动模式,首先需要调动学生主动学习的积极性,而编导思维在吸引受众兴趣上大有用武之地。因此,在教学设计的过程中有必要对编导的思维特征进行深入的分析、研究和引入,打造更加能够吸引受众兴趣的高校课堂[2]。

在网络技术的推动下,编导思维本身产生了重要革新,其对教学设计

〔1〕 参见王承博、李小平:《新一代信息技术环境下网络教学设计范式重构——基于“课程编导”理念的在线教学系统设计研究》,载《中国电化教育》2015年第9期。

〔2〕 参见周云华:《教学设计应重视对学习活动的研究》,载《教学与管理》2020年第1期。

也有了更加明显的借鉴意义。第一,技术要求升级。在网络环境之下,影视作品传播载体面临巨大革新,这要求编导者具备灵活应用各种网络平台工具的能力。在教学设计领域,教师也应当适应新技术背景下教学工具的更新换代,迎合学生群体中主流学习方式的变化。第二,"受众中心"凸显。"受众中心"是指编导在影视作品创作的过程中需要贴合受众的兴趣、把握受众的心理,在"流量为王"的时代"受众中心"的创作理念的重要性更加凸显。在教学设计的过程中,同样需要以学生为中心,为了更有效地分析、掌握和迎合学生的需求,可以充分利用大数据分析技术,面向不同社会背景、年龄层次、文化程度的学生群体有针对性地进行教学设计。第三,编导流程革新。在自媒体时代下,受众参与度的上升是编导流程中的重要时代特征,这表现为受众可以通过与编导的互动影响故事情节的走向、演员的选择、细节的修改等,因此,受众与编导的联系越发密切。当前,高校学生学习需求、学习方式的多样性要求教师在教学设计中保持与学生的良性互动,提升学生在教学设计中的参与度。第四,应用领域拓宽。编导思维的应用不再局限于纯粹影视作品创作领域,在教育领域,随着线上课程的不断发展壮大,教育信息资源不断影视化、碎片化,编导思维开始与教学融合产生了课程编导。

(二)编导思维可供教学设计借鉴的特点

成功的教学设计策略往往专注于学生、能够催生学习文化氛围、能够培养学生包容多元文化的能力并且重视技术因素给教学带来的变革,而编导思维因其广泛的选材视角、精心的构思、精巧的编排能够促进教学设计策略的成功[1]。为充分发挥编导思维对教学设计的贡献,经过分析研究,编导思维的以下几方面特点对教学设计具有借鉴意义。

其一,选材视角广泛、不拘一格。这主要表现为:一是创作要求的具体性。不同类型的影视作品有具体不同的创作要求,例如,纪录片的摄制要求素材具有客观性,减少编导个人意志的因素。所以编导需要明确影视作品的类型特征和选材需求,同时又要发挥创新思维,在影视作品中融入新

---

〔1〕 参见边家胜、董玉琦:《CTCL 视阈下外语学习者合作学习策略实证研究》,载《外语电化教学》2018 年第 6 期。

的元素。二是素材选择的时代性、群众性。影视作品创作过程中的任何一次成功的创新都紧紧贴合时代的特征和群众的需求,编导需要具备足够的敏锐度以选择出能够吸引受众关注的素材,并且对其进行艺术加工,所以编导在选择素材的过程中擅长从日常社会生活中挖掘时代的缩影,把握受众的心理,注重素材的时代性和平民性。三是素材内容的融合性。编导在进行影视创作的过程中选择的素材具有融合性,涉及多个专业领域,以法学课程编导为例,其课程录制的最终成果往往是艺术、教育、法律、政治、社会等方面素材相互融合的产物。四是信息采集方式的多样性。网络时代编导信息采集方式呈现多样化态势,可以从现实中取材,也可以从网络上收集信息;可以在同行之间获得专业意见,也可以听取受众意见得到灵感和启发。在课程编导方面,同样需要关注不同专业课程的设计要求、教学素材的时代性、教学内容的融合性以及教学素材采集的多样性,打造内容丰富、紧贴时代、视域宽广、来源多样的高品质教学设计。

其二,精心构思,充分关联。编导进行创作的思维有以下几个特征:一是群体创作意识。在编导影视作品的过程中注重内容构思的专业分工[1],在创作过程中演员、剧本、导演、摄像、剪辑等工作均由专业人员负责,在自媒体技术的支持下,观众也得以参与影视作品摄制过程。在大数据时代,随着线上课程、翻转课堂等新兴教学模式的兴起,教学设计必然要引入群体创作意识,需要技术人员提供技术支撑,需要其他专业的专家提供指导,甚至需要学生群体的主动参与。二是故事情节的戏剧化意识。编导影视作品需要将文字材料所要表达的内容故事化,设置悬念,渲染氛围,首尾呼应,以此吸引观众的兴趣。高质量的教学设计也需要有效把握课堂的节奏,借鉴编导戏剧化的故事情节设计,激发学生学习兴趣。三是表达方式的平民化意识。编导思维遵循了平民化创作的思路,将有关专业知识转化为平实易懂的话语和场景,以适应更广泛受众的知识水平。教学设计中需要考虑学生接受能力的差异问题,既要注重帮助学生习惯专业术语的运用,也要重视用平实语言的实现专业知识的传达。

其三,精巧编排,环环相扣。教学设计需要借鉴编导思维在情节编排

---

〔1〕 参见刘心怡:《试论电视编导如何激发创新思维》,载《当代电视》2013年第7期。

上的几种技巧:一是蒙太奇手法的运用。蒙太奇手法是影视创作领域的一种艺术创作手段,指镜头的剪切和组合,蒙太奇手法的运用效果能够决定影视作品的水平高低[1]。这要求编导在分析受众心理的基础上,充分利用镜头的组合以及切换达到极高的视觉艺术效果,从而吸引观众。这一手法可以运用于线上教学之中,将录制课程的镜头剪切艺术化,改变录制课程的单调风格。二是细节渲染的手法。细节刻画可以分为画面细节的刻画、台词细节的刻画以及画面和台词细节相结合的刻画方式[2],编导通过细节的呈现和渲染来体现人物的情绪、暗示情节的发展、渲染影片的氛围等。教学设计也应重视细节的描述和运用,通过课堂细节传递更加深刻的教学内容。三是创新思维的运用。编导必须对影视作品的发展走势进行深入探索,打破思维惯性,不断融入时代因素,创新内容和艺术手段,展现影视作品的新视野。高校教学设计也应当打破以往的思维惯性,改变陈旧单调的讲授模式,探索大数据时代优质教学设计的提升途径。

(三)编导思维中可供教学设计借鉴的策略

其一,善于伏笔铺垫提升受众兴致。编导影视作品首先要将作品故事化,而在故事情节中安排伏笔、悬念有利于受众兴趣的提升。影视作品情节中的“悬念”表现了一种悬而未决的状态,是刻意在一定时期让有关人物的命运、故事的发展悬置,在情节发展到恰当时机再予以揭示的艺术表现手法。这种表现手法能够引起受众对情节发展极其关心同时又无从推知的心理,以此激发观众对后续情节的期待[3]。教学设计需要引导学生进入问题环境并因此产生认知冲突,从而开展深入的学习交流[4],其中提出问题的环节是吸引学生学习兴趣的关键一步,在此处伏笔铺垫手法的恰当运用能够引发学生的思考,使学生对问题的分析和解答产生兴趣,大大提升学生的积极性。

其二,长于纵深挖掘有助于扩大信息容量。编导在对影视作品进行纵

---

〔1〕 参见胡明:《视觉蒙太奇手法与影视艺术的结合研究》,载《电影文学》2014 年第 10 期。

〔2〕 参见孙继勇:《电视纪录片编导的创作思维》,载《青年记者》2015 年第 24 期。

〔3〕 参见庞好农:《伏笔中的悬念与悬念中的伏笔:评莫里森〈柏油娃娃〉》,载《外国语文》2013 年第 5 期。

〔4〕 参见毕景刚、董玉琦、韩颖:《促进批判性思维发展的在线学习活动模型设计研究》,载《中国远程教育》2019 年第 6 期。

深挖掘时主要采取了以下几种手段:一是细节的呈现。通过对细节的恰当展示,增加影视作品表现的信息内容,为情节的推动提供契机,促使观众进行更加深入的思考。二是剪辑的运用。通过后期对各种素材的剪辑,将所有精髓都剪辑到一个视频中,从而达至影视作品时间很短但是信息量很大的效果,使受众能够在短时间内领会影视作品精髓。三是主旨的深化。通过深入挖掘有关故事情节的主旨内容,为观众提供深入思考的空间,以观众对作品的理解扩大作品本身的信息内容,使作品因观众的解读而更加有深度。高校课堂教学存在课时的限制,所以也需要通过课堂细节呈现、核心内容压缩、课堂主旨深化等方式扩大课堂容量,所以编导思维在这方面对教学设计也有这重要的启发意义。

其三,巧抖包袱引人入胜增强吸引力。“抖包袱”是在影视作品、戏剧等创作中使用的一种幽默艺术,通过在故事情节推动的过程中使用幽默风趣的桥段,产生引人发笑又发人深思的效果,以此种方式增强作品的吸引力。目前,在幽默艺术中的主导理论主要强调了一种不协调理论,也就是起初赋予受众某种期待,最后以出其不意的“抖包袱”方式打破此种期待〔1〕。此种幽默艺术也经常被用于课堂教学之中,教师可以在课堂上恰当地“抖包袱”加深学生对知识的理解,减少学生在课堂上的倦怠感,活跃课堂气氛,增强课堂吸引力,融洽师生关系〔2〕。

其四,高潮迭起以不断升华主题。编导创作的成功影视作品的精彩之处不仅在于其故事性,还表现为其戏剧性,在故事情节高潮之前进行充分的蓄势,悬念强烈、剧情紧凑、场景生动才能展现出峰回路转的故事情节,以此引起紧张的高潮,紧紧抓住受众的注意力〔3〕。在教学设计上,为了保证学生在课堂上持续高度集中的注意力,需要保持教学节奏的紧凑度和教学主旨的深刻度,要用编导的思维进行课程设计,紧紧抓住学生的注意力。教师需要学习和借鉴优秀影视节目编导的思维能力和技巧。优秀的教师,

〔1〕 参见[美]克里斯·利帕德、李卉:《伊朗艺术电影中的边缘与幽默》,载《电影艺术》2019年第4期。

〔2〕 参见姜艳:《课堂教学幽默艺术的内涵、作用与技巧》,载《当代教育科学》2017年第7期。

〔3〕 参见胡安娜:《“戏”的高潮与蓄势——2015年湖南艺术节演出剧目漫议》,载《创作与评论》2016年第2期。

总能够充分运用知识的张力,精心导入、巧妙编排,埋下伏笔、引起思考,引导探寻、不都声色,启迪思维、发人深省,既能帮助学生形成抽象的理想思维加深理解,又可以产生共情能力;既可以通过富有感情的表达避免枯燥,又可以有效引发思想共鸣。

三、金课建设中编导思维对优化提升教学设计策略的启迪

(一)教学设计和编导思维的同质性分析

其一,都以吸引受众注意力为重要目标。影视作品的收视率是衡量其自身价值的重要标准,各电视台也将收视率作为彼此之间竞争的重要指标,因为以受众为中心是编导思维不变的价值取向,如果编导的作品没有人欣赏,作品的价值就无从体现[1]。在教学设计领域,学生、学习内容、文化以及技术构成了一个“学习生态系统”,其中处于核心地位的是学生[2]。所以教学设计策略必须迎合学生的兴趣和特征,只有激发起学生的学习兴趣,才能够进行更有效教学。在大数据时代,可以通过分析用户数据,了解学生的知识需求、兴趣和行为特征,以此制定个性化的教学方案[3]。

其二,都以文字材料向视觉场景的转化为重要任务。剧本是影视作品创作的前提条件之一,影视编导创作的过程就是将剧本中文字材料阐述的场景予以还原、再现并进行艺术加工的过程。而在教学设计的过程中,需要教师将书面的专业知识以更直观的课堂教学方式予以传达,在此过程中同样需要教师进行艺术加工以保证教学质量。为了实现文字材料向视觉场景的成功转化,编导思维和教学设计思维之间共用了许多艺术表现手法,如伏笔铺垫、抖“包袱”、蒙太奇手法等。

其三,都具有鲜明的时代性和创新性。在影视作品编导领域,不同时代下的观众对影视作品的内容有不同的要求,影视作品编导需要对时代的流行风向有敏锐的把握,积极在影视作品上进行内容和形式的创新[4]。在

---

〔1〕 参见袁玲:《“互联网+”与电视新闻的编导思维创新》,载《当代电视》2016年第12期。

〔2〕 参见董玉琦、杨宁等:《CTCL:教育技术学研究的新范式(3)——基础、命题与应用》,载《远程教育杂志》2014年第3期。

〔3〕 参见郭炯、荣乾、郝建江:《国外人工智能教学应用研究综述》,载《电化教育研究》2020年第2期。

〔4〕 参见李润辰:《新媒体环境下影视编导的创新思维》,载《青年记者》2020年第11期。

教学设计领域同样具有时代性和创新性的要求,一方面,教学内容中的理论更新速度较快,教师需要保证教学的内容符合时代的特征和要求;另一方面,教学技术手段发展迅速,智能设备在大学生的学习生活中越来越普遍,成为大学生进行自主学习的重要方式[1],教师需要适应当代教学的技术背景,不断创新课堂教学的形式。

(二)编导思维对提升教学设计策略的可行性

可行性,是指某种方案具备相应的条件和资源以解决某种问题,项目、策略等可行性研究是在经济管理科学得到极大发展的背景之下逐渐发展起来的一种系统的科学分析方法,以经济、技术、实施方案、必要性等方面内容的分析为主要内容,以投资利益最大化为目标[2]。在编导思维对提升教学设计策略的可行性分析过程中,应当考虑计划可行性、实施可行性、该计划的约束条件和风险预测[3]。

其一,编导思维提升教学设计策略的计划可行性。第一,从目的上看,将编导思维应用于教学设计中有利于解决两方面的问题:一方面是提升线上教学中录制课程的质量;另一方面是解决线下教学中课堂教学枯燥的问题。第二,从实施方案上看,编导思维在教学设计策略中可以应用于以下几个方面:在技术路线上,为提升线上课程的质量,可以充分运用新媒体运营技术、摄影技术、导演技术、舞美设计技术等。在任务分工上,全新技术背景之下实现高质量的教学设计需要包括教师、学生、导演、摄像、编剧等成员在内的教学团队,在分工负责的基础之上通过各种形式会议相互配合。第三,从经费来源上看,高质量线上课程的打造离不开赞助商的支持,如何协调赞助商意志与课程设计之间的关系也是编导思维包括的重要内容。

其二,编导思维提升教学设计策略的实施可行性。第一,从教学设计团队的组建上看,需要教师、学生、导演、摄像、编剧、舞美等人员的参与,这

〔1〕 参见鲍乃源、董玉琦、李美琳:《基于智能设备的大学生学习现状调查研究》,载《现代远距离教育》2019 年第 1 期。

〔2〕 参见杨雪芳:《国家投资体制改革与项目可行性研究问题探析》,载《郑州大学学报(哲学社会科学版)》2005 年第 4 期。

〔3〕 参见郭九成、丁荣贵、孙涛:《科研项目的可行性研究》,载《中国科技论坛》2007 年第 11 期。

可以通过由高校教师带领,鼓励学生积极参与,并与专业课程录制公司合作的方式来实现团队的组建。第二,从具体方案上看,首先要在团队内部进行任务分工,其次要形成团队内部常态化的合作交流状态,最后还要对外做好宣传工作提升课程的知名度。此种团队合作的课程设计方案能够充分发挥专业人员的技术优势,还可以通过完成任务的方式挖掘学生的特长,锻炼学生的社会实践能力,增进师生之间的交流。第三,从方案的保障措施上看,学校可以为高品质的教学设计提供硬件保障、经费保障、师资保障,学生的创新思维可以使课程设计更加贴合教学设计受众的特征,专业课程录制公司的参与则为现代化的教学设计提供了技术支持。

其三,编导思维提升教学设计策略的约束条件和风险预测。第一,能否实现编导思维在教学设计策略中的成功应用受到学校对教学设计策略重视程度的影响。第二,在用编导思维提升教学设计策略的过程中,需要自媒体、大数据等新兴网络技术的应用,而在网络环境下的课程设计更容易面临舆论风险、政治风险,需要对课程内容进行更加严格的审核把关,保护网络空间环境。第三,在教学设计中运用编导思维需要较多的时间、精力和财力,所以相较普通教学设计而言其成本更高,制作的周期更长。

(三)借鉴编导思维提升教学设计策略的几点提示

编导思维在教学设计领域具有应用的可行性,在编导思维的指导下教学设计能力的提升可以从以下几个方面进行突破:一是跨专业、跨群体的教学团队建设;二是以编写剧本的思路进行课程设计;三是更加重视课堂氛围的渲染。

其一,教学内容设计需要注重教学素材的选择和运用技巧。进行教学内容的设计和编排时,就必须先根据教学内容对知识点进行“模块化”,然后根据教学目标和教学对象设计出一般、重点和难点三个方面的内容。重点是指解决实际问题必须掌握的步骤方法和技能,而难点就是那些不太容易理解的知识点或者难于掌握的技能。设计教学重点、难点的关键在于教学素材的选择和运用以及教学方法的选择。在教学素材的选择和运用方面,需要充分借鉴编导思维“充分关联”的特点,发掘相关内容的“张力”。在素材选择的过程中,必须遵循典型性、真实性和时效性原则,优先选取权威部门发布或者社会影响重大的素材,在运用的过程中可以选取案例,视频和图表进行编辑和设计安排。在这一过程中,教师可以借鉴编导思维运用共情的方式激起受众的共鸣,刺激学生的求知欲和好奇心,鼓励学生大胆质疑,积极交流,最后再由教师解答疑问,总结课堂。在教学方法的运用方面,我们可以选取互动式的教学实训演练的方式以及案例教学的方式,一个好的编导,一定会充分运用共情的方式激起受众或者听众心中的共鸣,同时会挖掘和编辑许多的典型的案例。

其二,编导思维下的教学设计需要跨专业、跨群体的团队组建。人类的学习应该从个体性的学习走向社会性的学习,即通过交互式的学习讨论产生认知冲突从而进行认知的重构,这能够提升学生的综合素质以及理解不同文化的能力[1]。跨群体组建教学团队是指教学设计团队中应当包括多个专业领域的教师群体、学生群体、编导群体、技术人员等,目的是解决现代课程建设中的技术难题,增加不同专业领域的沟通交流,使教学设计更加贴合受众的心理特征,提升课堂教学的吸引力。此外,在直播授课、课程录制、学习软件等新兴教学手段的兴起使教学设计在形式上产生重大革新的背景之下,教学设计中包括了越来越多的技术因素。在技术革新的背景之下,高质量的教学设计需要更加贴合当代的新技术特征,这不再是某专业领域能够独自完成的任务,而需要组建多元化的教学团队。

其三,教学设计中可以利用编写剧本的思路进行课程的设计。第一,以故事化、悬念化的形式传递知识。专业知识的强硬灌输容易使学生产生对专业知识的畏难情绪,所以需要先激发学生的求知欲。以编写剧本的思路进行课程设计就是要将专业知识的讲授故事化、悬念化,这有利于调动学生对后续情节的好奇心理。例如,桑德尔教授在哈佛大学的公开课"公正该如何是好?"中,通过两个版本的"电车难题"引发学生们对"公正"的讨论,大大提升了学生参与的积极性。第二,丰富教学设计"剧本"的内容。保证在有限课时内系统全面地介绍专业知识,保证课堂容量,提高知识传递效率。第三,教学设计应当在讲授基本知识的基础上,深化课堂的主旨,引发学生在课后的思考,挖掘学生的拓展空间。第四,教学设计应当增强

〔1〕 参见边家胜、姜巧、董玉琦:《CTCL视阈下学习者偏差认知转变模式研究——学习与发展共同体的视角》,载《远程教育杂志》2019年第5期。

受众的代入感,从学生的身边选择素材,激起学生的共鸣与好奇心。

哔哩哔哩网站UP主“思维实验室”制作的学习视频就在知识讲授的“剧本编写”过程中取得了成功:从素材选择上看,思维实验室擅长从社会生活、日常生活中取材,迎合受众的兴趣和好奇心理;从内容上看,思维实验室录制的视频中专业知识的覆盖范围极广,涉及物理学、医学、历史、政治学、哲学、天文学等多个领域,在十几分钟之内传递大量信息,并注重视频主旨的深化引起观众思考;从形式上看,思维实验室以深入浅出的表达方式、代入感极强的背景音乐、简单直观的动画场景设计和恰到好处的视频剪辑手法,极大提升了受众的学习兴趣,降低了专业知识的理解难度。

其四,教学设计中编导思维的应用更加强调课堂氛围的渲染。编导在创作影视作品或者戏剧的过程中重视氛围渲染,以此唤起观众对剧情的共情。在教学设计中,课堂氛围的形成有利于保持课堂的感染度和学生的专注度,从而提升教学效果。在编导思维指导下,教学设计策略在形成课堂氛围方面可以有以下几种突破思路。第一,舞美设计的运用。影视作品创作中的舞美设计包括了舞台布置、服装搭配、妆容设计、背景音乐等方面内容,在课堂教学中,精心布置过的“舞台”更能够带来学生的新鲜感,加强学生对课堂的印象,更容易营造学习氛围。第二,蒙太奇手法的应用。目前,大部分线上课程的录制采取了固定摄像机位单纯记录教师讲话过程的省事做法,这大大减少了后期制作的工作量,但也容易使学生在上网课时昏昏欲睡。而通过蒙太奇手法对镜头进行艺术加工,更加能够还原线上教学的现场感和真实感,弥补远程教学中师生无法面对面交流的缺憾。第三,教师表现能力的提升。好“剧本”的演绎离不开演技精湛的“演员”,高质量的教学设计需要教师具体实施,教师在线上线下授课的过程中都需要一定的表现力。著名刑法学家张明楷教授在清华大学举行的演说会就充分利用了编导录制节目时使用的舞美设计、蒙太奇手法,再加上张明楷教授本身极高的知名度和讲课技巧,由此打造的演说效果堪比“明星演唱会”,吸引了大批观众,激发了学生浓厚的学习兴趣。

结　语

教师在教学设计上的科学性将直接影响专业知识的有效传递、学生的学习兴趣以及其学术思维的启发,所以教师应当注重提升自身的教学设计能力。编导思维对于教学设计能力的提升具有很好的借鉴意义,编导思维在教学设计领域的应用也是一个全新的领域,能够适应大数据时代高校教学内容和形式的革新,具有较大的发展潜力。在今后的教学设计中,应当重视编导思维在教学设计中的应用问题,学校、教师以及其他教育机构需要在理论上不断完善,在实践中不断创新。

法律类基础课程“金课”建设标准研究

——以“新工科”法律类基础课程为例*

闫志开　姚嘉宁**

摘　要:法律类基础课程是大学法律教育体系的重要组成部分。在国家提出“四新”教育战略的背景下,探索法律类基础课程“金课”标准对于“新工科”具有积极意义,对于“新法科”建设亦有补强功效。法律类基础课程的性质为法律通识课程,目标在于促进学生的法律知识、法律思维及法治意识。基于“金课”标准研究法律类基础课程标准,应当科学确定课程内容体系、优化教学实施标准,分别以学生与课堂为对象构建考核评价标准。

关键词:法律基础　法律通识课　“金课”　“新工科”

为主动拥抱新科技革命和产业变革的机遇与挑战,教育部、中央政法委、科技部等部门于2019年联合启动“六卓越一拔尖”计划2.0,全面推进新工科、新医科、新农科、新文科(以下简称“四新”)建设。通过新工科与新医科、新农科交织交融、相互支撑,新文科为新医科、新农科、新医科注入新元素,以提高高校服务经济社会发展能力。法律类基础课程是大学法律教育的重要组成部分。在国家提出“四新”建设战略背景下,探索法律类基础课程“金课”标准对于“新工科”具有积极意义,对于“新法科”建设亦有补强功效。本文将基于“四新”建设的时代背景,从法律类基础课程的性质与

* 基金项目:本课题是教育部新工科研究与实践项目“中俄语言国家的融通工科人才联合培养模式研究与实践”课题阶段性成果。

** 作者简介:闫志开,江苏师范大学法学院讲师,博士。姚嘉宁,江苏师范大学法学院学生。

目标、课程内容标准、教学实施标准及考核评价标准等维度进行研究。

一、“新工科”建设对法律知识的需求

近年来,我国大力实施创新驱动发展、“中国制造 2025”“互联网 +”“网络强国”“一带一路”等重大战略,为响应国家战略需求,支撑服务以新技术、新业态、新产业、新模式为特点的新经济蓬勃发展,突破核心关键技术,构筑先发优势,在未来全球创新生态系统中占据战略制高点,迫切需要培养大批新兴工程科技人才。我国已经建成世界最大规模的高等工程教育,工程教育专业认证体系实现国际实质等效,为加快建设和发展新工科奠定了良好基础。2017 年以来,教育部积极推进新工科建设,先后形成了“复旦共识”“天大行动”“北京指南”,并发布了《关于开展新工科研究与实践的通知》《关于推荐新工科研究与实践项目的通知》,全力探索形成领跑全球工程教育的中国模式、中国经验,助力高等教育强国建设。《“新工科”建设复旦共识》[1]提出“我国高校要加快建设和发展新工科”,要求树立创新型、综合化、全周期工程教育“新理念”,建立完善中国特色工程教育的“新体系”,实现我国从工程教育大国走向工程教育强国。《“新工科”建设行动路线(“天大行动”)》[2]不仅要求“问技术发展改内容,更新工程人才知识体系。将产业和技术的最新发展、行业对人才培养的最新要求引入教学过程,更新教学内容和课程体系,建成满足行业发展需要的课程和教材资源,打通‘最后一学里’”;还提出“促进学生的全面发展,把握新工科人才的核心素养,强化工科学生的家国情怀、全球视野、法治意识和生态意识”。《新工科建设指南(“北京指南”)》[3]提出,“更加注重理念引领。坚持立德树人、德学兼修,强化工科学生的家国情怀、国际视野、法治意识、生态意识和工程伦理意识等”。根据中国工程教育专业认证协会《工程教育认证标准》[4],在普通高等学校本科工程教育认证要求中,人文社会科学类通识

〔1〕 参见《“新工科”建设复旦共识》,载《复旦教育论坛》2017 年第 2 期。

〔2〕 参见《“新工科”建设行动路线(“天大行动”)》,载《高等工程教育研究》2017 年第 2 期。

〔3〕 参见《新工科建设指南(“北京指南”)》,载《高等工程教育研究》2017 年第 4 期。

〔4〕 参见《工程教育认证标准》,载中国工程教育专业认证协会网 2020 年 2 月 17 日,https://www.ceeaa.org.cn/gcjyzyrzxh/rzcxjbz/gcjyrzbz/tybz/599711/index.html。

教育课程(至少占总学分的15%),使学生在从事工程设计时能够考虑经济、环境、法律、伦理等各种制约因素。从上述文件的相关要求及定位来看,强化工科学生的法治意识是促进工科学生的全面发展的必然趋势,是新工科人才的核心素养之一,是能够考虑工程设计的法律制约因素的现实要求。

在国际上,针对工科人才培养也取得了广泛共识。在各国之间就进入全球互联工作场所的工程师的素质建立相互理解方面,《华盛顿协议》通过工程教育本科专业学位互认协议,推动了工程教育的整体发展,其基本支撑是全球公认的成功工程师的特质。在世界各国相互依存但发展不平衡的时代,学历和专业能力的国际认可和可移植性正变得越来越重要。《华盛顿协议》提出以来,工程教育领域发生了重大变化。国家认证系统和协议本身已在1989年最初6个签署国的愿景基础上发展,以满足不断变化的需求。经过许多国家就工程教育激烈的辩论,最终形成了一个引人注目的共识,即从注重输入的认证标准转向基于输出的规范。正如《华盛顿协议》规定的毕业生12项素质要求,其中一项"工程师与社会"中就要求:运用背景知识进行推理,以评估社会、健康、安全、法律和文化问题以及与专业工程实践和复杂工程问题〔1〕。

二、法律类基础课程的性质与目标

(一)法律类基础课程的性质

在"四新"建设背景下,法律类基础课程的性质是一门通识课。对法律类基础课程的目标厘定应当从通识课的理论中梳理。

1. 通识课的基本要求

我国的大学教育长期以专业教育为主,直到1995年开展以素质教育为指导思想的教育教学改革,通识教育(general education)才被关注并逐步兴起。经过20多年的探索,我国在通识教育的理论研究和具体实践方面都取得了进展,国内教育界对通识教育的重要性和必要性达成了共识〔2〕。通

〔1〕 See International Engineering Alliance(IEA),*25YearsWashingtonAccord-A5booklet-FINAL*, International Engineering Alliance,Vol.6,p.15 -17(2014).

〔2〕 参见胡访:《"通专融合"构建理工科大学通识教育课程》,载《中国高等教育》2020年Z1期。

识教育的目标是在多元化的现代社会中,为受教育者提供通行于不同人群之间的知识和价值观〔1〕。它是对高校过度专业化教育模式的一种矫正和超越,其更加注重学生人格的塑造,其次才是专业知识的培养和职业能力的训练〔2〕。无论是研究型大学,还是应用技术类高校,通识教育的必要性都不言而喻。当然,好的通识教育应该是适合本国需要的教育、注重“学习”的教育、突破学科藩篱的教育、以经典核心课程为载体发展心智的教育、凝聚共同核心价值观的教育〔3〕。

工科专业大学通识教育课程建设可以通过“通专融合”的通识教育课程建设理念,开发和建设一批“通专融合”的通识教育课程。“通专融合”既是通识教育课程建设的思想,也是课程建设的方法,基于这种思想和方法,通识教育课程在课程内容上注重与专业教育交叉融合、彼此渗透,在课程实施上体现与专业教育两相交织、互相促进〔4〕。在“四新”建设背景下,应以“通专融合”为理念,设计符合工科专业特点的通识教育课程体系。

2. 法律基础通识课与思想政治课的关系

1986 年,国家教委决定在高校开设《法律基础》课,并将其纳入思想品德课程体系。多年来,各高校在加强《法律基础》课程建设方面作出了许多积极的探索和尝试。根据《关于进一步加强和改进大学生思想政治教育的意见》(中发〔2004〕16 号)文件和《关于进一步加强和改进高等学校思想政治理论课的意见》(教社政〔2005〕5 号)文件精神,大学生思想政治理论课程将开设一门《思想道德修养与法律基础》,这是将“98 方案”的《思想品德修养》和《法律基础》两门课合并而成的一门课程。根据教育部《思想道德修养与法律基础》教学大纲(2018 年版),该课程是本科生必修的思想政治理论课,是一门融思想性、政治性、科学性、理论性和实践性于一体的课程。课程以社会主义核心价值观为主线,针对大学生成长过程中面临的思想道

〔1〕 参见[美]哈佛委员会:《哈佛通识教育红皮书》,李曼丽译,北京大学出版社 2010 年版,第 45 页。

〔2〕 参见王宏斌、王金发:《创造优质通识课程 培养学生科学文化素质》,载《中国大学教学》2013 年第 3 期。

〔3〕 参见张亚群:《什么是好的通识教育》,载《光明日报》2016 年 5 月 10 日,第 14 版。

〔4〕 参见胡访:《“通专融合”构建理工科大学通识教育课程》,载《中国高等教育》2020 年 Z1 期。

德和法律问题,开展马克思主义的世界观、人生观、价值观、道德观和法治观教育,引导学生在学习和思索中探求真理,在体验和行动中感悟人生,从而提高自身的思想道德素质和法律素养[1]。《思想道德修养与法律基础》通过回答和解决学生法律方面的实际思想问题,帮助学生确立正确的法制观念和法律观点,培养和提高他们的法律意识,使其养成遵纪守法的良好习惯。因此,它是一门思想品德课程,是高校马克思主义理论和思想品德教育的一个不可缺少的有机组成部分[2]。

中国工程教育专业认证协会《工程教育认证标准》提出,普通高等学校本科工程教育认证要求有"人文社会科学类通识教育课程"。"新工科"建设背景下的《法律基础》作为门通识课,与《思想道德修养与法律基础》虽有关联,但亦有区别。例如,其内容不局限于法律基本知识,还涉及工科领域相关法律知识;其目标不仅是提高学生法律意识,还要培养工科学生使学生在从事工程设计时能够考虑法律等制约因素。

(二)法律类基础课程的目标

一是掌握法律基本知识。法律就其基本内容和精神实质来讲,是运用法的形式对社会成员的权利与义务、权力与职责等作出明确规定。例如我国的法律渊源主要有宪法、法律、行政法规、地方性法规、规章、司法解释、国际条约和协定等;我国的司法机关包括"公检法司安"机关,其根据职能依法履行不同职责。通过学习掌握法律基本原理及我国法律体系、司法制度,促使学生对本国法律形成整体性认识与适度理解。

二是理解法律思维方式。法律思维不同于工程思维。法律的思维方式就是一种理性思维方式,法律思维方式的训练和培养有助于学生克服感性化倾向,有助于纠纷的合法解决,有助于人际关系的改善和建设[3]。对于工科学生来说,不宜强求其形成法律思维方式,但是应当理解并尊重法律思维。法律思维实际上是对运用规则的思维。无论是在国内还是国外,

〔1〕 参见《思想道德修养与法律基础》教学大纲(2018 年版),载北京第二外国语学院马克思主义学院网 2018 年 6 月 29 日,http://sizheng. bisu. edu. cn/art/2018/6/29/art_900_180985. html。

〔2〕 参见毛豪明、王翠萍:《明确差异 科学定位——关于〈法律基础〉课程性质的思考》,载《安徽农业大学学报(社会科学版)》2001 年第 4 期。

〔3〕 参见张彦:《〈法律基础〉课程性质解读》,载《思想教育研究》2004 年第 7 期。

在工作中都需要尊重规则、理解规则、运用规则，通过规则与他人沟通交流并解决分歧。例如，在工程设计时应考虑法律等制约因素，在处理问题特别是处理纠纷时，对纠纷及其解决有法的观念，不是诉诸暴力等其他非法手段，而是依法办事。

三是强化法治意识。一个成熟法治国家的直接标志是社会成员具有强烈的法治意识与坚定的法治信仰，一个民众法治意识淡薄的国家不可能成为真正意义上的法治国家。公民法治意识是指现代社会公民在对法治的基本原则、主要内容、价值取向、重要功能正确认知的基础上，所形成的尊崇、理解、支持、恪守法治的内心立场和观念。[1] 党的十八届四中全会强调，法律的权威源自人民的内心拥护和真诚信仰。西哲曾言，“一切法律中最重要的法律，既不是刻在大理石上，也不是刻在铜表上，而是铭刻在公民的内心里”。通过学习法律知识，培养学生的知法、守法、用法的法治意识，全面提升学生的综合素养。

三、法律类基础课程的课程内容标准

（一）法律类基础课程内容设置的目标

随着新一轮科技革命和产业变革而不断发展，社会呼唤针对新兴产业的学科体系。相较于传统的工科人才，未来新兴产业和新经济需要的是实践能力强、创新能力强，具备国际竞争力的高素质复合型新工科人才。我国的高等工程教育改革发展已经站在新的历史起点，为法学教育融入其中提供了难得的契机。要想构建科学合理的课程内容体系，就需要明确“新工科”下法学通识教育的特色目标定位，唯有“目标明确”，方能“有的放矢”。通识教育是一种共同性教育，力求以共同要求克服专业分化，以统一性克服专业性，因此是大学和社会有机团结和凝聚力的基础，具有特别重要的社会意义[2]。通识教育是通识教育理念和通识教育实践的统一体，学生通过接受专业知识以外的课程，来养成健全的人格，真正成为一个对国

〔1〕 参见李俊明：《互联网时代公民法治意识培育研究》，载《学校党建与思想教育》2020 年第 24 期。

〔2〕 参见王晓阳、曹盛盛：《美国大学通识教育模式、挑战及对策》，载《中国高教研究》2015 年第 4 期。

家社会有益的公民。

目前,学界对于新工科建设其“新”在哪里,怎样的人才培养模式才能够回应时代需求有很多研究。突破人们原有对工科的界定,根据科技革命和产业变革的需要以及新经济发展的趋势来确定新工科的范畴,不难发现,其具有创新性、跨界性、交融性等基本特征[1],独具信息化、网络化、智能化,创新化等专业特色[2],有学者提出“计算机+X”新专业的知识体系。因此,将法学通识教育纳入新工程教育体系,既要保持自身人文社科独特的优势,也要融合工科专业本身的特点,培养实践能力强、创新能力强,具备国际竞争力的高素质复合型新工科人才。此处高素质目标就需要依靠法学教育来提升,让学生除专业能力之外还具备的高水准的社会能力、职业素养和伦理道德能力。法学属于人文社科,强调经世济用,能使新工科人才明确科学研究和发明创造的边界,将宪法和法律作为行为准则,不断加强法律意识、法律素养,自觉遵纪守法,能够懂得运用法律思维,法律手段来维护国家社会利益和个人的合法权益。

(二)“金课”标准视角下法律基础类课程内容设置存在的不足

“金课”可以归结为“两性一度”,即高阶性、创新性和挑战度。高阶性注重培养学生的高级思维和解决复杂问题的能力;创新性在这部分主要是强调课程内容具有前沿性和时代性;挑战度要求课程内容具有一定的难度和深度。[3] 对标找差,从这几个方面来看,目前“新工科”法律基础类课程内容构建有以下不足之处:

一是课程内容设置单一,不成体系。一般来说,法律基础类课程内容主要包括宪法、民商法、刑法、行政法、诉讼法等,但当前我国高校工科专业大多没有单设法律类基础课,学生只能够在思想政治课堂上偶尔接触到宪法和国家法治建设的相关知识。少数高校即使单设法律基础类课程,也未能从“新工科”背景的实际出发制定系统的人才培养方案和课程计划,导致学生法学知识覆盖狭窄并且浮于表面,并没有取得理想的效果。所以应先

---

〔1〕 参见林建:《面向未来的中国新工科建设》,载《清华大学教育研究》2017年第2期。

〔2〕 参见徐晓飞、丁效华:《面向可持续竞争力的新工科人才培养模式改革探索》,载《中国大学教学》2017年第6期。

〔3〕 参见吴岩:《建设中国“金课”》,载《中国大学教学》2018年第12期。

重视该课程内容体系的构建，要以合理的状态和比例来进行组合，完善教学大纲和教学计划。

二是课程内容的特色性和前沿性不突出。普遍的法学类基础课程的内容设置都没有回应"新工科"这一特殊背景下的特殊育人要求，将目光仍然封锁在传统的几部基本法律之中，没有从"新工科"的专业特点和社会实践需求来研究教学内容，因此对社会的实用性和回应性不强。如此一来，即便是开设了法学相关课程，与学生的专业知识和未来就业关联性不大，也就难以激起学生的学习兴趣，效果自然一般，还可能造成学习资源的浪费。"新工科"专业包括大数据、云计算、人工智能、区块链、虚拟现实等，可以看出其科技创新要求非常高，所以我国法律体系中的"专利法""环境保护法""政府采购法""招标投标法"等和工科职业的发展息息相关，将这些法律纳入教学内容尤为重要。

三是缺少对国外制度的介绍，学生欠缺国际视野。目前，国家战略的国际视野和全球定位、中国企业"走出去"和国际合作、经济发展不断推进全球化的今天，不同国家之间的交往日益紧密，尤其是在新兴科技领域更是需要进行彼此交流，如在课程中加入对"一带一路"沿线主要国家的相关法律制度的介绍，培养具有国际视野、能够与时俱进的新工科复合型人才。而目前工科专业的法律课程内容多满足于介绍国内的部分法律制度，缺少对国际法律体系的介绍及国内国外相关法律的对比分析，忽视了对走出国门、面向全球化的"新工科"人才队伍的培养。

（三）法律类基础课程的内容标准构建

以上述目标定位和存在的不足为指向，以"金课"建设为目标，对"新工科"背景之下法律类基础课程内容进行体系性构建。教学课程内容将包括三大部分，共十二章。第一部分是法律基础理论，包括：第一章"法律的概念、特征和原则"，第二章"国家的概念、特征和职能"，第三章"法律的渊源、结构和分类"，第四章"当今世界主要法律制度"。第二部分是中国具体法律制度，包括：第五章"宪法、行政法、行政诉讼法"，第六章"刑法、刑事诉讼法"，第七章"民法、民事诉讼法"，第八章"知识产权法、网络安全法、科学技术法"。第三部分是工程相关的法律制度，包括：第九章"工程法基本理论"，第十章"工程行政许可与监管法律制度"，第十一章"政府采购与工程招标投标法律制度”,第十二章“国际工程法律制度”。

具体而言,第一部分着重于法理学相关内容的介绍,法理学是法学课程体系的核心与基础,通过对法律的概念、渊源和结构等知识进行学习,可以帮助学生对法律的内涵有正确的认识,增强理论素养,提高抽象概括能力、洞察能力和思辨能力,对其思考法学的基本理论问题和从事法律实践进行方法论上的指导,并在潜移默化中提高自身的法律思维和法理思维;同时,通过对英国、美国、法国和德国的基本法律制度的学习,对世界范围内主要国家的法律制度有大致理解,可为培养涉外高素质的工科人才奠定坚实基础。第二部分是我国各部门法,传统的基本法律介绍主要涉及国家的宪法架构、行政救济、犯罪和刑罚等内容,基本法律当中尤其注重刑法分则当中有关网络信息、工程建设类的罪名,增强学生的法律底线思维;同时,将专利法、商标法、著作权法、科学技术进步法等作为独立章节,使课程内容加入新工科独特的专业特色,满足学生的现实需求,并且更具时代性和前沿性,不断强化学生的权利义务思维。最后一部分是关于工程的法律制度体系。工程法学体现的学科交叉既涉及法学外学科之间的交叉,也涉及法学内学科之间的交叉。法学外学科即与工程相关的土木、建筑、管理、投资、保险等学科;法学内学科即行政法、民法、刑法等部门法学学科。本部分的重点是工程行政许可与监管法律制度、政府采购与工程招标投标法律制度等。

四、法律类基础课程的教学实施标准

从我国的历史发展来看,我国的课程实施或教学一般有三种类型:一是基于教师经验的课程实施,二是基于教科书的课程实施,三是基于课程标准的课程实施[1]。在新工科建设背景下应当基于什么样的标准开展教学呢?鉴于现今在工科专业里开设法学类基础教育课程的学校较少,所以本文从分析法学专业领域教学存在的方法争议入手,在进行反思和总结的基础之上,结合工科专业学生学习情况以及“金课”建设“二性一度”的相关标准,提出相应的建议。

---

〔1〕 参见崔允漷:《课程实施的新取向:基于课程标准的教学》,载《教学研究》2009 年第 1 期。

（一）法学教学方法发展以及现实选择

有学者提出，法学教育具有职业培训性和学术研究性的二重对立[1]，即法学教育到底是以未来的就业为导向的学习，还是以学习系统法律知识、培养法律思维、提升法律素质为导向，因此，形成了不同了法律教学方法。职业培训为重点将会更加注重实践性教学方法，而学术研究则会更多运用传授式教学方法。当然，多数学者认为对于该二重对立不可割裂看待，应结合起来才能最大限度地促进法律专业人才的发展。从世界范围来看，主要有以案例分析为主要形式的英美法系教学方法和以讲授法为主要形式的大陆法系教学方法[2]。传统上，我国也是以讲授方法为基本形式，但是经过20世纪学者们对法学教育性质的不断理解消化过程，我国也开始引入了案例教学法。从上文所述“新工科”目标定位可看，法学通识教育的着重点在于让学生知道“是什么”以及“如何做”，在潜移默化中提升法律素养，对于“为什么”的问题属于加大课程挑战度的范畴，不会涉及过多。此外，虽然在法学专业领域有专门的实践性课程，如法律诊所、法律援助、模拟法庭等都具有较大的挑战度，但是由于工科院校师资力量、社会资源以及工科学生课程设置的限制，对于工科专业的法律类基础课程在教学方法上也不应过多铺开，而是应结合实际精选有效的教学方法。例如，可选择在传统讲授法的基础上纳入更多带有实践互动特色的教学方法模式，不再单设法律实践课程，这并不是将各种教学方法的简单相加，而是在理性选择上进行有机组合，以期更好提升教学质量和教学效果。

（二）法律类基础课程的教学方法优化

一是以学生为中心开展课堂教学的观念转变，尊重学生的自主选择以及反馈意见，努力促进学生与老师课堂内外的互动。在我国法学专业的课堂上，一直都是教师处于主导地位，学生也已经习惯于服从老师的讲解与分析，很少会去主动思考和分析问题，但是教育的本质并不是理性知识的简单堆积，而应该重视培养学生独立思考、探索创新的能力，所以必须要秉承“以学生为中心”的教学理念。具体可以表现在布置任务时给予学生更

---

〔1〕 参见王晨光：《法学教育的宗旨——兼论案例教学模式和实践性法律教学模式在法律教育中的地位、作用和关系》，载《法制与社会发展》2002年第6期。

〔2〕 参见邵俊武：《法学教学方法论要》，载《法学评论》2000年第6期。

大程度的自由度,可以设置更多的选题、不拘束完成的形式,这样也更能够激发学生的学习热情。最后,教师能够主动询问学生对课堂教学的改进意见,虚心接受反馈,形成师生双向互动的教学氛围。

二是以传统讲授式教学方法为主,辅之以案例教学法、小组讨论教学法等。法学教育在二重性之间不断摇摆而前进,现在的法学教育是将实践性模式作为系统和科学模式的矫正和补充机制[1]。同时,传统式教学方法在知识传授的系统性、连贯性、深入度等方面有其不可被替代的优势。课堂教学是"金课"的主阵地、主渠道、主战场,所以必须要正确看待并且肯定讲授法在我国法学教育中的重要地位。但是令人惋惜的是,法学通识课堂上概念化、形式化色彩仍然过于浓厚,辅助的教学方法没有真正发挥其协调作用。因此,教师应当注重案例的新颖性、有趣性、综合性,思考其是否值得、是否适合学生进行课堂谈论。此外,需要注意案例例证、案例导入、案例讨论等不同的案例教学方法产生的教学效果都是不一样的,教师应当充分理解案例教学法本身的层次性,不能将案例教学异化成一种变相式的讲授教学,注重案例之间的比较分析和综合分析[2]。

三是充分运用信息技术,使其与教学内容深度融合。在传统课堂讲授的基础之上,通过教室多媒体播放 PPT 或者视频的形式直观地呈现所授内容的框架和相似制度之间的异同。这种方式对工科学生具有天然亲和力,也更易激发工科学生学习法律的热情与动力。例如,采用超星学习通等信息技术手段,整合慕课等网络平台的优秀教学资源[3],从而激发学生自主阅读思考的兴趣,促进教学形式不断完善。

五、法律类基础课程的考核评价标准

(一)考核评价标准构建的必要性及反思

"金课"的反面就是"水课",反思高校中的"水课",其中非常明显的一

〔1〕 参见王晨光:《法学教育的宗旨——兼论案例教学模式和实践性法律教学模式在法律教育中的地位、作用和关系》,载《法制与社会发展》2002 年第 6 期。

〔2〕 参见程宏:《法学案例教学的方法与运用》,载《湖北社会科学》2008 年第 11 期。

〔3〕 参见杨阿丽:《"金课"建设背景下中国法律史教学创新路径探究》,载《海峡法学》2021 年第 2 期。

个特征就是考核评价标准体系要么没有,要么就是标准特别低,学生根本不需要花费任何的时间精力就可以取得一个还说得过去的成绩,因此,老师只顾照本宣科,把教学当作一个机械的任务,学生缺课逃课也就成为常态。从这角度我们就可以认识到科学完善的考核评价体系是建设"金课"不可或缺的关键一环。而这个体系又该如何来构建呢?考核评价当然不限于教师对学生的考核评价,因为如果对教师所授课程不进行适当的评价,教师也就不会花费心思不断提升质量,很有可能降低标准,敷衍了事。所以我们不仅需要完善"金课"标准下对学生的考核评价体系,也要重点关注对各类课程的评价体系。建立科学可行的学生、课堂的考核评价体系,能够使学生在日常学习中处于积极状态,一丝不苟地完成各项任务,掌握基础理论知识,训练自身的创新与独立思考能力。同时,促进教师不断改进教学方法,完善教学模式,以期提升教学质量和人才培养质量,如此形成良性循环。

在综合不同学者对于考核评价标准的构思的过程中,可以得出任何一种考核评价标准都是建立在该课程的教学目标的基础之上,拥有其独具特色的出发点和立足点,所以在构建这一体系的过程中,让需要紧紧扣住"新工科"背景下法学通识课程的目标定位。

(二)以学生为对象的考核评价标准构建

以上述"新工科"下法律类基础课程的人才培养目标为基础,着重点在于学生对于法律基础理论知识的掌握、法律思维能力素质的提高及法治意识的强化。以"金课"标准来看,也应强调对独立思考能力和创新批判思维的培养,考核评价标准的建立以此为出发点。因为课堂教学强调是以学生为中心,可采用"点、线、面"立体课程考核评价模式。其中,"点"是指学生作为中心主体在学习过程当中主动性和积极性,以学习态度、学习动机、学习能力、自我知识构建等方面作为考核评价重点;"线"是指学生在团队合作中完成项目,由此展开对相关技能的掌握作为考核重点;"面"是基于认知学习理论和系统理论的整合,重在学生知识掌握情况的考核评价。[1] 笔

---

〔1〕 参见邢广陆、官海滨、韩澎、宋艳玲:《"以学生为中心"的高职课程立体考核评价模式探索与研究》,载《中国职业技术教育》2015年第29期。

者认为,此种立体式考核评价是较为科学合理的,但还有以下几个方面需要进一步强调:

一是打破传统的唯分数论,合理配置不同考核评价方式的分值。当前,课程考核最为主要的方式就是闭卷考试,其优点在于能够有效督促学生及时掌握本课程的基础理论知识,考察也较为全面,但是缺点就在于着重在记忆而非应用,不利于学生创新思维的培养。[1] 因此,需要开展和实施多维度多种类的考核评价,除闭卷考试对于学生知识掌握“面”有很好的考查作用,还需要加入小组创新作业、课堂表现和书面作业等来综合评价,如此可以兼顾“点”和“线”维度。同时,注意各个考核的分值比例需要结合人才培养目标的层次进行合理分配。就“新工科”下的法律类基础教育课程而言,体现法律思维和创新思维提升的考核应当占据更大的分值比例,单纯的法律基础理论考试的分值应该低于前者。

二是注重过程性评价。考核评价应当贯穿于该课程的全过程,即重点考评学生在平时学习过程中的表现,包括学习效果、学习态度、学习中表现出来的思考能力和解决问题意识等。同时,全过程的考试可以使课堂教学保持一个动态而持续的过程,不断促进教与学二者的改进与完善。例如,教师可以根据每一次考试的结果所反馈的学生学习情况,调整教学进度和深度,学生也能够及时发现自身知识掌握的不足之处,查缺补漏,跟上学习进度,保持对课程的积极性和兴趣,不断培养创新能力。

(三)以课堂为对象的评价标准构建

上文所提及的“金课”建设的“二性一度”标准(高阶性、创新性及挑战度)是作为较为笼统的标准指导全国高校的所有课程,但是高校教学活动的课型结构多种多样,不可以生搬硬套“金课”建设标准,而必须切实弄清楚“新工科”法律通识课程的相关特点与要求,把“金课”建设要求落实到具体的观测点上,形成可量化、可检测、可评价的“硬杠杠”和“硬指标”[2],不断细化量化标准,使构建的课程评价体系与目标定位、课程内容、教学实施相适应。评价是一种手段,而不是目的。课程与教学评价都是为了更好地

[1] 参见孙湘海:《创新能力培养为导向的高校课程考试改革探究》,载《当代教育论坛》2018年第4期。

[2] 吴岩:《建设中国“金课”》,载《中国大学教学》2018年第12期。

改进教学，提高课程与教学效果，实现有效教学。对此，仍有下面几个方面需要重点关注：

一是具体指标要根据实际情况合理安排分值比例。在“金课”建设中，创新性当中包含着教学形式的先进性这一方面，运用先进的信息科学技术进行教学就在这一点中体现。但我们应该准确把握“金课”建设的重点，即启发式教学，有没有训练到学生的独立思考能力和创新性思才是关键，而不能将有没有使用崭新的信息技术作为重点评价标准[1]。所以“二性一度”的内容并非完全并列的关系，应该是有主有次，同时，其内涵会随着社会的发展而不断改变，不能僵化套用。

二是注意在课堂评价过程中存在一定的局限。一般评价的主体包括学生、同行和督导，但是因为在评价过程中很可能会受到个人情绪、人情关系、偏好、认识水平等因素的共同影响，具有较强的主观性。因此，可以借鉴数学统计建模的思想，合理确定三方主体在评价体系中的权值和计算方法，将定性分析和定量分析有机结合，最大限度地消除主观因素带来的偏差[2]。

总之，在全球化深度融合的背景下，“新工科”国际化人才既应掌握扎实的专业理论，又要具有复合的知识结构。根据中国工程教育专业认证协会、华盛顿协议等国际工程教育专业认证的相关要求，对重要的通识课程及专业基础核心课程建立国际标准，以达到培养具有国际视野、通晓国际规则、熟悉国际事务的融通中俄的国际化、复合型人才。其中，法律类基础课程建设标准体系是必不可少的关键组成部分，是推进构建工科人才培养保障新体系的重要举措，对学生丰富知识结构、提高综合素养具有重要意义。

〔1〕 参见董立平：《关于大学课程建设与改革的理论探讨——基于中国大学“金课”建设的反思》，载《大学教育科学》2019 年第 6 期。

〔2〕 参见陈翔、韩响玲、王洋、张鸿雁：《课程教学质量评价体系重构与“金课”建设》，载《中国大学教学》2019 年第 5 期。

鉴定式案例研析的价值与实践

——以基层法院为视角，浅议法学理论产学研

佘秋萍*

摘　要：鉴定式案例教学是来自德国法学教育的一种教学模式。作为一种独特的法学教学模式，其被借鉴引入我国的法学教育中，与我国法学教育的本土特色相融合，对于高校的教学目标，即提高课程质量，培养中国法治化建设中不可或缺的卓越法律人具有很高的产学价值。本文就法学鉴定式案例教学的主客体、具体开展、未来展望进行阐述。

关键词：鉴定式案例研析　请求权基础　司法实践

鉴定式案例教学作为新式的教学方式，起源于德国，广泛运用于德国的法学素质教育，具有较强的规范性与实用性等特点。“领会和理解生活事实，并依据法条、判决和学说去判断其中蕴含的法律争议，即解答案例，是每一法律人的日常功课”。将法学教育融入日常生活是“鉴定式案例分析”教学方法的典型特点。这也是我国法学教育所追求的教学目标。我国法学教育具有本土特色，主要注重法学理论教学，这也符合我国法系的特点。我国的法学教育旨在扎实理论基础、解读现行法律法规及对现行法律的司法运用。传统的教学模式将学生和老师放在一个固定的框架内，形成了稳定亦固相的教学模式。新的教学方式的引用，无疑对于传统教学模式提出了新的思路、挑战，同时也在提高课程质量，培养中国法治化建设中不可或缺的卓越法律人方面具有很高的产学价值。“鉴定式”一词虽然较为抽象，但寓意深刻，表述恰如其分。“鉴定式案例分析”的由来、主客体、方

* 作者简介：佘秋萍，常州高新技术产业开发区（新北区）人民法院法官助理。

式、意义等相关问题已经成为学界和业界关注的问题。

一、“鉴定式案例分析”的由来

“鉴定式案例分析”来自德国法学教育,“鉴定式案例分析”是德国法学教育中案例研习课的主流教学法。这门课程旨在培养法科生书写“案例分析法律意见书”的基本功,具体包括:书写的格式、结构与思维三方面。德国法学教育已经在熟练运用这一教学方法,在同为大陆法系的中国,其法学教育的方法具有很大的借鉴意义。

二、“鉴定式案例分析”的主客体认定

法学教学中“鉴定式案例分析”的主体主要是法学教师和法学院学生。参与法律实务案例进行鉴定式分析的律师、检察官、法官等法律人,也可以成为鉴定主体,所以“鉴定式案例分析”的主体不局限于上述法学教育中的案例研习者。“鉴定式案例分析”的客体是案例中需要被分析的本源性法律关系。一个案例中可能存在多种法律关系,但并非所有法律关系都能左右分析结论。这类似于法庭辩论前法官须提炼焦点问题一样。“鉴定式案例分析”的适用方法在民法、刑法和行政法等实体法的鉴定式案例研习有着形式上相异、实质上相通的分析框架,但殊途同归。本文以民法案例分析方法为例给予阐述。

三、法学鉴定式案例教学开展的具体问题

(一)法学鉴定式案例教学“四维意识”

法学鉴定式案例教学遵循“四维意识”。第一维度问题意识,启发学生思考和创设问题。根据案情,学生自主创设多元问题,通过思维导图厘清案例中存在的问题,为接下来的论证提供前置方向。第二维度界定意识,根据第一维度“问题意识”,梳理出相关性概念,检索并总结相关学术观点以及理论界与实务界存在的争议。第三维度研判意识,通过案情事实与相关界定比较分析,研判案情事实是否符合相关界定的构成要素。第四维度定论意识,根据前一维度研判分析的结果,结合首要环节所创设的问题,逐一整理出合乎逻辑的观点,首尾呼应,得出“是”或“否”的定论。

(二)法学鉴定式案例的教学步骤

法学鉴定式案例教学需要遵循“五位一体”的程序事项。具体包括以下程序。(1)课前案例发布。在案例的选择上,关注时事案例、前沿案例及争议性强的典型案例,突出案例的前瞻性和实务性,以增强学生兴趣度及探知欲。作为律师和法官接触的都是最前沿的案例,了解最新的法律解释。让他们选取案例可以保证实务性及前瞻性。(2)课前研究报告。针对事先选取的案例,请学生提前准备好案例研究报告,可以由学生各自提交,也可以组织分组,由组内代表提交。也可以针对角色分组,从原告、被告、法官不同的诉讼地位对案件加以琢磨。(3)课堂参与表现。根据学生在课堂的案例研究报告汇报,对学生的逻辑语言表达、案情梳理及论证过程做好记录,也可以在课堂中,针对课前的不同的诉讼地位,进行短暂、完整的梳理,灵活应对其他组提出的问题等,这些均可计入个人成绩范畴。(4)课后案例总结报告。课后及时让学生提交案例总结报告作业,检查报告论证的主体性框架、语言叙述的层次条理和适用法律法规的准确性等问题。可以让律师、法官对学生的作业课后指导,让学生进一步加强理论的学习,做到实践推进基础理论学习。

与传统法学案例教学不同,“鉴定式案例分析”需要同学们在听完老师分析课程后独自完成案例报告,再进行讨论研习。在此过程中,如何以法学实践带动法律知识的学习,也就是产带研、产带学的问题。前文提到,鉴定式案例的主体除老师、学生以外,还包括律师、法官等。在传统法学实践课模式中,有法律诊所、模拟法庭等。以笔者所在地为例,某大学设有法律诊所,并在区法院设有教学基地,将法律实务——案件直接呈现在学生面前,是法律诊所探索的司法实践的主要方式。而模拟法庭是学校组织的学生活动,模拟真实的庭审现场。这两种模式主要是让学生在参与案件过程中考虑如何应用所学到的法律知识。在现有的教学模式中,也不乏律师、法官等参与,但是多数是“本色出演”。是否能将上述角色引入课堂教学,是值得进一步探讨的。鉴定式案例分析更注重将司法实践注入理论教学、理论教学深刻融合司法实践,其对各个主体提出了更高要求,可以视作法学理论、法学实践更为夯实的桥梁。学校可到当地法院、律师事务调研,以结对、教研基地的形式进行合作,通过多种方式邀请条线法官、律师事务所律师参与日常教学。

四、对“鉴定式案例分析”未来走向的展望

鉴定式案例教学已经作为大学的重要议题，但将其作为民法教学方法，学界对此存在争议。有学者指出作为教学方法的教与学的短板——过分强调法官视角、在虚拟案例分析中容易遗漏重要信息、涉及价值判断的分析理由容易出现错误。笔者认为，“鉴定式案例分析”可以针对性地弥补传统教育教学方法的短板，其视角选取未必是法官站位，也可以根据不同当事人的需求进行分析；鉴定式案例分析发现的问题可以有效敦促学生从产的角度出发有目标的加强法学理论学习。且从长远的角度考虑，相对于法院人手的增加，案件逐年增长，甚至爆发式增长。司法实践中，出现“僧少粥多”的现象，面对繁重的工作量法官几乎没有时间以“鉴定式案例分析”的方法进行审判，从大学的法学理论开始抓鉴定式案例分析能力，也能更好地为司法实践打基础。提升法律职业共同体执业技能的预期可盼“法律职业共同体是一个由法官、检察官、律师以及法学学者等组成的法律职业群体，这一群体由于具有一致的法律知识背景、职业训练方法、思维习惯以及职业利益”。“鉴定式案例分析”对造就法律知识背景、职业训练方法、思维习惯具有建设性作用，具有理论学习和实践应用的价值。

劳动教育融入劳动法教学的思考
——从案例教学展开*

赖秀兰**

摘　要:高校课程思政应当结合各专业特点展开。在劳动法教学中,劳动教育的适当融入是符合法学专业特色和部门法特点的课程思政。案例教学是法学教育尤其是部门法教学中为学生喜闻乐见的授课形式之一,课程思政教学经由社会主义核心价值观典型案例开展,能够良好体现法学教育实践效果。最高人民法院关涉劳动法的指导案例内蕴丰富的敬业、奉献等劳动元素,在课堂教学中详细剖析并适时引导学生加强劳动认知和职业伦理认知,是劳动教育融入劳动法教学的有效路径。课程思政不仅应当尽量覆盖课堂教学全过程,也应当贯穿劳动法的专业课程体系。

关键词:劳动教育　劳动法教学　指导案例　课程思政　案例教学

王某林从小学习成绩优秀,是村里第一个大学生,大学毕业之后不愿劳动,无心工作,天天"宅"在家,最后竟然饿死在家中。这不是故事,而是真事〔1〕。党的十八大以来,国家层面关注到类似青少年不愿劳动、不会劳动、不珍惜劳动成果等社会现象,适时颁布《关于全面加强新时代大中小学劳动教育的意见》(中发〔2020〕7 号),切实加强劳动教育。在高等法学教育工作中,将劳动教育融入法学专业教学,将社会主义核心价值观中的敬业、和谐内容等融入高素质法治人才培养活动,既是充实法律职业伦理教

---

* 基金项目:江苏省高等教育教改研究项目"课程思政视域下法学案例教学方法转型研究"(2021JSJG358)和江苏大学高级专业人才项目(21JDG006;21JDG007)阶段性成果。

** 作者简介:赖秀兰,江苏大学法学院副教授。

〔1〕 参见《村里的大学生被"饿死"家中,看了其生平经历,死因惹网友热议》,载搜狐网 2019 年 3 月 30 日,https://www.sohu.com/a/304847624_100214804。

育内涵的重要路径，也是创新法学课程思政实践教学和案例教学的有益探索。

劳动法教学在本科阶段的主干课程是“劳动与社会保障法”。笔者在“劳动与社会保障法”课程教学中，尝试引导大学生热爱劳动、尊重劳动、崇尚劳动，增强爱岗敬业、奉献社会精神，取得一定效果。现撷取《劳动与社会保障法》中“劳动合同的解除”内容为例，结合最高人民法院指导案例18号“末位淘汰案”，再现劳动教育融入“劳动与社会保障法”课程教学的情境。

一、教学中的案例介绍

课堂教学实践环节分为问题的提出、问题互动、知识点拓展等，各个环节皆植入劳动教育。

（一）基本案情

2005年7月，被告王某进入原告某通讯（杭州）有限责任公司（以下简称某通讯公司）工作，劳动合同约定王某从事销售工作，该公司《员工绩效管理办法》规定：员工半年、年度绩效考核分别为S（优秀）、A（良好）、C1（价值观不符）、C2（业绩待改进）四个等级，不胜任工作的员工原则上考核为C2等级；S、A、C（C1、C2）等级的比例分别为20%、70%、10%。

王某原在某通讯公司分销科从事销售，2009年1月因分销科解散等原因，转岗至华东区从事销售。王某2008年下半年、2009年上半年及2010年下半年的考核结果均属于C2等级。某通讯公司据此认为王某符合“不能胜任工作，经转岗后，仍不能胜任工作”之情形，故在支付了部分经济补偿金的情况下解除了劳动合同。双方就应否支付违法解除劳动合同的赔偿金发生争议。

（二）裁判理由和裁判结果

本案经浙江省杭州市滨江区人民法院审理后，裁判理由归结如下：为了保护劳动者的合法权益，构建和发展和谐稳定的劳动关系，《劳动法》《劳动合同法》对用人单位单方解除劳动合同的条件进行了明确限定。某通讯公司以王某不胜任工作，经转岗后仍不胜任工作为由，解除劳动合同，对此应负举证责任。根据某通讯公司《员工绩效管理办法》的规定，“C（C1、

C2)考核等级的比例为10%”,虽然王某曾经考核结果为C2,但C2等级并不完全等同于“不能胜任工作”,某通讯公司仅凭该限定考核等级比例的考核结果,不能证明劳动者不能胜任工作,不符合据此单方解除劳动合同的法定条件。虽然2009年1月王某从分销科转岗,但是王某转岗前后均从事销售工作,且存在分销科解散导致王某转岗这一根本原因,故不能证明王某系因不能胜任工作而转岗。因此,某通讯公司主张王某不胜任工作,经转岗后仍不胜任工作的依据不足,属于违法解除劳动合同,某通讯公司应当依法向王某支付违法解除劳动合同的赔偿金。裁判要旨归结为:劳动者在用人单位等级考核中居于末位等次,不等同于“不能胜任工作”,不符合用人单位单方解除劳动合同的法定条件,用人单位不能据此单方解除劳动合同。

基于上述裁判理由,本案判决结果为:原告某通讯公司向劳动者王某支付违法解除劳动合同的赔偿金余额36,596.28元[1]。

二、案例教学中的劳动教育元素提炼

笔者在劳动法课堂教学过程中贯彻课程思政的指导思想是:既注重向大学生传授劳动法学专业知识,同时也注重引导大学生树立正确的劳动观,培育大学生自觉践行社会主义核心价值观。立基于此,在解析指导案例18号时,除了对“劳动合同解除”的知识点精准覆盖之外,还积极引导学生提升敬业精神。

(一)提炼敬业元素

“敬业”是社会主义核心价值观的重要内容,是公民职业行为的价值评价准则。按照习近平总书记强调课程思政“要坚持价值性和知识性相统一,寓价值观引导于知识传授之中”[2]的要求,剖析指导案例18号裁判理由对“末位淘汰”制度的司法定性,有利于培育大学生兢兢业业、勤勤恳恳的敬业精神。

---

〔1〕 参见某通讯(杭州)有限责任公司诉王某劳动合同纠纷案,最高人民法院指导案例18号(2013年)。

〔2〕《习近平主持召开学校思想政治理论课教师座谈会》,载中华人民共和国中央人民政府网2019年3月18日,http://www.gov.cn/xinwen/2019-03/18/content_5374831.htm。

在指导案例中,用人单位依据其《员工绩效管理办法》(俗称“末位淘汰”制度)解除劳动合同的实质为:用人单位主张劳动者符合《劳动合同法》第40条第1款第2项中“不能胜任工作,经过培训或者调整工作岗位,仍不能胜任工作的”而解除劳动合同。该案裁判理由未认可用人单位依据“末位淘汰”制度解除劳动合同的合法性,内蕴法理是保护并促进劳动者发扬爱岗敬业精神,这不仅体现劳动法对弱势地位劳动者的解雇保护,也是社会主义核心价值观和社会主义劳动观的必然要求。

末位淘汰是按照用人单位制定的标准对劳动者进行排序,排序是基于劳动者之间的比较而得出的,但排序结果无法对劳动者的工作状态和结果进行直接的描述,并不必然得出对末位劳动者的工作能力和工作态度否定性评价的结论[1]。因为末位具有相对性、客观存在性,在用人单位考核结果中,末位劳动者不可避免地会存在,C2等级并不完全等同于“不能胜任工作”。在“末位淘汰”制中,C1(价值观不符)、C2(业绩待改进)合计占10%,所以C1和C2属于此消彼长的关系,而这种此消彼长的关系并不合理的。假设用人单位全体劳动者都很努力工作、所有劳动者都具备勤勉尽责的敬业精神,C1(价值观不符)劳动者达到最小值0,在此情形下用人单位依据其“末位淘汰”制对劳动者进行排序,必定有劳动者排在末位,排在末位的劳动者仅仅在工作绩效上比排在前面的劳动者差,但该劳动者仍属于胜任工作的劳动者,只不过是属于胜任劳动者的末位,但此情形下C2(业绩待改进)劳动者达到最大值10%,此10%的敬业劳动者都要被淘汰。相反,假设另一个用人单位存在较大数量劳动者不爱岗不敬业,不具备敬业乐群的价值观,经常出现劳动者无故迟到、早退等违反单位规章制度的情形,该用人单位依据其“末位淘汰”制度考核时,C1(价值观不符)劳动者数达到最大值10%,C2(业绩待改进)劳动者数反而为0。那么,C2(业绩待改进)中的不能胜任工作者亦为0。即使确有劳动者属于客观上不能胜任工作,但因“末位淘汰”制已经淘汰了10%的C1(价值观不符)劳动者,C2中不能胜任工作者并不会被淘汰(见表1)。

---

〔1〕 参见王一任、翟继满:《论〈劳动合同法〉修改背景下的“不能胜任解除之殇”——基于逻辑推理的分析》,载《中国人力资源开发》2017年第2期。

表 1 限定考核比例的“末位淘汰”制不符合社会主义核心价值观要求

<table>
<tr><th>用人单位劳动者整体敬业度</th><th>被淘汰劳动者类型</th><th>被淘汰劳动者比例/%</th><th>不符合社会主义核心价值观结果</th></tr>
<tr><td rowspan="2">全体劳动者都很努力工作、所有劳动者都具备勤勉尽责的敬业精神</td><td>C1(价值观不符)劳动者</td><td>0</td><td rowspan="2">敬业劳动者中的10%被不当列入C2(业绩待改进)等级,都要被淘汰</td></tr>
<tr><td>C2(业绩待改进)劳动者</td><td>10</td></tr>
<tr><td rowspan="2">大部分劳动者不具备敬业乐群的价值观,经常有劳动者出现无故迟到、早退等违反规章制度的情形</td><td>C1(价值观不符)劳动者</td><td>10</td><td rowspan="2">无故迟到、早退等违反规章制度的C1(价值观不符)类劳动者占比10%,达到“末位淘汰”制的淘汰上限;C2中不能胜任工作且经过培训或调岗后仍不能胜任的劳动者,不会被淘汰</td></tr>
<tr><td>C2(业绩待改进)劳动者</td><td>0</td></tr>
</table>

从表1可知,“末位淘汰”制度模型存在不合理之处,认可“末位淘汰”制度的合法性有可能违背社会主义核心价值观中敬业精神,对排名末位的劳动者直接认定为“不能胜任”工作不具备正当性和合理性,正也基于此,指导案例18号未认可用人单位单纯依据“末位淘汰制”解雇的合法性。

从文义解释看,“排名末位”和“不能胜任”含义不完全等同。从用人单位解除劳动合同的实体依据观察,用人单位单纯依据劳动者业绩居于末位而主张劳动者不能胜任工作,并以此为由解除劳动合同不具有合法性,即使用人单位举证证明其对末位劳动者进行岗位调整或者培训后,该劳动者仍处于末位,用人单位仍不得以此为由主张其具备《劳动合同法》第40条中的劳动合同解除权。指导案例18号否认用人单位单纯依据末位排名行使劳动合同解除权,否认理由在于这种末位排名忽视了具有敬业精神的胜任劳动者也可能排名于末位的客观事实,通过课堂剖析裁判理由有助于学生加强社会主义核心价值观中敬业内容的理解和践行。

(二)劳动教育融入指导案例18号的课堂拓展

习近平总书记强调课程思政“要坚持灌输性和启发性相统一,注重启发性教育,引导学生发现问题、分析问题、思考问题,在不断启发中让学生水到渠成得出结论"[1]。通过对指导案例18号裁判理由的拓展分析,启发学生对裁判理由中"C2等级并不完全等同于'不能胜任工作'""中兴通讯仅凭该限定考核等级比例的考核结果,不能证明劳动者不能胜任工作"等内容进一步分析和思考,可以深化大学生职业伦理和职业道德教育,有利于促使大学生认识到提升劳动者技能的重要意义,有利于维护和谐劳动关系,也体现了社会主义核心价值观的"和谐"。

指导案例18号认定用人单位单纯依据"末位淘汰"制度解除劳动合同不具有合法性。进一步分析裁判理由,指导案例18号并没有对"末位淘汰"制度进行直接否定,裁判理由的实质是对其作出了中性评价:C2等级并不完全等同于"不能胜任工作","中兴通讯仅凭该限定考核等级比例的考核结果,不能证明劳动者不能胜任工作"。"不完全等同于"及"仅凭该限定考核等级比例的考核结果"的言下之意是,C2等级不能等同于"不能胜任工作",但若用人单位佐以其他证据,则可以将末位劳动者等同于"不能胜任工作"。例如,用人单位具有充分证据证明劳动者的工作能力确实不足,且这种不足已然达到无法通过指导、培训或者降职、调岗加以弥补,劳动契约的目的无法达成,企业不得不将其排除出去的重大性程度[2],且该劳动者不属于我国《劳动合同法》第42条中应当受到特别保护的劳动者范围时,用人单位可以合法解除劳动合同,该合法性的法理基础为用人单位具有用工自主权。

指导案例18号对"末位淘汰"制进行中性评价的理由在于该制度具有积极意义:"末位淘汰"制有助于提升劳动者工作效率,在一定程度上能够促进用人单位资源的合理有效利用;有益于用人单位更好地引入人才,促进精英团队的形成[3],能够充分调动劳动者的工作积极性和工作热情,有助于劳动者在工作中履行忠实勤勉义务,也有助于提高企业的整体竞争力。正因为"末位淘汰"制度具有此积极意义,在一定程度上认可"末位淘

〔1〕《习近平主持召开学校思想政治理论课教师座谈会》,载中华人民共和国中央人民政府网2019年3月18日,http://www.gov.cn/xinwen/2019-03/18/content_5374831.htm。

〔2〕参见郑晓珊:《从"末位淘汰"看解雇语境下的"不能胜任"——以"指导案例18号"为背景》,载《法学》2014年第11期。

〔3〕参见闫清泓:《"末位淘汰"之司法与政策应对——以最高法"指导案例18号"和第8次〈纪要〉为视野》,载《中国人力资源开发》2017年第10期。

汰”制度有利于构建真正符合社会主义核心价值观的和谐劳动关系。否则,若全盘否定“末位淘汰”制度,将用人单位淘汰处于末位的劳动者一律定性为不合法,会造成末位劳动者借助劳动法的解雇保护制度不思进取,甚至将这种不思进取精神不当传递给原本积极进取的劳动者,养出更多的懒人,这将不利于劳动者自觉践行社会主义核心价值观和劳动观中的敬业、和谐精神,不利于劳动者自觉提高劳动技能。

通过拓展分析指导案例 18 号可以得出:裁判理由中性评价“末位淘汰”制度,一方面,保障了具有敬业精神不断追求进步却又处于弱势地位的劳动者依法享有劳动法的解雇保护;另一方面,赋予用人单位对不思进取、不认真接受培训从而不能提高劳动技能的末位劳动者依法行使劳动合同解除权,有利于弘扬社会主义核心价值观中的敬业、和谐精神,同时也是弘扬中华民族传统美德的需要。因此,剖析裁判理由对“末位淘汰”制度的中性评价有利于促进大学生热爱、珍视自己的工作和职业,增强大学生勤勉努力,尽职尽责的道德操守。

(三)案例指导实践凸显劳动教育待加强

最高人民法院颁布的《关于案例指导工作的规定》及《〈关于案例指导工作的规定〉实施细则》要求:各级人民法院审判类似案例时应当参照指导案例并将指导案例作为裁判理由引述,案件当事人及其诉讼代理人引述指导案例作为诉辩理由时,案件承办人员应当在裁判理由中回应是否参照了该指导案例并说明理由。在现实中,“末位淘汰制”引发的劳动合同解除在实践中属于案件较多、争议较大的问题[1],根据最高人民法院《关于案例指导工作的规定》及《〈关于案例指导工作的规定〉实施细则》的上述要求,中国裁判文书网上有关指导案例 18 号的裁判文书数量应该也较多,但实际情况并非如此。截至 2021 年 11 月 8 日,笔者在中国裁判文书网,以“不能胜任工作”和“末位淘汰”为关键词进行检索,共检索出 159 份民事案由裁判文书。继续添加“指导案例”为关键词后,只检索出 11 份民事案由裁判文书(见表 2)。

---

〔1〕 参见王天凡:《“不能胜任工作”与“末位淘汰”规则的规范分析——指导案例第 18 号评析》,载《清华法学》2016 年第 4 期。

表2 司法实践中指导案例18号参照适用的案件汇总

案件名称	审理法院及裁判文书号	当事人引述指导案例情况	裁判理由是否引述指导案例以及裁判结果
詹某某与锦江某有限公司某商场劳动争议案	江苏省高级人民法院(2014)苏审三民申字第01202号民事裁定书	劳动者主张一审、二审认定的事实与指导案例意见不符,要求再审 用人单位辩称本案与指导案例无关	裁判理由:未回应诉辩双方有关指导案例的主张,也未说明理由 裁判结果:用人单位合法解除劳动关系。裁定驳回劳动者的再审申请
白某与西安某软件有限责任公司劳动争议案	陕西省西安市长安区人民法院(2019)陕0116民初6573号民事判决书	劳动者提交指导案例为证据,证明用人单位认定劳动者C2即不能胜任工作没有依据	裁判理由:未回应劳动者提交指导案例作为证据,也未说明理由 裁判结果:用人单位合法解除劳动关系。判决驳回劳动者的全部诉讼请求
闫某某与保定市保险行业协会劳动合同纠纷案	河北省保定市竞秀区人民法院(2017)冀0602民初2323号民事判决书	劳动者提交最高人民法院的案例,证明用人单位不得以末位淘汰为由直接解除劳动合同 用人单位主张其解除理由为"劳动者旷工达17天,违反工作制度",而不是末位淘汰	裁判理由:未回应劳动者提交指导案例作为证据,也未说明理由 裁判结果:用人单位合法解除劳动关系。判决驳回劳动者要求用人单位支付违法解除劳动合同赔偿金的诉讼请求
曹某某、某化工(邢台)有限公司劳动争议案	河北省高级人民法院(2019)冀民申4291号	劳动者主张本案事实与指导案例18号事实类似	裁判理由:未回应劳动者参照指导案例的主张,也未说明理由 裁判结果:用人单位合法解除劳动关系。裁定驳回劳动者的再审申请
曹某某、某化工(邢台)有限公司劳动争议案	河北省邢台市中级人民法院(2018)冀05民终2823号民事判决书	劳动者主张本案事实与指导案例18号事实类似	裁判理由:未回应劳动者参照指导案例的主张,也未说明理由 裁判结果:用人单位合法解除劳动关系。判决驳回上诉,维持原判

续表

案件名称	审理法院及裁判文书号	当事人引述指导案例情况	裁判理由是否引述指导案例以及裁判结果
聂某某与某物业管理公司某分公司劳动争议案	贵州省毕节市七星关区人民法院(2018)黔0502民初7426号民事判决书	劳动者主张“末位淘汰”制被最高人民法院解释及指导案例确认为违法解除 用人单位称其解除原因是劳动者试用期内严重违反管理规定,不符合录用条件,而不是“末位淘汰”制	裁判理由:未回应诉辩双方对指导案例的陈述,也未说明理由 裁判结果:用人单位违法解除劳动关系。判决用人单位支付劳动者违法解除劳动合同经济赔偿金4000元
于某某与黑龙江某农村商业银行股份有限公司劳动争议案	黑龙江省肇州县人民法院(2017)黑0621民初175号民事判决书	用人单位称其再次给予竞争上岗机会,劳动者自愿放弃选择病退。 劳动者质证:根据最高人民法院指导案例,劳动者在等级考评中基于末位等次,不等同于不能胜任工作	裁判理由:未回应诉辩双方对指导案例方面的陈述,也未说明理由 裁判结果:用人单位合法解除劳动关系。判决驳回劳动者要求补发工资的诉请
冯某某与某电子(杭州)有限公司劳动争议案	浙江省杭州市中级人民法院(2016)浙01民终1515号民事判决书	劳动者主张本案事实与指导案例18号事实类似	裁判理由:未回应劳动者参照指导案例的主张,也未说明理由 裁判结果:用人单位合法解除劳动关系。裁定驳回劳动者的再审申请
某新能源(启东)有限公司与石某某劳动争议案	江苏省南通市中级人民法院(2019)苏06民终1073号民事判决书	当事人未引述指导案例	裁判理由:法院主动参照指导案例裁判 裁判结果:用人单位违法解除劳动关系。判决驳回用人单位提起的上诉,维持原判
某新能源(启东)有限公司与石某某劳动争议案	江苏省启东市人民法院(2018)苏0681民初7641号民事判决书	当事人未引述指导案例	裁判理由:法院主动参照指导案例裁判 裁判结果:用人单位违法解除劳动关系。判决用人单位支付违法解除劳动合同的赔偿金417,888元

续表

案件名称	审理法院及裁判文书号	当事人引述指导案例情况	裁判理由是否引述指导案例以及裁判结果
北京某信息技术有限公司等与赵某劳动争议案	北京市第一中级人民法院(2020)京01民终5337号民事判决书	劳动者提交指导案例18号,证明用人单位违法解除 用人单位质证否认本案事实与指导案例18号事实相同	裁判理由:法院认定最高人民法院指导案例构成各级法院判决的法律渊源,但不属于证据 裁判结果:用人单位以不能胜任工作为由减少劳动者的劳动报酬缺乏正当性,判决驳回用人单位提起的上诉,维持原判

在检索出的11份样本裁判文书中,法官在诉辩双方当事人未引述指导案例18号情形下,依法主动参照指导案例18号的文书只有2份,占比18%;其余9份均为劳动者主动引述或举证指导案例18号,但只有唯一份裁判文书对劳动者的引述或举证作出了回应,占比9.09%;其余8份裁判文书并未对劳动者要求参照适用指导案例18号作出任何回应,占比72.73%(见表3)。

表3 指导案例18号参照适用情况统计

参照适用情况	案件数量/件	占比/%
法官主动参照适用	2	18.18
当事人引述后法官作出回应	1	9.09
当事人引述后法官未作出任何回应	8	72.73

从表3可知,指导案例18号的参照作用与最高人民法院《〈关于案例指导工作的规定〉实施细则》第11条"案件承办人员应当在裁判理由中回应是否参照了该指导案例并说明理由"的要求不符,不利于败诉当事人信服裁判结果,不利于发挥法院定纷止争、化解矛盾功能,不利于和谐劳动关系的维护。进一步分析样本文书,对当事人要求参照指导案例18号有所

回应的唯一一份裁判文书也存在明显瑕疵[1],(2020)京01民终5337号民事判决书作出的回应为:指导案例"构成各级法院判决的法律渊源,但不属于证据",仍然未在裁判理由中回应是否参照了该指导案例并说明理由见表2。同时,从法官职业伦理角度分析,"应当在裁判理由中回应"而没有回应,未能很好地履职,没有彰显敬业精神。当然,这不能泛泛而谈、一概而论,笔者在课堂上加强法律职业伦理教育和劳动教育之余,适时引导即将从事法律工作的法科大学生课后查阅相关资料,深入探究这种应当回应而没有回应的真正原因,践行知行合一,这也是劳动教育的重要组成部分。

三、劳动教育与劳动法教学全程交融

案例教学方法是法学教育的重要方法,对法律人才培养具有重要的意义,这些已成学界共识[2]。在案例的选取方面,指导案例因其特有"出身"具有独特意义[3],成为法学案例教学的重要来源。鼓励并指导学生课后分析指导案例94号[4]等劳动法案例有利于发挥学生主体性,符合习近平总书记在学校思想政治理论课教师座谈会所强调的"要坚持主导性和主体性相统一"的要求[5],不仅能激发学生的自主学习能力,还可以促使学生体会并领悟报效国家、奉献社会的劳动精神。

指导案例94号的裁判理由对不同效力层次的《工伤保险条例》和《重庆市鼓励公民见义勇为条例》相关条文进行了解释和适用:劳动者不顾个

---

〔1〕 该判决书对劳动者要求参照指导案例18号所作的回应为"指导案例构成各级法院判决的法律渊源,但不属于证据",该回应不符合最高人民法院《〈关于案例指导工作的规定〉实施细则》第10条"各级人民法院审理类似案件参照指导案例的,应当将指导案例作为裁判理由引述,但不作为裁判依据引用"的规定。学界对该规定有关指导案例法律地位的理解,虽然存在不同乃至截然相反的观点,但均承认指导案例不具有法源地位。参见张天择:《指导性案例参照中的类案判断尺度:内部证成与外部证成》,载《南大法学》2022年第1期。

〔2〕 参见李友根:《论基于案例研究的案例教学——以"经济法学"课程为例》,载《中国大学教学》2015年第3期。

〔3〕 最高人民法院《关于案例指导工作的规定》明确指导案例属于"社会广泛关注的、法律规定比较原则的、具有典型性的、疑难复杂或者新类型的、其他具有指导作用"的案例,且需经过严格的遴选、审查程序。

〔4〕 重庆市涪陵志大物业管理有限公司诉重庆市涪陵区人力资源和社会保障局劳动和社会保障行政确认案,最高人民法院指导案例94号(2018年)。

〔5〕 参见《习近平主持召开学校思想政治理论课教师座谈会》,载中华人民共和国中央人民政府网2019年3月18日,http://www.gov.cn/xinwen/2019-03/18/content_5374831.htm。

人安危与违法犯罪行为作斗争,既保护了他人的个人财产和生命安全,也维护了社会治安秩序,弘扬了社会正气,与抢险救灾一样,同样属于维护社会公共利益的行为,应当予以大力提倡和鼓励。对劳动者的见义勇为认定为工伤,有助于最大限度地保障劳动者的合法权益、最大限度地弘扬社会正气。大学生课后研析该指导案例,有利于鼓励大学生在做好本职工作的同时,涵养奉献精神。

在“劳动与社会保障法”课程教学中,除了前述案例教学中将劳动教育有机融入外,课程其他各章节均可以将劳动教育有机融入。如笔者讲解就业促进法时,结合职业教育和培训内容,引导学生认识到人类最普遍、最基本的劳动是职业劳动;人类劳动过程中的分工形成了职业,新时代职业劳动类型越来越丰富,结合“培训期间工资是否属于专项培训费用”[1]等典型案例,讲授职业教育和培训的重要性,有助于促进充分就业,解决最大的民生问题;结合“闫某某诉某公司平等就业权纠纷案”[2]等弘扬社会主义核心价值观典型案例讲,让学生理解法律禁止用人单位就业歧视,有利于规范文明用工行为。讲解劳动合同法时,结合“劳动者提供虚假学历证书是否导致劳动合同无效”[3]“新疆某大学诉谢某人事争议案”[4]等典型案例融入诚实守信、爱岗敬业的社会主义劳动观。讲解劳动基准法时,结合“劳动者与用人单位订立放弃加班费协议,能否主张加班费”“劳动者超时加班发生工伤,用工单位、劳务派遣单位是否承担连带赔偿责任”[5]等典型案例,教育学生关注劳动安全规程、劳动保护以及职业病的防治等。讲解劳动争议处理法时,以劳动争议典型案例引导、规范劳动者提升职业素养、引导规范用人单位和劳动者树立和谐的劳资伦理观。在讲解社会保障法

---

〔1〕 人力资源和社会保障部、最高人民法院《劳动人事争议典型案例》(人社部函〔2020〕62号)。

〔2〕 最高人民法院《第二批人民法院大力弘扬社会主义核心价值观典型民事案例》,载最高人民法院网2022年2月23日,https://www.court.gov.cn/zixun-xiangqing-346671.html。

〔3〕 人力资源和社会保障部、最高人民法院《劳动人事争议典型案例》(人社部函〔2020〕62号)。

〔4〕 最高人民法院《第二批人民法院大力弘扬社会主义核心价值观典型民事案例》,载最高人民法院网2022年2月23日,https://www.court.gov.cn/zixun-xiangqing-346671.html。

〔5〕 人力资源和社会保障部、最高人民法院《第二批劳动人事争议典型案例》(人社部函〔2021〕90号)。

时,除通过指导案例94号融入奉献精神的劳动教育理念外,讲解失业保险制度设定失业保险待遇最长领取期限不超过24个月的立法目的时,结合案例讲解失业劳动者提升职业技能,重新谋取新职业的意义。

结　论

课程思政是新时代青年大学生理想信念、道德品质和遵纪守法教育的重要手段和思维方式。课程思政应当纵深推进,不能仅停留于形式化植入,应上升到具有整体性和系统性教育特征的专业课程体系层面,提炼出专业核心价值体系。而敬业、奉献、和谐、热爱劳动等皆属于劳动法专业核心价值内蕴。课程是一个专业的基本组成部分,是知识的具体运用,课程体系是实现专业培养目标的重要保障。不同专业的课程有其独立的课程特点和价值理念,课程的选择和课程的教学目标都应当聚集于专业核心价值。在劳动法专业课教学中,“润心细无声”地代入劳动教育,是法学专业教育融贯课程思政的积极探索。由“立德树人”到“德法兼修”,将劳动教育融入劳动法的理论与实践教学中,需要系统思维,确立周详的规划、科学的设计,统筹各种资源,多方面调动学生积极性,进行全方位、全过程育人。

慕课时代的证据法教学创新
——以南京审计大学法学院为例*

陈苏豪**

摘　要:在慕课时代,一个优秀讲师可以取代一批教学机构,普通高等院校及教师面临生存危机。以知识讲授为重点的课堂教学,必然会遭淘汰。发挥课堂教学在综合能力培养方面的作用,才是未来发展方向。相较于全面建设在线课程,依托虚拟教研室,对既有线上资源进行补充改造,引入线上线下混合式教学模式,督促学生自主学习、丰富课堂交流形式,是更加合理的路径。南京审计大学法学院经过二年改革探索,在证据法课程中,基本实现了通过以问题为中心的课堂教学和多元化的课程考核机制,督促和引导学生自主学习、充分准备、积极参与,利用以慕课为基础的教学资源,开展线上线下混合式教学的新局面。选课学生从不准备、不复习到普遍达到1∶2以上课堂/课外时间比,表达自信和表达能力显著提升,学习兴趣显著提高。

关键词:证据法　虚拟教研室　线上线下　教学资源　过程考核

近年来,实力较强的传统政法院校高度重视在线课程建设,在中国大学MOOC(慕课)等平台上线了一批精品课程,涵盖了法学专业几乎所有科目,其中一些还入选了国家级一流在线课程。这些课程,呈现名家领衔、团队协作、体系完备、内容全面等特点。上述优势条件,是大量学科团队力量相对薄弱的法学院系所不具备且短期内无法追赶的。在此背景下,普通法学院系若尝试在相同领域开发线上课程,显然无力与之竞争,还会造成教育资源重复投入和浪费,与国家支持在线课程建设初衷不符。因而,就法

* 基金项目:国家社科基金青年项目“刑法扩张背景下法定犯司法证明体系研究”(项目编号:21CFX029)。

** 作者简介:陈苏豪,江苏南京人,南京审计大学法学院讲师,法学博士。

学专业核心课程改革而言,普通法学院系更加合理的选择是,依托既有线上教学资源,积极改革线下教学方法,着力解决教学实践难点和痛点,形成特色鲜明的混合式教学模式。本文将以南京审计大学法学院证据法课程为期二年的教学改革探索为例,从课前准备、课堂组织、课程评价、课程群建设四个方面,分析线上线下混合式参与教学模式在解决教学难题中所起作用,总结相关经验和教训,供各位法学教育同人参考。

一、证据法教学面临的困难及成因

《普通高等学校法学本科专业教学质量国家标准(2018)》已经将证据法纳入法学专业核心课程范围,2021 年修订时仍予以保留,故证据法课程设置、教学模式完善与创新理应受到充分重视。[1] 然而,即使在主要政法院校,证据法通常也仅被设置为选修课程,无论是老师教还是学生学,都存在投入不足的缺憾。可以说,在社会经济发展对法律职业和法学教育提出更高要求背景下,相较于其他专业课程,证据法教学所面临困难更加突出,具体表现为以下三个方面。

第一,教学内容缺乏理论体系,与其他部门法相互脱节。在学术研究层面,证据法通常被纳入《刑事诉讼法》、《民事诉讼法》和《行政诉讼法》分别予以研究,主要包括刑事证据法和民事证据法两大领域,尚未形成统一理论体系,也因此缺少权威教材。相应地,很大一部分院校单独开设了《刑事证据法》、《民事证据法》,或是在名义上开设证据法课程,但实际教授内容却是刑事证据法。南审法学院四个专业方向(法学、法务会计、法务金融、监察)均开设了证据法,在 2020 年教学大纲修订前,教学内容仅含刑事证据法。在教学实践中,学生普遍反映教材、课件与授课内容互相独立、缺乏关联,难以找到学习重点。除此之外,证据法教学主要围绕基础理论介绍展开,未与刑法、民法等实体法内容相互呼应。然而,法律职业群体普遍感受是,绝大多数实践难题都源于证据分析和事实认定,而非单纯实体规范解释与适用,需从实体与程序一体化角度切入予以研究并充分回应。与

〔1〕 在现行法学类本科专业课程体系中,证据法属于“1 + 10 + N”中的“N”,各院校可根据自身情况决定是否将其设置为必修课。

其他部门法相互脱节的证据法教学,并不关注法律规范具体应用(与证据、事实相结合),显然与此要求不符。

教学内容逻辑混乱、在课程体系中定位不明,是很多法学院系开设证据法课程所面临的共通问题。初步分析可知,证据法理论和规范的依附性,以及既有法律研究中实体与程序相互脱离的现状,是产生上述困难的直接原因。

第二,学生学习缺乏方向指引,自主学习动力明显不足。根据笔者观察,当前法学本科教育最突出问题在于,若离开法律职业资格考试(原司法考试)和研究生入学考试的指挥棒,学生普遍没有明确学习目标,不擅长甚至不愿意进行自主学习,长期处于"舒适区"。课前不预习、课后不复习,到规定时间、规定地点听取规定内容,已经成为大多数法学专业本科学生日常学习的真实写照。不少学生宁可额外支付高昂费用参加相关培训班,也不愿意在专业课程中投入更多时间和精力,呈现先以"课时"换取"学分",再用"补课"应对考试的怪相。这一点,在证据法学习中表现得更加明显。证据法规范相对分散,不易检索,而过去十年的法律职业资格考试(原司法考试)又极少涉及相关内容。[1] 因而,在证据法课程中,学生很少会将法律及司法解释规范作为学习对象。对已经熟悉规范分析这一传统学习模式的法学专业本科学生来说,这将会进一步模糊其学习目标。

应该说,"课堂虚化"也是当前法学教育的普遍痛点。这主要是因为,在信息社会,学生获取信息途径和方法极其丰富。受此影响,在吸引学生注意力方面,传统教学模式与互联网资源相比,完全不占优势。片面要求教师单向地"教",做到"讲好课",而不考虑受众能力和实际需求,难以发挥课堂教学实质效果。

第三,课程考核方式过于单一,与能力培养要求不匹配。因证据法通常被作为选修课程,故考核方式也相对多样,既有开卷考试、闭卷考试,也有课程论文、读书报告等形式。具体考核方式选择,受多方面因素影响,如教师个人意愿、教务部门行政管理规定等。但是,无论采取何种形式,都主

---

〔1〕 例如,2011 年司法考试试卷二曾设置了三道单项选择题,考查刑事证据规范和理论。2018 年法律职业资格考试的主观题部分设置一道证据分析题,对考生综合分析能力提出了极高要求。

要局限于期末一次性成绩评定。如前文所述,绝大多数实践难题源于证据分析和事实认定,因而,证据运用理应纳入证据法教学内容之中。就能力培养而言,证据运用无疑是一项高标准,既需要学生掌握相关规范,并能够综合运用证据材料展开推理论证,还要求其能够以书面、口头形式,将个人观点、立场准确而专业地表达出来,让受众理解和信服。上述复合能力,并非单一考核形式所能检验,而一旦离开了科学有效的考核方式,也会使提升教学效果无从参照。[1]

考核方式与培养要求不匹配,是终局性评价和行政化教务管理的必然结果。对考核形式提出严格要求,表面上似乎能够以外部约束推动教学质量提升,却会使更多复杂因素遭到忽视,进而无法发挥课程考核的学习效果检验和学习方向引领作用,以致能力培养目标落空。

针对上述困难,笔者在教授证据法课程期间,开展了一系列教学改革,基本形成了一套线上线下混合式教学模式,着力构建以学生为中心之参与式学习形态,从而提升法学专业本科学生综合分析应用能力。

二、以慕课为基础的课前自主学习

第一轮讲授证据法时,笔者发现,学生普遍课前不预习、课后不复习,甚至连指定教材也不订购,更不用说阅读推荐文献和书目,他们普遍寄希望于通过期末考试前阅读课件进行复习。因此,第二轮讲授证据法时,笔者要求学生课前熟悉相关法律规范。为此,笔者整理了篇幅 8 万余字的相关法律及司法解释汇编,供学生参考。为了督促学生自主学习,笔者共组织了 4 次随堂测试(使用 QQ 群作业功能),形式为单项选择题,将测试结果纳入平时成绩。在测试压力下,学生普遍对证据规范较为熟悉。但是,也有近 20% 的学生在测试中表现较差,正确率低于 30%。遗憾的是,对规范的熟悉并没有直接转化为能力提升。在课堂交流和期末考试中,面对较为复杂问题,学生回答情况不理想,具体表现为:不会自行检索相关资料,缺乏必要论证分析能力,无法自信而准确地表达观点。由此说明,自主学

[1] 形成性评价的一种重要功能是促进教与学的不断改进。参见赵德成:《教学中的形成性评价:是什么及如何推进》,载《教育科学研究》2013 年第 3 期。

习内容范围应该有所拓展，形式需要进一步丰富。

在第三轮授课前，笔者曾尝试录制导学视频，因精力、设备、资金等因素而未能实现。时值中国政法大学张保生教授领衔的《证据法学》线上课程在中国大学 MOOC（慕课）平台第二次开课。因笔者所使用的教材正是张保生教授主编的《证据法学》（第 3 版），故要求学生在慕课平台选课，并参照授课进度于课前完成对应部分学习，将之纳入平时成绩考核。由此，该在线课程讲课视频可以发挥导学功能。在慕课资源基础上，笔者还从三个方面丰富拓展了学习资料，一是整理编辑了《证据法学一百问》，按照每课时对应 3 个问题、1 篇论文的标准，将教学内容按照章节顺序整理成 100 个具体问题，并推荐了参考文献（以论文为主），将其作为教材、课件之外的重要参考资料；二是整理汇编了《证据法疑难案例（刑事部分）》，作为课堂讨论、课后作业、课程考核的参考资料；三是收集整理关于证据法、司法鉴定等主题的线上公开资源，定期向学生发布。

得益于在线课程开发和互联网信息检索的便利条件，学习资料在数量和形式上极为丰富，经任课教师整理，可以为学生自主学习提供良好基础。研究表明，以慕课为中心的课前准备，可以将教师从知识讲授和事务性工作中解放出来，从而更加关注与学习者的互动交流。[1] 为督促学生进行课前准备，需要引入适当考核压力。选课学生被要求分为 3 ~ 5 人的课程小组，围绕《证据法学一百问》进行课前准备。课堂回答问题情况是平时成绩考核的重要组成部分，且在面对教师诘问时，大部分学生会感到心理压力，因而学生课前准备积极性较高。根据课堂随机调查，超过 50% 选课学生表示，其每课时所对应课前准备时间达到了 3 小时，课堂/课外时间比在 1 : 2 至 1 : 3。[2] 相较于此前几乎不做课前准备的状态，这是一个明显变化。相对不足之处在于，学生并不习惯团队学习和分工协作，学习小组研讨流于

〔1〕 参见王艺湘：《翻转、混合式、慕课、在线开放、智慧课堂——“课”不容缓的互联网 + 视听盛宴》，中国轻工业出版社 2019 年版，第 28 ~ 38 页。

〔2〕 该比例过高的一个可能原因是学生阅读文献速度较慢，未采取浏览式阅读法。基于本课程理论性特征，课前准备更多时间被分配给文献阅读。这一做法，可能需要进一步考虑。例如，王竹教授并不认为课前大量阅读适合于中国法学教育，在讲授刑课程为中心的教学体系中，课前观看讲课录像以增强课堂互动性更为合适。参见王竹：《法学教育的慕课实践与国际比较——以四川大学“侵权责任法”慕课教学为例》，载《中国大学教学》2016 年第 6 期。

形式。

三、以问题为中心的课堂组织形式

在信息化时代,“教师讲,学生听”的传统课堂组织形式受到了更多挑战。就普通教师而言,在此层面,其需要同主要政法院校、盈利性培训机构名师竞争,一般处于劣势地位。毫不夸张地说,在知识讲授方面,一个优秀教师完全可以取代一批教学机构。如果不能找到知识讲授以外的立足点,普通高等院校及其教师将面临生存危机。因此,改革课堂组织形式,提升课堂交流质效,不仅是新时代法学教育核心要求,更直接关系普通法学院系及教师生存和发展。

在累计三轮教学中,笔者采用的课堂组织方式经历一个探索和转变的过程。第一轮教学受制于线上平台功能,基本以个人讲授为主,效果不佳,学生普遍对阐释性内容存在理解困难。第二轮教学适当增加了课堂互动,引入了询问证人、庭审陈述等模拟实训场景,并组织书面作业完成情况较好的本科生和关联课程的研究生进行控辩对抗,增加任务挑战性,取得了积极评价。在第三轮教学中,则针对学生课前准备不足、同一课程重复多次讲授效率低下,进行了更具针对性的调整。改革后,在每周 2 课时授课中,有一半时间用于提问,问题均来自《证据法学一百问》。学生可以根据课前准备资料作答,但追问内容却不限于《证据法学一百问》。在提问时,还会要求其他同学发表同意与否的观点,并说明自己的理由,从而实现学生之间辩论交流。〔1〕 在提问环节结束后,笔者再根据回答情况对既定授课内容进行概要式讲解,重点突出逻辑体系构建与实践案例解析两项内容,并对提问环节反映出来的普遍疑惑作出回应。

据笔者初步观察,“提问 + 讲授”的课堂授课方式具有两个方面的积极意义。一方面,随机抽点提问方式所带来的压力,将督促学生进行充分课前准备;另一方面,教师与学生以及学生与学生之间的课堂交流,可以更为充分地反映出理解难点,从而明确讲授重点,如此,每一个班级授课,都是

〔1〕 与学生座谈表明,很多学生不愿意公开表达观点,由此造成课题气氛不活跃。因此,以提问为主的课堂组织形式在调动学生积极性方面,起到了较好作用,有利于他们养成积极参与的习惯。

“专门定制”而非“简单重复”。从本质上来说,这也属于一种“翻转课堂”模式。在实际教学运行中,这一教学方式也遇到不少障碍。比如,学生根据准备读稿、借用他人资料作答,未被抽点学生参与度不高,教师即席总结归纳能力有待提高等。针对学生课前、课后提出问题,笔者不仅会在QQ群及时回复,还会推荐相关讲座、文献,并就此组织学生申报创新项目,鼓励自主开展深度研究性学习。

为进一步突出问题中心、需求导向,笔者还在学期中安排了四次集中答疑,听取学生关于课程改革的建议,促进师生交流。同时,笔者还邀请校外教师、实务人员分享证据法学习与应用心得,将课程答疑与职业规划相结合。答疑环节由学生自主报名参加,累计100余人次参与交流。在交流中,学生展现出较强的学习积极性。

四、多元化的形成性课程评价机制

笔者所使用的教材,主张建立统一证据法理论和规则体系,并且将研究对象从证据可采性拓展到司法证明领域。从法学专业人才培养要求来看,如果脱离司法证明和证据分析,本科专业教育的应用性将大幅下降,而证据法课程是最合适将这部分内容纳入其中的。在此意义上,通过证据法课程培养学生证据分析思维和能力,被笔者视为核心教学目标。相应地,以识记为主要考查对象的传统评价机制已经落后。只有建立多元化形成性课程评价机制,才能与以思维培养和能力提升为目标的教学相适应。理由有以下两点。

一是推行教学改革后,证据法学习时间、参与程度、考核难度明显高于其他选修课程,在没有全面推行五级计分制的条件下,较高课程压力和较低评价分数将会打消学生选课积极性,阻碍进一步改革;二是单一、单次考核,无法全面评估学生的学习状态,起不到检验和督促作用,也不能为教学方法改进提供参考(见表1)。

表 1 课程考核方式说明

证据法课程总分(100 分)		
构成:平时成绩(40%)+期中考核(10%)+期末考试(50%)		
对应能力及可选考核形式		
识记(30%) 慕课学习证明;随堂测试;课题提问;选择题、判断题等	理解(40%) 课堂提问;规范评述;命题论文;论述题等	运用(30%) 课堂提问;课堂辩论;新闻点评;课堂实训;案件鉴定分析;模拟案卷分析;控辩对抗等

平时成绩由细分为慕课学习、课堂参与、提升项目三个模块构成,分别占比为 10%、20%、10%,采用分级计分制以体现区分度。提升项目包含规范评析、案件鉴定分析、模拟案卷分析、控辩对抗等挑战性任务(见表 2 ~ 表 4)。

表 2 慕课学习的评价构成

考核能力	考核内容	所占分值
识记	观看所有教学视频;完成课后测试	7
理解	完成单元测试和讨论题	2
运用	参与交流互动	1

表 3 课堂参与的评价方法

9 ~ 10 分 ≤15%	8 ~ 9 分 ≤35%	7 ~ 8 分 ≤35%	6 ~ 7 分 ≤15%	6 分以下 视情况
课前准备充分,能够准确回答提问并积极参与交流,能提出个人见解并展开论证,有针对性地反驳	课前准备比较充分,能够较为准确地回答提问,提出个人见解并对不同观点进行反驳,有一定效果	课前准备比较充分,所给出的答案基本正确,在部分问题上展现个人见解,能理解观点之间的异同	课前准备不太充分,虽能理解教师提问,但不能准确回答,不主动参与交流,不能全面理解争议焦点	具有以下情形之一的:二次无故缺席的,二次不能回答或拒绝回答提问的,二次随堂测试成绩不合格的

表4 提升项目的评价方法

9～10分 ≤15%	8～9分 ≤35%	7～8分 ≤35%	6～7分 ≤15%	6分以下 视情况
能找到合理的解决方法，表达能力出色，逻辑性较强，展现出较强独立思考能力	能尝试寻找解决方案，表达能力较好，逻辑性尚可，部分地方能够提出具有创新性的观点	虽找不到解决方案，但基础扎实，能回应主要问题，表达能力尚可，逻辑瑕疵不影响理解	既不能找到解决方案，也无法将其与所学知识关联起来，表达不完整，影响受众准确理解	不能理解问题，也没有进行此方面尝试，简单重复不相关的知识内容，表达让人难以理解

期中考核通常采用命题论文形式，要求学生依据证据原理、规范和案例，对给定题目展开分析，篇幅2000字左右，采用等级计分制（见表5）。

表5 期中论文的评价方法

9～10分 ≤15%	8～9分 ≤35%	7～8分 ≤35%	6～7分 ≤15%	6分以下 视情况
具有独立见解，尝试对命题进行解读，并能对自己的观点展开深入论证，具有较强说服力，文字表达流畅，逻辑非常清晰	观点具有一定创新性，尝试综合进行论证，但系统性不足，论证过程合理，文字表达比较流畅，基本逻辑清晰	观点正确，能够围绕中心主题展开一定论证，整体论证过程没有明显错误，文字表达比较流畅，基本逻辑清晰	观点基本正确，能够对其展开初步论证，部分地方论证虽有瑕疵，但不影响整体理解，文字表达比较流畅，基本逻辑清晰	没有提出明确观点，未展开必要论证，只是简单罗列原理、规范或事实，文字表达不通顺，基本逻辑不清晰，影响读者理解

不难发现，上述考核体系具有两个突出特征：一是重视检验学生自主学习情况，发挥引领和督促作用；二是重视综合能力训练，很多题目不设标准答案，以帮助学生培养应对具有不确定性挑战的综合能力为目标。任课教师利用网络平台及时反馈阶段性评价结果，选择题测试由系统即时批改、教师当堂讲解，主观题评阅也借助群作业、慕课堂、毕博等程序应用进行，无须提交纸质版，每题必有反馈意见和建议，从而提升学生的学习体验，并充分发挥考核的教学参考作用。

在第二轮授课中，笔者还采取了更加多样的考核方式，特别增设选修模块，学生可以根据兴趣自行选择司法鉴定意见审查、比较证据法和证据分析三项平时作业中的一项。其中，在比较证据法模块，学生被要求阅读欧洲人权法院关于对质诘问权的判例,自行与教师确定时间并进行至少2次讨论,最终撰写案例分析报告;在证据分析模块,学生均可领取一份模拟案卷(改编自某地十佳公诉人大赛试题),根据要求撰写审查报告,前三名将获得与研究生进行控辩对抗的机会。考核情况反映出,学生普遍缺乏团队协作能力。例如,比较证据法研讨沙龙从未进行,学生大多依靠翻译软件提交了案例分析报告,并无互相讨论;而在证据分析模块,部分学生审查报告完成极为出色,并获得了与研究生进行控辩对抗的机会,三人组队后却没有建立合理分工机制,仍然各自准备。此种选修模块设置增加了考核挑战性,对增强学习兴趣和信心具有积极作用。因教学班规模较大,授课团队尚未形成,故未能持续开展。

五、课程群体系化构建的初步尝试

在程序与实体一体化视野下,证据分析与运用本质上也是实体问题。然而,如上文所述,当前证据法教学与其他部门法相互脱节,彼此联系较弱。这一点,在课后交流环节得到进一步印证。学生反映,该学期同时开设其他专业课程作业也比较多,对他们本已非常有限的自主学习时间来说,证据法课程准备任务过重,几乎难以完成。仔细分析,这其实也是缺乏课程群体系的表征。如果能够打通证据法与刑法、刑事诉讼法、民法、民事诉讼法的教学内容,建立刑事法、民事法课程群,利用网络平台共享教学资源并协调作业设置,则可以避免安排重复任务,更好聚焦综合能力培养。部分院校安排实体法与程序法教师进行双师或多师同堂教学的尝试,正体现了一种法学类课程群的设计思维,避免因学科门类划分而使专业学习过于碎片化。[1] 在第二轮教学中,笔者也进行了相应尝试,即邀请刑法教师一同对控辩对抗进行点评,在场旁听的不仅有刑法、刑事诉讼法、证据法课程的本科生,还有刑法与刑事诉讼法原理与实务课程的研究生。因缺乏长效工作交流机制和顶层设计,在第三轮教学中,一体化课程群建设未取得新突破。

---

〔1〕 类似做法,可以参见张玉敏、刘有东:《双师同堂解析民事案例——案例教学模式的新尝试》,载《海南大学学报(人文社会科学版)》2010年第5期。

证据运用是无处不在的,证据法课程建设可以为覆盖面更大的证据学课程群建设提供基础。结合所在学校专业设置特点,笔者在法学通论、反洗钱案例研究、审计证据分析、司法会计鉴定等公共选修课设计中,均植入了证据性思维,充分利用证据法学课程资源,既能够以辩证唯物主义为抓手,开展更加深入的课程思政教育,又符合学校以审计为基础、服务国家经济监督的学科建设定位,从而为法学学科发展争取更多资源支持。

六、改革成效以及下一步工作重点

(一)改革成效

经过努力,笔者所推行的证据法课程改革取得了初步成效。在新教学模式下,教师角色发生了重大变化,由"内容传播者 + 终局评价者"转变为"信息分享者 + 方向引导者 + 过程参与者 + 建议提供者"。相应地,学生的课程学习方式也从"被动接受有限的既定内容"转变为"自主解决开放的疑难问题",一种新学习模式已经形成(见图1):

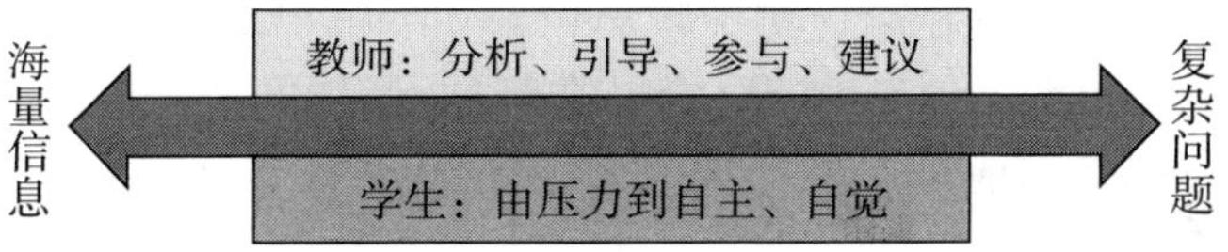

图1　着力于综合能力提升的证据法教学模式

1. 学生的学习精力投入及自主性显著提升

学生每周课前准备时间达到了3小时,课堂/课外时间比在1∶2至1∶3。较于此前几乎不做课前准备的状态,这是一个明显进步。课后答疑环节由学生自主报名参加,参与范围较大。这是从"要我学"到"我要学"的又一例证。

2. 学生的表达意愿、信心和能力有所提高

学生积极主动回答问题成为课堂常态,不再需要任课教师随机点名,回答问题质量较高。在课堂质证实训场景下,学生同样能够从容应对。部分书面作业文字表达流畅、逻辑清晰、观点明确,在模拟案卷分析模块,由书状提交环节得分前三的本科学生组队,同研究生进行控辩对抗,综合表现出色并取得优胜。

3. 在一定范围内推动研究性学习风气形成

经过努力,笔者已从既往选修该课程的学生中培育出 2 位校级优秀本科毕业论文获得者(获奖比例为 1%),指导学生按期完成省级大创项目“儿童证人证言心理学研究及实践探索”。证据法课程改革,激发了学生对证据法研究的兴趣,乐于同任课教师进行交流。在此过程中,学生可以依托研究项目或竞赛,进一步提升其综合能力。而从教学角度来说,这促进了课程为纽带的局部精细化培养,有助于实现教学资源和学习需求的合理配置。

(二)下一步工作重点

改革时间尚短、教学模式仍待改进,显性成果尚无法准确评估。中国政法大学证据科学课程虚拟教研室获批教育部首批虚拟教研室试点建设单位,为统筹优势资源、深化课堂教学改革提供了便利条件。下一步,拟从四个方面开展工作。

第一,扩展课程教学资料,增强内容体系性、实用性。目前,教学资源仍然相对分散,与教学内容联系不够紧密,特别是实践案例较少,需要进一步梳理、提炼,并使用统一互联网端口进行展示和更新。虚拟教研室集体备课等线上教研活动常态化,能够在全国范围内整合教学资料,助力课堂教学。

第二,丰富课堂互动方式,提升交流针对性、有效性。适当控制授课班级规模,在固定提问基础上增加临时性问题,并广泛应用展示证据、询问证明、控辩对抗、模拟谈判等互动方式,着重突出小组团队协作能力训练。虚拟教研室平台,为学生跨校互动交流提供了渠道,有利于在更广范围内,形成积极向上学习氛围,以校级竞争作为外部动力,督促学生投入更多学习时间,完善学习方法。

第三,完善教学辅助工具,保障统计及时性、准确性。申请开通小规模限制在线课程(Small Private Online Course,SPOC)并使用慕课程软件进行随堂测试、作业提交,删除慕课中部分习题和学生互评环节,以便收集相关数据,尝试使用“课程护照”加盖成绩戳等方式进行课堂表现评定。虚拟教研室系列教研活动,有利于整合需求,推动教辅软件设计人性化、专业化。

第四,争取配套政策支持,实现安排灵活性、协调性。争取缩短授课周期,在10周以内结束授课部分,以便安排更多实训实操环节;坚持构建课程群,以互联网共享平台促进关联课程之间的教学交流和协调。虚拟教研室平台,为今后开展学分互认、课堂互通创造了可能性,有利于增强法学专业本科学生证据分析和运用能力,提升培养质量,更好服务社会主义法治建设。

模拟法庭教学改革探究
——以独立课程模式为例*

莫良元　周　阳**

摘　要:模拟法庭这一起源于欧美的新型教学方法,近年来在我国各高校得到快速发展,为培养新时代实用型法律人才作出巨大贡献。在实践中,模拟法庭教学方法存在缺乏高质量案例、授课教师知识结构单一、表演性过强、完整性不足等问题。本文立足于独立课程模式的模拟法庭教学,针对实践中存在的问题和模拟法庭教学改革的方向作初步探讨。

关键词:模拟法庭　教学改革　独立课程模式　规范化

一、模拟法庭课程化教学改革的意义

霍姆斯大法官在《习惯法》开篇写道:法律的生命不在于逻辑,而在于经验。关于我国法律人才的培养模式,在法学教育界存在不同的观点,但是可以达成共识的是法学教育不仅仅是理论知识的培养,还应当包括对学生法律实务能力的训练。新时代的法律人才在法治精神、法学理论知识之外,还应当具有解决跨越多个领域实际法律问题的综合素养。我国传统的法学教育模式重视理论知识的传授,缺少对实务能力的针对性训练,而模拟法庭正是在完整性、体系性充足但是实操性不足的背景下,为了提升学生处理实际法律问题的能力应运而生的教学模式。"如果法学教育仅仅停

* 基金项目:江苏省高校哲学社会科学研究重点项目"法治江苏建设中法官职业伦理的评价机制研究"(2017ZDIXM006)阶段性成果。

** 作者简介:莫良元,法学博士,常州大学史良法学院教授。周阳,常州大学史良法学院硕士研究生。

留于宏大叙事或抽象理论，而不能指明解决问题的实践路径，那么它必将成为悬挂于墙壁上的宝刀，失去意义。”〔1〕

模拟法庭最早源于美国法学院的“Moot Count”课程，我国模拟法庭教学模式开始于1900年的东吴大学，近年来随着各高校的探索实践，这一源于欧美国家的教学方式在我国法学教育界快速发展，为我国培养实务型法律人才，解决“学生综合素质不高，认识问题、判断问题、解决问题的能力较差，遇到实际法律问题茫然无措的情况”〔2〕作出了巨大贡献。而在探索实践中，主要形成了独立课程模式、辅助教学模式、隐性课程模式等几种主要的教学模式。

我国的部分高校在传统法学课程设置上进行大胆改革，将模拟法庭设置为单独课程，列入教学计划。例如，清华大学和北京大学将模拟法庭和其他社会实践融合为一门法律实务课作为法学本科的选修课程。这样的课程设计，在提升学习热情、促进知识融合、培养角色意识、塑造分析推理和表达能力等方面起到了巨大的作用。相较依托于诉讼法课程的辅助教学模式，独立课程模式具有更为明显的课程效果。依托诉讼法课程的辅助教学模式由于课程时间的限制、授课老师的知识结构单一等客观原因，常常会出现过于重视模拟诉讼程序而忽略实体法的运用、省略淡化司法文书撰写等必要环节这一系列问题，最终导致模拟法庭教学效果大打折扣。相较于隐性课程模式，独立课程模式亦能将模拟法庭教学真正落到实处。不定期举行、仅有少部分学生能够参加、老师偶尔指导的模拟法庭缺乏计划与组织，难以调动学生与教师的积极性，教学质量也难以保障；时间一久，甚至存在沦为“表演”的风险。

事实上，后两种模式在我国高校普遍存在且占据多数，“我国模拟法庭实验教学尚停留在与一元教学目标相对应的表演式模拟审判上”〔3〕，该种现状的产生具有多方面的原因：一方面，经费方面的缺乏，同时具有理论和

〔1〕 娄必县：《PBL教学法视角下模拟法庭训练的功能及其完善——基于实训观察的研究》，载《西华师范大学学报（哲学社会科学版）》2021年第5期。

〔2〕 田国兴、张荣华：《我国高等法学教育培养目标的创新与确立》，载《现代教育科学》2003年第7期。

〔3〕 陈学权：《模拟法庭实验教学方法新探》，载《中国大学教学》2012年第8期。

实务能力的师资力量的不足、学生与教师的比例过于悬殊;另一方面,学生的就业压力增大,大四学年大部分学生需要考研、找工作,这导致课程集中于前三学年,在对原有课程进行精简改革前,设置独立的模拟法庭课程客观上存在较大阻力。因此,提高模拟法庭课程的教学效果,增强产出效果,是当前模拟法庭课程教学改革的重要方向,是立足于我国当前法律教育领域现状的有益尝试。

二、模拟法庭教学实践中存在的问题

(一)缺乏高质量的授课案例

"模拟法庭教学是对学生逻辑思维能力与理论知识运用的训练,用现实的案例提高理论规范的运用,通过辩论对抗,提高逻辑思维的能力。"[1]

模拟法庭课程作为与实务高度结合的新型课程形式,对授课材料的要求高于传统类型课程:模拟法庭力图真实,目的在于让学生体验真实的办案经过,因此需要大量高质量的授课案例。而现实是目前多数模拟法庭课程缺少足够可以体现教学目标的高质量授课案例的支持,具体而言,模拟法庭课程授课案例存在的不足主要集中于完整性、丰富性和新颖性三个方面。

首先是完整性方面:目前,教师获取教学素材的主要途径是案例数据库,而国内的案例数据库中仅有判决书而无卷宗等更为翔实的材料,甚至判决书的说理部分亦存在简化。简化的案例数据无法反映案件的真实全貌,需要教师自行补充细节,这对教师案例素材的获取造成巨大的困难。真实完整性无法保证,学生很难体验到真实的案件处理过程,教学效果自然大打折扣。就以卷宗为例,阅卷能力,对案卷材料的整理、分析、选择能力,制定诉讼策略的能力的培养,在无详尽材料的情况下根本无从谈起。其次是丰富性方面:高质量的授课案例应当涵盖不同的理论知识与实务技巧,但这绝不是少量案例可以实现的;即使是针对单一的知识要点,亦需要相近的案例以供学生类比学习。单一的授课案例导致容易出现学生只记住了案情却理解不了原理的现象,这与模拟法庭课程培养学生独立思考案

---

〔1〕 翟业虎:《关于规范我国高校模拟法庭教学的思考》,载《高等教育研究》2015年第9期。

件、实现理论与实务衔接的教学初衷背道而驰。此外,虽然各高校都有高质量的授课案例,但是距离建立兼具体系性与丰富性的授课案例群仍有较大距离;从丰富性角度考量,各高校模拟法庭课程的授课案例各有亮点,但无法满足体系性教学对案例素材丰富性的要求。最后是新颖性方面:每一天都有新案件产生,每一段时间都会有新的法律热点,高质量的授课案例必须要能够反映法律热点,这就要求授课教师对于授课案例保持高频率的更新迭代。高频率的授课案例更新迭代不仅对授课老师的时间精力投入要求极高,对案件素材的获取等客观方面的要求亦在大幅度提高。客观而言,保证授课案例新颖性所要求的更新迭代频率依靠单一授课教师的努力难以实现,需要团队化甚至是高校联盟的运作模式才能得以保证。目前,教材往往几年才能修改一次,这样的更新速度无法跟上具体规范的变化,更难以实现对法律热点的实时追踪,这导致授课案例长期处于落后于法律实务的状态。

综上所述,缺乏高质量的授课案例是目前模拟法庭课程改革面临的首要问题,没有源头的高质量输入,难以实现终端的高效输出。

(二)现有教师的知识结构单一,授课方式相对匮乏

我国以部门法作为授课的基本单元的法学课程体系在法律已经扎根整个社会的当下,可能已经无法充分满足法学教育的需要,在模拟法庭课程这类综合性法律课程的中,原先泾渭分明的部门法教学模式亟待整合。毕竟,现实中的每一个案件都是融合了实体法与程序法,甚至是非法律问题;并不存在部门法教学中的条分缕析,反而要求法律工作者在程序法思维与实体法思维间不断相互切换。“对于法律的实践理性的本质认识不足、高校职称评审重科研、轻教学、轻培养(学生)的体制弊端、教学和科研压力下的个人时间精力有限等因素,共同制约了很多教师对于学生在法律实践方面的有效指导”[1],其中,授课教师知识结构单一这一弊端因素在模拟法庭课程中体现尤其明显。例如,“只关注审判程序是否流畅,即关注在庭上的陈述、举证、质证、辩论和宣判等过程,而忽视诉讼过程中的提起诉

〔1〕 钱锦宇、薛莹:《国际化复合型法律人才的培养:现状分析、路径选择及保障机制——以国际模拟法庭竞赛的培训和参赛为例》,载《山东大学学报(哲学社会科学版)》2017年第5期。

讼、送达等程序,特别是忽视实体法的具体适用"〔1〕。

模拟法庭课程的关键在于要求学生充分调动自身的全部知识,综合运用多项技能,以求实现案件的最优解。"模拟法庭教学要求指导老师改变以往的授课模式以及和学生的交流和沟通模式"〔2〕,以学生为中心本位,强调辅助学生在错综复杂的案件中灵活运用所学的理论知识。这样的教学要求就对授课教师本身作出了极高的考验:一方面,授课教师需要对实体法与部门法都有充分的了解;另一方面,授课教师还需要对实务工作具有一定的经验。而事实上,多数教师往往仅有单一部门法背景,实务经验更是缺乏,其本身就对各部门法的综合运用理解不够,自然就很难实现对课堂讲解的推进,反而容易转回传统部门法授课的老路,令模拟法庭"降格"为单纯的职业教育。在这样的背景下,模拟法庭课程的授课过程往往是老师布置任务推动学生完成,通常是按照部门法的知识点去按顺序推进,缺少学生自主思考并根据案情推导策略的过程,导致立体生动的法庭模拟退化为按部就班的案例分析。碎片化的教学模式无法实现"模拟"的教学目的,进而影响庭审环节的教学效果,导致模拟法庭教学丧失其应有的价值与功能。上述碎片化的模拟法庭课程设计"以理论知识为本、以法学体系为本,忽略了学生在模拟法庭教学中的主体地位,未从学生应当具备的基本技能入手来设计模拟法庭课程内容"〔3〕。

(三)教学过程表演性过强、完整性不足

模拟法庭教学最为关键的目的是在让学生掌握庭审的程序的基础上,通过模拟庭审的过程来锻炼学生将法学理论知识运用到实际案件中的能力,而这种能力的核心是分析判断法律关系以及实际操作能力。在模拟法庭课程中,庭审环节直接体现学生程序意识,但在更深层面上亦是对法律检索、逻辑推理、证据分析能力的综合考验。但是,在实际的教学过程中,"由于受到课时限制,模拟法庭的效果并没有得到充分发挥,有人批评模拟

〔1〕 张剑虹:《我院法学专业模拟法庭教学得失分析》,载《华北科技学院学报》2010 年第 3 期。

〔2〕 安勇华:《模拟法庭教学法的困境与出路研究》,载《榆林学院学报》2019 年第 4 期。

〔3〕 田洪鋆:《模拟法庭教学的课程内容设计——以吉林大学法学院的实践为例》,载《中国大学教学》2014 年第 10 期。

法庭更多地注重表演性而忽视了对学生实践能力的培养"[1]；多数教师过于重视过程的流畅性，忽略了对抗性；有时甚至庭审前进行排练，导致正式庭审的过程中控辩双方相互配合、"默契和谐"。这样"没有火药味"的话剧表演式的模拟法庭，丧失了庭审应有的抗辩性，这也偏离了设置这门课程的初衷。"过分重视事前模拟排练会使开庭审判像是表演作秀而非实战演练，而开庭审理恰恰是整个模拟法庭教学中的关键环节。"[2]

庭审过程的流畅程度反映学生对于程序的掌握程度，但是不是模拟法庭课程的主要内容，至少不应该是模拟法庭课程的全部内容。"模拟法庭绝不是诉讼流程的演练，而是培养学生对程序问题、实体问题的综合处理能力。"[3]模拟法庭课程绝不应当是"舞台剧"，其课程重点应当集中于引导学生根据案件材料去解决实际问题的实践能力。另外，在模拟法庭课程实际操作中，多数教师仅重视庭审过程而忽略了庭前准备和庭审后的总结评讲。"目前绝大多数学校对模拟法庭的主要关注点是最后的模拟庭审并将其作为教学主要内容，而对庭审前的知识与技巧关注不足。"[4]

在庭前准备方面，庭前阅卷、证据的判断与分析、诉讼策略的取舍及法律文书的书写都是庭前环节的重要内容，是模拟法庭顺利推进的基础，也是整个课程的重要一环。缺少这一环节就很难使学生对于自身的角色建立充分认识，也就无法在角色基础上进行法律思考。在庭审后的总结评讲方面，没有总结反思就没有收获；若是没有授课老师针对性的总结与学生的讨论交流，学生对案件的理解就只能停留在庭审结束的那一刻，无法重新站在旁观者的角度进行复盘，模拟法庭的学习效果只能是聊胜于无。庭审呈现本身只是手段，目的在于通过实践获得对实务操作的理解。

模拟法庭教学过程表演性过强、完整性不足的原因在于过度强调程序流畅的重要性而忽视了学生实际运用法学理论知识的能力，对庭前准备和庭后讲评的忽视则是忽略实际操作能力的体现。这种忽视一方面来自授

---

[1] 郭翔：《试错理念在模拟法庭教学中的运用》，载《新疆师范大学学报（哲学社会科学版）》2011年第4期。

[2] 李祖童、彭俊：《模拟法庭在法律硕士实践教学中的应用》，载《教育教学论坛》2021年第45期。

[3] 陈学权：《模拟法庭实验教学方法新探》，载《中国大学教学》2012年第8期。

[4] 陈兵：《法学教育应推进模拟法庭教学课程化》，载《中国大学教育》2013年第4期。

课教师对模拟法庭课程的定位存在偏差,更为重要的原因在于目前尚缺少保证庭审程序以外的其他教学目标成效的教学范式。

三、模拟法庭教学改革的构想

(一)建立高质量案例库

为解决高质量授课案例缺乏这一源头性问题,可以采取建立高质量案例库的方法,而建立高质量案例库需要从数量和质量两个维度进行。

首先是数量方面,高质量的授课案例必然来自大数量的真实案例,收集充分的案例,可以解决丰富性和新颖性方面的问题。但是不可否认的是,单纯依靠授课教师根据数据库或实务经验,短时间内进行大规模的案例收集是难以实现的。因此,首先需要开拓案例收集途径,笔者尝试给出几方面的建议:目前,我国各高校普遍与当地公检法机关保持着良好的交流关系,可以考虑利用各高校的当地司法资源,在得到司法机关许可的情况下,由司法机关推荐优秀案例;强化各高校之间的联系,实现各高校高质量案例的交流与共享,特别是具有学校特色的案例交流;加强对已有案例的更新、筛选,保持案例与时代相符。

其次是质量方面,质量方面的完善立足于完成大数量的案例搜集工作。在完成了前一阶段的数据搜集之后,需要对搜集而来的案例材料进行加工。加工整合工作必然庞杂繁重,单凭授课教师无法实现,可以吸收学生来进行这项工作。一方面,扩大了模拟法庭的参与范围,避免了几个人做,一群人看的尴尬情况;另一方面,有助于培养学生卷宗材料的整理能力,这也是对实务能力的一种提升。值得强调的是,授课教师在指导学生进行案例整理时,需要遵循一定的要求,具体而言:以典型案例为中心,将相类似的案件集中,形成专题化的分类;对真实案例进行课程化改造,在保留其真实性的基础上,强调理论知识的体现,避免在无关紧要的细节上浪费过多精力;案例库在充实的基础上亦需要精简,对于丧失实际价值的案例要及时清除,避免案例库过于庞大。

总体而言,高质量案例库应当在保证质量的前提下,以专题化的模式进行扩充,同时保持对过时案例的精简。在条件允许的情况下,可以考虑"组建一个模拟法庭应用教学材料编写团队,编撰适用全国高校的模拟法庭教材"[1]。

（二）加强与实务部门的交流，鼓励教师团队化

模拟法庭课程的价值在于真实案件办理过程的高度还原，因而必须要加强与实务部门的交流联系，不仅包括司法机关，还应当涵盖律师群体和法律援助工作者。整个案件办理过程是多方参与的综合，而不同方的思维模式、对案件的观察角度、职业习惯是各不相同的，单纯依靠授课教师"闭门造车"难以实现对案件全过程的真实还原。

在实际操作的过程中，由于各方时间的不统一，往往难以实现预想的效果。为了解决这一问题，可以充分利用互联网技术：一方面，通过网络交流的方式，可以实现多方交流与网络指导；另一方面，也可以在法院的授权下，在线观看庭审，甚至在庭审结束后与法官实时交流，实现理论知识与实践的高度融合。更为重要的是，模拟法庭课程具有学科交叉的特征，而授课教师通常仅具有单一学术背景，往往很难实现对课程的全面支撑，保障教学质量。因此，可以考虑设置团队化的授课教师，以诉讼法教师为核心、部门法老师为指导、实务部门人员为辅助的团队化授课，充分优化模拟法庭课程的教学质量。

（三）提高课程规范化程度

近年来，各地法学院对模拟法庭教学模式都进行了有益的尝试，"以实践为导向"的教学模式也变得越来越普遍与高质量，但可以发现，目前的模拟法庭教学模式普遍规范化程度不高。一种可以大范围推广使用的教学方法应当具有一定的科学范式，即一定的可操作性。笔者认为，规范的模拟法庭教学授课模式应当包括庭前阶段、庭审阶段、庭后阶段三个部分。

1. 庭前阶段

庭前阶段主要包括案例选择、集中讨论、角色确定、材料准备这几个环节。

案例选择环节，高质量案例的选取是整个模拟法庭教学的关键环节。授课教师选择的案例既要具有争议性、代表性、社会影响性，需要体现一定

[1] 刘斐斐：《法学实践教学中模拟法庭教学的创新策略》，载《辽宁师专学报（社会科学版）》2020年第4期。

的理论深度,避免整个过程“一边倒”;又要符合学生的实际能力,避免模拟时把握不住重点,浮光掠影。

总体上,有一定挑战性并且在学生能力范围内的案件最能够调动学生的积极性,这也是模拟法庭教学成功的前提。集中讨论环节,是对案例选择环节的有益补充。授课教师应当在组织学生集中讨论的过程中,引导学生围绕案件的核心进行思考、讨论,避免由于学生陷入思维误区而导致后续环节无法开展,也保证案例想要体现的理论知识、实务技巧得以展现。角色确定环节,需要重视法庭角色的合理分配。常规的案件中司法角色有限,绝大部分学生无法担任重要角色,这会挫伤学生的积极性,也难以得到有效锻炼。笔者认为,群体性角色分配在一定程度上可以解决这个问题:由多名学生共同承担某一司法角色,相互合作,共同准备。虽然后续庭审阶段仅能有一人担任角色,但其表现应当是整个小组思考的体现,而不是个人参与。值得强调的是,不同诉讼角色在庭审前不得进行实体法律上的讨论,否则无法达到预期效果。材料准备环节,是庭前阶段最主要的一个环节,此时学生在模拟法庭中的角色已经确定。学生的角色主要有原告、被告、合议庭三方,这一阶段的重点应当是原被告双方,授课教师在这一环节的主要教学目标应当是,指导学生在自身角色的基础上,集中于案件事实的梳理、事实证据的搜集;并且,制定诉讼策略,完成法律文书的写作。在实务中,案件事实往往隐藏在各种各样零散的证据之后,而不像案例分析那样清楚明白,学生甚至会出现根本不知道一项证据的作用是什么的情况。因此,需要重点培养根据事实证据梳理案件事实的能力,法律文书写作更是建立在此基础上的能力,其教学核心在于培养严谨的思维习惯。具体来说,在授课教师提供的案卷材料中,应当抽出辩护词、起诉书、判决书等结论性法律文件,由学生自行提炼观点,形成诉讼方案。

庭前阶段的考核标准应当集中于学生对案例的参与程度、团结协作精神的体现等方面。认真的态度与细致的准备工作才能保证案例的顺利推进。

2. 庭审阶段

庭审阶段是整个模拟法庭教学的中心环节,也是前一阶段成果展示的阶段。原被告双方的主要任务在于实现对抗,以求“实战”。应当重视着装、语言、行为等方面，力图真实，避免庭审语言口语化、庭审行为欠规范等方面的问题。例如，当“我们教会新手辩护人摆脱诉状所施加的逻辑约束，并鼓励他们即刻简洁地回答法官的问题，我们将在提高他们作为上诉辩护人的技能方面迈出相当大的一步”[1]。合议庭的主要任务在于居中裁判和推动庭审进程。例如，归纳争议焦点，保证庭审始终围绕着争议焦点进行等都属于这一阶段的教学重点。这些能力也是在具体案件处理中十分重要的实务能力。

庭审阶段的考核标准视身份角色不同而不同。就原被告方而言，考核标准主要体现在法庭辩论能力（辩论思路是否清晰、临场反应是否迅速等）和庭审语言表达能力；对合议庭而言，考核标准主要体现在分析案情并准确适用法律的能力、庭审操作能力及庭审推进能力等方面。另外，在整个庭审过程中，必然会出现意外情况，授课教师应当保持旁观者的位置，由学生自行处理突发情况，不得打断庭审。一切都在意料之中的庭审，无法有效锻炼学生应变突发情况的能力。针对部分难度较大、具有争议性的案件，可以考虑由授课老师承担一项诉讼角色，辅助庭审的顺利进行。

3. 庭后阶段

庭后阶段是整个模拟法庭教学的总结升华阶段。如果说庭前阶段与庭审阶段都要求参与者具有角色意识，那么庭后阶段就需要学生脱离原先的角色，重新站在旁观者的角度，审视整个案件的处理过程。

这一过程应当尽可能保证多数人的参与：就学生而言，从旁观者角度对前两个阶段的复盘，可以获得原先视角以外的思维角度，促使思维更加完整；就授课教师而言，从俯视角度，结合整个案例的推进过程，能够进一步深入讲解相应的理论知识。同时，前文提及的强化与实务部门的交流主要就体现这一阶段：律师、法官可以指出学生在模拟法庭的过程中出现的思维误区与不足之处，其丰富的实务经验必然可以使学生收获颇丰。

庭后阶段的考核标准应当集中于学生的思考总结，得失反思。“在过

---

〔1〕 张婷、林亚男：《模拟法庭传统教学的反思和线上教学模式的初探》，载《高教学刊》2021年第18期。

程评价体系中,教师应引入学生自评、学习小组互评的参与机制。"[1]

值得强调的是,庭后阶段需要重视材料记录的整理,可以通过多媒体技术将模拟法庭的全过程记录下来,形成教学记录,检验教学成果并积累教学素材。事实上,庭审过程中的许多技巧需要授课教师及时总结提炼并不断练习,而庭审后仅凭授课教师"说"是很难实现直观全面的。为了保证庭审过程的完整性,授课老师不方便随时中断庭审,那么诸多一闪而过的细节在事后往往难以捕捉,而这些细节有时甚至是案件处理的关键。从长期来看,模拟法庭课程的建设离不开这些积累的教学资源:规范的部分可以作为模板;错误的部分可以作为反例。结合视频复盘,有助于学生发现自身的不足,寻找改进的方向,进一步提升实务能力。

结　语

模拟法庭作为一种以理论知识为基础、实践应用为导向的新型法律教学模式,有助于提高学生的法律思维能力、法律文书写作能力、法庭应变能力、实体法与程序法综合运用能力,对高校培养新时代实用型法律人才具有重要的意义。但各个高校模拟法庭的课程建设仍存在一定的不足,需要在不断实践的过程中继续总结经验,持续提升课程的规范化与体系化。以上就是笔者关于模拟法庭课程建设改革的一些浅见,希望能与专家、学者探讨,共同促进我国法律教育事业的进步与发展。

[1] 张邦铺:《法学专业实践教学模式存在的问题及改进策略》,载《教育评论》2016 年第 7 期。

高校模拟法庭实验教学之反思与重构

——基于“理律杯”和“淮海杯”竞赛对比*

张 杰 孙宇瑄**

摘 要:模拟法庭实验教学对于法学实践教学的推动作用获得国内各法学院校的广泛认可,该课程的普及率亦日益提升。模拟法庭竞赛作为以赛促学的“优质载体”〔1〕,为多数法学高校所用,但教学模式存在一定的差异。通过梳理“理律杯”和“淮海杯”两种模拟法庭竞赛模式的特点,审视当前我国高校模拟法庭实验教学存在的问题,并提出相应的完善建议,以推动我国法学实践教学的深度发展。

关键词:模拟法庭实验教学 模拟法庭竞赛 “理律杯” “淮海杯”

法学作为一门实践性与应用性较强的学科,要求学生应具备将法学理论熟练应用于解决实际问题的能力。早期,我国法学教育一直存在较注重法学基础理论和部门法律条文解释的教学方式,正如有的学者所言“存在重理论、轻能力,重法条注释、轻批判思维,重学历教育、缺司法研修等缺陷”〔2〕。随着法学专业培养目标向实践性、复合性卓越法治人才转变的不断深入,各法学院校对学生实践能力培养的关切度也逐渐提升,众多法学

---

* 基金项目:江苏师范大学课程思政建设重点项目“刑事模拟法庭课程融入思政元素的教学设计与实施方案研究”(项目编码:KCSZZ01)阶段性成果。

** 作者简介:张杰,江苏师范大学法学院副教授,硕士生导师。孙宇瑄,江苏师范大学法学院2019级本科生。

〔1〕 龙黎明:《议模拟法庭竞赛管理及人才培养机制的完善》,载《科教导刊(上旬刊)》2019年第19期。

〔2〕 肖乾利:《法学教育及教改漫谈》,载《高等教育研究》2002年第4期。

院校相继开设了应用性强、实践效果显著的模拟法庭实验教学课程。“所谓模拟法庭实验教学是指选出典型案例,以案例为媒介,以法庭为平台,以庭审为内容,学生为主体全程参与,整个过程中,老师作为指导者指引学生进行法庭模拟”,[1]其设置的目的是“培养学生在现实生活中灵活使用法律的各种技巧、方法、能力和素质,培养学生分析、查证事实的能力,培养学生法律职业素质”,[2]以满足社会对卓越法治人才的需求。

一、述评:“理律杯”和“淮海杯”模拟法庭竞赛模式

模拟法庭竞赛作为以赛验学、以赛促学的优质载体,其规范称谓是“模拟法庭辩论赛”,指的是“采用模拟法庭辩论的形式进行的法学类学科竞赛”[3]。当前,国内多所法学院校通过开展不同模式的模拟法庭竞赛促进学生实践问题解决能力的提升和各法学院校间的相互交流,极大程度地推动了我国传统重理论法学教学模式向实践与理论相结合的法学实践教学模式转变。毋庸置疑,当前我国各高校所举办的模拟法庭竞赛形式可谓多样,通过搜集现有模拟法庭竞赛赛事资料可知,具有较大影响力与较强权威性的模拟法庭竞赛往往同时具备以下三大特征:一是全国性模拟法庭竞赛;二是将本科生与研究生作为参赛群体;三是赛题多同时涉及民事与刑事两方面。进一步而言,考虑我国教育资源分布的不均衡性,以主办高校所在地位于法学院校分布较多的北京市和江苏省为地域限制,综合前述特征,选取由清华大学联合其他单位主办的“理律杯”全国高校模拟法庭竞赛(以下简称“理律杯”)和由江苏师范大学联合其他单位主办的“淮海杯”全国高校模拟法庭竞赛(以下简称“淮海杯”)作为模拟法庭竞赛的比较样本,分析其竞赛模式特点及有待完善之处以作为模拟法庭实验教学问题反思的切入点。

(一)竞赛项目设置

“理律杯”设置代理人组和书状评比竞赛项目,“淮海杯”设置法官组和

---

[1] 吴厚蓉:《高校模拟法庭竞赛存在的问题及改进策略》,载《新教育》2017 年第 25 期。

[2] 王晨光、陈建民:《实践性法律教学与法学教育改革》,载《法学》2001 年第 7 期。

[3] 龙黎明:《议模拟法庭竞赛管理及人才培养机制的完善》,载《科教导刊(上旬刊)》2019 年第 19 期。

代理人组竞赛项目,不设置书状评比。两竞赛皆以考量代理人组言词辩论能力、法律思维和庭审现场表现为主要着眼点,但考量的深度、广度有所差异。“理律杯”对于法律文书撰写能力要求较高,对选手的基础法律知识、法律逻辑、写作表达以及法律文书格式的掌握情况进行综合考量。可以说,“理律杯”设置书状评比有积极的示范作用,正如有学者所言:“文书写作能力是提高学生的理论水平和实践水平的主要考核标准”〔1〕,“理律杯”将其作为全国性竞赛考量指标强调了法律文书写作的重要性,有利于推动我国高校法学写作相关课程的开展,使法学生更好“适应社会的需要和专业工作的要求,对改变我国法学教育脱离实际的状况,将会发生重要的影响”〔2〕,但其对举办方文书评委安排及评定标准方面要求较高。

“淮海杯”同时设置法官组和代理人组竞赛项目更加符合真实庭审样态。特别是法官组竞赛项目,其在对代理人组法庭辩论能力进行考验的基础上还对法官组庭审控制能力和基于给定的案例事实进行居中裁判能力等提出严格要求。然而,该实际竞赛中各组选手的表现暴露出该赛制存在较明显的不足,如法官组赛前对真实庭审中合议庭的作用与对合议庭的要求了解较少,加之竞赛对于法官组庭审表现评价标准较为粗浅,故法官组在正式竞赛中对庭审的主持与控制能力较弱,甚至出现不当干扰、阻止代理人组正常发言的现象,容易导致代理人组难以完整、流畅地表述己方主张及法律依据的现象。再如,代理人组在辩论过程中多以学术通说观点为主要论据,论证理由也多是从教材和学者处所提取学术观点的大量堆砌,而轻视司法实务判决要点的理解与适用,这也就形成了部分代理人组双方说理力度不强、观点可采纳度不高及争辩性不强的竞赛局面。

(二)竞赛流程

“淮海杯”侧重于阶段性展开模拟审判,竞赛中分为开庭陈述、法官小结、法庭辩论、总结陈词、法庭宣判和评委点评六个环节,而“理律杯”更侧重于言词辩论方式展开模拟审判,其包括原告方陈述、被告方陈述、原告方提问与被告方答辩、被告方提问与原告方答辩、原告方总结陈述与被告方

〔1〕 唐欣瑜:《模拟法庭教学中法律文书写作方法应用的探索》,载《当代教育实践与教学研究》2017 年第 8 期。

〔2〕 杨立新:《阅读和写作是我国法学教育的两个短板》,载《人民法治》2018 年第 16 期。

总结陈述六个环节。客观上说,"淮海杯"较"理律杯"竞赛模式更为接近真实庭审,更为充分展现庭审三方不同的利益诉求与庭审作用,对参赛三方专业实践能力的考察也更为全面。然而,两种竞赛模式皆缺乏真实庭审中对案件判决结果有重要影响的举证质证环节的设置,也显现出模拟法庭竞赛对参赛选手证据意识与证据运用能力方面考察的缺失。

(三)竞赛赛题

通览"理律杯"和"淮海杯"历年赛题,两者都采取民事、刑事赛题并存的竞赛模式。"理律杯"每年仅采用一套刑事或者民事赛题供全阶段竞赛使用,两种类型赛题间隔几年交替使用,"淮海杯"每年设置刑事、民事各一套赛题,分不同阶段使用。

就赛题设置而言,"淮海杯"较"理律杯"赛题类型多,对各阶段参赛代表队刑法与民法知识积累水平与实践运用能力的考量较为全面,同时较为有效地促进了参赛选手对民事诉讼与刑事诉讼程序的了解。

就赛题内容而言,"淮海杯"竞赛案例多为改编案例,在中国裁判文书网或其他搜索网站搜索主要关键字即能找到相似度较高、已有现成判决书或者借鉴答案的同类案例,其难度系数较小、新颖度较低、争议点较少、可辩论性较弱,对选手能力要求较低。而"理律杯"案例多为原创性案例,可借鉴性较少、案例新颖性较高,其因案情复杂、争议点较多等因素,使参赛学生在网络上难以搜集到同类案例,对参赛选手水平要求也较高,增加了竞赛的挑战性。

二、反思:高校模拟法庭实验教学之问题面向

"模拟法庭实验课程作为一门培养法科学生职业素质和综合能力的实践型课程",[1]其在培养学生法学专业素质及学以致用能力方面具有不可替代的作用,可以说是法学专业教学与高校模拟法庭竞赛之间的关键"纽带"。"理律杯"和"淮海杯"模拟法庭竞赛的现行竞赛模式犹如两面明镜,各有千秋,但从其设置项目、流程及赛题本身而言也折射出我国模拟法庭实验教学存在的诸多问题,主要体现在以下五个方面。

〔1〕 陈学权:《模拟法庭实验教学方法新探》,载《中国大学教学》2012年第8期。

（一）模拟庭审实验教学的庭审对抗性偏弱

模拟法庭实验案例的选取、角色的分配和各角色话稿的撰写多为指导教师完全主导、支配。指导教师在课程开展初期通过理论介绍庭审流程和各角色任务与作用后，为了保证课程最终得以流畅、完整地向全体师生展示，无论是中后期模拟庭审演练抑或后期课程展示，多带有表演的成分，即学生更多的是按照指导老师修改过的各种法律文书予以照本宣科地“陈读”。

诚然，“表演式”的模拟庭审对于帮助学生熟悉诉讼流程、呈现完整庭审环节具有重要作用，但这种“表演式”的模拟庭审显然不利于学生实践运用能力和法律职业素质的培养。庭审各环节囿于自身有限的知识范围和固定僵化的表演模式，学生难以自主运用所学法学知识分析法律实践问题，对学生法律文书撰写能力及语言表达能力的提升也是有限的。进一步而言，“表演式”的模拟法庭难以真实地反映法官驾驭庭审的能力，也难以训练原、被告或者控辩双方的专业水平、“临场应变性和言辞善变性”[1]的激烈对抗性，这实际上是违背了模拟法庭实验教学目的的初衷，与司法实务庭审实况也不一致。

（二）模拟案件类型较单一、新颖度偏低

模拟案件类型多根据指导教师研究领域所决定，学生可选择度较低。指导教师研究刑事领域多选择刑事案件，指导教师研究民事领域则会选择民事案件，且一组模拟法庭实验小组从课程初期到课程展示往往仅模拟一个民事或刑事案例。此种情况会导致学生在模拟法庭实验课程中仅熟悉一种诉讼类型的庭审流程，而对于其他诉讼庭审流程无法实际了解与操作。此外，有些指导教师所选取案例多为模拟法庭实验教学课程教科书中已给案例，案例重合度较高，难以广泛汲取真实案例中所蕴含的复杂性与新颖性。即使有些指导教师跳出教材所给指导案例范围的局限，但多采取已有判决的真实司法案例，尽管这为学生自主探索问题解决路径提供较多借鉴，而不利于学生独立思考能力的培养。

（三）模拟庭审偏重程序、轻实体训练

无论模拟庭审演练前的理论学习抑或实践模拟演练，指导教师和学生

---

〔1〕 翟业虎：《关于规范我国高校模拟法庭教学的思考》，载《高等教育研究》2015 年第 9 期。

皆过于注重庭审程序是否完整流畅,而多忽视案件事实是否存在观点主张的争议、定罪量刑是否有争议、法律适用是否准确等实体问题。指导教师针对程序上的错误多会要求学生及时纠正或重新演示,而对案件事实的实体性问题讲解过少或不予评价,这样难以培养学生将理论运用于实践解决实体与程序综合运用的能力,而最大限度发挥模拟法庭实验教学功能的效果,可见一斑。

(四)模拟庭审较重定性辩论、轻证据调查

“证据是诉讼的灵魂,是法院赖以裁判的依据,是诉讼双方当事人维护合法权益的重要手段。在模拟法庭实验教学中,要让学生切实地感受到打官司就是打证据,从而培养强烈的证据意识”。〔1〕然在模拟法庭实验教学课程中,指导教师往往会多针对模拟案例定性问题进行分析讨论,而轻视学生证据意识方面的锻炼,更不注重模拟案例证据方面的分析训练。在模拟法庭实验课程指导过程中,指导教师所提供的案例并没有配备完整的证据材料,从而导致学生默认现有证据材料全部符合证据“三性”,而难以深刻体会到举证质证环节的重要性,对举证质证如何进行了解甚少亦缺乏知晓的兴致,模拟庭审的证据调查庭审模拟样态也多流于形式。

(五)参与模拟学生的角色较单一

一场模拟庭审虽有多种角色分配(例如,民事案件可有审判长、陪审员、原告、被告、原告代理人、被告代理人、证人、鉴定人等至少 8 种角色分配;刑事案件可有审判长、陪审员、公诉人、被害人、被告人、辩护人、证人、鉴定人、法警等至少 9 种角色分配),但真正完全参与庭前准备和在法庭审理中发挥重要作用的角色数量却寥寥无几,一般仅限于合议庭成员、原被告双方及其双方代理人、控辩双方。其他角色多似“群众演员”,对模拟庭审展演于外在发挥不可或缺的价值,实则可有可无。因其对于庭审的推动作用不大、任务简单、工作量少,在模拟法庭实验教学课程全程中参与度不高,模拟庭审也很难调动担任非主要角色学生的参与积极性。

---

〔1〕 陈学权:《模拟法庭实验课程建设基本问题研究》,载《黑龙江高教研究》2007 年第 11 期。

三、展望：高校模拟法庭实验教学之完善建议

尽管当前我国高校模拟法庭实验教学存在诸多问题，但开设模拟法庭实验教学课程对我国法学实践教学发展有显著推动作用。现针对上述高校模拟法庭实验教学存在的问题，提出以下五点课程教学改良建议。

（一）增强模拟庭审具有实质对抗性的训练内容

真实庭审并非照本宣科式的法庭表演，而是通过原被告、控辩双方激烈的唇枪舌剑对抗予以推进，以帮助法官查明案件事实真相。模拟庭审旨在使学生熟悉、掌握庭审流程的同时发挥其运用法律知识与技能为己方争取利益。因此，增强课程训练中有实质对抗性的训练内容尤为重要。

具体举措可以着眼于训练指导模式与训练实质内容两方面。一是实施"理论导师与实践导师相结合"[1]的指导模式。理论教师在案情法律关系分析、诉讼理论温习、相关文书撰写等环节中发挥指导性作用，而实践指导教师在庭审流程梳理、角色训练、代理或辩护意见观点的提出与凝练、如何举证质证等庭审实践环节发挥指导作用。理论与实践充分结合，最大限度地保障优良的教学效果，呈现真实庭审。二是随机组合原告（或控方）、被告（或辩方）、合议庭三方进行言词辩论。在课程前期，将小组成员分为庭审三方。每次随机抽取三组，在学生事先未互相沟通的情况下，演练庭审中的言词辩论环节，感受真实庭审中激烈的对抗性，训练学生的知识掌握与运用能力、临场反应力和随机应变性。此过程实践指导教师不应轻易打断，应最大限度保证学生身临其境，以便充分指出学生在训练过程中存在的长处与不足，进行全方位的总结指导。

（二）选取有代表性的庭审模拟案例

指导教师在模拟庭审案例的选择方面，应当跳脱模拟法庭实验教学课程教材给定的案例范围，充分尊重学生倾向何种类型案例的意见。指导教师可以通过"中国裁判文书网""北大法宝"等平台，"筛选对于事实认定、法律适用、程序演练等有典型意义的案例"[2]作为改编模板，通过设置较多

---

〔1〕 张小蕾：《浅议模拟法庭教学制度的完善》，载《中国大学教学》2010 年第 2 期。

〔2〕 吴西彬：《模拟法庭教学效果评价》，载《教育评论》2007 年第 1 期。

争议点且开放性思考空间较大、无固定答案可借鉴的情节,增加案件的复杂程度和可辩性,有利于学生深入思考讨论案件的法律解决途径和法律适用方法,考验学生的法律知识积累水平和实践操作能力。另外,也可以让学生结合当下未经审判的时事热点案件,预演审判流程,预设判决结果,从法律角度加深对案件的理解感悟。

(三)强化模拟庭审实体与程序并重的训练目的

真实庭审是实体与程序相辅相成的集中体现,因此,在模拟庭审的过程中也应当注重实体与程序的并重。无论是对于程序方面运行的瑕疵或错误,还是实体方面认定的偏颇或不足,都应当及时纠正。

此外,指导教师也应将学生对程序法的掌握程度与实体法的运用能力纳入模拟法庭课程的评价体系,并细化每大项评分标准,如程序法方面可设置各方庭审基本流程的把握程度、团队分工及配合情况、举证质证的规范性、证据"三性"的分析以及程序异议等的考察项目,实体方面可设置案件主张或定罪量刑的争辩、争议焦点的总结及各方对法律适用的释明等评价内容。因此,坚持模拟法庭庭审实体与程序并重的实训目的,不仅能够保证该课程全面、系统地展开以实训学生对庭审程序的掌握及争议观点阐述与法律适用解释能力,而且可以最大限度地帮助教师整体性评价学生学习效果,切实从实体与程序两个方面培养学生庭审的驾驭与应变能力。

(四)重视模拟案例的证据分析环节

重视证据分析应当从理论与实践两方面增强学生的证据意识和证据运用能力。指导教师在向学生提供基本案情的同时应当将案例完整的证据材料一并向学生提供,向学生阐明证据对案件判决结果的重要意义。同时,引导学生如何对证据"三性"进行分析、法官如何审查与判断证据等方面问题进行思考,促使学生应重视法庭举证质证环节,培养学生的证据意识与分析证据的能力,全方面提升学生的实践操作能力。在实践中,指导教师还可以探索一些新的实践方式,如增加"证据观摩室"学习环节,即指导教师"带学生到法院现场观摩审判,了解当事人如何举证、如何质证的过程,观摩后予以分析评价”〔1〕,通过真实庭审的证据调查环节观摩以指导学生学习庭审举证质证的实质感,并让学生笔述或口述观摩后感受,能够帮助学生将课本知识与实践操作结合地理解。再如,增加“证据‘三性’研讨”学习环节,即指导老师课前首先将案件证据材料发给学生,再将学生分为两组,课堂中由一组学生围绕证据“三性”发表意见,另外一组学生对其进行评价。该种方式可以帮助学生在证据“三性”运用与应变方面的深度学习。

(五)扩大学生参与模拟法庭实训的角色范围

虽然模拟庭审各角色分工有差异,但为了调动担任非主要角色的学生参与模拟庭审的积极性,让模拟法庭实验教学对其实践操作能力的培养有显著的促进作用,指导教师应当让担任非主要角色的学生参与每个角色模拟演练前的全培训过程,使其充分了解庭审各角色作用及使命,增强其法律职业素养。具体做法可以借鉴“随机抽签”式角色分配法,即在课程展示前的最后一次小组讨论中通过随机抽签的方式确定角色分配。由于角色分配的不确定性,不仅促进学生对案情的深入思考,亦可充分调动课程小组成员对各个角色作用、要求的求知欲,形成自己独到的见解。课程讨论中激烈的观点碰撞,可以更好地使小组成员对于案情分析角度以及各角色的作用、要求的全面充分了解,真正调动课程小组成员的学习积极性与参与度;且有利于指导教师更加全面综合、公平公正地对于课程小组成员平时表现打分,而非基于成员所担任角色的贡献度大小片面评价。至于学生个体差异性可能对课程展示造成影响这一担忧,正如学者指出:“学生之间的个体差异性固然存在,但是,在教学实践过程中,通过反复实验,他们之间的差异会逐步缩小”〔2〕,对于课程展示完整性和流畅性的影响微乎其微。

与此同时,指导教师还应当将原被告代理人所需撰写的代理意见、控辩双方所需撰写的公诉书与辩护意见、合议庭所需撰写的判决书等任务分配到全组成员,使其在法律文书的撰写和实体法的运用能力方面得到提升。

---

〔1〕 姚莉、显森:《建构主义视角:证据法教学模式改革研究》,载《国家教育行政学院学报》2010年第4期。

〔2〕 吕铁贞:《模拟法庭实验教学的困境与对策》,载《北京教育学院学报》2014年第5期。

结　语

模拟法庭实验教学对于法学实践教学的推动作用显著,该推动作用的完全发挥必然离不开一套成熟完备、全面具体的教学体系。笔者以对比分析"理律杯"和"淮海杯"赛制特点与不足深入思考我国当前高校模拟法庭实验教学存在的问题,提出行之有效的改良建议,以期为模拟法庭实验教学路径的优化献计献策,为推动我国法学实践教学深度发展贡献力量。

模拟法庭在高职法治教育中的运用与反思*

赵朝霞**

摘　要:高职院校作为我国高等教育体系的重要组成部分,有着数量庞大的学生群体,而高职院校法治教育有诸多不足,对法治实践重视不够。高职学生走向社会之前最后阶段的法治教育实效性,与我国社会主义合格公民培养的成败直接相关。笔者尝试通过高职特色的模拟法庭教学实践,摸索出一条不同于传统教学模式的法治教育方式,提升了学生的获得感,使教学目标得以更好实现。

关键词:法治教育　有效性　模拟法庭

习近平总书记在党的十八届四中全会第二次全体会议上指出“坚持法治教育从娃娃抓起,把法治教育纳入国民教育体系和精神文明创建内容”;2020年11月16日至17日,中国共产党的历史上首次召开的中央全面依法治国工作会议,将习近平法治思想明确为全面依法治国的指导思想。“百年未有之大变局”背景下的法治建设需要年轻人的沉浸式参与,让他们成为国家未来发展具有法治精神的优秀公民,成为法治国家建设的中坚力量。

高等职业教育作为我国高等教育重要的组成部分,有着数量庞大的学生数量。由于高等职业教育绝大多数直接面向就业,所以相当数量的高职

* 基金项目:2020年江苏省教育厅高校哲学社会科学思政专项项目“提升高职思政教育体系中法治教育有效性的路径研究”(2020SJB0294)阶段性成果。

** 作者简介:赵朝霞,南京信息职业技术学院马克思主义学院副教授,朝霞法律工作室主任,从事马克思主义与思想政治教育、婚姻家庭法,法学教育研究。

院校毕业生一毕业即就业,这意味着高等职业教育是他们最后作为学生接受教育的机会,应当在这一阶段开展高水平、体验式、实践性的法治教育活动,为我们的国家储备具有法治精神的公民。

一、高职院校法治教育现状及不足

(一)法治教育教学内容分散,教学方法单一

由于相当一部分高职院校并未开设法学专业,这些学校的法治教育主要阵地集中于思政课堂和人文素质相关讲座。作为法治教育主要阵地的思政课堂,绝大多数老师的主要教学方法还是较为传统的老师讲、学生听的方式。这种方法固然能够系统化地组织教学内容、准确量化教学计划和进度,考核也更加便捷。但众所周知的是,这种"要我学"的方式往往难以普遍地唤起学生对老师所讲知识的兴趣,导致课堂气氛沉重,氛围枯燥。即使老师有意识地唤起学生的学习兴趣,也由于"填鸭式"教学方法及法学知识本身过于抽象的"原罪",导致这种传统法学教育方式存在难以突破的成果天花板。当然,传统的教学方法并非全无用处,其起到的基础性作用是其他教学方式所无法替代的。适时将传统的教学方法置于适当的位置与时机,为传统的教学方法注入新的有生力量,促使其迸发新的生机。

(二)法学专业师资队伍缺乏、实践经验不足导致法治教育实效性欠缺

开设法学专业的高职院校很少,一方面,法学专业毕业生很少会选择高职院校;另一方面,高职院校对法治教育并没有足够的重视,导致在法治教育方面很多具体功能由马克思主义专业教师和安全保卫部门、辅导员承担。这些部门和教师既缺乏专业理论,又缺乏实务经验,对于专业性和实践性很强的法学学科而言,很难达到国家教育和政策的要求。

另外,高职院校的教学内容有着极为明确的就业导向,大量专业教学的展开方式意味着学生一毕业即能够进入职场。就不同专业的学生而言,其法治教育的需求既存在共性也存在个性。例如,几乎所有学生而言,《劳动法》及劳动仲裁的相关程序规定都有着密切的需求,而关于知识产权的相关规定,受众就会较全部专业而言限缩在理工科专业中。

(三)模拟法庭实践教学没有发挥应有的法治教育的功效

有人认为模拟法庭就是表演,也有人认为模拟法庭是法学专业的事,

与非法学专业学生职业生涯无关。很多学校对模拟法庭教学经费投入不足，缺乏硬件设施设备，也缺乏校外司法机关的有效支援和配合。思想认识不统一、重视程度不够，缺乏课程标准和教学大纲也直接影响了模拟法庭的教学质量。

然而，对高职院校学生进行法治教育的目的，并不在于使其成为理论人才或者未来从事相关职业，而在于培养其法治观念及塑造其利用司法手段解决相关问题的主观能动性，并在日后解决纠纷的过程中，展现其有礼、有据、有序的面貌，推动纠纷的顺利解决，避免矛盾的激化与衍生。值得强调的是，此处的"实践教学"并非局限于"案例分析"的教学内容，而应当为学生设计出具体的司法手段解决相关问题的场景，将法治教育拓展至公民教育、人生观教育，让学生真正融入其中、感受其中、体悟其中。

二、高职院校学生法律需求的抽象案例

在笔者十多年的执教、执业生涯中，亲历多个学生具有代表性的法律需求，其中广泛涉及诸如劳动纠纷、买卖合同纠纷、道路交通侵权纠纷、治安管理违法行为等。学生在遭遇上述问题后，往往首先求助于笔者的法律工作室，在为学生提供法律咨询的过程中，笔者发现，他们普遍存在三个误区：

（一）网络搜索指导下杂技式搭建诉讼

法律规定与法律关系调整结果之间表面上存在简单的因果范式，故学生在简单的检索之后往往会形成类似法律"民科"的认知。就如笔者有一名在校期间经商非常成功的学生，在对待一个买卖合同纠纷时，经常向笔者表明"这个证据做一个就行了""没事白纸黑字这么写着""我想办法让他写个东西不就行了？"诸如此类，不顾客观事实与真实的意思表示，认为法律是机械适用的，甚至意图伪造证据。显然，以这种思路对待纠纷与诉讼，在不利于问题解决的同时，还有触发刑事责任的可能性。

（二）存在对法律和司法系统的错误认知

接受咨询的过程中，笔者发现大学生们普遍存在对法律和司法系统的错误认知，往往会认为法律是"高大上"的，不接地气，甚至存在"只有坏人才打官司"的错误认知。这直接导致了学生们发自内心地抵触司法手段解

决纠纷的选项,从而从根本上使公平正义可能缺失于特定个案。经过老师的指导后,学生即使转变了内心认知,也存在后期被亲戚朋友的固有错误观念深刻影响的可能性。因此,应当为学生创设机会,使其身临其境的感受我国司法系统的运行模式与合理高效的求助方式,才能有效地改变其观念,在其内心树立起司法系统友善、可靠、公正的形象认知。

(三)发生纠纷后私力救济和委曲求全并存

人们对自身权利的救济抽象的分为两种,即公力救济与私力救济。由于法治教育的覆盖面不够,很多大学生在遇到问题的时候往往本能地寻求私力救济的路径。私力救济往往意味着暴力因素的介入及不正当交易的产生,即使有时能够解决问题,也存在使学生达不成目标甚至触犯刑法的可能性。大学生的社会经验一般较为缺乏,也往往存在"血气方刚,冲动行事"的情况,长辈和学校可以包容他们,但是他们最终还是会走向社会,长成大人。此外,也有很大一部分同学都有过权利被侵犯却不知如何预防和维权,最后不了了之。而学会如何理性而睿智地面对和解决纠纷,是高等教育的应有之义。

三、模拟法庭"剧本杀"的组织实践

在新形势下,进一步推进模拟法庭在高校法律教学中的应用需要提升其严谨性、全面性以及完备性。[1] 模拟法庭是法治教育实践的重要组成部分,既遵循了学生为主体的教育教学理念,围绕个性化、探究式、参与度设计实践教学,调动学生学习的主动性,又将抽象的法律规定和法律程序在具体案件中逐层演进和展开,有助于将法治思维融入职业教育,提高法治教育的实效性。笔者开展模拟法庭"剧本杀"的具体思路和做法如下。

(一)选题生活化,剧本法律化,建立案例资源库

到目前为止,我们的模拟法庭"剧本杀"已经组织了诸如买卖合同纠纷、劳动仲裁、婚姻纠纷及常见刑事案件等。模拟法庭"剧本杀"题目的选择原则,一是应当为社会的热点事件、学生的专业需求以及与日常生活密切相关的议题。使得学生相应的实践活动贴近实际,能有效满足其现实需

---

〔1〕 参见呼和:《模拟法庭在高校法律教学中的应用》,载《法制博览》2016 年第 27 期。

求;二是所选案例在忠实于事实的基础上,做一些修改,使剧本法律化,使案例尽可能涉及更加广泛的法律相关知识,尽量多地接触到不同的法律知识;三是案例涉及的法律关系应当具有相当的辨识度与可辩性,这样有利于学生对比领会不同的法律知识,锻炼其逻辑思辨能力,在整个时间活动中实现解决问题能力的有效提升。

(二)"实训+实战"的学生团队准备方式,扩大参与面

模拟法庭"剧本杀"需要至少组成居中裁判的审判角色以及对抗的双方角色。一般将某一角色交由一个团队去组织,团队站在自己的角度群策群力分析案例,最后推举适当的人数参加模拟法庭活动。模拟法庭"剧本杀"的实现就是作为整个团队作业打分的依据。这样做的目的,就是尽最大的可能避免活动只有少数人参加,以使尽可能多的学生获得实践体验。课程设置的作业打分环节,作为课程考核的一部分,是激励学生充分发动脑力内化案例知识的机制性安排。

为使模拟法庭"剧本杀"最大可能地还原司法活动的真实面貌,我们会将场景尽量还原真实。其中包括桌椅的摆放、桌牌的布置、国徽的悬挂、法官袍、律师袍的着装等。通过高仿真度的场景还原,使参与者、观看者都能产生身临其境的感受,能使学生认识到法律的神圣与威严,以及在维护公民权益方面的举足轻重作用。避免学生因缺乏社会阅历而感到恐惧,让学生认识到,司法神圣却不可怕,参加司法活动是作为法治国家公民社会参与的重要组成部分。

(三)校内外相结合的专家辅导方式,提升实践质量

由于很多大学生并非法律专业,故为了保证大学生的学习质量,老师团队在模拟法庭的学生团队准备阶段会对学生进行有针对性的辅导。而教师团队的组成,遵循"校内+校外"的原则。模拟法庭教学的师资对于建设是第一要义。模拟法庭教学横跨实体法学和诉讼法学,纵跨理论教学和实践教学。实践师资队伍从一线律师、法官、检察官中选拔和聘用,以实现法律程序、案件结果最大限度贴近事实、贴近实际、贴近社会。

辅导工作大体上分为如下几个部分:一是查找类案,帮助大学生抓住案件的核心事实,并检索相应的法条;二是观看庭审直播,引导学生选择合适的审判、诉讼思路,并进行比较;三是对相关的程序法规定进行辅导,让

活动得以规范进行;四是指导学生写作法律文书,尤其重点指导学生起草起诉状、答辩状等。上述工作极为重要,可以被视作整个活动最为重要的环节之一。在这个过程中,老师的引导将会最大可能地避免学生走入认知误区,为学生树立正确的思维模式,并在学科之外,培养学生的自学、研究能力。老师得当的辅导,主要体现在给予学生自学、研究的原动力,是"教"的过程,而"学"的过程将会因为老师的引导,让学生由内而外的领会案涉法律知识,其范围的拓展无疑将会大于理论教学内容。值得一提的是,在邀请其他高校法学院教师、公检法系统专家的同时,还会邀请本校的思政专任教师一同参加对学生的辅导工作,以实现对师资法治教育能力的培训和提升。

(四)模拟法庭"剧本杀"对抗,深度还原真实案例

模拟庭审按诉讼法规定的流程逐层展开,紧紧围绕案件主要事实,按照老师事先划定的主要范围展开。学生临场可以调整思路、发言及积极进行辩论。由于在案例准备工作中大量加入了争议性内容,故使得模拟法庭"剧本杀"胜似另一种形式的辩论赛。这从体制机制层面激发了学生的斗志和好胜欲,所以在庭审辩论环节往往又出新意。这一形式增加了活动的趣味性,学生们且演且思且辩,且学且演,乐在其中。在模拟法庭"剧本杀"进行时,场上人员的团队成员会在台下观摩活动情况,这一过程是所有人共同参与的过程,也可视为对相关领域法律知识学习的复习过程。由于团队讨论的结果往往会呈现在活动中,这也使未能上台的学生倍感亲切,提升其学习质量。

(五)总结分析与复盘颁奖,兼顾原则性和灵活性

法学实践考核应注重过程性,关注学生是如何参与法律实践的、做了哪些工作、成效如何、有何经验与教训等。同时,在过程评价体系中,教师应引入学生自评、学习小组互评的参与机制。[1] 模拟法庭"剧本杀"结束后,每组需要根据庭审情况写出分析报告,分析报告的内容不仅是对庭审情况的总结,还包括授权委托书、代理词等文书内容的分析与修改。这一

〔1〕 参见张邦铺:《法学专业实践教学模式存在的问题及改进策略》,载《教育评论》2016年第7期。

过程是对活动的复盘，是巩固学生所得的重要组成部分，就这一部分而言，其重要性仅次于活动前的老师辅导，这一阶段是在老师与学生同时具备相当法律知识的基础上进行的互动，其碰撞出的火花质量较高。在完成上述工作后，教师应汇总分析报告，基于相对量化的标准给每组一个客观的评分。评分的主要标准包括了庭审准备情况、庭审礼仪、案件分析深度与广度、临机应变情况等。分析每个案例模拟审判的过程和结果对于更好地开展接下来的模拟法庭"剧本杀"很重要。相对明确的考核内容、标准会带来动力，也会是压力，激励学生带着目标去参加模拟法庭，也使模拟法庭进一步规范化和标准化。

四、模拟法庭"剧本杀"实践活动的反思

模拟法庭"剧本杀"活动既符合法学教育目标，也符合社会主义合格公民培养的教育目标。模拟法庭"剧本杀"活动的进行，仍然是基于老师教授相关法律知识的基础上进行的，老师在活动前的辅导是全部活动得以顺利进行的基础。在这一阶段，保证了活动的主线一直以教学目标的实现为核心，从而使活动的游戏性不至于产生负面影响。模拟法庭活动的事先辅导、事中对抗、事后总结，使学生获得了内发的求知欲，该内发动力为即时的学习反馈提供了逻辑前提，使学生不断在学习中获得正面反馈，符合一般的认知规律。模拟法庭"剧本杀"活动将学生置于核心位置，全部的注意力聚焦于学生本身对案件司法活动的演绎，使学生成为学习的主人。活动也旨在引导学生关心社会问题，不惧强恶，扶助弱小，将法学教育延伸至学生对社会的关怀，实现科学精神和人文精神的统一。

同时，模拟法庭"剧本杀"活动仍有很多需要完善的方面。首先，教师也需要不断革新教学理念、创新教学方法、提升自身的实践教学能力。其次，模拟法庭选题仍须针对学生专业进行精进。笔者所在的法律工作室正在着手准备一项工作，就是通过调研精准识别本校不同专业学生的潜在法律需求，并因应组织课程设计以及组织活动选题设计。这项工作的难点在于本校专业涉及过于广泛，其中所涉潜在法律专业方向也相应复杂。尤其是本校强势的理工科专业，甚至糅合诸如劳动合同关系与知识产权财产权相交叉的，极为专业的法律关系。最后，邀请知名高校法学教授及实务界

权威人士到校举办讲座和辅导弥补课堂教学内容的不足,并计划与本科院校法学在读研究生结成帮扶团队,对本校学生进行辅导交流。在讲解理论知识的基础上也需要联系实际扩充学生的知识面,用不同角色和方式,满足学生的法治求知欲,逐步帮助大学生认识到司法程序背后的价值内涵,提高高校法治教育的实效性。[1]

结　语

高校模拟法庭教学不仅是法学专业人才培养的重要内容,也是将非法学专业大学生培养成为合格公民的必要环节。在培育学生法治意识的同时,为他们提供模拟法庭的实践经历,使学生沉浸式感受理论与程序结合的纠纷解决之道。一是丰富了学生法治阅历;二是激发了学生对特定理论知识及程序安排的求知欲,从而部分实现研究式的学习、探索式的学习。全面深入地培养其法治、政治素养,培养其解决问题的意识与能力,避免其错误对待司法机关和诉讼手段,准确拿捏问题解决之道。同时具备二者,才能回应“百年未有之大变局”下党和政府对具备社会主义法治习惯、法治思维、法治信仰的优秀公民的期待。

〔1〕 参见黄韬:《浅谈模拟法庭在高校法律教学中的作用》,载《法制博览》2019 年第 5 期。

论情境教学法的源与流

李相森　张华进*

摘　要：中国古代特别重视教育，发展了丰富的教育方法，虽然没有明确提出"情境教学"这一概念，但已经具备了朴素的情境教育思想，历代教育家也在进行着情境教学的实践。西方的情境教学理论与实践可以追溯到古希腊、古罗马，教育与生活密切联系。近代以后，在反思传统的学习理论与学校教育中逐渐认识到情境在学习中的重要性。20世纪80年代之后，随着建构主义以及情境认知等学习理论的发展，情境在学习中的作用逐渐凸显，成为教学过程中的重要环节，"情境教学"正式诞生，并随着教育技术的发展转变为具体教学活动。在我国，儿童教育家李吉林在长期的教学实践中，依据马克思主义关于人的活动与环境有机统一的原理，借鉴心理学中暗示、移情、角色效应以及心理场等理论，构建了自成体系的"情境教学"法。

关键词：情境教学法　情境学习　建构主义

在当今时代，情境教学法成为一种风靡全球的主流教学方法，受到教育家的推崇和学生的广泛喜爱。这不仅仅是因为情境教学法呈现了生动活泼、富有魅力的教学过程，更重要的是，情境教学法遵循了认知规律、揭示了教学的本质。学习离不开特定的情境，知识的传播更离不开情境，教学作为知识迁移的过程总是在一定的情境中发生的，因此，情境教学的实践几乎与教学同时诞生。

一、中国古代的情境教学

中国古代的教育综合运用多种教学手段，将人作为一个活生生的有机

---

* 作者简介：李相森，法学博士，南京审计大学法学院副教授，从事法学教育研究。张华进，南京审计大学法学院2021级法学硕士研究生，从事监察法学研究。

整体进行全面教育。“古人自八岁入小学,十五岁入大学,有文采以养其目,声音以养其耳,威仪以养其四体,歌舞以养其血气,义理以养其心。”[1]文采、声音、威仪、歌舞、义理,教育内容丰富,而教育内容的丰富必然要求教育手段的多样,其中就有运用情境教学手段的影子。《学记》中有“善喻”之教,要在“道而弗牵、强而弗抑、开而弗达”的教学方式下创造融洽的师生关系,学生从容安易,达到“和易以思”的教学情境。而且古人很早便认识到“人性如素丝,染于苍则苍,染于黄则黄”(《墨子·所选》),不同的环境对人,尤其是对价值观尚未确立的未成年人有着十分重要的影响,具有了朴素的情境教育思想。中国历代的教育家也在进行着情境教学的实践。

(一)孔子:中国古代情境教学的鼻祖

中国古代的教育家、思想家孔子可谓是中国式“情境教学”的鼻祖。他随时随地利用活生生的情景、事例对学生进行启发教育。例如:

> 色斯举矣,翔而后集。曰:“山梁雌雉,时哉时哉!”子路共之,三嗅而作。
>
> ——《论语·乡党》

【译文】[孔子在山谷中行走,看见几只野鸡。]孔子的脸色一动,野鸡便飞向天空,盘旋一阵,又都停在一处。孔子道:“这些山梁上雌雉,得其时呀,得其时呀”。子路向它们拱拱手,它们又振一振翅膀飞去了。

一次,孔子带着弟子自山谷中走过,看到山梁上有几只野鸡。野鸡一看到人的脸色稍有变化便飞起来,在天空盘旋一阵之后,再聚到一起。孔子见此情景,遂感慨道“山梁雌雉,时哉时哉”,说它们懂得时宜,该飞就飞,该停就停,能够判断时机。言外之意是人应当懂得时宜,随时权变,顺应时势。孟子奉孔子为“圣之时者”,能够随着“时机”的改变而调整观念与行为当进则进,该退则退,做任何事都能够恰如其分。[2] 所谓“义者,宜也”,与时消息、恰如其分就是“义”。由此可见,孔子善于随时利用身边的情景作

[1] (宋)程颢、程颐:《二程集·河南程氏遗书》卷二十一上《师说》,中华书局1981年版,第268页。

[2] 参见傅佩荣:《国学的天空》,陕西师范大学出版社2009年版,第17页。

为教材来教导学生。

孔子门人编撰的《论语》即是一本非常好的情景教学教材。《论语》以语录体和对话文体记录了孔子及其弟子的言行。一段段对话，让人读来如亲聆夫子謦欬，优游其间，如沐春风；一幕幕场景，让人身临其境，如见其人，不知不觉间习得做人做事的道理。例如：

> 君召使摈，色勃如也；足躩如也。揖所与立，左右手，衣前后，襜如也。趋进，翼如也。宾退，必复命曰："宾不顾矣。"
>
> ——《论语·乡党》

【译文】鲁君召孔子去接待外国的贵宾，他面色矜持庄重，脚步也快起来。向两旁的人作揖，或者向左拱手，或者向右拱手，衣裳一俯一仰，却很整齐。快步向前，好像鸟儿舒展了翅膀。贵宾辞别后一定向君主回报说："客人已经不回头了。"

这里并没有大谈特谈待人接物应遵守的礼仪规矩，而是构筑了一个情境，描绘了孔子接待宾客时的神色、动作、言语，一个恭敬有礼的夫子形象跃然纸上，为人们树立了可供学习的生动模范，让人们切实懂得了待客之礼。

《论语》的《乡党》一篇集中记载了孔子的容色言动、衣食住行。宋代理学家程颐说："《乡党》所载，善乎其形容也。读而味之，想而存之，如见乎其人。"[1]这些记载如同白描一般，描绘了孔子的一举一动及生活侧面，勾勒出一位谨言慎行、遵礼尚义的正人君子形象，让人读来如见其人，如闻其声，感受到圣人气象，自然而然地加以学习模仿，志于圣贤之道，效法圣贤之行，不觉之间思想与行为都得到了提升。

（二）孔子之后情境教学的发展应用

孔子的教育方法影响了之后传统中国两千余年的教育理论及实践。后代的师者继承发扬了孔子的启发式、情境式教学。

---

〔1〕（宋）程颢、程颐：《二程集·河南程氏粹言》卷二《圣贤篇》，中华书局1981年版，第1234页。

孟子作为继孔子之后的大思想家、教育家,有自己的教育思想和教育方法。孟子强调在教学中要根据学生的情况采取不同的教学方法,即做到启发引导,因材施教;在教学中发挥学生的主动精神,培养学生学习的自觉性和主动性。孟子本人则是情境教育的直接受益者。《列女传》记载孟母为选择良好的环境教育孩子,曾三次迁居。这是强调不同的环境对教育效果的影响。另外,《列女传》所记载的"孟母断机教子",是情境教学的典型运用:

> 孟子之少也,既学而归,孟母方绩,问曰:"学何所至矣?"孟子曰:"自若也。"孟母以刀断其织。孟子惧而问其故。孟母曰:"子之废学,若我断斯织也。夫君子学以立名,问则广知,是以居则安宁,动则远害。今而废之,是不免于斯役,而无以离于祸患也。何以异于织绩而食,中道废而不为,宁能衣其夫子而长不乏粮食哉?女则废其所食,男则堕于修德,不为窃盗,则为虏役矣。"孟子惧,旦夕勤学不息,师事子思,遂成天下之名儒。君子谓孟母知为人母之道矣。[1]

孟母"以刀断其织"的情景让孟子产生了强烈的情绪反应——"惧",同时也产生了思想的疑惑,主动"问其故"。孟母抓住时机,用"断机杼"和学习半途而废作类比,启发、教育孟子要坚持不懈地学习,不能半途而废,最终使孟子"惧"(此时,孟子所惧的是不坚持学习导致的恶果),自觉主动地勤奋学习,成为天下名儒。孟母利用现实情境进行教育,直观生动而具有震撼力,达到了很好的教育效果。

孟子强调学习需要特定环境。他曾以学习语言作比喻,如果楚国大夫的儿子要学习齐国话应请齐国的老师,若置于齐国都城住上几年,则再说楚国话也不可能。置身于特定情境之下,耳濡目染,潜移默化,更容易习得知识、提升能力,学习语言如此,学习其他知识亦是如此。孟子"为王者师",在阐发自己思想和学说时,往往能够就近取譬,生动形象,而又具有说

[1] 张敬注译:《列女传今注今译》,台北,商务印书馆1994年版,第36页。

服力。比如,齐宣王有一天坐于堂上,堂下有人牵一头牛经过。牛哀鸣凄惨。齐宣王见此问道:“这头牛牵到什么地方去?它没有犯什么罪就被判了死刑。它叫得那么凄惨,放了它吧。”牵牛的人说:“请问大王要废除祭钟的典礼吗?”原来是要把牛杀死,把牛血涂在新铸的钟上,以祭钟。齐宣王说:“那就换一头羊吧。”孟子听了这件事后,见到齐宣王,由“不忍看牛被杀”引出“体恤百姓”的道理,由被教育者自身经历的现实情境出发,讲解实施仁政的道理,实现了被教育者知识的迁移和建构。

唐代韩愈继承了董仲舒的“性三品说”,明确提出:“性之品有上中下三。上焉者,善焉而已矣;中焉者,可导而上下也;下焉者,恶焉而已矣。”〔1〕性是与生俱来的,性之外尚有“情”。情是在与外界接触过程中产生的,表现为喜、怒、哀、惧、爱、恶、欲七种情感。七种情感的不同组合,也有三品的区别。对于“性(情)三品”的不同种类的人予以不同的教导,即“上教、中导、下制”。韩愈的教育思想注意到了学习者个体在性情上的差异,主张分别予以不同的教导。也即,将不同“性情”的人置于不同的教育环境和背景之下进行教育。难能可贵的是,韩愈充分挖掘了学习主体的“性情”,这与情境教学重视“情”的作用是一致的。在具体的教学实践中,韩愈以他自己的亲身实例来启迪、教诲学生,他的立身行事也确实给学生做出了榜样。这种以身传道的做法无疑是活生生的情境教学。

有宋一代,大儒群出,一时之间,学术和教育呈现欣荣之象。诸儒穷究天人、探赜索微,而成一家之言,同时也注重传播自己的学说,讲学之风盛行。教育理念与方法在继承孔孟之法的同时也有所发展。

北宋理学家程颢、程颐强调,教人要“见意趣”,“教人未见意趣,必不乐学”。〔2〕程颢天性温和,待人接物“浑是一团和气”;教书育人,让人如沐春风。朱公掞求学于程颢,归来之后,对人说“光庭在春风中坐了一个月”。这是以自身人格、举止教化、感化学生,让学生感受到老师的人格魅力,接受活泼的知识熏染,自觉不自觉地便陶冶了性情,获取了知识。与程颢相

〔1〕(唐)韩愈:《韩昌黎文集校注》卷一《赋、杂著·原性》,马其昶校注、马茂元整理,上海古籍出版社1986年版,第20页。

〔2〕(宋)程颢、程颐:《二程集·河南程氏遗书》卷二上《元丰己未吕与叔东见二先生语》,中华书局1981年版,第21页。

反,程颐则讲究师道尊严,为人刚直,但在教学中亦讲究言传身教。程颐的学生杨时、游酢来拜见程颐,见老师正瞑目静坐,便侍立一旁。直到天黑,程颐才睁开眼对他们说:“贤辈尚在此乎?日既晚,且休矣。”待出门看时,雪已有一尺深。这即是“程门立雪”典故的来历。程颐的这种做法看似另类,其实是通过躬身践行灵活生动地为学生上了一课。程颐瞑目静坐是他穷究天理、修身养性的一种方法,虽然他未曾说一字,但想必两位学生一定了解了老师修身养性的方法。

理学集大成者朱熹认为教学必须有一定的方法,“君子教人,但授以学之之法,而不告以得之之妙。如射者之引弓而不发矢,然其不告者,已如踊跃而见于前矣”。[1] 真正的老师只是教人如何学习知识、如何成就自身完善的人格,而非直接告知学生具体的知识或现成的结论。“引而不发”的教学方法与孔子的启发式教育一脉相承。朱熹还强调“事事都用你自去理会,自去体察,自去涵养。书自用你去读,道理用你自去究索。某只是做个引路底人,做得个证明底人,有疑难处商量而已”,[2] 也即确立学生的主体地位,让学生自己主动去理会、体察事理,而老师只是起引导、确证、答疑解惑的作用。

明代心学大师王阳明发展了自己独特的教育思想和教学方法。作为教学实录,《传习录》真实地记录了王阳明进行教学的情形,展现了王阳明人性化的教学思想和教学方法。启发诱导是其教学的一大原则,《传习录》几乎每一篇都是循循善诱的例证。仔细读来,他与学生倾心交流之情态、启发诱导之深意跃然纸上,其中就不乏从情境出发的阐释,让深奥难解的哲理变得浅显易懂。一日,阳明与友人游南镇,一友指岩中花树说:“天下无心外之物,如此花树在深山中自开自落,于我心亦有何相关?”阳明道:“你未见此花时,此花与汝心同归于寂;你来看此花时,则此花颜色一时明白起来,便知此花不在你的心外。”[3] 深山之中,满树繁花,友朋踏游至此,边赏良辰美景,边谈性理学问。面对朋友的发问,王阳明利用见和未见岩

〔1〕 (宋)朱熹:《四书章句集注·孟子集注》卷十三《尽心章句上》,中华书局1983年版,第362页。

〔2〕 加润国:《中国儒教史话》,河北大学出版社1999年版,第146页。

〔3〕 (明)王阳明:《王阳明全集》,上海古籍出版社1992年版,第107~108页。

中之花两种情形，阐释了心与物的关系，论证了“心外无物”的观点，令人豁然开朗。这不能不归功于具体形象、灵活生动的情境教学。此外，王阳明特别强调“知行合一”，“行是知的功夫”，要求学生在事上磨，即要在具体的为人处世的情境中求知。其弟子陆澄得知儿子病危，但又不能回家探望，“心甚忧闷”，王阳明利用这个时机，教导学生：“人正要在此等时磨练。”[1]王阳明对儿童教育的思想最能体现情境教学运用。他认为应尊重儿童“乐嬉游”的天性，激发儿童的兴趣“使其趋向鼓舞，中心喜悦”，从而主动学习。其教学方式方法则多种多样，对教歌诗与习礼，不仅有分班（组）轮教，以相互观摩，还有会演比赛等各种方式。[2] 借助咏诗唱歌激发儿童的志向，宣泄欢呼跳跃的情绪；引导儿童学习礼仪，严肃他们的面容仪表，调理性情。

中国古代特别重视教育，发展了丰富的教育方法。虽然没有明确提出“情境教学”这一概念，但重视情境、利用情境进行教学的实践已经持续了千年。这些情境教育实践对我们开展情境教学依然具有启发意义和借鉴价值。

二、国外的情境教学

西方的情境教学理论与实践可以追溯到古希腊、古罗马。在古希腊，教育与生活本身是密切相连的。“许多教育源自城邦生活本身，生活在雅典城就是教育。欣赏神殿之美，聆听伟大的人物演说，乘船游访异士，听商人和旅行者谈世界上的新闻，参与政府工作，这一切都是教育。”[3]与古希腊人一样，对早期的古罗马人来说，生活经验是教育的手段。在家里、在农场、在讲坛，儿童和青年通过观察和模仿来学习。与实际生活没有直接关系的知识被看作无关紧要的。这种教育直接以生活场景本身作为教育的平台，可以说是情境教育的雏形。

古希腊先哲苏格拉底在雅典的街头聚众讲学，没有教材、没有板书、没

---

〔1〕（明）王阳明：《王阳明全集》，上海古籍出版社 1992 年版，第 17 页。

〔2〕戴岳：《王阳明与杜威儿童教育思想之比较》，载《贵阳学院学报（社会科学版）》2006 年第 4 期。

〔3〕［英］伊丽莎白·劳伦斯：《现代教育的起源和发展》，纪晓林译，北京语言学院出版社 1992 年版，第 23 页。

有现代的多媒体设备,但却以其独特的“助产术”帮助人们寻觅真知。他主张“教育不是知者随便带动无知者,而是使师生共同寻求真理”。[1] 在教学过程中,对于有疑惑的问题,苏格拉底并不直接给出答案,而是让学生自己给出答案,然后通过反复诘问,让学生发现自己答案的矛盾之处,从而一步步引导学生最终得出正确的答案。这是一种通过师生谈话创设问题情境让学生主动思索以获得问题解决的情境教学模式。

苏格拉底的学生柏拉图继承并发扬了苏格拉底的教学思想,形成了“对话教学模式”。“师生之间采用对话的形式进行教学,由此掌握辩论之术,又通过学习算术、几何等学科,训练学生的思考能力,最终通过学习辩证法,发现真理。其教学模式的基本过程是:对话—辩论—思考—真理。”[2]这种通过对话辩论思考而寻获真理的教学方法可以看作情境教学的萌芽。

现代教育的开创者、捷克教育家夸美纽斯在其《大教学论》中写道:“一切知识都是从感官开始的。”[3]这一论断强调了感官在知识学习中的基础地位,而以知识传授为重要目的教育则须以感官为突破口,将抽象的知识具体化、形象化,以助于学生感官知识的形成。而情境教学正是通过鲜明具体的形象刺激学生的感官,使学生从形象的感知达到抽象理性的领悟。

卢梭同样强调感官在教育中的重要性,“万事万物只有经由人的各种感官体验才能够被他们所认识,人们最初的理解是一种感性的理解”。[4] 这种经验主义的观点使得卢梭极力排斥死板的言语说教式教育,而是倡导体验式的情景教育。卢梭在其教育名著《爱弥尔》中说:“使你的学生去观察自然的种种现象,不久以后可使他变得非常好奇……你提出一些他能理解的问题,让他自己去解答。要做到:他所知道的东西,不是由于你的告诉而是由于他自己的理解。不要教他这样那样的学问,而要由他自己发现那

---

〔1〕 黄忠敬:《教学理论:走向交往与对话的时代》,载《教育理论与实践》2001 年第 7 期。

〔2〕 冯卫东主编:《情景教学操作全手册》,江苏教育出版社 2010 年版,第 3 页。

〔3〕 [捷]夸美纽斯:《大教学论》,傅任敢译,教育科学出版社 1999 年版,第 249 页。

〔4〕 [爱尔兰]弗兰克·M. 弗拉纳根:《最伟大的教育家:从苏格拉底到杜威》,卢立涛、安传达译,华东师范大学出版社 2009 年版,第 94 页。

些学问。”[1]卢梭还劝诫教师不要试图把诸如真理、诚实、虔诚等概念强加给学生,他建议教师“脱掉虚伪的外衣,处事要公正善良,把你们以身作则的榜样深深地刻画在学生的记忆里,让榜样的力量深入到他们的心田”。[2]由此可见,卢梭对于教育中由学生自主体验情境、教师亲身示范的重视。

19 世纪,美国著名哲学家、教育家杜威所倡导的儿童中心主义的经验学习是对情境教育的进一步发展。杜威提出“教育即生长”“教育即生活”“学校即社会”,主张“从做中学”“从活动中学”“从经验中学”,要求学校从封闭走向开放,让学生在社会的广阔环境中学习。他在《我们怎样思维》一书中认为,如果没有思维,那就不可能产生有意义的经验。同时,他主张“思维都是从直接经验的情境中发生的”,[3]必须有一个实际的经验情境,作为思维的开始阶段。因此,教师应该提供可以引起学生积极思考的经验情境。进而,杜威提出了情境(暗示)—问题—假设(以引导观察,占有资料)—推理—验证的五步教学法。由“思维五步”出发,教学过程也相应地分成五个步骤:一是教师给儿童提供一个与现在的社会生活经验相联系的情境;二是使儿童有准备去应付在情境中产生的问题;三是使儿童产生对解决问题的思考和假设;四是儿童自己对解决问题的假设加以整理和排列;五是儿童通过应用来检验这些假设。在课堂的设计和组织方面,以学生的经验、兴趣和能力组织课程,教师设计一些最能激发学生兴趣的课堂内容,学生们还常常离开课堂去校外旅行,直接与大自然和社会接触。[4]至此,可以说,情境作为教学过程的有机组成部分有了一个理论上名实相符的源头。但需要注意的是,这也仅是强调了“教学要有情境”这一命题,并没有形成系统的情境教学理论。

随着现代教育学的发展,情境教学的具体形式得到了系统的应用。苏联教育实践家苏霍姆林斯基非常重视教学过程中学生的参与和体验,他认为:“让学生体验到一种自己在亲身参与掌握知识的情感,乃是唤起青少年

---

〔1〕 [法]卢梭:《爱弥尔》(上卷),李平区译,人民教育出版社 1985 年版,第 206 页。

〔2〕 [爱尔兰]弗兰克·M. 弗拉纳根:《最伟大的教育家:从苏格拉底到杜威》,卢立涛、安传达译,华东师范大学出版社 2009 年版,第 94 页。

〔3〕 [美]杜威:《我们怎样思维》,姜文闵译,人民教育出版社 1991 年版,第 81 页。

〔4〕 参见胡庆芳:《美国教育 360 度》,教育科学出版社 2007 年版,第 37 页。

特有的对知识的兴趣的重要条件”,“获取知识——这就意味着发现真理、解答疑问。你要尽量使你的学生看到、感觉到、触摸到他们不懂的东西,使他们面前出现疑问。如果你能做到这一点,事情就成功了一半”。[1] 由此,苏霍姆林斯基经常带领学生到大自然中去,感受自然情境,让学生在轻松愉快的氛围中学习,激发了学生的学习兴趣,发展了学生的想象力和审美能力。苏霍姆林斯基还给孩子们编制了300页的《大自然的书》,每一页都给孩子们以极大的兴趣和生动鲜明的客观事物的形象。

20世纪六七十年代加利亚的心理治疗医生乔治·洛扎诺夫创立了暗示教学理论。他暗示教学的重点在于综合运用音乐、游戏、角色扮演等教学方法为学习者提供富于变化而又有针对性的刺激,消解束缚学习者心理活动的负面因素,创造轻松、愉快的学习气氛,充分发挥无意识对意识的促进作用,释放心理潜能,使学生全身心地投入学习活动中,让他们的情感和理智、有意识活动和无意识活动共同进行,从而充分挖掘大脑的潜能,以达到惊人的教学效果。[2] 暗示教学的关键在于组织和创设情境,因此,在某种意义上,暗示教学也是一种情境教学。

概括说来,这一阶段情境教学尚处于孕育阶段,既没有科学的概念形成,也没有形成相对系统的理论体系,有关情境教学的思想都交织在以上所提及的一些学说的零散论述当中。人们在反思传统的学习理论与学校教育中看到了情境在人类学习中的重要性,却没有进行专门系统的研究和总结。情境教学早期研究阶段的状况一直持续到20世纪80年代中期才陆续有所改变。

三、情境教学法的诞生

20世纪80年代以后,学习理论研究的取向发生了巨大的改变,兴起于20世纪六七十年代的认知革命逐渐被建构主义以及与其密切相关的情境认知与学习理论、社会文化认知、生态认知、日常认知、分布式认知等理论所代替。人们试图弥补传统的认知学习理论的缺陷,从人类学、批判理论、

---

[1] [苏]B. A. 苏霍姆林斯基:《给教师的建议》,杜殿坤编译,教育科学出版社1984年版,第24页。

[2] 参见冯卫东主编:《情景教学操作全手册》,江苏教育出版社2010年版,第5页。

政治学与生态学领域等视角来关注人类的学习。学习理论的研究不仅仅指向个体,而且指向学习者的意义与身份建构、关注学习者之间的社会互动与协商、关注学习所依托的社会文化和社会历史背景的重要性。情境在学习中的作用由此而逐渐凸显,成为教学过程中的重要环节。

建构主义是一种学习哲学,是关于知识与学习的理论;它论述了什么是认识以及个体如何认识的问题。建构主义学习理论的兴起,被认为是"教育心理学中的一场革命"。在建构主义学习理论中,"情境"、"合作"、"会话"和"意义建构"被认为是学习环境中的四大要素或四大属性。其中,情境创设是教学设计的最重要内容之一。建构主义认为,"知识的意义总是存在于情境之中的。学习总是在一定的情境下进行的,人不能超越具体的情境来获得某种知识"。[1] 在实际情境下或通过多媒体创设的接近实际的情境下进行学习,可以利用生动、直观的形象有效地激发联想,唤醒长期记忆中有关的知识、经验或表象,从而使学习者能利用自己原有认知结构中的有关知识与经验去"同化"当前学习到的新知识,赋予新知识以某种意义;如果原有知识与经验不能同化新知识,则要引起"顺应"过程,即对原有认知结构进行改造与重组。总之,通过"同化"与"顺应"才能达到对新知识意义的建构,而同化与顺应离不开原有认知结构中的知识、经验与表象,情境创设则为提取长时记忆中的这些知识、经验与表象创造了有利条件。在传统的课堂讲授中,由于不能提供实际情境所具有的生动性、丰富性,不能激发联想,难以提取长时记忆中的有关内容,因而使学习者对知识的意义建构发生困难。因此,学习者要真正获得知识,主要不是通过教师传授得到的,而是学习者在一定的社会背景和情境,利用必要的学习资源,通过与其他人(教师和学习伙伴)的协商、交流、合作和本人进行意义建构方式获得的。[2]

1987 年,在美国教育研究协会的就职演说中,瑞兹尼克(Resnick)发表了《学校内外的学习》(Learning in School and Out)的演说,认为:日常生活情境与学校情境之间的第一个主要区别是,学校情境是有一定目的、计划

〔1〕 徐辉:《现代西方教育理论》,重庆出版社 2006 年版,第 107 页。

〔2〕 参见杨绍文:《建构主义理论下的情境教学探究》,载《荆州师范学院学报》2003 年第 4 期。

和意义的,而且它主要强调学习者的个体工作;第二个主要区别是,相对于学校情境中的“智力工作”而言,在学校情境中,人们更关注知识与技能的获得,而在日常生活中人们则更偏重于使用工具去解决问题;第三个主要区别是,在学校情境中常常强调抽象推理、强调学习的必然性,而在日常生活中则常常运用情境化推理,强调学习的偶然性。因此,她认为,校内的学习是个体化、抽象的,而校外的学习则具有合作、情境化、具体等特点与优势。后来,她又相继在1987年和1989年出版了三部著作《教育与学习的思考》(*Education and learning to think*)、《知识、学习与教学》(*Knowing, learning, and instruction*)和《对课程的思考:当前的认知研究》(*Toward the thinking curriculum: current cognitive research*)等。有研究者认为,正是她的这些分析成为主要的动因,推动了以情境理论为重点的参与观点的发展。[1] 所以,她的演说及相关论著在情境认知与学习的研究中具有里程碑意义。

“情境教学”这一概念在20世纪80年代后期由布朗(Brown)等人提出。情境教学是建基于情境认知、情境学习的理论基础之上的,随着情境认知和情境学习理论的研究而不断发展和完善。1989年,约翰·西利·布朗、阿伦·科林斯与保尔·杜吉德(John Seely Brown, Allan Collins & Paul Duguid)在《教育研究者》杂志上发表了他们著名的论文——《情境认知与学习文化》(Situated cognition and the culture of Learning)。这篇论文系统、完整地论述了情境认知与学习理论,认为知识是具有情境性的,知识是活动、背景和文化产品的一部分,知识正是在活动中,在其丰富的情境中,在文化中不断被运用和发展着。学习的知识、思考和情境是相互紧密联系的,知与行是相互的——知识是处在情境中的并在行为中得到进步与发展的。

与此同时,莱夫(J. Lave)和温格(E. Wenger)明确提出情境学习(Situational Learning)的概念,与学校课堂中常见的抽象学习相对应,意指

---

[1] See David H. Jonassen & Susan M. Land, *Learning Environment*, Lawrence Erlbaum Associates, 2000, p. 28.

学习发生于自然或社会环境中,具有情境化的特点。[1] 20 世纪 90 年代教育心理学界提出了情境认知的理论见解,对情境认知与学习理论的研究也随之不断深入,进而使其成为 90 年代学习理论领域研究的主流。1992 年,心理学家梅耶(Mayer)指出,教育心理学已从研究乏味的实验室人工任务转向对自然情境中从事学习任务的学生认知过程研究。特别是人类学家们参与到学习理论的研究后,对学习理论的研究又从更高层面上转向对人类日常生活中学习的关注。从此,各国学者不再囿于传统的教育心理学领域、学校以及课堂来解读学习,而是在一个更新的视野中分析学习、研究学习。真正关注人在各类"情境"中的学习,关注人在各类情境中学习的身份变更,将对人类学习的研究投放到一个更为广阔的空间,还学习以本真的面目。

然而,真正使情境教学由一种教学理论转变为具体教学活动的是教育技术的发展。现代教育技术给情境认知与学习理论的未来发展提供了坚实的物质基础与广阔的发展空间。教育技术不仅支持了课堂教学情境的创设,而且使基于虚拟、逼真情境的教学成为现实,使传统的基于真实情境的教学模式发生了质的变迁,使各类基于网络的实践共同体的创建成为可能。至此,学习的情境性本质不仅被更深刻地揭示出来,而且,在教育技术的支持下,表现出更为丰富的教育、教学意义。进入 21 世纪后,情境认知和学习理论不断发展完善,情境教学渗透到教育研究的各个领域,包括基础教育、高等教育、远程教育、成人教育、网络教育等,成为风靡世界的先进教学方法。

与此同时,我国儿童教育家李吉林在长期的教学实践中,依据马克思关于人的活动与环境有机统一的原理,借鉴心理学中暗示、移情、角色效应以及心理场等理论,构建了自成体系的"情境教学"法。1990 年,李吉林出版了《情境教学实验与研究》一书,对情境教学的实践与认识过程、特点及理论根据等做了阐述。李吉林老师从一线教学课堂出发,结合多年的教育实践经验,受中国传统"意境"论的启发,并从心理学中寻找理论根据,形成

---

〔1〕 参见顾明远主编:《李吉林和情景教学学派研究》,教育科学出版社 2011 年版,第 125 页。

了系统的情境教育理论。自此,在我国,情境教学开始运用到各个学科中,形成了中国的教育流派——“情境教育流派”。李吉林的情境教学具有鲜明的中国教学特色,又是世界的“蕴含东方智慧的教育模式”,是“回应世界潮流的中国声音”。

李吉林的情境教学,是真正的儿童教学,它围绕儿童展开,符合儿童的认知能力和特点;它是真正个性化的教学,针对学生心理特点,遵循学生认识事物的规律,关注学生个性发展;它是以感性教育为特征,强调“形真”的教学,调动学生全部的感官去充分感知外部世界,是诉诸形象,强调感染的教学;它是一种以“诗性”教育为特征的教学,讲究学习客体的意境和学习主体的情致相统一,强调学习主体用心去聆听、用情感去体验,达到“物我两忘”的境界,在“潜移默化”中实现知识获得、行为习得、品德养成的教育目的。

李吉林的情境教学的理论架构包括“形真、情切、意远、理寓其中”的四大特点以及促进学生发展的五大原则:诱发主动性、强化感受性、突出创造性、渗透教育性、贯穿实践性。[1] 重视“真”“情”“思”“美”,真是真实,强调回到生活本身;“情”是情感,强调师生真情交融、学生之间友爱亲密、学生与教材之间缩短距离;“思”是思维,强调发展学生的创造力,增强学生思维悟性;“美”即是追求美的境界,强调教学要有美的内容、美的手段、美的语言。

结　语

总结以上论述可知,情境教学法的源流久远而丰盈。在人类早期的知识传播的过程中就有了情境教学法的影子,有了情境教学的实践和思想。这也说明情境教学法是人类教育实践的必然产物。真正意义上的情境教学法则是近三十余年来学习理论和教育理论发展的结果。情境教学法建基于建构主义、情境认知和学习理论,是一种符合认知学习规律的、先进的、可操作的、有效的教学方法。我国的情境教学实践同样历史久远,并在今天随着情境教育流派的诞生而有了更为深入全面的发展。我国的情境

[1] 参见冯卫东主编:《情景教学操作全手册》,江苏教育出版社2010年版,第8页。

教育研究正逐步由理论的逐步成熟走向实践,在全国范围内,广大的教育者正在进行有关情境教学模式的探索与研究,一线实践研究者们边学习、边探索,创设出了丰富多彩的具有中国特色的情境教学模式,回应着情境教育的世界潮流。

法学翻转课堂中的“场景变革”

——以诉讼法教学中场景再造为视角

曲昇霞*

摘　要:“场景变革”的本质是更新学习的操作系统,从被动学习转向主动学习,是把人放在了一切的核心,翻转课堂在法学教学中的运用应展现为一种整体和系统性的场景变革,从现实的案例场景到线上的虚拟场景再到课堂的教学场景,最后延伸至未来的问题场景,翻转课堂获得了参与教学的社群动力,对培养德才兼备的高素质法律人才有着全过程育人的重要意义。“场景”意味着教学行为的重新联结,意味着具身体验生成变为可能,也意味着多元主体“共在”于课堂。诉讼法教学理论与实践并重的课程品格使“场景变革”尤显重要,有助于真正发挥翻转课堂的教育实效。课堂高质量文化的追求应成为一种普遍的发展共识,以严谨的知识逻辑为翻转课堂提供场景创设依据、以丰富的案例建设架构翻转课堂的场景内容、以动态性的评价体系保障翻转课堂的场景质量。

关键词:法学教育　翻转课堂　诉讼法教学　场景变革

中国法学教育已进入质量提升为中心的内涵式发展阶段,早在2017年,习近平总书记视察中国政法大学时就明确指出:“法学学科是实践性很强的学科,法学教育要处理好知识教学和实践教学的关系”[1],知识教学与实践教学的有效协同是推进法学教育内涵式发展的必由之路。教育部《关于深化本科教育教学改革全面提高人才培养质量的意见》中指出“积极发展‘互联网+教育’、探索智能教育新形态、推动

---

* 作者简介:曲昇霞,扬州大学法学院副教授,法学博士,主要从事诉讼法学、法学教育研究。

〔1〕 杨丽娜、程宏毅:《习近平在中国政法大学考察》,载《人民日报》2017年5月4日,第1版。

课堂教学革命”。[1] 时代的发展要求法学教育告别一讲到底的满堂灌，教师到学生从“表演与配合”的“经院式”课堂开始转向“实践与共生”的新形态。随着翻转课堂在大学法学教育中的广泛运用，教学空间视角下的课堂“场景”变革成为研究新的关注点，在移动互联时代，“场景”一词不再“简单”，它将重构人与时间、空间、技术以及其他人之间的连接。学习场景涵摄了更多元素，为教学提供了更多的可能。学生在空间变革建构的场景变化中重新定义学习行为，教师则在丰富的场景中更加直接地获得教学资源和教学条件以提高课堂效果，新的翻转课堂型塑了一种更为生动的、生态的课堂质量文化。对诉讼法翻转课堂中“场景变革”的价值发现与教学塑造作以分析，有助于从微观到宏观探寻更有价值的法学教育模式。

一、“场景变革”中诉讼法翻转课堂的再认识

长期以来，人们一直以静态空间的观念来认识学校，认为学校“就像容器一样承载容纳着和学校教育相关的事物、活动和现象”，[2] 是由围墙、距离、道路等区隔划分出的“容器式”空间，不同空间是相对独立的。传统的学校教育强调的是教师和学生在闭合的静态空间中面对面的“在场”，通过言语交流实现知识与经验的传递，一切局限于特定的静态空间之中。而具体到翻转课堂，课上课下教学流程发生了质的改变，不只是对承载不同教学功能的静态空间顺序的简单颠倒，而是借助于信息技术，将课上、课下两个相对独立的空间系统连接起来形成一体化的流动空间。在这一过程中，“翻转”意味着通过场景塑造，实现主体地位的置换，凸显学习者的主体性，从“讲—学—知”的教学模式走向主动学习、个性化学习、内在驱动的学习，真正实现“以学为中心”，为终身学习打下基础。“场景变革”背景下的翻转课堂是信息技术与教学深度融合的产物，信息技术从添置到教学空间中可有可无的“装饰”或者仅作为多媒体呈现工具的“点缀”，[3] 变成教学建构

[1] 《教育部关于深化本科教育教学改革全面提高人才培养质量的意见》，载 http://www.moe.gov.cn/srcsite/A08/s7056/201910/t20191011_402759.html? from = timeline&isappinstalled = 0&tdsourcetag = s_pcqq_aiomsg，2019 - 10 - 08/2021 - 01 - 30。

[2] 高鹏、和学新：《空间新认知与学校改进》，载《上海教育科研》2018 年第 1 期。

[3] 参见齐军：《翻转课堂对教学空间的新建构：问题及应对》，载《现代教育技术》2020 年第 2 期。

的根基。“场景变革”的本质是教育理念的变革,以人的认知需求为中心,让所有空间都具有“主动育人”的功能;以“学”为中心更新学习的操作系统,运用各种手段去满足学习者的认知需求,让被动学习转向主动学习。翻转课堂将体现出以下特质。一是教学理念的翻转。翻转课堂侧重于“学”,把课堂交给学生,通过场景空间设计提振学习者的心理能量和情感温度,以工具、设备、软件、数据等场景技术供给,促成学习的高频,学习的便捷和“教与学”之间的高效对话。二是课堂主体的翻转。学生回归课堂的主角,分析、讨论等“对话式”活动是课堂的主要行为,教师则扮演导演即组织者的角色,主要责任是去理解学生的问题和引导学生去运用知识。三是课堂行为的翻转。它将诉讼基本知识的讲述置于课堂之前,课堂上则以问题解决为目标,以发言讨论、作业检测为主要内容,培养学生独立提出、分析和解决问题的能力。在诉讼程序学习中,则注重理解程序的设计理性,并在程序角色的模拟中感受程序的价值。四是教学环节的翻转。翻转课堂中重点突出学生的学习思考过程,知识讲授和日常考核则以课下学生通过网络自学和自我检测完成。

在诉讼法教学中,案例是基础,而案例实质上是由不同场景构成的,学习情境对于学习目标的达成尤为重要。翻转课堂借助信息技术对案例的展现可以实现案例场景的再现或再造。通过构建教学资源云平台、课外学术资源平台等,以及引入司法资源平台,使学生可以随时随地自主学习,在知识学习的同时,还可以通过互联网模拟法院、检察院、仲裁庭,足不出校门就可以全流程仿真模拟法律实务工作。也就是说,在具备了基本的知识基础后,以诉讼案例为基础塑造“案件场景”,翻转课堂可以突破静态空间对教学的限制,消除正式课堂教学空间与日常学习工作空间之间的“区隔”,使知识、经验等教学资源在新的流动空间中由区隔走向互通。更为重要的是,面对以智能化为核心驱动力的第四次工业革命与第二次机器革命的叠加融合,场景塑造可以获得人工智能、移动互联网、区块链等科技力量的加持,实现对现有知识的快速检索与高效运用,使人类智慧获得延展,学习效果获得大幅度的提升。

二、诉讼法翻转课堂以流动空间的建构为核心

诉讼法翻转课堂教学需要一种整体和系统性的场景变革,流动空间是场景塑造的目标和核心。从现实的案例场景到线上的虚拟场景再到课堂的教学场景,最后延伸至未来的问题场景,翻转课堂不断地运用技术手段和混合方法,获得参与教学的社群动力。场景原指在特定的时间和空间发生的行动,或者因人物关系构成的具体画面,是通过人物行动来表现剧情的一个个特定过程。[1] 流动空间的建构即需要将案例场景—虚拟场景—教学场景—问题场景进行有效对接,场景的内容包含学习主题、问题、资源以及学习方式。具体表现为:现实案例为学生解决法律实践中的道德与法律困境提供了案件资源和真实场景。与网络虚拟空间相结合,形成一种线上、线下相融通的混合空间。教师为学生提供获取网络资源的方法与线索,学生则在课下根据需要选择合适的网络资源进行自主学习,并通过互联互通,和教师、同学进行即时的互动。在这一过程中所产生的数据将得到及时的采集与分析,为课上有针对性的讨论提供依据。

翻转课堂并不是在传统的静态空间中施行的一种教学模式,而是强调教学空间由静态走向流动。流动是翻转课堂的根本特征,打破了静态空间对人的行为、资源获取、互动方式等方面的限制,改变了原有的教学生态,对整个教学系统都将带来强大的冲击,而不同的教学策略和模式需要的是不同学习环境的支持。场景变革中新型的学习空间,将打破物理学习空间、数字学习空间和虚拟学习空间的边界,既能够支持学习者的混合学习,又支持教师组织开展混合学习。

在诉讼法学教学中,知识和场景流动是高频次发生的,教师通过网络教学平台提前发布授课计划和学习要求,引导学生利用中国大学慕课(MOOC)等网络在线资源获得教学的“场景”初体验,教学场景从原来集中于教室转而向公共空间拓展和丰富,这种教学方式的变化就需要相应的背景来满足和促进场景的产生,即学生可以离开教室等正式空间,进入交往、休闲等非正式空间中进行学习,形成各种复合化的场景。课堂从教室流动

---

〔1〕 参见吴声:《场景革命:重构人与商业的连接》,机械工业出版社2015年版,第28页。

到图书馆、宿舍等学习、生活空间,还可以延展到法庭、仲裁庭等;课上则注重互动讨论与重难点讲解。运用优慕课课程伴侣、雨课堂等进行课件推送、课堂签到、教学情况反馈,实时掌握学生的学习轨迹;运用APP实时答题、弹幕互动、红包奖励,激发学生学习的内驱力和主动性,让课堂变为问题研讨与思维创新的场所,知识和信息在师生对话间流动;课后在模拟法庭、模拟庭辩、法律诊所等实践中不断进行场景重塑,在案件的设计和参与中通过场景想象力去积累更多的解决问题的能力。流动空间以合理的空间布局为依托,匹配了更多样态的学习功能,空间的塑造可以让学习者感受到友好、舒适和向上,进而提高学习者的理解能力和创造性解决问题的能力,降低对学习任务难度的知觉,实现学习的持久与高效。

三、诉讼法翻转课堂“场景再造”的进路

诉讼法翻转课堂并非课上、课下教学空间顺序的简单颠倒,而体现为内蕴其中的空间认知层面的新思想,用流动的整体化思维来取代之前静态的二元对立思维,借助于信息技术实现不同教学空间之间的相互开放和各类资源的无障碍流动,使翻转课堂充满活力。

(一)以“场景”为依托实现教学行为的重新联结

翻转课堂将大量的课程资源前置于课堂教学,同时,也将教师的教学行为延伸出课堂,在视频资源所创设的网络场景中,教师已经将“问题意识”潜藏至资源输送的信息流里,实现着“发现式”引导。教师在资源选择的过程中,其教学目标、教学内容和教学重难点已经在进行着课程建构,而指向学生思维发展和能力成长的各种场景命题也在悄然生成。因此,课堂的“翻转”带动了场景的丰富和教学行为的重新联结。场景所赋予课程的情境性和在场化具备着一种空间育人的强大力量,吸引着教师的“教”和学生的“学”不断地围绕场景中的案件变化而发生互动。

(二)通过“场景”使学习者生成具身体验

翻转课程所创设的大量源自真实法律事件的教学场景,学生在角色扮演中获得对当事人、被告人、法官、公诉人、诉讼代理人等身份和任务体验,在场景冲突中不断思考学说和司法实践中的矛盾和冲突,不管学生未来成为法官、律师抑或其他法律人,都需要大量的实践体验做基础,甚至在身着

“法袍”的仪式感中将自己的行动力和判断力置于未来的可能场景中。诉讼法恰恰更清晰地凸显两个部分的结合：知识和方法。从场景中获得的具身体验将促进学生获得知识的同时掌握方法，而在体验过程中的问题应对和交互频次则反映出学生对于法理运用和问题解决的能力和水平。这种体验在某种程度上也是一种“翻转”，从传统课堂接受满堂灌的被动体验变为具有主动选择、主动思考和主动作为的体验方式。

（三）借助“场景”使多元主体“共在”于课堂

在翻转课堂中，师生成为彼此建构的对象。长久以来，师生关系被异化为二元对立的课堂生硬结构，信息技术的流动性和联动性打破了僵化的二元格局，各种泛在化的技术设备也成为课堂共在的“非人因素”，成为“共在”的存在形态。诉讼法学教学课堂中，教与学的单向关系已经走向解体，知识和信息成为教学场景的主要支持，通过网络连接，学校和法院、检察院等实务部门等智能司法平台建设实现协同，网络共在的空间将被理论知识和实践经验的对话所填充。具有典型性的例子是中国政法大学创新推出的同步实践教学模式，该校将实务部门拥有的大量优质司法资源“引进来”，“让原始卷宗、同步直播的庭审实况或实况录像进入高校、进入课堂，将知识教学和实践教学融为一体，将‘实践教学’贯穿于人才培养的全过程，使知识学习和技能培养同步完成，职业意识的培养和职业素养的培养同步完成，国际视野的培养和国情意识的培养同步完成”。[1] 学生通过翻转课堂跨越大学“围墙”在自然真实的世界中面对真实问题，学生成为问题的探究者和发现者，教师成为引导者和组织者，现实世界与信息世界并存，协同开放、多维共生实现智、能增强。

场景变革更重要的是指向人的状态、人的组织和学习关系。越来越多的“非正式学习空间”成为多样化的学习主场，多元主体共在于这些学习空间，尤其是空间的展开，使更多优秀法律人或者其他领域的佼佼者等“达人”能够进场，巨大的吸引力和示范效应，可以提升具体专业维度的空间高度，当学习者沉浸其中，更容易获得高兴趣、高创意、高频次的学习。场景

〔1〕 胡明：《探索中国特色法学教育新路径新模式》，载 http://theory.people.com.cn/n1/2018/0503/c40531-29961883.html，2018-05-03/2021-07-29。

中的课堂翻转实现了学习关系的重组,使其更加匹配自主学习、合作学习以及高目标的学习。〔1〕

四、诉讼法翻转课堂以追寻课堂高质量文化为依归

"法学教育是多层面和多维度的,培养一个'全面的法律人',既要具备专业性的法律知识,又要对现实世界之方方面面有着完整和恰切的理解与把握,更要保持一种批判与反思的态度,心怀着对于人本身的关怀,从而不断地通过改善法律来改善我们的世界。"〔2〕兼具诉讼实践教学作为人才培养的重要环节,课堂高质量文化的追求应成为一种普遍的专业共识,包涵教学目标、理念、方法等显性要素和精神、价值、文化等隐性因素以及设备、环境、行为模式等要素的总和。在高质量文化的评价方法体系的建设过程中,翻转课堂中的场景变革应该实现三个追求。

其一,严谨的知识逻辑成为翻转课堂的场景创设依据。在教学目标的驱动下,教学设计要加强高质量文化建设,把质量文化融入翻转课堂的各个环节,而学科和专业建设则是质量保证的基石。翻转课堂在实际运用中会陷入"程序化""流程化"的简单理解,翻转中的场景选择和学习参与的依据应紧紧围绕教学大纲和教学重难点。翻转课堂的教学应用有其适用性,同时也要对学生的专业基础、学情水平有相对准确的评估,在翻转的难度和复杂程度上应适切适宜适当。场景再造作为翻转课堂的深度探索,要警觉碎片化和快餐化的倾向,变成表演的课堂而不是求知的课堂。作为设计者的教师需要对法学教育的知识逻辑有着丰富的理论储备和经验供给,要将法律精神、程序价值及文化传承等融入其中,并在理论知识和实践运用之间架起有效的转换机制。与此同时,学生在自主学习的过程中也会迸发出思维的张力,对理论知识接受转为实践知识的生产。

其二,以丰富的案例建设为翻转课堂提供场景内容。哈佛法学院第一任院长克里斯托弗·哥伦姆布斯·朗德尔(Christopher Columbus Langdell)

〔1〕 参见张莉:《教育设计 4.0 经由"场景革命"开始》,载 https://www.sohu.com/a/450423476_372497/,2020-12-01/2021-01-30。

〔2〕 吴彦:《我们这个时代到底需要什么样的法学教育》,载百家号,https://baijiahao.baidu.com/s?id=1687740019585291542&wfr=spider&for=pc,2021-01-02/2021-01-30。

开创了判例教学法(case method)。他在《合同法案例》的前言中写道:“被视为科学的法律是由各种原则和不同的原理构成。每一个原理都经历了逐步演化的过程才达到现在所处的地步。换言之,这是一个极为漫长的、需要借助众多的案例取得的发展道路”[1],在大陆法系,判例同样是理解和发展法律的基础。就诉讼法翻转课堂而言,案例是场景再造的脚本。案例库建设应按照系列化、模块化对单个案例进行组织,以体现出研究性教学的知识深度和广度。学生在翻转课堂中获得场景体验来自法学案例“叙事”中对事件的还原,并在此基础上运用法律逻辑对案例信息进行分解与归类,并逐步形成个体的知识结构。

其三,以动态性的评价体系为翻转课堂的场景质量保障。由于课堂形态在空间延展上区别于传统课堂,所以评价标准也要从课前的资源发布、学生自学频次到课中参与状态再到课后的学习反馈与教学反思等方面综合判断。翻转课堂的评价呈现即时性和动态性的特点,加之法学教学在案例和场景教学中不确定和不可控因素增多,评价的指标也需要从多维的角度加以立体化的审视。当然,伴随空间流动带来的场景变化以及需求的个性化,法学教学的评价者对教师教学意图的理解和学习者接受度的数据获取应成为新的研究对象。

结　语

云计算、大数据、人工智能(Artificial Intelligence,AI)等多领域的科技进步正在形成合力,不断为场景变革提供动力,对高等教育的影响也必将越来越深刻。“场景变革”连接着过去和未来,真正践行了以人为中心的教育理念,激活了学习者内在持久的求知欲和外在有益的专注力,教育不仅仅是知识的传承,更是知识的生长。流动的空间重新定义了教育,让学习无处不在,育人无处不能。“场景变革”中的诉讼法翻转课堂建设,将展现为一种整体性和系统性的场景再造与机制重整,课堂高质量文化的追寻既是新的评价方式,也将影响法学教育的未来发展。

---

〔1〕 Amy Raths McAninch, *Teacher Thinking and the Case Method: Theory and Future Direction*, Teacher College Press: Columbia University, 1993: 64.

第四编　法治人才培养模式与学科建设

“新法科”建设视域下新型交叉法学教育的现状及前瞻

李开淼*

摘　要:信息技术的创新促进了经济社会的发展,也对法律制度和法科教育带来了挑战。近年来,“新法科”的兴起积极回应时代挑战。然而,当前学界对于“新法科”概念存在理论认识分歧,在专业建设、课程设置、研究载体等实践方面亦有不同探索。这种差异虽然在当前有利于不同模式在竞争中演化,但也需要适时适度引导。新型交叉法学的重新组合应遵循体系化原理。在“新法科”建设视域下推进新型交叉法学建设,应进一步明确总体目标,促进专业优化,夯实课程体系,建立质量常态监测体系。

关键词:新法科　交叉法学　法学教育　新文科

随着我国“新文科建设”战略的持续推进,教育界越来越强调新文科的核心在于思想引领、学科打通和知行合一。新法科作为新文科的重要部分,更应当突破传统文科的思维模式,强化思想政治引领,推动学科交叉融合,实现理论教学和实践教育的融通。[1] 无论是新文科还是新法科,都是基于对信息技术引发的社会变革的积极回应。然而,信息技术催生的新型交叉法学在新法科建设中处于什么定位,又应当如何发展,在当前理论认知与实践探索中均有差异,有待深入探讨。

一、“新法科”建设的出场逻辑

2016年,习近平总书记在哲学社会科学工作座谈会上的重要讲话中指

---

* 作者简介:李开淼,淮阴师范学院法律政治与公共管理学院学生。

〔1〕 参见陈炳蔚、范毅强:《凝心聚力,扎实推进新法科建设》,载人民网2021年3月29日,http://www.dzwww.com/xinwen/guoneixinwen/202103/t20210329_8243449.htm。

出,我国哲学社会科学学科体系已基本确立,但还存在一些亟待解决的问题,主要是一些学科设置同社会发展联系不够紧密、学科体系不够健全等。法学学科是对哲学社会科学具有支撑作用的学科之一,学科设置同社会发展联系不够紧密等问题比较突出。因此,在新时代呼唤教育的新方针、新定位、新转型的形势下,如何建设新法学学科,成为当前法学教育领域的一项重要任务。[1] 2017 年,习近平总书记考察中国政法大学时指出,中国法学教育和法治人才培养要统筹谋划,整体布局,该坚持的坚持,该改进的改进,该调整的调整,该创新的创新。办好法学教育,必须坚持中国特色社会主义法治道路,坚持以马克思主义法学思想和中国特色社会主义法治理论为指导。[2]

2019 年 4 月底,教育部、中央政法委、科技部等 13 个部门正式联合启动"六卓越一拔尖"计划 2.0 版,明确要实现高等教育内涵式发展,提出必须全面推进新工科、新医科、新农科、新文科建设。相比工、医、农类学科,"新文科"的概念 2017 年才出现,提出对传统文科进行学科重组、文理交叉,即把新技术融入哲学、文学、语言等课程中,为学生提供综合性的跨学科学习,该主张被称为"新文科"教育理念。文科是"人文社会科学"(或称哲学社会科学)的简称,是人文科学和社会科学的统称。法学属于社会科学的范畴,其作为社会科学的重要组成部分,在一定意义上是"治国理政之学",在学科设置上有着极为鲜明的特点。因此,有必要在"新文科"项下,提出"新法科"的概念,并作为一门特殊专业进行专门研究。[3]

我国从国家层面对新法科进行顶层设计是对信息技术催生的经济社会巨大变革的积极回应。信息技术(Information technology,IT)是 20 世纪的伟大发明,为后工业社会的发展带来了源源不断的动力。以信息技术为基础,大数据、云计算、物联网、人工智能、区块链等新兴技术以令人眼花缭乱的节奏改变了人类社会的面貌,也给法律制度和法学教育带来了新的挑

〔1〕 参见孙佑海:《全力推进新法学学科建设》,载《中国社会科学报》2019 年 10 月 9 日,第 1 版。

〔2〕 参见刘坤轮:《〈新文科建设宣言〉语境中的新法科建设》,载《新文科教育研究》2021 年第 2 期。

〔3〕 参见孙佑海:《全力推进新法学学科建设》,载《中国社会科学报》2019 年 10 月 9 日,第 1 版。

战。"信息技术"一词可以追溯到1958年发表在《哈佛商业评论》上的一篇文章。作者Harold J. Leavitt和Thomas L. Whisler定义了几种类型的信息技术:信息快速处理技术;统计和数学模型在决策中的应用;通过计算机程序模拟高阶思维,他们写道:"虽然这项技术的许多方面尚不确定,但显然它将迅速进入管理领域,对管理组织产生明确而深远的影响。"〔1〕今天,信息技术指的是各类主体使用计算机的一切,包括企业或个人构建通信网络、保护数据和信息、创建和管理数据库、解决计算机或移动设备的问题,或者开展一系列其他工作以确保业务信息系统的效率和安全。〔2〕从在手机上查看电子邮件到在笔记本电脑上处理数字,再到通过基于云的软件组织电话会议,信息技术的重要性怎么强调都不为过。法律作为规制社会进展的一种规范,对此不容回避。正如教育部、中央政法委《关于坚持德法兼修实施卓越法治人才教育培养计划2.0的意见》所指出的,新法科建设要积极应对极回应"互联网+"、大数据、人工智能等技术发展给法学教育带来的挑战。

总体而言,新法科的出场是时代的产物,是法学教育界积极贯彻中央政策,结合市场需求、顺应教育发展趋势的三个因素作用下的结果。因此,新法科是法律科学的重大转型,承担着回应新时代要求的使命,应当在知识传承、人才培养、中国学派建设等方面发挥重要功能。

二、"新法科"建设的理论分歧

"一个过于宽泛的概念是无用的,也具有误导性。"〔3〕作为一个新生事物,"新法科"概念是有待界定的问题。下面从内涵与外延两个方面分别探讨。

(一)关于"新法科"的内涵

我国学者对新法科的内涵进行了研究。例如,有学者认为,突破传统

〔1〕 Leavitt H. J. &, Whisler T. L., Management in the 1980's, 36 Harvard Business Review 44 (1958).

〔2〕 Dale Stokdyk, *What is Information Technology (IT)?*, Southern New Hampshire University (May 16, 2022), https://www.snhu.edu/about-us/newsroom/stem/what-is-information-technology.

〔3〕 [德]乌尔里希·克卢格:《法律逻辑》,雷磊译,法律出版社2016年版,第18页。

法科思维模式,以全球新科技革命为契机,以培养具有创新精神和实践能力的复合型卓越法律人才为目标,以特色交叉专业为切入点和突破口,全面革新法学人才培养模式,重构新法科人才培养体系。[1] 也有学者认为,新法科主要内涵包括构建面向新法治建设历史使命的法学知识体系,体现新的指导思想的法学学术体系,面向世界的法学话语体系等。[2] 还有学者提出,新法科就是法学顺应时代需要,和其他社会科学、理工医等交叉下形成的新复合型学科和教育格局。其内容包括传统法科和非法科的理工科、社会科学相交叉而形成的新知识、新课程,例如,法律实证研究、科技与法律,等等。[3]

(二)关于"新法科"的外延

新法科的外延主要解决其边界问题。关于"新法科"的外延,有学者认为,"新"主要体现在新的办学制度、新的评价体系、新的学科和专业布局之中,代表着一种融合趋势,这种"跨界"不仅发生在文科的各学科之间,也会出现在文科和理科、工科、医科等学科之间。[4] 也有学者认为,新法科建设应当着眼于中国经济社会快速发展急需一大批既懂法律,又懂工程、计算机、交通、医学等专业知识的复合型法律人才而展开。[5] 还有学者提出,应从四个维度谋求创新,分别是在积极回应国内外法治建设形势中谋求创新,在应对高等教育和法学教育前沿趋势中谋求创新,在教育理念、思想、理论、方法、技术、标准、范式的革命中谋求创新,以及在文与理、人文与社科、中与西、知与行、古与今的融会贯通中谋求创新。[6]

总体而言,当前我国学界对新法科外延的理解,多是基于所在院校或

---

〔1〕 参见刘艳红、单平基:《以专业深度交叉融合助推新法科建设》,载《民主与法制时报》2021年2月4日,第5版。

〔2〕 参见杨宗科:《适应新时代新要求 建设"新法科""新法学"》,载《法学教育研究》2020年第1期。

〔3〕 参见左卫民:《努力成为新法科人才》,载中国法学创新网2021年9月22日,http://www.fxcxw.org.cn/dyna/content.php? id=23830。

〔4〕 参见孙佑海:《全力推进新法学学科建设》,载《中国社会科学报》2019年10月9日,第1版。

〔5〕 参见刘艳红、单平基:《以专业深度交叉融合助推新法科建设》,载《民主与法制时报》2021年2月4日,第5版。

〔6〕 参见刘坤轮:《〈新文科建设宣言〉语境中的新法科建设》,载《新文科教育研究》2021年第2期。

单位的新法科实践所作的阐述,并非基于逻辑推论的结果,因而各有侧重。《新文科建设宣言》提出,"文科门类众多、特色各异的特点决定了新文科建设必须分类推进"。因此,对于"新法科"的概念阐释,应当置于"新文科"建设的大框架内展开,根据法学的学科专业特点,结合行业领域特定问题,促进学科门类特色发展,助力治国理政。

三、"新法科"建设的实践分野

信息技术创新带动信息社会的发展与数据经济的发达,也给传统的法律制度带来了挑战。对此,法律教育予以积极回应。然而,在肯定新型交叉法学教育进展的同时,也应当看到这个领域尚处于起步阶段,还面临诸多问题有待探索与争鸣,正如有学者在分析人工智能法学时所指出的学科专业名称不统一、领域内涵不清晰、学科归属不明[1]等问题。这些特征在新型交叉法学的法科建设中普遍存在。

(一)从学科专业建设角度

新兴法学相关的专业设置有以下几个分支。(1)计算法学。清华大学开设了计算法学。计算法学是基于计算的对象、方法以及能力等方面的差异而产生不同的法律问题以及与法律相关的技术问题,从而融入计算思维研究法律问题,利用计算方法开展法律大数据分析,以及结合计算技术研究法律科技的一门学科。[2] (2)人工智能法学。如西南政法大学设立目录外法学二级学科人工智能法学并建立人工智能法学院;上海政法学院设立法学(人工智能法学方向)。(3)网络法学。如中国政法大学设立网络法学研究院;武汉大学新增交叉学科网络法学,由法学院、国家网络安全学院和计算机学院共同负责。(4)数据法学。中国政法大学设立目录外法学二级学科数据法学;东南大学开设大数据与互联网法学。(5)信息法学。如黑龙江大学信息管理学院设立了信息法学专业。这一专业没有设在法学院而是设在信息管理学院,也体现了对于信息法这一交叉领域的不同研究进路。

---

〔1〕 参见刘艳红:《人工智能法学的"时代三问"》,载《东方法学》2021年第5期。

〔2〕 参见申卫星、刘云:《法学研究新范式:计算法学的内涵、范畴与方法》,载《法学研究》2020年第5期。

(二)从课程设置角度

我国法学院校在相关课程设置方面也积极探索,并与所在院校原有优势学科有机结合,形成新兴交叉法学的新领域。试举三例如下。(1)东南大学法学院的探索。东南大学法学院在本科生中设置工程法原理、工程项目管理等9门课程组成的工程法课程群;在硕士研究生阶段设置工程法、交通法、医事法、法律大数据专业方向课程板块,博士研究生方面重点培养互联网法学方向人才。[1] (2)天津大学法学院的探索。天津大学法学院增加新法科建设的新内容,包括提供多元化的法学辅修课程探索设立跨学科联合培养项目、探索在法学普通班基础上开设特色实验班;以构建全员、全程、全课程育人格局的形式推进课程思政改革,建立法学专业的通识课程体系等。[2] (3)南京审计大学的探索。南京审计大学法学院依托学校优势学科和行业资源打造"新法科",将传统法学专业与审计、会计、金融等优势学科相结合,设立法学专业(法务会计方向)、法学专业(法务金融方向)等,开展"法学+"人才培养模式。[3]

(三)从法学研究载体角度

法学研究的载体既体现在学术期刊教材建设,又有相关学会机构设置。(1)在学术期刊教材建设方面,中国法学会网络信息法学研究会的会刊《网络与信息法学研究》、中国人民公安大学主办的《数据法学》集刊等期刊,也有西南政法大学校级规划教材《人工智能与法律》。(2)在学会机构设置方面,以中国法学会下设的网络与信息法学研究会为代表,此外,还有江苏省法学会大数据与人工智能法学研究会、上海市法学会网络治理与数据信息法学研究会等。

总体而言,各大法学院校在新法科建设中的实践分野,既是对时代需求的积极回应,也是对本院校原有学科资源的优化重组,并以此为基础形成了不同的发展模式,形成了当前我国新法科建设实践百花齐放的面貌。

---

〔1〕 参见刘艳红、单平基:《以专业深度交叉融合助推新法科建设》,载《民主与法制时报》2021年2月4日,第5版。

〔2〕 参见孙佑海:《全力推进新法学学科建设》,载《中国社会科学报》2019年10月9日,第1版。

〔3〕 参见南京审计大学:《一流专业、百强学科、师强生优,南审法学院值得!》,载腾讯网2021年9月25日,https://new.qq.com/omn/20210925/20210925A08JMI00.html。

四、域外相关法学教育的比较考察

国外法学教育的改革也受到信息技术与相关立法的影响。而国外对于与信息技术相关的法律,无论是在立法技术还是法律名称方面都各有特色,由此带来法科教育出现了不同的新的课程。具言之,一方面,国外关于网络/信息/数据/计算法有不同称谓。例如,互联网流量的增加导致了全球范围内更高比例的法律问题。在处理互联网与技术和电子要素(包括计算机、软件、硬件和信息系统)关系的法律领域称为网络法(CyberLaw),也称为网络空间法(Cyber Law)或互联网法(Internet Law)。另一方面,国外不同国家有不同的立法模式。以应对网络犯罪为例,根据联合国2019年的数据,72%的国家有网络法,9%的国家有立法草案,18%的国家没有网络法[1]。在具体形式上,有些国家制定了新的网络法作为其现行法规的补充,有些国家用关于网络犯罪的立法语言修改了现有的国家法规。

以这些立法为研究对象,国外相关高等学校开展了方式不一的法科教育调整。在这方面,美国与英国的高校表现较为突出。如英国诺里奇大学开设网络法(Cyber Law)课程,该课程专注于网络法和网络空间的国际视角,为学生提供隐私和知识产权、电子合同、不可否认性、公平信息实践以及其他与网络违规相关的法律和政策措施方面的知识,课程内容调查美国和其他国家的网络法律。[2] 而康奈尔理工大学信息与技术法(Information and Technology Law)课程,针对信息技术不断改变经济和文化的挑战,培养一批了解新技术的法律和商业方面以及将新产品和新公司推向市场的挑战的法科人才。[3] 福特汉姆大学则开设了有特色的知识产权和信息技术法(Intellectual Property and Information Technology Law)法学硕士课程,

---

〔1〕 See Norwich University Online, *Career Paths in Information Security: What is Cyber Law?*, Norwich University Online (Nov. 8, 2019), https://online.norwich.edu/academic-programs/resources/cyber-law-definition.

〔2〕 See Norwich University Online, *Career Paths in Information Security: What is Cyber Law?*, Norwich University Online (Nov. 8, 2019), https://online.norwich.edu/academic-programs/resources/cyber-law-definition.

〔3〕 See Dean of Students Office, *J. D. Program in Information and Technology Law at Cornell Tech Campus*, Cornell Law School (Apr. 16, 2021), https://www.lawschool.cornell.edu/academics/degree-programs/jd-program/j-d-program-in-information-and-technology-law-at-cornell-tech-campus/.

学生学习版权法、专利法和商标法中的基础知识产权和高级知识产权问题,还学习当今数字信息社会的核心问题,如网络犯罪、电子商务、信息隐私法和互联网法;核心课程包括版权法、互联网监管、大众传媒法、专利法和商标法;学生们还可以选择信息技术和知识产权法领域更高级、更专业的课程。[1]

总体而言,美国和英国在信息技术方面发展领先,在法科课程设置等方面也反应及时。由于英美法的独特法治体系,其法科教育课程调整较为灵活,主要做法是将传统的法学经典研究与迅速兴起的信息技术法领域相结合,回应了社会需求,充满了探索的动力,其模式与成效也值得跟踪关注研究。

五、"新法科"建设的立场转向

新法科建设虽然短时间内引发了广泛关注,催生了一批理论成果与实践模式,但是依然面临诸多问题。例如,专业设置不合理,无法回应信息革命带来的冲击;知识教育与实践教育缺乏有机统一;教学模式单一,平台建设陈旧,教学组织生硬等。[2] 面对法学学科与计算机科学技术、应用数学、经济学、哲学、伦理学等学科交叉现象,很多学者认同,在新时代新法科的背景下,法学一级学科设置的局限性日益明显,不利于法学学科的发展。现行的法学一级学科应该根据学科领域或学科内容进行拆分,分别设置若干法学类一级学科。[3]

关键是,如何拆分重组法学学科? 目前看来,可有两种基本模式。第一种模式是网络法、数据法、计算法学等各种新兴的法律学科整合为一个法学二级学科。不过,这一模式面临以下困难:除了与信息技术有关的法律学科外,还有因法学与工学、农学等相交叉而得以强化的工程法、医事

---

〔1〕 See School of Law, *Intellectual Property and Information Technology Law*, Fordham University (May 22, 2018), https://www.fordham.edu/info/22607/intellectual_property_and_information_technology_law.

〔2〕 参见蔡军:《新文科建设下法学教育的挑战与创新》,载浙江大学光华法学院网2020年11月30日,http://www.ghls.zju.edu.cn/ghlscn/2020/1130/c13708a2222014/page.htm。

〔3〕 参见北京理工大学法学院:《北理工法学院成功举办"新文科建设与卓越法治人才培养"高端论坛》,载北京理工大学法学院网2019年7月3日,https://www.bit.edu.cn/xww/zhxw/a172697.htm。

法、智能法学、科技伦理法学等专业,这些难以纳入网络信息数据相关的法学体系,另外,这一整合而成的二级学科如何命名也是个难题。第二种模式是将网络法学、工程法学等各种新型交叉法学科,分别按照"靠近原则"融入传统的各类法学二级学科。这一模式的弊端在于淡化了新法科的革新力度,似乎"新法科"只是原法科的"量"的扩张而非"质"的提升。

对于这两种模式,其取舍在于能否遵从学科的体系化原理。习近平总书记在哲学社会科学工作座谈会上指出:"不断推进学科体系、学术体系、话语体系建设和创新,努力构建一个全方位、全领域、全要素的哲学社会科学体系。"中国特色哲学社会科学体系是学科体系、学术体系和话语体系的统一。各个学科以其研究对象所具有的矛盾的特殊性而同其他学科区分开来,成为具有独立性的学科,同时,又因其对象在特殊性中包含着普遍性而相互连接起来,构成一个包括多个学科的更高层级的学科或学科群。从纵向看,有不同类别的学科;从横向看,一个学科又由多个子学科构成,逐级形成具有多层次的学科体系。[1] 近代以来,体系思维越来越成为科学的核心标准,体系被认为是命题的整体。明确将体系作为科学之标准的是德国哲学家康德。在他看来,科学被理解为客观知识的体系,而体系指的是知识的内在结构,即各种知识在某种理念之下的统一体。体系学最终成为法律科学的重要标准:法拥有自身的"内在统一性",法学的科学性依赖于对这种统一性的说明。[2] 基于法学体系性的要求,对于新型交叉法学既应当遵循体系性,从而形成相对的稳定性与一体化;又应当保持适度的开放性,从而接纳因技术发展而不断产生的更新型的法学类别。

六、"新法科"建设的发展前瞻

《新文科建设宣言》明确新文科建设的任务"构建世界水平、中国特色的文科人才培养体系",并从明确总体目标、强化价值引领、促进专业优化、夯实课程体系、推动模式创新、打造质量文化等方面提出要求。鉴于新法科建设开展时间不长,相关争议尚未厘定,实践探索也有待评估,可从以下

---

〔1〕 参见田心铭:《学科体系、学术体系、话语体系的科学内涵与相互关系》,载《光明日报》2020年5月15日,第11版。

〔2〕 参见雷磊:《法理论:历史形成、学科属性及其中国化》,载《法学研究》2020年第2期。

四个方面先形成共识,作为下一步推进的基础。

(一)明确总体目标

新法科建设的目标是丰富的、多元的。总体而言,不仅要推动法科教育创新发展,还要构建以育人、育才为中心的发展新格局,建立健全学生、学术、学科一体的综合发展体系。例如,利用最新科技引入新的法学研究范式,完成从西方话语体系主导到中国话语体系主导的转变[1],从过去以法律体系为研究对象的部门法学体系转型提升为以法治体系为研究对象的法治化学科体系[2]。

(二)促进专业优化

信息技术催生的区块链、人工智能、大数据、物联网、生物基因等新兴业态均呈现一个共同特点,那就是"跨界"和"共享"。对于新型交叉法学专业建设来说,一方面,要紧跟新一轮科技革命和产业变革新趋势,积极推动人工智能、大数据等现代信息技术与文科专业深入融合,建设"跨界"的新法学专业,如计算法学、智能法学、科技伦理法学等;另一方面,运用新兴技术深化法学研究,创新法学研究范式与教育模式,推动原有法科专业改造升级,实现法科与理工农医的深度交叉融合,及时将新鲜血液引入法学学科体系。

(三)夯实课程体系

《新文科建设宣言》指出,要"紧紧抓住课程这一最基础最关键的要素",持续推动法科教育教学内容更新,将中国特色社会主义建设的最新理论成果和实践经验引入课堂、写入教材,转化为优质教学资源。当前,不仅要鼓励支持高校开设跨学科跨专业新兴交叉课程、实践教学课程,培养学生的跨领域知识融通能力和实践能力,还要加强顶层设计,优化规划引导,减少重复建设资源浪费,对重点方向加大研究力度。

(四)建立质量常态监测体系

当前,全国各地法学院校积极开展法学新型交叉专业建设,形成了"赛

〔1〕 参见叶青:《以习近平法治思想引领新时代"新法科"建设》,载《法治日报》2021 年 11 月 10 日,第 9 版。

〔2〕 参见杨宗科:《适应新时代新要求 建设"新法科""新法学"》,载《法学教育研究》2020 年第 1 期。

马”的自由发展动态格局,对于促进新法科建设具有重要的意义。但是,也应当建立科学的学科建设质量监测体系加以规制,对于实践检验良好的新型交叉法学专业,可通过实施法科专业认证予以吸纳;对于经实践证明不合适的新型交叉法学专业,应当及时予以重组,从而形成动态调整、持续改进的态势。

新时代法律翻译人才培养机制研究*

王　希**

摘　要:法律翻译人才是推进高水平对外开放的重要基础,是国际法治交流合作的关键桥梁和纽带。新时代法律翻译人才培养必须顺应全球政治经济一体化的大趋势,着力培养国际化、复合型、实践型、创新性的高素质优秀涉外法治人才。但当前我国法律翻译人才培养机制存在教学时间不足、师资力量较弱、重教学轻理论、重语言轻文化等困境。我们要以习近平法治思想为指导,统筹推进国内法治和涉外法治,树立法律翻译人才培养生态链理念、出台法律翻译人才培养激励政策、打造法律翻译人才培养平台基地、明确法律翻译人才培养特色方案、强化法律翻译人才培养特色优势、注重法律翻译人才培养梯队建设、提升法律翻译人才培养效益效果。此外,还要跨学科开展法律翻译教学研究,建立"法律 + 翻译"立体综合培养体系,从而培养出契合新要求、顺应新发展、符合新标准的新时代法律翻译人才。

关键词:习近平法治思想　涉外法治　法律翻译　人才培养　机制构建

党的十八大以来,习近平总书记围绕涉外法治和国际法治发表一系列重要论述,不仅对中国特色社会主义法治理论体系作出重大贡献,而且对构建人类命运共同体的法治秩序具有重要意义。随着中国特色社会主义进入新时代新阶段,着眼于贯彻新发展理念、构建新发展格局、实现高质量发展,党和国家对涉外法治建设提出了新的更高要求。2020 年召开的中央

* 基金项目:2021 年度江苏省社科应用研究精品工程外语类立项课题"新时代法律翻译人才培养研究"(21SWC-33)。

** 作者简介:王希,南京林业大学法律翻译研究中心研究员,北京外国语大学法学院博士研究生。

全面依法治国工作会议将“要坚持统筹推进国内法治和涉外法治”明确为习近平法治思想的核心要义，为新时代推进涉外法治研究和人才培养提供了根本遵循和行动指南。[1]

新时代统筹推进国内法治和涉外法治，法律翻译是必不可少的桥梁和纽带，法律翻译人才则是造就桥梁纽带的重要基础。全面把握“两个大局”，深入推进高水平对外开放，必须培养造就大批契合新要求、顺应新发展、符合新标准的新时代法律翻译人才。然而，与统筹推进国内法治和涉外法治战略要求相适应的法律翻译人才培养模式当前尚未成熟完备，法律翻译人才培养供给与需求不匹配，理论与实践相脱节，培养资源难协同等问题比较显著。笔者认为，法律翻译人才培养是系统工程，深入研究新时代法律翻译人才培养机制可以有效平衡语言训练、人文素养、专业知识、跨文化交流之间的关系，具有重要的理论意义及实践价值。在本文中，笔者将以习近平法治思想为指导，深入分析新时代法律翻译人才培养的重大意义、目标导向、现实困境等问题，并提出重构法律翻译人才培养机制的系列建议，以期有助于新时代高素质优秀法律翻译人才的培养造就。

一、法律翻译人才培养的重大意义

“一带一路”的积极倡议，构建“人类命运共同体”，建立各种国际合作模式，都需要一大批专业的涉外法治人员的参与，而法律翻译人才是推进高水平开放的基础性资源。对法律翻译人才的培养顺应了国际合作交流的整体趋势，具有重大的意义。

（一）推进高水平开放的基础性资源

2012 年，中共中央政法委和教育部举办了联合工作会议，并在制定了法律人才的培养计划。习近平总书记在 2016 年主持了有关深化改革的第二十四次会议，会议审议通过了《关于发展涉外法律服务业的意见》，指出了国家政策教育和指导意见，明确相关高校需培养符合卓越标准的法律人才。习近平总书记强调：“要提高我国参与全球治理的能力，着力增强规则

---

〔1〕 参见习近平：《坚定不移走中国特色社会主义法治道路　为全面建设社会主义现代化国家提供有力法治保障》，载《人民日报》2020 年 11 月 18 日，第 1 版。

制定能力、议程设置能力、舆论宣传能力、统筹协调能力。参与全球治理需要一大批熟悉党和国家方针政策、了解我国国情、具有全球视野、熟练运用外语、通晓国际规则、精通国际谈判的专业人才。"[1]

这些人才须"熟悉国际法治""具有国际视野""以促进国际交流""参与国际法律事务",这也是法律英语教学的标准类别。因此,发展法律英语教学是国家表达意愿并参与制定国际规则的战略需要。不过,目前能够从事国外法律事务的法律英语人才稀缺。2016 年,中国有 85% 的法律职位需要英语水平证明,由于法律英语专业人员的严重短缺,64% 的涉外案件无人管,超过 82% 的法律工作者只有一个法律背景。2017 年教育部制定的《英语类专业本科教学质量国家标准》也提出以需求为导向,创新和探索多种人才培养模式和机制,根据国家和地区经济社会发展的需要,培养适应多层次、多行业、多领域的复合型外语人才。

2020 年 11 月 16 日至 17 日,中央全面依法治国工作会议在北京召开。这次会议的一个重要成果就是首次提出习近平法治思想,明确了习近平法治思想在全面依法治国中的指导地位。这次会议上习近平总书记对当前和今后一个时期推进全面依法治国要重点抓好的工作提出了 11 个方面的要求,即"十一个坚持"。其中,第九方面"要坚持统筹推进国内法治和涉外法治"和第十个方面"要坚持建设德才兼备的高素质法治工作队伍"均指向当前推进国家高质量发展进程中的一个关键问题,即如何加快法律翻译人才培养的问题。当前,世界正在面临大变局,国际治理体系和治理格局正在飞速变化。我国的经济体量和对外合作日益扩大,我国在国际社会上逐渐发出更大的声音,主动参与世界的治理活动之中。并且随着近些年,我国提出"一带一路"的积极倡议,构建"人类命运共同体",建立了各种国际合作模式,使各国能够合作治理整个世界,实现人类社会的共赢。

但其实,在国际合作与交往中,小到个人的权利维护,大到国家之间的交往,都必须有各种法律和规则予以保障。在国际合作、跨国贸易中,中国已经展现了其内在的影响力,参与到世界的建设当中。而在这个中间,能

---

[1] 习近平:《加强合作推动全球治理体系变革 共同促进人类和平与发展崇高事业》,载人民网 2016 年 9 月 29 日,http://jhsjk.people.cn/article/28748259。

够熟悉外国文化、法律知识、商业模式的国际化、复合型、实践型、创新性的法律翻译人才是基础。毫不夸张地讲，法律翻译人才的培养是涉外法治建设的基础之所在。

（二）扩大国际交流合作的时代要求

新时代，我国的对外开放战略为我国以及合作国家带来了很大的发展机会，在未来我们发展目标主要是“合作共赢、同创未来”迈进。从当前来看，以“一带一路”为主要体现的合作模式已经由点到面，发展到了众多国家的积极相应和深度参与。而推进包括“一带一路”等对外开放战略的关键是使用法治的思维和利用法治的手段，在法治的轨道上积极推进。然而，“一带一路”倡议经常被一些不怀好意的国家拿来作文章，大肆渲染“中国危险论”，阻碍我国对外开放的积极进程。而我国在提出“一带一路”倡议后，牵头创办了亚洲基础设施投资银行，设立了丝绸之路发展基金会，并组织召开了第一届“一带一路”高峰论坛。这些都向国际社会展示了我国意图推动全球治理体系改革、助力各国共同发展的良好形象，进一步提升了我国的国际影响力，在国际社会中塑造了良好形象。然而，当前我国正面临法律翻译人才严重短缺的现实。我国主要的法律翻译人才多以兼职的形式存在，如翻译协会的会员、外国语学院的老师、传媒机构的工作，而缺乏充足的能够胜任跨国法律翻译人才。此外，能够处理跨国法律事务、参与解决国际法律争端的人才还是我国参与国际合作交流的紧缺资源，我国涉外法治人才发挥的作用还不够显著主要呈现为人才数量不足、人员分配教散、人才管理混乱的特点。而法律翻译人才是培养涉外法治人才，助力涉外法律交往的基础。因而，需要大批拥有较高政治站位、专业的翻译技能、深度的文化理解、充足的法律知识作为支撑的法律翻译人次。为了维护我们国家整体的发展利益，能够为涉外立法、司法、执法各环节提供充足的“智力支持”，加快法律翻译人才培养刻不容缓。我们要以习近平法治思想为指导，深刻认识到法律翻译人员在国家新时期的发展战略中的重要作用，培养充足的法律翻译人才顺应促进交流合作的时代趋势。

（三）促进国际法治交流的桥梁纽带

纵观历史，法律翻译在现代中国法学的发展中起着重要作用。中国现代法制模式是在借鉴西方法制和大陆法系模式的基础上发展的。改革开放以来,中国法律深受英美法(尤其是美国法)的影响,并不断借鉴其先进的司法理念。在我国法律模式制度不健全的背景下,法律学研究空前兴盛,这对法律翻译工作意义非凡。随着经济全球化进程的加快和中国对外开放的不断深入,特别是“一带一路”提案的不断推进,法律翻译再次被推到了新时代的最前沿。

法律翻译是涉外法律工作的立足点,法律翻译人才是涉外法律工作必不可少的部分。“一带一路”沿线的国家都有自己的法律制度和法律文化,为了了解这些国家的法律和文化,并使沿线的国家了解中国的法律法规,需要双方开展密切交流。此外,“一带一路”建设实质上是一项重大的涉外经济项目,不可避免地涉及大量跨国投资和国际贸易活动,无论是初步调查,谈判和签署,还是后续项目实施和长期合作,都需要借助法律顾问来实现。在当今世界法律体系中,美国法律是一个相对完善的法律体系,这主要体现在许多国际法规则都基于美国法律的相关内容这一事实。

法律翻译需要学习其他国家的语言,而英语作为世贸组织规定的官方语言,能够保障中国和世界各国的交流,因此,法律英语已经成为“一带一路”国家之间交流与合作的重要保障,也成为我们维护国家、公民和个人利益的重要工具。

二、法律翻译人才培养的目标导向

从供需关系的视角来看,法治翻译专业人才的培养在人才供需关系链中处于基础性环节,其正如同其他社会行为一样是在供需规律指导之下,市场规律与社会规律协同作用的结果。因此,在未来法律翻译专业人才培养中必须要充分尊重供需规律,进一步树立市场思维,明确需求导向,唯其如此才能真正回答“培养什么人、怎样培养人、为谁培养人”这一根本性问题。

(一)着力培养国际型法律翻译人才

习近平法治思想为当前翻译人才培养工作提供了根本遵循。高质量发展其所紧迫需求的法律翻译专业人才一定是“具有国际视野、通晓国际规则、善于处理涉外法律事务、能够参与国际合作与国际竞争的高端复合型法律翻译人才”。人才是实现“一带一路”倡议,为我国在国际对话与发展中赢得先机的基础,在各国交流合作中,法律是解决争端的前提条件。所以,相关的翻译人才在这一时代背景下显得更为关键。正是因为“一带一路”沿线各国在法律制度、法律精神以及法治化建设上都各不相同,必须有足够的法律翻译人才资源,能够将沿线国家相关的法律政策进行翻译。这便需要通过教育培养更多兼具法律知识、外语能力与较高道德水准的复合型法律翻译人才。

因此,在未来翻译人才培养中必须要立足人才需求端,通过充分挖掘“一带一路”的政策目标,有计划、分步骤地培养一批通识法律、翻译技能的人才,努力创造机会让这些优秀人才逐步参与国际法治交往的各个环节中,成为国际规则制定的参与者、国际服务的提供者。在习近平法治思想的指导下,通过加强对翻译人才的国际化的教育,培养出兼具政治高位与国际视野、技术能力的复合型人才,使之能够助力国家对外开放的战略。

(二)着力培养专业化法律翻译人才

“专业性是翻译的职业品格,经验理性是法学的实践性格。”而当前,专门从事涉外法治的人数明显不足,更不用讲专业化的法律翻译队伍的建设。据统计,在联合国系统的雇员中,中国籍雇员目前仅占1.12%,居第11位,居菲律宾、印度、俄罗斯等国之后。由此管窥,在国际舞台上,维护中国利益、代表中国立场、深入参与国际法律事务处理的专业人才严重不足,这与中国的大国地位和形象不相匹配,而其中的法律翻译人才又更加稀缺。法律翻译人才的数量与质量不能满足国家参与国际事务的需求。大量中国企业走出国门,但企业内部法律翻译缺乏,使海外投资缺乏必要的风险防控,产生争端也无法妥善解决。由于对海外法律规范认识不足、对投资性法律规范重视不够,导致中国企业在海外投资和并购中屡屡遭受重创。其主要原因在于,我国当前对于法律翻译专业化培养制度的建立还有待提高。

因此,在法律翻译人才培养方案设定中必须要准确把握当前对外开放国家战略的迫切需求,严格对标对表,通过“加大实践教学比重,在校内办好案例翻译、模拟法庭口译、法律基础知识学习,在校外建设法律翻译实践教学基地”等多种方式,进一步“强化学生法律专业技能培养,提高学生运用法学与翻译学科知识方法进行语义转换的能力,促进法学翻译教育与从业职业的深度衔接”,全面增强法学翻译人才培养的实效性和针对性。由此,让各高校所培养的法学翻译人才能够真正精通中国的涉外法律、国际法律和世界上主要法系或国家的法律,并能准确地将各类法律条款进行精准、合适并且容易理解的方式在各种语言和文化背景之间进行转换。

(三)着力培养复合型法律翻译人才

我国涉外法治建设面临许多挑战:例如,国际规则和新型国际关系的不适应,国际法治改革和国际秩序重构,有些国家和国际组织利用国际法律规则对我国采取限制;在经济领域对我国国际贸易采用反倾销、反补贴和贸易保障措施,限制我国出口;在海洋权益上企图用法律和争端解决机制对我国主权、安全和发展利益造成威胁和影响。中国不能仅仅作为国际规则的接受者和适应者,而需要积极参与全球治理,做国际规则的维护者和建设者,提升国际事务的话语权。

随着国家高质量发展的不断深入,其所遇到各类涉外纠纷也日益呈现涉案主体多元化、涉案类型复杂化、涉案标的巨额化的特征。甚至有些案件当中同时涉及知识产权保护、合同交易安全,国际关税壁垒、海外贸易摩擦等诸多领域。这一现状也对相关法律翻译专业人才培养提出了新的要求,不仅要求法律翻译人才要具备多领域交叉的业务知识,同时要具备持续的学习能力和敏锐的问题把握能力,从而让其在法律翻译工作当中,正确理解相关信息,把握核心关键点,并进行精确、合适的翻译工作。

(四)着力培养创新型法律翻译人才

党的十九大报告中强调,“一带一路”倡议将是中国未来很长一段时间内的工作重点,既要坚持引进先进文化,又要注重输出优秀的中国文化,在与“一带一路”沿线各国的各项合作中坚持共同商议、共同建设、共享资源与发展成果,始终坚持在合作中开拓创新、在创新中寻求共赢。

跨入新的发展阶段,国家要实现高质量发展必须要依靠创新驱动实现内涵式增长,同时,要求法律翻译人才培养应当“必须进一步加强前瞻性思考、全局性谋划和战略性布局”,牢固树立创新型人才的培养导向。唯其如此,才能着眼新发展格局,灵活应对各类涉外纠纷,真正做好“双循环”下的创新文章。

三、法律翻译人才培养的现实困境

在习近平法治思想的指导下,法学教育实践已经开始重视法律翻译人才的培养,例如,在法律硕士的课程中便可体现。《法律硕士专业学位研究生指导性培养方案》由法律硕士指导教育委员出台,从其中的内容可以看出,对于法律硕士的培养要突出实务能力和复合能力。其中的教学模式和课程设置包含了较为完善的法律思维、法律实践以及法律基础理论的培养机制。但是,对于法律翻译教育,仅仅规定"较熟练地掌握一门外语,能阅读专业外语资料"这样一种简单的要求。而在课程设计当中,并未设置专项的法律翻译课程,而只是设置了通识性课程。在这种情况之下,法律硕士的培养机制显然难以适应法律翻译人才的需求。但是在翻译硕士的培养方案之中,法律翻译人才包含在内。《翻译硕士专业学位研究生教育指导性培养方案》(以下简称《翻译硕士指导性培养方案》)中培养目标所明确培养的"适应国家社会、经济、文化建设需要的高层次、应用型、专业性口笔译人才"。在翻译硕士(MTI)的课程设置当中,包含了法律法规翻译(笔译方向)与法庭口译(口译方向)等其他和法律相关的翻译课程,此外,还包括商务翻译、项目翻译等和法律实践活动密切的课程设计,在理论上可以满足法律翻译人才培养的需求。然而,通过调查发现,当前翻译硕士的培养现状远不能满足新时代下法律翻译人才的需求,尤其是高水平的法律翻译人才。以法庭口译为例,通过对相关判决书和裁决书进行梳理,"上海、广州等地,在审判涉外案件之时,通常承担法庭翻译工作的人员是高校外语教授、翻译机构职员和翻译协会的人员这三大类",有时会出现由传媒机构的人员承担的例子。[1] 而专业化、高水平的法律翻译人员奇缺说明,当前在法律翻译人才的培养机制上还与理想状态存在较大差距。但是这种差距的产生并不是各教育单位主观上不愿推进法律翻译人才培养机制。而是由于在客观上缺乏建设经验和建设条件,从而导致法律翻译人才培养的困难,主要表现在以下四个方面。

---

〔1〕 参见许多、屈文生:《关于建立法律翻译职业准入制度的若干思考》,载《外语与外语教学》2014 年第 4 期。

(一)法律翻译教学时间严重不足

当前,翻译硕士承担了主要的法律翻译培养工作。而目前的 MTI 培养体实践中,除了广东外语外贸大学、上海外国语大学等具有"外国语—法学"的特色院校专门设置了翻译硕士法律翻译方向之外,绝大多数 MTI 培养单位只能为法律翻译的培养设置少量课程,并且还区分了笔译与口译。因此,绝大多数 MTI 硕士无法得到充足的法律翻译学习,这极其不利于法律翻译人才的培养。并且,翻译硕士在校学习时间一般为 2 ~ 3 年,其间,学生需要学习翻译学中的专业只是与课程实践。在这种情况之下,除了设置了专门的法律翻译方向的培养单位外,设置了法律翻译相关课程的培养单位不会再有多余的时间为学生培养基本的法学知识。然而,掌握相当的法学知识是成为高质量的法律翻译人才的关键。从我国当前的法律翻译专业教材上可以看出,翻译技巧的掌握仅仅只是法律翻译工作的基础,更重要的是需要掌握一定的法律知识。[1] 同时,还会在图书之中写入一定的翻译理论知识。[2] 这都印证当前法律翻译的培养老师都已经意识到了课程设计的严重短缺,只得以通过增加教科书内容的方式来进行弥补。教学时间的缺乏与当前我国加强对外开放战略、增进与各国之间的法治交流的国家战略形成了矛盾。

(二)专业化的法律翻译师资缺乏

专业化的法律翻译师资队伍缺乏这一直是一个老生常谈的问题,并且这一问题难以在短期之内解决。相较于对法律翻译工作者的培养,一个合格的法律翻译教师的培育更加困难,这是一个漫长的过程。而且,一个突出的问题在于,大多数从事翻译工作的老师多是毕业于外国语专业,而即使是 MTI 法律翻译方向的老师所掌握的技能也大多为翻译技巧类知识。这也是当前精细化教师资格培养中一个正常的现象和过程。专业性的法律翻译师资队伍的匮乏也体现在当前的教材编撰上。当前出版的各类法律翻译类教材并没精准化的表明适用的对象;同时,缺乏对高水平翻译人

---

[1] 参见屈文生、石伟主编:《法律英语阅读与翻译教程》,上海人民出版社 2012 年版,第 28 页。

[2] 参见马庆林等编著:《英汉法律文本翻译——理论与实践》,中国人民大学出版社 2012 年版,第 100 页。

才培养的技能化口译、笔译训练以及原则性、有效性的实操性训练,[1]这在一定程度上与著者并非法律专业出身有关。当然,这些教师也已经为当前的法律翻译人才作出了突出贡献。在当前,我们应当在原有优秀教师以及办学经验的基础之上,在培养实操性的法律翻译人才过程中,找寻喜爱科研研究以及教学工作的学生,帮助其成为未来法律翻译的教师。与此同时,各个高校也可以通过聘任的方式,使优秀的法律翻译从业人员进入课堂,从事相关法律翻译的教学工作,形成对师资力量缺乏的有力补充。

(三)法律翻译教学轻视理论研究

当前,法律翻译教学现出"重实践、轻理论"的趋势。以翻译硕士培养为例,由于翻译硕士侧重于培养学生的实践能力,因此,按照《翻译硕士指导性培养方案》的具体要求,以及才教学实践中的实际操作,都以培养学生的应用能力为导向。《翻译硕士指导性培养方案》明确规范要重视实践能力的培养,强调文本翻译能力的培育以及口译能力的提高,使翻译的实践练习贯穿到整个培养活动当中,并要求学生在学期间至少有不少于 400 个小时的口译磁带以及不少于 15 万字的翻译笔录。并且,要求各培养单位,学位论文也可采用翻译实习报告、翻译实践报告的方式。值得确定,这种充足且高质量的翻译实践教学对应用型的翻译人才培养工作是必要的,可以使毕业学生快速与工作要求接轨。然而,这并不是代表着法律翻译人员的培养应当忽视理论知识。正确的做法是,只有将理论知识和实践练习相加结合,才可能教育处符合社会需求、教育界期望的高水平、复合型、专业化的翻译人次。有学者深刻指出:"翻译是以符号转换为手段、意义再生为任务的一项跨文化的交际活动。"[2]其实,在国际文化交流不断深化的今天,翻译的任务已经不仅仅是表达符合的切合,更在于对相关文化的理解和再次传递。当前,很多人都有这样一种误区,那就是天真地认为学好外国语就能成为一名良好的翻译人员。这一方面,这是由于不少人对翻译的实质与内涵缺乏了解;而另一方面,也在于当前翻译人才的培养机制缺乏对理论知识的深入教育,如就法律翻译而言,准确地使用法律语言准确表

〔1〕 许多:《文本选择、文体把握与术语翻译——关于法律翻译教材编写的思考》,载《中国翻译》2015 年第 3 期。

〔2〕 许钧:《翻译论》,译林出版社 2014 年版,第 50 页。

达出原有语句所蕴含的法律信息需要对翻译学、法律理论有较为清晰的理解。而现阶段,各外国语学院在本科教学工作之中十分重视对学生口笔翻译的训练。然而,在训练过程当中,缺乏对学生的深层次理解翻译内涵的引导,使学生们产生了"翻译就是语言符号转变"的错误认识。而加之翻译过程之中过度依赖于词典等工具书籍,而不是通过查阅资料深入了解词语背后的文化内涵,更加深了这种错误认识。有学者曾表示:"几近所有的词典、字典都只能解释词语中单一的一面,而不能透露出背后丰富的内涵。这样就显示了一种假象,似乎所有的意义都是明确的、限定的。"这种对翻译的狭隘认识,存在于翻译人才培养的各个阶段,更不用说法律翻译人才的培养。各培养单位在培养法律翻译学生时,也存在这样的问题。当前,我们要求培养高层次法律翻译人才,同时要求培养单位设置诸如翻译概论、口笔译理论等理论性课程。但在长期的翻译人才培养过程之中,已经根深蒂固的"重实践、轻理论"的思维存在破局难题,在新时期的法律翻译人才的制度构建上,应当予以重视。

(四)法律翻译教学重语言轻文化

其实,对于"重于语言而轻文化"有两个维度的理解。首先,这是指在法律翻译的培养活动当中,往往重视对学生翻译技巧和语言能力的培育,而忽视了法理知识、法律文化的教育,这体现了法律翻译教育长期以来呈现的"翻译中心主义"。这翻译模式是缺乏灵魂内涵,阻碍了翻译事业的良好发展,走出"语言中心主义"的翻译模式势在必行[1]同样地,法律翻译人才的培养过程之中,倘如忽视了法律专业知识、法学传统文化、法律基础知识的培育,会大大影响法律翻译过程之中的合理性与准确性。法律翻译人才的培养必然是语言和文化的并重。众所周知,语言背后所蕴含的内在文化是各外重要的,文字符号的转变只是翻译的基础。然而,当前在法律翻译人才培养中间,往往会忽略文化教育,而过分重视语言教育。尤其是在法律文件翻译中,教师们往往过分在意学生语法结构、词语含义、句式结构等因素,而轻视了背后的法律关系、法律文化、译文客体等因素。当然毋庸置疑,掌握熟练、准确的翻译技巧是良好进行法律翻译的基础,但是如果缺

[1] 参见王宁:《重新界定翻译:跨学科和视觉文化的视角》,载《中国翻译》2015 年第 3 期。

乏相关法律文化,这会使翻译后的内容空洞、缺乏内涵。

将本文所提出的上述四点原因进行总结:法律翻译培养时间的缺乏和优质师资力量不足的主要原因是因为当前市场和教育的供需协调机制不够健全而对于法律翻译人才培养的“重实践而又轻理论和文化”也主要是因为法律翻译教育的发展存在不足,这其实也是由于第一种原因所导致的。可以说,通过短暂的时间去解决“时间少”“师资缺”的根本性问题是不现实的,当前我们能够去做到的就是如何更好地协调产学研结构,构建完善新时代下法律翻译人才培养机制从而缓解如今的突出问题。

四、新时代法律翻译人才培养机制的重构

面对当前新时代下法律翻译人才培养机制的所反映的突出问题,当务之急是要以习近平法治思想为指导,统筹推进国内法治和涉外法治,通过树立法律翻译人才培养生态链理念、出台法律翻译人才培养激励政策、打造法律翻译人才培养平台基地、明确法律翻译人才培养方案、强化法律翻译人才培养特色、注重法律翻译人才培养梯队建设、提升法律翻译人才培养效益效果等方面实现法律翻译人才培养机制的重构,以期符合新时代法律翻译人才培养的目标导向。

(一)树立人才培养生态链理念

当前,国家在推进高质量发展过程中机遇与挑战并存,未来要取得突破性进展就必须在融合创新上下功夫,牢固树立法律翻译专业人才的生态理念,从而充分发挥政产学研融合、学科融合的显著优势。具体而言,一是要打造法律翻译专业人才供需生态链,积极对接创新名城产业人才需求,充分发挥高校、政府、企业等多重主体的协同作用,将人才储备优势、教育资源优势、产业集聚优势、外贸市场优势、资本运作优势结合起来,打造一批具有涉外纠纷风险防控、涉外纠纷调处、涉外人才交流、涉外市场开拓、涉外知识产权保护等多元集聚功能的政产学研联合重大创新载体。二是要打造法律翻译人才培养生态链,积极拓展“法律+外语+领域”涉外人才培养模式,大力选拔培养一批法律专业基础扎实,外语交流沟通能力较强,国际外贸知识储备丰富的复合型法律翻译人才。三是要打造法律翻译人才成长生态链,优化完善人才服务政策配套体系,从人才服务供给侧入手

全力营造"育才聚才用才尊才"的人才氛围,让优秀人才真正成为国家高质量发展的新动力引擎。

(二)出台人才培养激励政策

法律翻译人才培养是一项系统工程、栽树工程,因此,必须要系统谋划、精准发力,从而确保人才政策落到实处。具体而言,一是要细化明确法律翻译人才培养的总体思路。立足"一带一路"的实际,以法律翻译人才培养基地建设为抓手,以法律翻译人才培养方案完善为突破口,以法律翻译人才培养特色凸显为着力点,以法律翻译人才培养模式优化为关键点,以法律翻译人才培养效果提升为落脚点,从而不断探索和创新发展法律翻译人才培养的最优路径,努力培养一大批具有国际视野、通晓国际法律规则、善于处理涉外法律事务的法律翻译人才,为服务国家新发展建设提供有力的人才保障。二是要配套出台扶持法律翻译人才培养的政策实施细则。不断加大在法律翻译人才培养基地建设、域外法查明中心建设、法律翻译人才培养模式改革、涉外法治骨干师资培训、法律翻译人才交流培训实习等多个领域的政策扶持力度,全面细化政策扶持的实施细则,制定详细考核标准,推进扶持政策真正落地。三是要提高法律翻译人才培养政策的精准度。在推进人才扶持政策落地过程中不能搞"大水漫灌""普降喜雨",要突出重点、精准用力,放大人才政策的杠杆效应、边际效应。

(三)打造人才培养平台基地

人才基地是人才培养模式创新的实验区,在推进教学改革、人才培养、师资建设方面发挥了积极的示范和引领作用。因此,在法律翻译人才培养基地建设中必须要从以下几方面入手:一是要充分发挥法学会的组织引领作用,以法律翻译人才库遴选为抓手,大力集聚各类法律翻译人才师资队伍,积极培育和组建法律翻译人才创新团队;二是要系统整合各高校及智库现有涉外法治教育资源优势,依托各类高等院校外国语学院、法律翻译机构、律师事务所、外资企业和法院为学生提供相关训练平台;三是要全面打通高校人才培养与实务部门人才需求之间的梗阻环节,鼓励高校与实务部门共建法律翻译人才培养基地,为建设高质量的对外开放提供有力的人才支撑。

(四)明确人才培养特色方案

人才培养方案直接关系到人才培养的总体要求,其不仅是人才培养单位组织开展各类教学活动以及安排教学任务的指引性文件,同时也是各单位实施人才培养的根本性依据。立基于此,必须要立足“一带一路”交汇点的实际,结合当前我国高质量发展的人才需求,进一步明确法律翻译人才培养方案,从人才培养目标、人才培养模式、师资配备情况、课程总体设置、课程学时安排、课程实践环节、毕业基本要求等多个环节对法律翻译人才培养制定具体目标,有效应对当前法律翻译人才培养中人才“少”、分布“散”、师资“缺”、模式“乱”等一系列问题,不断探索和创新发展法律翻译人才培养的最优方案。

(五)强化人才培养特色优势

在国家高质量发展中,要真正发挥优秀人才的动力引擎作用,关键是要进一步强化法律翻译人才的培养特色。具体而言,一是要全面凸显实践教育特质。通过严格法律翻译人才培养的遴选准入条件,加强人才培养的过程考核等一系列的方式遴选一批有潜力的优秀人才进行实践化培养,从而满足当前国家高质量发展中对于法律翻译人才的迫切需要。二是要细化明确要“法学+语言+领域”课程设计思路。在人才培养过程中除了要传授涉外法律的学习方法、基础知识、基本技能外,还应进一步强化外语、国际政治、国际经贸等相关领域的课程,旨在使所培养的学生具有扎实的法学专业知识,良好的外语水平,同时还要熟悉国际贸易争端的相关领域,从而让所培养的学生能够真正参与到法律翻译服务化解实务当中。三是要稳步推进双师同堂的教学模式改革。法律翻译人才培养中通过打破高校和社会之间的体制壁垒,将实际工作部门的优质实践教学资源引进高校由法学院教师与实务部门专家共同组建课程教学团队,共同设计教学方案,团队导师根据各自的知识背景分别讲授理论和实务内容。在人才培养中通过真实的案例导入,以问题为导向,使学生们在交流和互动中对涉外纠纷有更加真实和直观的理解,从而也进一步提升了学生的法律思维能力和涉外纠纷调处的实践能力,以顺应国家高质量发展中对于法律翻译人才的迫切需求。

(六)注重人才培养梯队建设

就法律翻译应用型人才的培养而言,法律翻译人才的学位多从工作前的培养单位中获取。那么,在校园之中所学习到的翻译知识对未来毕业后的工作而言就显得尤为重要。然而,前文已经表达,当前法律翻译人才的培养缺乏充足的教育时间和足够充沛的师资力量。我们应该清楚,想要成为一面合格的法律翻译人才仅仅靠校园内的几年学习是充足的相关人才的培育养成是一个长期的过程。由此可知,对于法律翻译人才的教育绝对不能急功近利,应当分等级、分梯次的培养模式,这样不仅仅能培养出符合社会发展需要的法律翻译人才,更能够完备链条化的培养体系,增强法律翻译学科方向的底蕴建设,形成科学化、常规化的法律翻译培养模式。正如傅敬民老师所述,"法律翻译人才的培养应当重视循序渐进的方式,构建出体系化的教育"。[1] 他的这种观点也印证了"梯次"教育的核心价值。其实,结合当前各培养单位的教学实践来看,这种分阶梯的培养思路是完全可行且合理的。具体而言,由于对于翻译学的教学既在硕士阶段进行,并且也在本科阶段进行。因此,在本科—硕士的教学内容上应当注重之间的连接层递,在本科期间,以讲述翻译的基础知识,为法律翻译的语言功底打下良好基础。在硕士阶段,讲授法律翻译的基本知识,并培养学生对法律翻译的兴趣。并且,应当在硕士阶段加大对法律基础概念、商业知识、文化知识进行培养,以增进学生的底蕴内涵,使之可以胜任翻译工作之中的复杂问题。而不容忽视的,例如,法律文件翻译、庭审口译等实训课应当侧重对"法律—翻译"并重,利用这类课堂教学,加深学生对两学科交叉融合的新体会。

(七)提升人才培养效益效果

人才培养所呈现效果是决定毕业生其能否胜任当前国家对外开放战略工作要求的关键所在。因此,我们需要切实采取措施保障法律翻译人才的培养成效,主要从以下方面采取方案。一是要梳理以"实践"为导向的人才培养目标。法律翻译人才不同于一般的法治人才,其必须要坚持问题导向,切实提升学生的实践能力,让学生具备成为"国际规则制定的参与者、国际服务的提供者、全球公共事务的管理者、国际法律理论变革的引领者和国际纠纷的裁决者"的潜质。二是要完善涉外专业人才培养效果评估机

---

〔1〕 傅敬民:《英汉法律翻译教学面面观》,载《上海理工大学学报(社会科学版)》2011 年第 4 期。

制。评估机制构建中通过完善评价主体、丰富评价手段等一系列的方式从而让人才评价真正成为引领各类人才成长的"风向标"。具体而言,积极探索引入市场评价和社会评价,从而充分发挥多元评价主体的作用。尝试采用案件实操、专业知识考试、专家团队面试相结合的评价模式,从而逐步丰富评价手段,提高人才培养效果评价的针对性和精准性。三是要优化法律翻译人才培养效果的激励和奖惩机制。尝试运用法律翻译人才培养基地认证、人才培养创新团队认证、人才培养政策扶持等一系列的人才政策杠杆,充分发挥好优秀典型的榜样激励效应。同时,引入动态退出机制,对于那些人才培养效果不达标的院校、基地、团队要及时调整,从而真正激活各培养单位的人才培养的活力。

(八)打造综合立体培养体系

法律翻译人才培养工作必须要顺应国家建设的需要。一个合格的、优秀的法律翻译工作者不仅仅是一个双语掌握着,也应当是一个法学家。[1]法律翻译人才的培养有着浓厚的跨学科属性,但是教育资源与教育时间的稀缺性则限制了法律翻译人才培养的深度。这就对当前培养模式的改革提出了要求,那就是在课程之外设置其他可以锻炼学生的机制。对于翻译的基础理论和能力,可以利用日常教学中的基础教学阶段进行。而在翻译应用、人工智能翻译、口译笔译实训、翻译文化等课程中,可以有针对性地引入法律案例、介绍域外法律、模拟法律庭审等方式进行。而这种相互协调、彼此联系的培养方式,对系统培养、综合培养具有较大意义。例如,通过庭审翻译既可以增加学生的口译能力,又能使学生感受庭审模式,体会法律程序;而通过对国外法律、文件进行翻译,可以在帮助学生增进笔译能力的同时熟悉实体法律知识。

当然,两种学科的互动协调并不是没有主次的。由于法律翻译专业化人才本质上属于翻译人员,扎实的翻译功底是工作的基础,并且语言能力是进行从业的前提。对于法律知识的理解和掌握肯定无法和专业的法学科班出身人员相比较,但是,法学素养的提高是可以在未来执业过程中得到感染和提升的。此外,在新时期的"一带一路"开放战略之下,法律翻译

[1] 参见董晓波:《法律文本翻译》,对外经济贸易大学出版社 2011 年版,第 121 页。

人员还应当有过硬的政治站位、文化素养以及也应当有一定的科学知识作为支撑,这种饱满的、富有内涵的翻译工作者才能够胜任当前祖国建设交流的需要。[1]

〔1〕 参见张法连:《"一带一路"背景下法律翻译教学与人才培养问题探究》,载《中国翻译》2018 年第 2 期。

城乡文化冲突视角下的农村贫困大学生心理教育*

王春林**

摘　要:农村贫困大学生从乡村来到城市,由于经济需求不一、社会关系简繁以及文化传统导致的文化冲突有可能使他们出现心理问题。不公平感、紧张焦虑感、自我封闭感以及从众感这些心理问题的出现,影响了高等学校正常的教学秩序和人才培养质量。为此,高等学校应当高度关注农村贫困大学生心理问题教育,引导他们树立正确的人生观,教授他们熟练掌握与人交往的技巧,加强他们的心理辅导和关怀,教育他们确立正确的择业观。

关键词:农村贫困大学生　文化冲突　心理问题　教育

农村贫困大学生从乡村来到城市,这既是一种人口流动,同时还是一种文化上的迁移,他们必须面对城乡文化冲突。“文化冲突”是美国学者索尔斯坦·塞林(Thorsten Sellin)在1938年首先提出的,他认为,当不同规范准则在相邻文化地区时,或当一个文化集团的人移民到另一个集团领域时,相对立的文化冲突就会产生。由于乡土文化与城市文化的对立,部分农村贫困大学生在遭遇城市文化的冲击下,评价自身行为的标准失去了统一尺度,显得有些无所适从,产生一些心理问题。高等学校贫困大学生因经济拮据及学业压力繁重,承受着沉重的思想负担和精神压力,存在悲观、

* 基金项目:江苏大学2019年高等教育教改研究课题“基于移动互联网络环境的教学模式研究”(2019JGYB066)。

** 作者简介:王春林,江苏大学法学院副教授,硕士研究生导师,主要从事刑法学、犯罪学研究。

逃避、焦虑、抑郁、依赖、懒惰等心理问题。[1] 贫困带来的大学生辍学、犯罪和心理异常的比例有增无减,给予贫困大学生更多的社会支持不仅可以减少或杜绝以上问题,而且更反映了一个国家或一个社会的教育公平。[2] 据北京高等学校学生心理素质教育研究课题组最新的一项调查显示:在北京市大学生中 16.5% 的学生存在中度以上的心理卫生问题,其中,边远农村的学生比例最高,为 19%,差于城市学生。[3] 这些农村贫困大学生中包括大量的农村贫困大学生。心理素质是人在认知、情感、意志、兴趣等品质上的特征,良好的心理素质是一个人正常生活和工作学习的必要条件。[4] 高等教育是在完成中等教育的基础上进行的专业教育,是培养高级专门人才的社会活动。因此,掌握农村贫困大学生的心理特点,解决他们的心理问题,提高他们的心理素质是我国高等教育的重要任务之一。

一、农村贫困大学生面临的常见文化冲突

(一)经济需求不一导致的文化冲突

在经济上,经济欠发达农村地区经济落后、商业萧条,仍然以农业为主要生产方式,市场经济发育不良。乡村劳动是以体力劳动为主的简单经济活动,社会分工不明确,经济发展水平较低。农业文化所创造的物质产品,主要用于满足基本的生活需要,物质文化相对比较贫乏,人们的经济需求相对简单。而城市经济部门类齐全,功能完备,经济结构以第二、第三产业为主,经济相对发达,基础设施较为完备,居民生活比较便利。农村贫困大学生来到城市就读后,对生活有着更高的要求,但他们的所获得的生活费用相对较少,在严酷的社会现实面前,他们的心理承受能力就显得相对较弱,所以他们对现实表现出较低的满意度。

(二)社会关系简繁导致的文化冲突

在社会关系上,农村居民十分注重家族关系,亲属之间的交往是农村

---

〔1〕 参见刘晓琳、邢红旗:《高校贫困大学生心理健康教育探究》,载《教育理论与实践》2015年第3期。

〔2〕 参见成云:《贫困大学生的社会支持与心理健康关系研究》,载《重庆大学学报(社会科学版)》2011年第4期。

〔3〕 参见王昊:《论农村大学新生的心理适应》,载《求索》2004年第10期。

〔4〕 参见徐新林:《在校农村大学生再社会化问题研究》,载《河南社会科学》2003年第2期。

居民人际关系极重要的方面，依附、重视家族关系，重亲情、轻法理是传统农村社会的普遍心态，亲属间的互助则是我国农村传统的、较为普遍的社会经济协作形式。传统的中国农村地区是基于血缘关系基础上的宗法伦理社会，家族伦理是农村社会道德的基础和核心，以"孝"为核心的伦理观是农村社会道德的支柱。而在城市，人们从事不同的职业并分化为不同的阶层，呈现多元化的特点。城市居民的社会结构是由职业、级别、职称、文化水平、身份地位等因素决定的，大多从事固定的职业，工作与生活相分离，工作时间具有分割性，日常时间安排较具节奏性和条理性，社会行为受法律法规、规章制度及公共道德约束。流入地家庭规模一般呈现小型化、结构简单化，在构成上多为核心家庭，人们有更多的精力和时间投入家庭外的社会活动。农村贫困大学生在上大学前交往方式主要是基于亲缘、地缘关系的交往，交往方式是群体行为、文化与生活习惯上的同一性，心理上的安全感和信任感以及职业上的相似性等多因素共同作用的结果。以亲缘、地缘关系接成的社会关系网络，不仅强化了农村贫困大学生与主流社会的隔离，同一群体的密切交往也为其亚文化价值观、道德观在群体内的扩散创造了条件。这种熟人圈子既是一种个人的精神后盾，同时，也必然地会对个人形成诸多约束体系，要求个人的行为必须符合乡村生活的规则和评判标准。

（三）文化传统导致的文化冲突

在我国，目前的农村文化尤其是经济欠发达地区农村文化仍然深受我国传统家族文化的影响。而我国传统家族文化有以下八个特点：血族性、聚居性、等级性、礼俗性、农耕性、自给性、封闭性、稳定性。〔1〕 深受传统家族文化影响的人们彼此从熟悉到信任，信任使人们的交往增加安全感，减少相互猜疑的麻烦。农村贫困大学生来到城市就读后，在他们面前呈现的是现代社会文化，这种文化也具有八个特点，即社团性、流动性、平等性、法制性、工业性、交易型、开放性和创新性。〔2〕 深受家族文化影响的农村文化与更具现代社会特征的城市文化差异是很大的，两种异质文化的撞击和冲

〔1〕 参见王沪宁：《当代中国村落家族文化——对中国社会现代化的一项探索》，上海人民出版社1991年版，第29页。

〔2〕 参见王春林、冷勇：《农民工犯罪研究》，中国政法大学出版社2013年版，第111页。

突伴随农村贫困大学生进入城市不可避免地发生了。农村贫困大学生刚进入城市,在认识上、价值观念上不能完全城市化,处于强烈的文化冲突之中,处于矛盾和困惑状态。

二、文化冲突导致农村贫困大学生常见心理表现

(一)不公平感

公平和公平感是两个范畴,公平与否是一种客观现象,可用一个既定的、公认的法规、准则来判断和衡量。而公平感则属于一种主观现象,是一种情感体验。作为客观存在的现象"公平",它是人们进行公平判断的外在信息源,而公平感则是人们内部动机、观念、需要等综合加工的结果。[1] 不公平感由两种因素决定:一是事实的不公平,二是比较的不公平。公平感带有较大的主观性。公平感不是孤立的,其心理变化有其深刻的社会历史背景,我国有"不患寡而患不均"的绝对平均主义历史传统,而改革开放以来我国逐渐打破了原有的分配模式,产生了贫富不均这样的社会现象。在现实生活中,人们主要是在和自己周围相似的他人攀比中来判断社会是否对自己不公平。农村贫困大学生在到高等学校上学前,其生活在家乡,经济不发达,人们的收入普遍较低,加之信息相对闭塞,比较容易满足于那种生活状态。一旦被高等学校录取,来到经济相对发达的城市,生活环境发生了极大改变,将自己的生活与城市居民生活条件进行比较,会产生不公平感。由于不公平感的产生,极少数农村贫困大学生甚至会产生对家庭条件好的同学反感和排斥心理,具体表现为强烈的愤怒、严重的对立甚至敌对情绪。在家庭条件好的同学富裕生活和优越感面前,内心充满失望、烦躁、愤怒,被剥夺感特别强烈。

(二)紧张焦虑感

农村贫困大学生由于家庭经济困难导致其学费和生活费一般不能得到很好的保障,这样就会使他们的生活处于困境中,学费得不到保障,担心无法顺利完成学业,哪怕申请助学贷款,担心不能如期偿还贷款而导致毕

[1] 参见章雪、昌晓莉:《积极心理学视域下贫困大学生心理健康教育:反思及改进》,载《江苏高教》2019 年第 5 期。

业时学校扣留毕业证件而影响顺利就业,担心生活费没有着落而影响其上学时的日常生活起居。哪怕家庭保障了他们求学时所需费用,往往还要为家庭担忧。由于出生在贫寒的家庭,农村贫困大学生往往深知父母劳动的艰辛,挣钱的不易。而且父母为了保障自己能顺利上学往往生活非常节俭,即使生病了也会硬挺而不就医,导致农村贫困大学生也会产生担心家庭的紧张焦虑心理。来自城市家庭的同学家庭拥有的社会资源相对较多,就业较为容易。而那些农村贫困大学生几乎家庭几乎没有社会资源,加之有一部分农村出身的大学生当初就怀着考上大学跳出农门以光宗耀祖,再回到农村会被乡亲们认为是没出息的想法,这样他们又会产生毕业时能否顺利就业而产生紧张焦虑心理。

(三)自我封闭感

能够进入高等学校就读的农村贫困大学生都是家乡的风云人物,经过十多年的苦读,他们来到高等学校后,面对新的环境带来的新的挑战,原本的优势和心理平衡被逐渐打破,发现自己原来也是众多大学生中的一员。而且,来自城市和经济发达地区的大学生在读中小学时,所在地区中小学更为重视素质教育,学生综合素质得到了提高,往往都有一定的技艺,人际交往能力也较强,进入高等学校后很快融入新的环境,很快适应了大学生活。农村贫困大学生在进入大学后,由于存在这些不足,他们中的很多人对自己满怀信心和希望,开始新的拼搏,但也有部分农村贫困大学生自信心受到一定的挫伤,最终导致自我评价失调,产生自我封闭感。这样,他们就不能与人坦诚地交流思想,不愿意主动接近同学和老师,思想情感不能及时沟通和充分表达,使很多农村贫困大学生人际关系不协调,学习、生活中出现了问题往往未能及时解决。

(四)从众感

从众感是指社会个体在社会群体的无形压力下,在自己的知觉、判断、认识上不知不觉或不由自主地与多数人保持一致的社会心理现象。由于部分农村贫困大学生知识、经验都不足,缺乏分析,进行独立思考的能力。遇到问题解决方式时,自我认为“少数服从多数,一般是不会出问题的”。于是,在遇到问题不顾是非曲直的一概服从多数,不喜欢独立判断和决策,从众感的产生使这些农村贫困大学生的社会化提升速度缓慢甚至迟滞。

三、解决农村贫困大学生心理问题教育策略

(一)高等学校应当高度关注农村贫困大学生心理问题

在我国,高等教育要坚持以大学生为本,重视大学生的生活、学习、组织、合作、创新及自我调节能力等各种能力的全面均衡发展。为此,高等学校要对此高度关注,其中就包括如何解决好农村贫困大学生的心理问题,建立完善的心理健康师资队伍。联合国教科文组织曾对学校心理学工作者的资格和训练提出三项要求:一是具有教学文凭和教师资格证书;二是具有五年以上的教学经验;三是系统修完有关心理学课程。高等学校应通过生成积极体验的心理健康教育课程,创建系统化取向的心理健康教育形式,构筑发展性取向的心理健康教育体系,营造关怀性取向的心理健康教育环境等策略加以改进和优化。要通过各种途径有计划地加强心理健康师资队伍建设,充分保证心理健康师资队伍的数量和质量。从事心理素质教育的教师要明白心理教育是学校素质教育的重要组成部分,要不断学习以更好地充实自己,从而能够针对学生的心理问题给予适当的解决策略。学校可以开设心理健康教育必修、选修课程,开展心理健康教育专题讲座,通过网络、板报等多种形式进行心理健康教育。在进行心理健康教育时,老师和学生之间可以选择实时或非实时的交流方式,也可以根据需要选择不同的交互方式,如电子公告栏、BBS、QQ、聊天室、E-Mail、飞信、微信、网络视频、手机短信等。在这种教学情境中,师生之间、学生之间的信息可以即时传递和反馈。老师也可以通过电话、电子邮箱、飞信、短信等向学生发送有关心理健康材料,这种在线教学方式学生在学习时间上掌握比较灵活,但反馈情况不如在线教学及时。学校要组织师资力量做好农村贫困大学生的心理关怀和辅导工作,必要时可以进行单独面向农村贫困大学生群体封闭式的教育和辅导,改善他们的自我认识,增强他们的自信心。

(二)高等学校心理健康教育内容

1. 引导农村贫困大学生树立正确的人生观

在高等教育繁荣发展的背后,高素质人才培养的重要性日益凸显出来,农村贫困大学生正处于人生观形成的关键时期,要加强对他们进行人生观教育,帮助他们树立正确的人生观,要引导农村贫困大学生正确认识

自我,做到客观公正地评价自我,不要妄自菲薄,对提高其综合素质具有重要的现实意义。在高等学校,对大学生的人生观教育应当做到经常化、系统化,将科学社会主义理论与我国社会主义市场经济的实践结合起来,培养他们适应社会需求的基本素质。

2. 教育农村贫困大学生熟练掌握与人交往的技巧

掌握与人相处的技巧是成功交往的必要条件。与人相处技巧是一门高深的艺术,一旦掌握高超的与人交往技巧,可以唤起别人与你友好相处的热情,打通与他人接近和沟通的渠道,密切交往对象彼此的关系。高等学校要有针对性地举办一些有关交往技巧的讲座,教育农村贫困大学生尽量去了解别人,真诚地赞赏他人,掌握捕捉对方观点的能力,要懂得容纳别人,能设身处地为他人着想。同时,鼓励农村贫困大学生主动热情地与人交往,在交往实践中逐渐熟练掌握交往技巧。要充分发挥自己的长处,要客观地评价他人,认真学习他人的长处从而弥补自己的不足之处,要以真诚的态度与他人交往。而良好的个性是成功与他人交往的前提,这离不开高等学校的正确教育。

3. 加强农村贫困大学生的心理辅导和关怀

高等学校在对农村贫困大学生进行物质和金钱的帮助的同时,要积极对他们进行必要的心理关怀和辅导,帮助他们消除自卑感,能够充分地了解自身的长处与缺陷并对自己的能力作出适度的评价,教育他们生活的目标不能脱离现实环境而要切合社会实际情况,在合乎社会规范前提下能够有限度地发挥个人的个性和满足个人的基本需求,能够适度地发泄情绪和控制情绪,从而能够保持人格的完整和谐及建立良好的人际关系,并在和谐的人际关系中充分发掘自身潜力。教育他们正确理解和表达自己的情绪,用积极健康的情绪直面周围的人和事,随着情形的变化要适时对情绪进行成熟理性的调节。

4. 教育农村贫困大学生确立正确的择业观

农村贫困大学生具有了职业生涯发展自主意识,确立正确的就业观,才能理性地规划自身未来的发展,并努力提高就业能力和生涯规划能力。为此,高等学校要教育大学生认真剖析自我,充分认识和了解自我,认清自身现状,了解自身特质以及各种职业的要求,明确自己的职业目标和努力方向,将自身的发展和社会实际相结合,调整自身的发展,为将来进入社会奠定基础。大学生职涯规划是把一定的或变化着的事实,同具体的、历史的、不断变化着的他们,以及他们的需要联系起来。因此,高等学校要重视对农村贫困大学生职业生涯规划教育。大学生职涯规划教育总是体现主体性的教育,并伴随主体的变化而变化。高等学校要教育农村贫困大学生打破从一而终的就业观,不断提高自身就业能力和就业水平,使自己的就业能力做到与时俱进。

结　语

良好的心理素质在促进农村贫困大学生全面素质的提高中起着非常重要的作用,健康的心理是他们全面发展必须具备的条件和基础。为此,加强对农村贫困大学生心理素质的教育,全面提高他们的素质是高等学校所面临的重要任务,高等学校要不断加强对农村贫困学生心理健康教育,使他们更新观念,超越自我,以保证高等学校培养人才的质量。

大数据思维在法学实践教学中的应用*

刘　莉**

摘　要:法学实践教学囿于技术、资金等原因既在法学理论教学的模式中徘徊又在实践性法学训练中迷失理念,随着大数据技术的发展,法学实践教学的思维得以舒展,在大数据思维的引导下,开始重视数据的价值,挖掘数据的重混和关联等大数据思维特质,以数据重构法学实践教学模式,提升法学实践教学质量。

关键词:法学　实践教学　大数据

随着互联网的发展,人类已经进入数字时代,面对知识的迭代,网络社区、人工智能的发展,法学教育仅仅以传授法律知识、培养法律技能为教学目标的理念正逐渐受到挑战。法律 AI 具有巨大的学习力和庞大的法律知识库,知识教育为主的高等教育逐渐沦为低端的知识输入工具,仅仅掌握法律知识而不知如何获取知识的法科生也只能成为低端人才。维克托·迈尔－舍恩伯格在《大数据时代》著作中预测,"大数据带来的风暴正变革我们的生活、工作和思维,大数据开启了一次重大的时代转型"[1],数据革命无疑也在触发教育领域的转变,作为教育者不能仅仅满足知识的传输,"google 从来没有想过教 AI 怎么玩,而是教 AI 怎么学习",法学实践教学

---

* 基金项目:江苏警官学院教学改革重点课题"诊所法律教育社区实践的数据化模式研究"(2019A42)。

** 作者简介:刘莉,江苏警官学院副教授。

〔1〕［英］维克托·迈尔－舍恩伯格、肯尼斯·库克耶:《大数据时代》,盛杨燕、周涛译,浙江人民出版社 2013 年版,第 9 页。

中教育者需要教会学生如何借助现代化的工具和方式获取知识、提升智能,而大数据思维的代入恰恰迎合了这一需求。

一、大数据思维的特征

“得大数据者得天下,应用大数据不仅要完善技术,更重要的是要建立大数据思维”[1],笔者认为,我们在探讨大数据时首先必须明白,大数据固然有“海量数据”的本意,但是更强调“数据为大”的思维方式,大数据思维在强调对多元化数据全方位、全程化收集的基础上更加重视对数据全面而深度的挖掘和分析[2],发现规律,寻找价值,以此指导决策和提升洞察,因此,大数据思维的核心应当是“预测”。大数据带来的思维变革对人类的认知方式提出了全新的挑战,不同于传统思维的大数据思维应当具有以下特征。

数据化,在大数据思维基础上,任何事物、现象、行为都可以由数据构成,随着现代传感技术的发展,人类数据化的范围和速度都获得了前所未有的提升,最终,这些事物、现象都可以以结构化或者非结构化的形式展示出来,从而构成大数据预测的基础。

重混性,所谓重混就是数据的重新组合或者事物的重新组合,数据曾经以静态的模式沉积在数据库中,当数据的量达到一定的限度即“大数据”时,数据会在不同组合中表现规律、价值等,呈现新的样态。信息流在数据中不停拆解、组合,产生新的事物、新的信息。

关联性,所有的数据既是独立的个体也是一个彼此随时可以关联的整体,[3]有些数据看起来毫不相关,却具有相当高的“黏附性”,通过分析总能找到关联点和关联的原因,这对于分析教育中教育对象的行为模式会有很大的帮助。

---

〔1〕 康路晨:《一本书读懂大数据时代》,民主与建设出版社2015年版,第6页。

〔2〕 王晓蓉:《基于TQM的高职院校实训教学诊断与改进运行机制研究与实践》,载《长江丛刊》2018年第18期。

〔3〕 美国“啤酒和尿布的故事”就是典型的大数据关联思维的案例,美国沃尔玛超市对销售数据分析后发现,啤酒和尿布经常出现在同一购物篮中,超市在仅仅对收据提取和分析时不知道原因,但是,他们在销售决策上开始将啤酒和尿布一起捆绑销售,效果非常好。当然,后来调查得知,年轻的父母购买尿布时通常会给自己买一扎啤酒作为对自己的奖励。

二、法学实践教学引入大数据思维的必要性

互联网技术已经进入移动互联时代，任何一个微终端都可以成为学习的工具，这种学习突破了时空限制，方便快捷，但是信息过于分散和碎片化使学习者无法形成体系性的知识学习模型，然而，大数据的应用恰恰是碎片化信息的克星，以数据存储、共享和检索为主要功能的云计算、云存储等云技术已经迅猛发展起来了，各大云存储平台纷纷推出移动终端应用，强调多屏共享，云技术和移动互联的结合，造就了强大的信息收集、整合、存储和检索能力，与此同时，数据积累的商业和经济价值使各大互联网应用越来越倾向于打造行业内信息和收据共享和交换的平台，而实践性教学最突出的特征是动态性，实践教学的师生要面临大量的实务训练和场景模拟，不确定性和动态性使实践教学耗时耗力，在教学效果上还难以检测，互联网技术带来强大的信息收集、整合、存储和检索能力，这恰恰是传统实践教学难以实现的困境。

目前，法学实践性教学发展已经进入瓶颈期，模拟、实务锻炼等实践教学方式一直在传统语境中运行，但是由于实践教学动态性和不确定性，对实践过程的跟踪和把控很难实现、实践教学评价体系也始终无法科学构建，以学生为主导的课堂由于精准教学目标的缺位依然是教师自主设定而缺少学生参与，课题组在法律诊所实践教学课堂上曾经对学生的需求和学习目标做过调查，但是在传统技术条件下，耗时多、回收统计周期长，不仅影响了学生积极参与更阻碍了教师频繁、随机地开展相关调研活动，使教师无法及时调整课堂教学活动以适应学生真正的学习需求。不仅如此，在传统的手段和技术条件下，由于大部分院校没有雄厚的财力打造专属的数据库，纸质的教材、工作指南无法跟上法律法规、司法解释和政策的快速变动和更新，大大滞后于现实需求，使实践教学面临大量亟须改革的问题，如数据采集、分析、统计、可视化等问题；即时沟通与延时交流相结合的快速沟通问题，等等。大数据时代对教学资源系统提出了巨大的挑战，我们在适应时代发展的同时，更

应抓住机遇,对教学资源进行整合[1],借助科学技术使沉淀的数据发挥作用。

三、法学实践教学中的大数据思维

传统的法学实践教学模式以体验式和模拟式为主导,无论是以何种方式,均强调现场的参与体验,学生参与和教学管理更多是传统模式的延续,尽管信息技术被引入教学方式中,但是这种改变并不是本质上的知识图景的变化,知识生产者和知识消费者之间的鸿沟并未消弭,"作为一种教学手段,可以被选用,也可以不被选用,从而游离于教学活动,无法有效地推动教学变革。而且在这一段时间里,以多媒体和互联网为核心的信息技术实际上主要改变了信息的存储方式与传输方式"[2]。

但是,随着数据信息的生产、数据思维的养成,数据以流动的姿态融入教学的各个环节和教学的每一个角色。随着数据的流动,教学环节之间可以翻转(如翻转课堂的出现),教学主体之间界限模糊(如每一位学生都可以成为教学活动的中心)教育系统的传统结构开始解构(如课堂不再受时空的限制)。

(一)大数据思维触发法学实践教育理念的转变

教育理念是教育研究者、设计者、实践者乃至整个民族经过长期理论和实践方面的不断蕴蓄而形成的关于教育价值取向的理性信念,[3]大数据时代的技术进步使得数据信息的收集、存储、交换、挖掘和使用等都成为可能,在这种情况下,知识被解放出来,一旦知识被解放出来后,人本身就可以成为教育的出发点和归宿,为个性化教育指引了实践方向。[4] 法学实践教育长期以来渴望通过技能的培养,现实的锻炼塑造和培养法律人才,但

---

[1] 参见梁娜、齐军:《近十年我国教学资源研究的现状、反思及展望——基于CNKI数据库期刊载文(2007－2016)的统计分析》,载《长春教育学院学报》2017年第10期。

[2] 王天平:《大数据诱发的教学深度变革》,载《教育研究与实验》2017年第2期。

[3] 参见陈潭等:《大数据时代的国家治理》,中国社会科学出版社2015年版,第164～167页。

[4] 人类的教育由初期的生存本位教育,到知识本位教育到能力本位教育和素质本位教育,最后随着技术的进步可能回归到大数据时代的人本位教育,让教育对象—学生在自我学习中学会成长学会做人。

是随着人工智能的快速发展,法律 AI 助手会逐渐普及,法律人才的培养方向仅仅以能力本位已经不足以应对社会的快速发展和现实需求,法学实践教育理念不仅仅要突出学生的主体地位,更应该快速提升学生学习力(learning to be)。

在大数据时代,传统的以教师为中心的教学观受到了前所未有的冲击和挑战,取而代之的是以学生为中心的自主学习观和资源价值发展观。教师的教学理念由学生能力培养转变为挖掘学生潜力,指引学生最佳学习路径的寻求,教师要擅长数据梳理、评估结果、搭建教学模型等。

(二)大数据思维助力法学实践教学评估与预测

在云计算、物联网、大数据的背景下,以大数据为支撑的新型现代教育治理与科学决策逐渐成为一种未来的趋势,数据分析软件如 Spss、Amos、citespace、Nvivo 等提供了便捷的数据挖掘方法和技术。这些数据挖掘方法和技术的快速发展为教学规律分析、教学问题梳理提供了帮助。

法学实践教学强调经验式学习,但是经验式学习具有很强的个体差异性,每个人的体验、需求、兴趣都不同,传统的法学实践教学无法满足经验型学习的个体差异需求,如果能构建大数据思维并运用大数据技术抓取实践教学数据就可以得到学生学习行为数据,预测学习者即将发生的行为和结果,以此来满足各具特色的学生的学习需求[1],真正做到以学生为核心。

(三)大数据思维改变法学实践教学方式

法学实践教学一直由于高成本高投入而被列入精英教育,甚至只有小众的受益者,诊所法律教育自 2000 年以后已经成为法学实践教学的主要模式。但是根据笔者的调查江苏省内法学院校中诊所法律教育的选修比例,一般只有 4% ~8% 的学生能够参加法律诊所实践学习,其他同学只能通过毕业实习、暑期见习等方式参加法律实践,因为毕业论文和毕业找工作等,无疑,这些效果是大打折扣的。相反,如果引入大数据思维,延展法学实践

---

〔1〕 美国纽约教育主管部门研发了一个"School of One(SO1)"教学项目,该项目是建立在大数据算法的基础上的,计算机系统会根据不同学生的身体素质、家庭背景、气质类型、兴趣爱好、知识积累、学习习惯等,结合教学方面的标准内容为对应的学生推送别致的学习路线图,完全实现了个体"私人定制"式学习。后美国教育发展中心对 SO1 项目进行了评估,结果该项目的学生的数学成绩大大高于没有参加这个项目的学生。

教学的时空场域,降低学生对传统课堂的依赖,则不仅仅大大降低实践教学成本,更可以让每一位法科生接受法律实训,进入法律场景模拟课程,进行体验式学习,学生只需要一个账号就可以登录系统,在任何时间、任何地点不限次数地反复学习,教师则根据学生登录状态、点击频率掌握学生学习情况以及存在的问题,大数据思维彻底颠覆了传统课堂教学方式,打破时空,为每一个学习个体“私人定制”,最终实现精英教育大众化。

四、法学实践教学中的大数据应用

在教育变革的数据时代,“谁掌握了教育大数据,谁就把握了教育的未来”,[1]法学教育承载着国家法治的使命,在高等教育中具有重要的地位,法学实践教学借助大数据分析可以了解学生在实践性课堂的需求,从而真正开展以“学生为中心”的教学设计,也真正实现个性化教育。

(一)教学工具

鉴于篇幅所限,我们每种类型列举两种工具(见表1)。

表1 数据化教学工具

类型	名称	特点	功能
课堂教学类	①雨课堂 ②课立方	个性化,学生可以根据自己情况选择相应课程,可以向老师发送弹幕提问表达疑惑;便捷高效,不受时间地点和空间的限制;易操作,注册微信号就可以进入课堂;数据获取方便,为师生提供立体的教、学数据支撑	学生可以提前学习、自主学习;教师可以制作课件、插入视频、通过大数据轨迹教师可以了解每一个学生的预习、学习复习情况;师生教学的互动;链接慕课、微课、精品课程等优质学习资源;方便学校教学主管部门统计教学进程管理教学
接案、办案类	①麦客表单 ②Worktile	填写方便,打开网址,线上填写;易于传播;数据友好,便于统计	收集信息;模拟教学、开展课堂设计。团队合作、办案管理

[1] 陈潭等:《大数据时代的国家治理》,中国社会科学出版社2015年版,第164~167页。

续表

类型	名称	特点	功能
考评与反馈类	问卷星 评价量规 (rubric)	方便、真实、统计功能强大	真实性评价工具,对学生学习全过程跟踪评价,是连接教学与评价之间的工具
学习方法类	思维导图: XMmind; Coggle 云笔记	高效学习工具,将思维过程可视化、电子化,加强逻辑性,可以再现和分享	直观记录想法、灵感、思想,尤其是对庞杂的案例和法律法规分类管理
统计分析类	Nvivo Citespace	质性研究的统计分析工具,在大数据分析基础上可以预测发展前景	以统计的视角对一些教学问题形成可视化分析界面,迅速找到规律以及未来发展趋势等

(二)实践学习中的共享协作学习

传统的法学实践学习强调团队合作,但是,这种合作对时间、地点、个体差异度要求很高,甚至经济成本也会非常巨大。大数据时代对于上述问题就可以轻而易举地化解,基于大数据、云平台、物联网,利用多媒体和网络信息技术搭建开放的教育管理平台,一方面实现教育教学资源共建共享,信息资源协作整合;另一方面可以促进学习者之间的合作,真正体现教育的理念。上表中的 worktile 表单就是一种团队协作流程在线管理工具,通过 worktile 可以将受案的文书、案例等直接放在项目中,每一位团队成员都可以看到,并开展实时讨论,不仅如此,它还可以对案件进行类型化细分,如民事案件、刑事案件、行政案件等,分类后非常方便案件的存档、团队成员的管理,同时,办理该案的流程也会一步步推进,既保证了团队合作的规范化还提高了团队协作的效率。

(三)建立学习预警系统

“大数据时代的教育数据是分层的,每个层次都蕴含富有价值的数据。”法学院校的学生进入实践实训系统后,由于自身的差异性以及个人训练目标的不同,必然呈现不同的训练效果,有的在初级层就出现问题,有的在中级层,有的在高级层,等等。虽然在不同的层级出现的问题,但是如果对数据进行关联分析,就能找到背后的联系,基于此,很快就可以建立每个学生个体的学习预警系统,在学生实践的过程中就可以及时针对性地制定训练方案,而不是到课程结束后再发现学生的问题。以麦客表单为例,设计面试内容就是初级层信息的收集过程,法律实践课通常会有一个招募新学员的程序,笔者通常会制定一份具有针对性的表单,学生只需要关注公众号就可以填写,一旦提交后,学生信息已经作为数据储存在系统中,表单也会自动生成可视化分析,方便实训老师提取学生相关信息。在实训中(中级层),笔者还会利用麦客表单设计法律案例的教学模拟活动,麦客表单中的指令表单可以被教师设计为定时打开,教师需要看到学生提交的预期分析、策略准备、法律准备等内容后启动模拟程序,教师通过观察学生提交的相关材料了解学生知识掌握情况,通过模拟中的表现发现学生法律技能问题,借助大数据分析工具,教师和管理者可以对学生学习问题作出预判,并输入预警系统,制定更加切实可行的教育教学措施。

大数据时代已经到来,法学实践教学亟须改革,秉承教育理念,掌握教育规律,借助大数据充分挖掘教育数据背后的价值才能不断提升教学质量,达到育人目的。

"诊所式"法律教育体制改革的实践路径

张凌岱*

摘　要:随着习近平法治思想在中国法学教育中的贯彻与落实,中国法学教育面临实务化、创新化、多元化等多方面、多层次的新要求。传统的授课制、应试制法学教育已不能满足中国特色社会主义法治新时代对法治人才的要求,法学教育急需新理念、新模式、新机制的注入。在这一背景下,源于西方的诊所式法律教育在中国诸多高校推行开来,成为法治人才培养的新沃土。但诊所制法律教育在我国经过近二十年的发展后,仍处在试验期与发展期,未能成为引领法治人才培养机制改革的东风。因此,本文将从多角度分析诊所式法律教育在本土化过程中面临的困境,并提出相应的解决方案,试助推诊所式法律教育实践尽快突破瓶颈期,成为中国特色社会主义新时代法学教育改革的排头兵。

关键词:诊所式法律教育　法律服务　新型多元化法律诊所

一、中国诊所式法律教育的渊源、现状和瑕玷

(一)中国诊所式法律教育的渊源

诊所式法律教育(Clinical Legal Education),又称法律诊所教育、临床法学教育,其前身可追溯到1893年美国宾夕法尼亚大学的"法律诊疗所",起初是法学院学生自行组织起来,以基层法律服务作为社会实践内容的学生组织。20世纪30年代,在美国法学家杰罗姆·弗兰克(Jerome. N.

---

* 作者简介:张凌岱,常州大学史良法学院硕士研究生,常州大学非诉讼研究院研究员。

Frank)的推动下,诊所式法律教育逐渐发展成为一种法学教育新模式。20世纪六七十年代后,得益于福特基金会(The Ford Foundation)等社会组织的支持,诊所式法律教育先后在杜克大学、哈佛大学、耶鲁大学等各大高校普及开来,成为继案例教学法之后,"美国法学教育领域最为重大的变革"。[1] 其后,英国、德国、日本等国家也以各自的形式开展了诊所式法律教育,并以之作为本国传统法学教育体系的重要补充。

1999年年底,中国人民大学开始与福特基金会接洽,计划将诊所式法律教育引入中国。2000年8月,中国首届诊所法律教育研讨会在武汉大学举行,诊所式法律教育开始在北京大学、清华大学、中国人民大学等7所高校生根发芽。截至2021年8月28日河海大学成为新会员,国内已有近百所高校加入中国诊所法律教育专业委员会(The Committee of Chinese Clinical Legal Educators,CCCLE),在本校设置法律诊所课程,开展诊所式法律教育。

(二)中国诊所式法律教育的现状:

打开中国诊所法律教育网,可以看到各大法学院诊所式法律教育的近况,以及新会员加入、年会通知等动态推送。[2] 从中不难发现,诊所式法律教育的本土化已趋近完成,并处在平稳运行的轨道上。

教育载体方面,我国诊所式法律教育目前以学分制课程开设或以学生社团形式开展为主。根据仰恩大学鲍莹玉教授及其团队的统计结果显示,在国内开展诊所式法律教育时间较久、效果较好的21所法学院中,有13所将法律诊所作为学分制课程开设,其余8所以学生社团形式展开。[3]

教学内容方面,作为学分制课程,多数高校选择在本科高年级开设法律诊所课程,或以"诊断"虚拟案例、改编案例为形式,或以模拟场景、为学生提供案例沉浸式体验为形式,或以走上街头,接触基层法律实务情景为形式。整体上形成了以模拟诊疗为主,辅以观摩型实践的新型法学课堂。

---

[1] 鲍莹玉、陈琳:《对美、德、日及我国诊所式法律教育的比较研究》,智能信息技术应用学会2018年年会论文。

[2] 资料来源:中国诊所法律教育网2021年11月11日,http://www.cliniclaw.cn。

[3] 参见鲍莹玉、陈琳:《对美、德、日及我国诊所式法律教育的比较研究》,智能信息技术应用学会2018年年会论文。

而作为学生社团,“法律诊所社团”则给了学生更高的自由度,但形式不外乎分析案例、模拟场景、社会调研等,只在实践内容的广度方面较课堂形式更宽。此外,也存在部分高校已在尝试将法律诊所向社会公众开放,在作为法学教育平台的同时,兼顾法律服务和法律援助,如东南大学、武汉大学、湖北民族学院等,将“社区法律赋能诊所”的大门向农村、基层社区敞开,并取得了良好的效果。[1]

综合而言,中国诊所式法律教育经过近二十年的发展,取得了一定的成果,已成为我国法学教育领域的重要组成部分之一。但不可否认的是,白璧微瑕,眼下我国诊所式法律教育存在的一些缺陷也不可忽视,下文将作进一步论述。

(三)中国诊所式法律教育的初衷

在剖析诊所式法律教育之前,我们首先要回头审视一下其存在的意义。追根溯源,我们引入诊所式法律教育的初衷是什么?笔者认为,旨在以兼顾学术与实务、更能培养学生职业兴趣与职业道德的新型教学方式,弥补我国传统法学教育的缺陷。

在全国高校思想政治工作会议、北大师生代表座谈会、全国教育大会等多个重要会议上,习近平总书记均提出“新时代教育三问”:我们的教育要培养什么人?怎样培养人?为谁培养人?[2] 我们的法学教育当然也必须回答总书记的这庄严三问。

培养什么人?抽象而言,当然是培养法律人。具体而言,培养符合中国特色社会主义新时代法治社会要求的、具备法律知识和法律技能、并能将其在社会实践中予以实现的法律人。怎样培养这样的法律人?量体裁衣,一是法律知识的教育,二是法律技能的教育,三是法律道德伦理的教育,三者缺一不可。为谁培养法律人?为了中国特色社会主义新时代法治社会的建设培养接班人,为了全社会由上而下有法可依、有法必依培养践行者,为了社会的每个人,尤其是处于社会弱势地位的人都能得到法的庇护而培养守护者。

---

〔1〕 参见徐亚文、程骞:《法律诊所与法律赋能的有机结合:法律赋能诊所》,载《浙江大学学报(人文社会科学版)》2015年第1期。

〔2〕 参见于林惠:《回答好“新时代教育三问”》,载《新华日报》2019年5月20日,第15版。

回答完总书记的教育三问,再来回顾我们的传统法学教育,是否能够完成这样的庄严使命?鲤鱼跳龙门式的法考筛选模式,注定了我们的法学教育要立足于应试型、理论型的知识灌输体系,扎根于公式化、教条化的“法条分析+逻辑推理”体系下。固然,“工欲善其事,必先利其器”,理论积累和学术研讨是迈入法学领域的必由之路,但正如陈建民教授说:“我国的法学教育忽略了一个重要的问题,即培养学生成为法律职业者。”[1]我们不能停留在“以理解法律含义、传授法律知识为宗旨的教育模式”,这种模式培养的永远只能是“法学生”,是白面秀才,而达不到培养出中国特色社会主义新时代法律职业者,或称为“新时代法律人”的教育目标。

因此,面对时代的指向,我们的法学教育不能再墨守成规,拓宽法学课堂面向、引进实践型课程势在必行。因此,作为舶来品的诊所式法律教育,成了解决传统法学实务教育缺失问题的重要尝试和必然选择。诊所式法律教育不仅是一门“老师好,老师再见”的新型法学课程,更背负着弥补传统法学教育缺陷、让法学生参与社会实践、掌握实务技能、“呼吸新鲜空气”的重要责任。

(四)中国诊所式法律教育的瑕玷

但从目前来看,尽管我国诊所式法律教育处在平稳发展轨道上,但已有进入瓶颈期的趋势。具体来说,其面临的困境包括且不限于如下几点。

1. 案例来源不足,教师资源要求高

不仅是诊所式法律教育,各种以真实案例为本的新型法学教育模式都面临案例来源不足,学生只得钻木取火的窘境。我国司法文书实质采取了“半公开制”,学生只能通过网络获取判决书、裁定书等有限的裁判文书,且仅限于2013年7月中国裁判文书网正式投入运行之后的文书,而对于起诉状、答辩状、律师代理意见等文书则无从获取。即便是能获取的判决书及裁定书,也存在说理部分不够充分的问题(除最高人民法院指导案例等之外),合议庭的裁判思路无从知晓。尽管这是司法机关保障当事人权益、保障司法公正的必要手段,但显然并不利于法学生在从业前获得实战经验、

[1] 陈建民:《从法学教育的目标审视诊所法律教育的地位和作用》,载《环球法律评论》2005年第3期。

培养职业兴趣和职业道德。

静态资源获取途径有限,作为引导学生开展学习的法律诊所教师也同样面临较高门槛。法律诊所的指导老师不同于其他授课老师,必须兼具学术能力和实践能力,同时要拥有较强的人脉资源和统筹规划能力。此外,最好能有律师、法官、检察官等司法从业人员以兼职教师身份加入,才能进一步推动诊所式教育的展开。目前,国内各高校法律诊所在师资方面多作重点投入,在很大程度上保证了法律诊所"主治医师"的水平。但不可否认的是,此板块仍是法学教育人才较为空白的领域。

2. 课程评价机制缺失,学生获得感不足

若是作为法学院课程之一,法律诊所课程也难以脱离传统考核打分机制的窠臼。由于实务学习效果较难量化,课程往往只能以活动参与次数、期末考核分数等为标准,赋予学生相应的学分。若是以学生社团形式组织的法律诊所,那就将以学生活动形式组织诊所活动,以考勤等社团评价形式对活动效果、参与状况进行反馈。固然,依托于现有高校反馈机制之上是任何新型教育模式起步阶段的必由之路,但这种传统机制显然不能作为法律诊所这种立足实务研究、强调体验与探索的新型教学模式的最终评价标准。

同样,毋庸讳言的是,高校学生尤其是本科学生,在校期间每天都在为获得学分、活动分疲于奔波,以求在奖学金评比或未来升学时可以多一些优势,因而往往过于追逐课程的"性价比"。法律诊所这类新型教学模式,在学分之外,可以给予学生的体验感、职业伦理道德培养等"朦胧"的获益往往会被忽略。况且,这些获益往往需要在多年之后,法学生变成"法律人"真正开始执业之时,方能得到现实收益,这种即时获得感的缺失同样影响了学生群体对于法律诊所课程的参与感和积极性。

3. 法律权限几无,受制因素较多

无论作为课堂形式还是社团形式,法律诊所终究只能是一个师生组织,其开展活动的形式也受制于此,无法以独立法律机构的身份深入基层、面向社会。譬如,以提供法律咨询为活动形式,但本科学生无论是执业资格还是学术能力都未能达到提供法律咨询的基本要求,这样的实践也只能流于形式。更进一步而言,即便高年级法学本科生拥有了执业资格,刚步入社会的他们又能否顺利进行实务工作？一旦因学生疏漏给当事人造成损害,这些损害应当由谁来承担责任？就目前而言,这些疑问并没能得到最佳的答案。

即便是“观摩”型实践,由法律诊所进行此项目亦有不尽合理之处。目前,国内各高校主要以寒暑假假期实践及高年级实务见习的形式,为学生提供进入律所、司法机关等机构实习的平台。这类实习存在短期性、无偿性、观摩性等特点。如果诊所式法律教育也以类似的实习形式进行,那无疑将与原有教育形式产生重合,且并不能达到突破桎梏、寻找新实务平台的目的。

除上文所述,中国诊所式法律教育还面临其他种种问题,如场所、经费等,受篇幅所限,在此不作详述。但不可否认的是,这些瑕玷在很大程度上限制了中国诊所式法律教育的改革推进。作为舶来品,如果诊所式法律教育在中国依然停留在课堂内闭门造车,校园外流于形式主义的井底,那无异于饮鸩止渴。至于突破“瓶颈”,成为中国特色社会主义新时代法治教育改革的先锋官更是无从谈起。

如此看来,尽管我国诊所式法律教育已呈雨后春笋、蓬勃发展之态,但距离不负初心、促进法学生全方位综合能力提升,进而培养新型法治人才,依然有很远的路要走。

二、中国诊所式法律教育的出路

认识困境更要突破困境,要想彻底发挥诊所式法律教育的积极作用,推动法治教育改革,急需推陈出新,寻求新的出路。结合国内外法律诊所的实践经验,笔者试着抛砖引玉,为中国诊所式法律教育提出以下建议。

(一)形式上本硕分开培养,因材施教:

在研究诊所式法律教育的形式前,不妨先看看作为舶来品的诊所式法律教育原本扎根的土壤环境如何。作为法律诊所的发源地,美国教育体制存在其特殊性和不可复制性。具体到法学领域,美国法学教育在杜威实用主义哲学的指导下,以职业教育为主,所有法学生都是以律师的要求来培养。学生经过三年的法科研究生学习后通过各州律师资格考试进入律所任职,而法官和检察官则是从律师中遴选的。在这种环境下,法律诊所作为实务型学习场所的优势便得以充分体现。况且,美国多数州明确立法规定,学生具备出庭资格,法学研究生可以以独立身份从事相应法律工作。因此,诊所式法律教育在美国得到广泛推行,是有其独特的环境背景的。而在德国,其"5+2"的法律教育体制下,法学生有专门的两年时间全职参加专业实习,进而从学术型人才转化为实务型人才。在此背景下,法律诊所只需要扮演好"律师视角看法律问题"的课堂角色即可,而无须承担培养学生实务能力的责任。

但在我国的应试教育体制下,法律人才培养和考核机制立足学术,而就业市场需求更倾向于实践型人才,这样的差异使得法学基础教育呈现南辕北辙之态。

就本科毕业生而言,尽管本科法学教育偏重学术,但就业时往往还是倾向于向实务部门靠拢。与此同时,由于法本毕业生少在基层就业,基层法律工作者如法检部门书记员、社区调解员、企业法务等往往具备专业技能,理论积累方面却显缺失。而就研究生而言,尽管我国现将法学类硕士分为法学硕士和法律硕士分别培养,但实际就业前景方面,除部分学术硕士选择考博乃至任教外,大多数法学硕士仍倾向于从事实务为主的岗位。法律硕士虽以培养实务人才为教育目的,但实际教学仍不乏学术内容,毕业标准也是学术论文合格制为主,而法学硕士研究生真正学习实务知识的途径往往是校外实践。这种割裂的教育体系在很大程度上桎梏了我国法律人才培养的效果。

因此,在我国诊所式教育的本土化改革中,形式上必须脱离美欧国家的旧路,走出自己的一条新路。鉴于我国法学教育以法考和考研为界限划江而治的现状,对于通过两大考试前后的学生进行分别教学的必要性显而易见。目前,以虚拟案例为研究对象的模拟"诊疗"和观摩型实践活动应当予以保留,但受教对象应限于本科中低年级学生,为其开拓视野、架桥铺路;同时,可以结合模拟法庭等新型法学教育形式,成为各个部门法课程案例教学的重要场所。

而针对本科高年级学生,诊所式法律教育课程应为其提供接触真实法律实务的窗口。尽管本科高年级学生一般并不具备执业资格,但可以借助法律诊所的平台,为社会公众提供法律咨询、普法教育等服务。同时,也可为教师、律师及下文将提到的"预备法律职业者"提供协助,从中体验法律实务,寻找自己在执业方面的兴趣所在、优势所在,以便于未来进行择业选择。

对于法学研究生,尤其是法律硕士,目前我们的法律硕士培养模式趋向于"镀金化"教育:学生以取得毕业证书为单一目标应付学校课程,同时在律所等机构谋求实习岗位。究其原因,是学校开设的法律硕士课程距离实务依然相去甚远,学生接触实务工作、真实案件及当事人只能依靠自行寻求实习岗位。区别于本科生,法律硕士拥有更扎实的法律知识功底,且多数也已具备执业资格,在实务教师指导下尝试自主执业,以此向法律职业者过渡并无不妥。因此,可将诊所式法律教育作为法律硕士培养的主阵地,首先将法律职业资格证书纳入法律硕士的录取条件,并以法律硕士作为高校对外法律诊所机构的主力军,为社会公众提供法律咨询、法律援助、法律代理等法律服务。类似的教育模式在医学、工学生培养时已成常态,法学教育完全可以进行借鉴。如此,法律硕士培养"镀金化"的弊端可以得到解决,法律硕士也可以通过法律诊所顺利过渡为法律职业者。这种培养模式与德国"5 +2"模式中后两年的实务培养有异曲同工之妙,恰可以弥补我国法律职业资格考试重学术、轻实务的不足,一举而多得。

必须承认的是,上述设想还只是纸上谈兵,中国诊所式法律教育的本土化改革依然任重而道远,且需要多部门、多阶层的共同努力方能实现。

(二)内容上改善教学方式,广泛推进跨专业合作

即便是拥有多年教学经验的法律诊所教师,也难免要问自己:"学生在我这里可以学到什么?"要想进一步推动诊所式法律教育改革,教学内容和方式的改进也是重中之重。

首先是教学方式的深度方面,应当更加强调个案全过程体验。诊所式法律教育显然离不开案例教学。我国目前的法学教育已认识到案例教学的重要性,各种课程中都会结合案例来进行说理,便于学生理解。但实务中遇到的真实案件显然与课堂上的模拟案例有本质区别,换言之,目前我们采取的案例教学法更像是为应试服务的"应用题",而不足以让学生完整地接触、尝试解决实务案例。

针对此问题,王泽鉴教授在《法学案例教学模式的探索和创新》中,提

出法学案例教学应采取“个案全过程教学法”,并将其优势概括为以下几点:[1]其一,突破了传统案例教学中,面对中国大陆判决书说理不够充分的“瓶颈”问题;其二,有助于解决部门法学科划分所造成的教学案例与现实案例不完全接轨的问题,有助于培养学生综合使用法律知识的能力;其三,能通过案例实务训练,深化学生对理论问题的认识,进一步提升学生的理论水平;其四,扩大了模拟法律诊所教学的规模,在一定程度上解决了模拟法律诊所小班上课成本高的难题;其五,通过课程案例类型和选择范围的变换,使参加模拟法律诊所课程学习的学生能够获得更高层次的律师实务技能训练和理论上的收获。

王泽鉴教授论述的是个案全过程教学法在模拟法律诊所教学中的运用,那么,在更进一步的新型诊所式法律教育下,同样具备参考价值。以一则民事案例为例,强调“个案”有助于引导学生从理论走向实践,沉浸式参与对个案的讨论;强调“全过程”意在引导学生从律师会见当事人开始,直至执行程序终结,能够全面经历并从中获益。这在一些现有法学院课程中也得到体现,即便本课程一学期只研究一两个案例,但只要潜心其中、研究透彻,这种教学模式对于学生的启发作用将远高于大量蜻蜓点水式的案例分析教学。相信这种教学方法不仅能使学生全方位了解案件全过程,更能从兴趣层面激发学生的学习积极性,影响其择业选择。

其次是教学内容的广度方面,可以引入跨专业合作培养。众所周知,法律职业的专业性极强,同时又要求从业者在多专业广泛涉猎,以应对不同领域的法律案件。比如,就医学而言,医事法学、卫生法学、法医学等本就与法学交叉的学科无须赘言,即使对于一般学科,伤情鉴定、医患纠纷、医事立法等都是医学、法学两学科都无可回避的重点领域。其他相邻学科如金融、财会、工程等学科亦是如此,可以说,当前市场急缺的正是这种跨专业的复合型人才。

那么,这种复合型人才是不是只能通过某个专业的人才就业后,继续学习深造才能产出?法律诊所引入跨专业合作培养机制是解决此问题的绝佳途径。如果法律诊所可以背靠高校的平台,与其他学科的学院、机构

---

[1] 参见王泽鉴:《法学案例教学模式的探索与创新》,载《法学》2013年第4期。

建立合作关系,就很容易为有志于成为复合型人才的学生提供涉猎相邻学科的平台。法学生可以去医院、实验室、银行等机构进行实习,其他专业的学生也可以通过法律诊所接触法律知识,如果确有兴趣或特长,再进行针对性的深造。这样的培养方式无疑是比现有的辅修第二专业、转专业等方式更为直接,也更具性价比的选择。

法律诊所的教学方式和教学内容可供进一步拓展的地方还很多,在此只作两个角度的列举。相信随着诊所式法律教育进一步深化改革后,定会豁然洞开,涌现出更多推动教学效果提高的改进措施。

(三)思想上重视职业伦理教育,培养有温度的法律人才

美国法律诊所委员会出具的《麦考利特报告》将法律职业需要具备的基本技能概括为以下十项:问题的解决、法律分析和推理、法律检索、事实调查、交流、咨询、谈判、起诉和其他纠纷解决程序、法律事务的组织与管理、确认并解决道德困境。[1] 前九项在我国现有法学教育模式中或多或少均有所体现,唯有“确认并解决道德困境”是我国目前法学教育的薄弱点。

美国学者波顿格尔(Jay Pottenger)认为,法律诊所教育中“职业责任问题是其核心内容”[2]。而在我国立法层面,无论是《法官法》《检察官法》《律师法》还是新颁布的《监察官法》,都对法律从业人员的职业道德和职业责任做了明确规定。如我国《监察官法》第4条规定:“监察官应当忠诚坚定、担当尽责、清正廉洁,做严格自律、作风优良、拒腐防变的表率。”那么这种职业责任、职业伦理道德显然不能只从执业之日起培养,而要从迈入法学院大门之日起就高悬于心。

但在要求学生日夜背诵、铭记于心之外,我们的法律教育体制该怎样将职业责任、职业伦理道德深植于每个法学生心中呢?法律诊所正是一个绝佳的途径。如果一个学生在案例模拟,或者基层法律服务中都不能做到保守秘密、尊重隐私、避免串通、不提供虚假证据等,谁又能保证有朝一日正式执业之后,他能抵制诱惑,坚守底线呢?因此,在诊所式法律教育的过

---

〔1〕 参见马永梅:《法律诊所教育与法学教学实践评价模式的改革研究》,载《理论导刊》2007年第2期。

〔2〕 [美]杰伊·波顿格尔:《现代法学教育中的“诊所”概念》,载中国人民大学法学院2001年编:《走向世界的中国法学教育论文集》,第712页。

程中，教师应有意识地引导学生将职业责任、职业伦理道德灌输始终。

除此之外，法律诊所公益性、社会性的特点，也有利于引导学生从始培养服务大众、维护公平正义的信念，更强调对于社会弱智群体的保护。武汉大学的徐亚文教授提出“法律赋能”（legal empowerment）的概念，提倡法律诊所带着“正义获致”（access to justice）的理念，承担起更广泛地推动社会公平正义的责任。[1] 作为尚未步入社会的青年学生，满怀对公平正义、天下无讼的梦想，不正是最适合实现法律赋能价值的“预备法律人”吗？

因此，笔者认为，诊所式法律教育不仅是“法律”之教育，更是道德之教育、伦理之教育、责任之教育。法律诊所也不仅是学习的课堂、实践的平台，更是法学生步入喧嚣之前，与社会接轨的月台，是社会弱势群体感受到法律温度的最佳途径。

三、中国诊所式法律教育的展望

结合上文有关我国现有诊所式法律教育模式的瑕玷和突破“瓶颈”的出路论述，不可避免地要回答这样一个问题：我们究竟要建设一个怎样的法律诊所？或者说，究竟怎样的法律诊所才能同时满足如此多的需求呢？

在徐亚文教授提出的“法律赋能”概念基础上，新型多元化法律诊所将成为未来诊所式法律教育的主要载体。下文将分别从诊所结构、服务面向和挑战设问三个角度分别对新型法律诊所的设想进行展望。

（一）诊所结构

如上文所述，我国目前诊所式法律教育主要是以本科课程和学生社团的形式进行，有“诊所”之名却无“诊所”之实。要想通过诊所式法律教育为我国法学教育目前面临的问题提供解决方案，建设一个成体系、成结构的新型法律诊所机构是必备的硬件基础。否则，单纯作为一门课程、一个社团，要想成为法学教育改革的生力军无疑是不具可能性的。

要想建成一个兼具法律教育和法律服务功能的新型法律机构，兼具专业能力和领导能力的头部建筑是不可或缺的。因此，作为一个仍以师生为

---

〔1〕 参见徐亚文、程骞：《法律诊所与法律赋能的有机结合：法律赋能诊所》，载《浙江大学学报（人文社会科学版）》2015 年第 1 期。

主要成员的机构,“主治医师”的选择至关重要,法学实务型资深教师是最佳选项。与此同时,辅以学术型教师、兼职律师、兼职法官等专业人士为辅助,并可招收部分拥有法律实务技能和经验的专职导师,进而组成一个能够领导诊所运行的导师团队,对内教育学生、对外为社会公众提供法律实务资格和能力,进而规避风险、完成诊所的双重目标的实现。

作为诊所的中坚力量,一批兼具知识积累和实务技能,同时又在经验和人脉上有所需求的学生是诊所“实习医生”的主要成员。这批诊所成员需要投入较多的时间成本在诊所工作中。为导师提供协助的同时,也将独立从事一些基础的法律服务工作,如法律咨询、会见当事人、法律文书写作等,并在导师指导下,参与开庭等更具专业性的实务工作。因此,实务型法学研究生,即法律硕士将成为这一群体的主要成员,拥有法律职业资格的本科高年级学生和其他法律实习工作者也可以参与其中。在这一岗位上,学生可以零距离接触真实实务案件,并以自身所学服务社会,培养实务经验。培养期满后,学生可以选择留在法律诊所成为专职导师,也可以选择其他择业方向如律师、司法工作人员等。无论择业方向如何,法律诊所的实务经验都将成为这些预备法律职业者一段弥足珍贵的助跑经历。

当然,作为观摩者和协助者的“诊所护士”也是新型多元化法律诊所不可或缺的部分。法学本科生会是这一部分成员的主力军,同时,其他相邻学科学生乃至所有有志于投入法学领域工作的社会成员都可以见习生的身份加入法律诊所。现有法律诊所教育的精华部分可以继续在新型多元化法律诊所得以保留,学生可以跟随教师进行模拟案例的学习和研究,也可以进行一些基础的法律实务或服务宣传工作,同时兼顾知识积累、兴趣培养和职业伦理建设。比起在律所或司法机关从事更为基础化、机械化的见习工作,在法律诊所见习显然是更具意义的选择。

这样,新型多元化法律诊所即可成为一个背靠高校、面向社会基层的新型法律机构,内部呈金字塔型(见图1)。如此,法学教育和法律服务机能即可在新型多元化法律诊所融合,为中国法治社会建设贡献源源不断的法律人才,同时为全社会的每一个人提供法律服务,让法治精神进入千家万户。

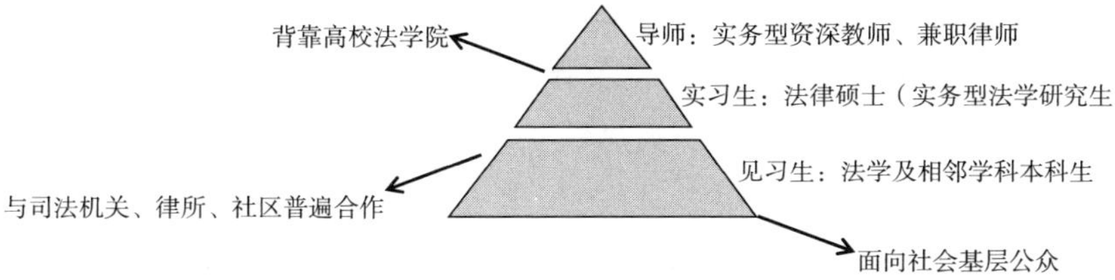

图1　新型多元化法律诊所

(二)服务面向

新型多元化法律诊所的法学教育功能面向法学生自不用说,那么其法律服务功能体现也需作进一步论述。不同于律师事务所和司法机关,法律诊所的服务功能应当类似于医学诊所。生活中人们发烧感冒、跌打损伤往往会选择去诊所就医,一旦病情恶化再前往医院。法律诊所的角色与医学诊所有相似之处,具体来讲,可分为以下几种。

1. 基础法律咨询。虽然法律检索、法条解释等工作对于法律职业者来说已显基础,但对于普通社会公众而言并非易事。现在社会公众遇到法律问题,如果不想高价咨询律师的话,往往只能求助于搜索引擎或社交媒体,这样不仅难以得到专业准确的解答,反而还会面临隐私泄露等附随风险。如果由导师指导下的、已初具法律专业知识体系的法学生来接受咨询、解答疑问,相信会收到良好的社会效果。

2. 法律文书写作。目前,高校开设法律文书课程的并不多,法律职业资格考试也极少考查考生的文书写作能力,但无疑这项能力是每个预备法律职业者都需要具备的。同时,对于社会需求来说,起诉状、答辩状、执行申请书等法律文书的写作对非专业人士来说也并不容易,如果都需要求助于专业律师的话,时间和金钱成本也显偏高。因此,新型多元化法律诊所可以为公众提供法律文书写作服务,同样可以取得一举两得之效。

3. 社会矛盾化解。解决纠纷是法的重要机能之一,但目前我们的社会矛盾解决机制尚有不足。社会个体间出现摩擦与矛盾,诉诸人民法院、仲裁机构往往成本较高,或有小题大做之嫌,若只是通过社区调停、熟人斡旋的话,又往往不能从专业角度解决问题。因此,法律诊所作为基层法律服务机构,可以弥补此一块空缺。作为更贴近民众生活的诊所师生,他们往往更能够为社会个体设身处地考虑,在结合法律规范的同时,注重劝诫和引导,以更为柔和的方式化解社会矛盾。

4. 法律工作转接。类似于头疼医头、脚疼医脚的医学问题,法律问题也往往需要分类和转接。很多时候,当事人意识到自己的权益受到侵犯,但不知道该向谁维权、去哪维权。新型法律诊所可以扮演这样一个法律驿站的角色,为当事人先做初步分析,形成案情报告,并引导其诉诸法院、检察院或行政机关等,大大减轻了公权力机关间责任分配的程序压力,同时也减轻了当事人的时间成本。

5. 法律课题研讨。除了提供基础法律服务以外,面对棘手问题时,作为师生组织的新型法律诊所可以集中群智,共同探讨,进行学术研究的同时也解决实务问题。这同样是法学教育与法律服务结合的重要产物。在此基础上,新型法律诊所可以成为举行跨区域实务问题研讨会议的场所,与高校内的学术研讨活动共同组成我国法学研讨的两大领域。

除上述功能外,新型多元化法律诊所还可以提供普法知识宣传、法律援助服务等法律服务类型,真正成为集法学教育与法律服务为一体的新型法律机构,成为中国特色社会主义法治社会的重要组成部分。

(三)挑战设问

作为新生事物,新型多元化法律诊所的落地注定会面临各种各样的阻碍,只有跨越这些阻碍,才能建成能够实现其价值的新型多元化法律诊所。下文将以设问的形式尝试为新型多元化法律诊所列举一些可能面临的挑战和解决方式。

1. 问:法律诊所需要背靠高校法学院,如何解决高校资源区域分布不均的问题?

答:截至目前,我国共有600多所法学院,有法学专业的高校更是达到上千所之多。即便如此,仍有大量地区暂无法学高校开设,况且也并非每个设有法学专业的高校都具备开办法律诊所的硬软件条件。因此,就短期而言,开设彻底脱离高校的法律诊所存在较大阻力。在新型多元化法律诊所实践初期,应当从背靠当地高校法学院出发,待时机成熟再尝试在其他地区创办由校外实务导师牵头的社会型法律诊所。

除此之外,新型多元化法律诊所可以尝试多平台化展开工作,包括电话服务、网络服务、人工智能服务等，确保诊所服务能跨越地理隔阂，走进千家万户。

2. 问：我国已有较为成熟的法律援助、法律服务体系，新型多元化法律诊所怎么解决与现有机构功能重合的问题？

答：首先，新型法律诊所的功能并不完全与现有法律服务机构重合。党的十八大以来，我国公共法律服务体系不断健全，多省市正在积极推进覆盖城乡、普惠均等、便捷高效的现代公共法律服务体系建设，其核心内容是由当地司法局及律师协会牵头，保证每村、每社区都有“法律明白人”作为法律顾问，提供基础法律服务。而法律诊所的功能除了接受咨询以外，更重要的是案例研讨、实务体验和矛盾化解，与现有法律服务功能并不重合。

其次，法律诊所的布局与目的也与现有法律服务体系并不冲突。法律诊所目标也不同于常驻每村每户的法律顾问，法律诊所本质上仍是师生的实务研讨场所，服务面向社会公众但无须常驻。关键在于以“和当事人一起工作”(lawyering with)取代“为当事人服务”(lawyering for)，更强调以平等地位与当事人建立合作关系，以服务换取经验。

3. 问：法律诊所的主要成员是学生，学生则难免存在理论基础不牢、实务经验不足的缺陷，一旦学生在从业过程中给当事人造成损害，责任应当如何分配？

答：不同于传统法律服务机构，法律诊所作为新生事物，其法律服务资质、权限问题是另一重大障碍。在相关法规或条例出台之前，我们就按照一般侵权损害赔偿的分配原则处理即可。如前文所述，作为专职导师或兼职法律工作者的导师团队造成当事人权益受损，自然是以自身资格承担责任。而法律硕士等预备法律职业者，虽已具备相应职业资格，但并不具备完全的风险承担能力。因此，一旦造成当事人权益受损，应在过错程度内承担责任，作为指导者和监督者的导师承担补充责任。对于并无职业资格的观摩型见习生，一般也不会因为履行职责而造成损害，若确发生损害，见习生无故意或重大过失的情况下，由导师承担主要责任。

作为参照，我国驾校学生若在练习驾驶时造成事故，根据《道路交通安全法实施条例》第20条规定：“学员在学习驾驶中有道路交通安全违法行为或者造成交通事故的,由教练员承担责任。”可见,在我国侵权损害体系下,师徒、师生关系中的教师、教练往往承担的是无过错责任,进而促使教师、教练严格履行教学义务和监督职责,因此,法律诊所损害案件中由导师承担补充责任是有法律依据和现实体现的。

4. 问:既然法律诊所以“公益性”为主旨,那么法律诊所提供法律服务是否收费? 运行经费问题如何解决?

答:法律诊所也并非不食人间烟火的天堂,资金问题也是无可避逃的话题。目前,我国的法律诊所教育基本是完全由高校财政兜底,并无自身造血机制。若新型多元化法律诊所建成,资金问题也应得到相应解决。

首先,应当确认的是,新型法律诊所对外提供的法律服务并非无偿,否则不仅诊所运行成本过高,给背靠的高校财政造成负担,更有可能对法律服务市场竞争环境造成影响;其次,法律诊所公益性和社会性的初衷应当坚持,收费的目的在于维持运营、弥补成本,而非市场化盈利。因此,对于新型法律诊所的收费标准应当有严格限制,过高或过低都会对其功能的实现产生不良影响,应当坚持按需收费、兼顾市场的原则,妥善处理收支事项。

结　语

从法学教育的角度来看,中国诊所式法律教育是弥补传统教育缺陷、连接理论和实务的关键举措,是引领法学生满怀热忱、由象牙塔走向包公府的康庄道。纵观法治中国全貌,中国特色社会主义法治社会的建成,不仅需要完备的法制体系、健全的法治体系,更需要充满温度的法律人,需要诊所般深入大街小巷的法律服务基层组织。在笔者看来,现在还停留在高校课堂、学生组织的法律诊所,终将成为连接法律与社会每个个体间的桥梁。每个遇到法律问题的公民,都能像去医学诊所购买一副创可贴一样,走进法律诊所,向充满温度的“预备法律人”咨询。这是诊所式法律教育的社会价值,也是终极价值。

希望法律诊所的门灯为千家万户亮起的那一天,不会很远。

新文科视域中复合型法律人才培养模式研究*

王艳丽　丁宇峰**

摘　要:新文科建设对法律人才培养提出了新的要求,新文科背景下的复合型法律人才应当具有民族精神和国际视野,能够适应新时代发展,具有复合知识背景和较强的应用能力。通过对代表性法律先辈的学习背景、国外法律人才培养模式等进行分析,复合性知识是法律人才培养的基本要求。我国现有的复合型法律人才培养模式各有利弊,推进人才培养模式改革,应当进一步丰富法科学生的基本知识面,推进跨专业知识深度融合,强化复合性实践,并加强复合型师资队伍建设。

关键词:新文科　复合型　法律人才　培养模式

2018 年 8 月,教育部提出了新文科建设,高校文科专业应当"强化价值引领,促进专业优化,夯实课程体系,推动模式创新","培养适应新时代要求的应用型复合型文科人才"。教育部高等教育司司长吴岩指出:文科占学科门类的 2/3,其专业种类和在校学生数占半壁江山,文科教育的振兴关乎高等教育的振兴。高等文科教育应精准把握高等教育新形势,构建以育人育才为中心的哲学社会科学发展新格局,加快培养新时代文科人才,全面提升国家文化软实力。[1] 并且,他对什么是新文科,如何建设新文科做

---

* 基金项目:教育部首批新文科研究与改革实践项目"以经济监督人才培养为特色的经管法领域新文科建设实践"(2021140067)研究成果。其中部分内容曾发表于《江苏教育研究》2019 年第 6 期。

** 作者简介:王艳丽,南京审计大学法学院院长、教授。丁宇峰,南京农业大学法律系副教授。

〔1〕 吴岩:《积势蓄势谋势　识变应变求变——全面推进新文科建设》,载《新文科教育研究》2021 年第 1 期。

出了阐释。对新文科人才的民族性、时代性、世界性、应用性、复合性等提出了明确的要求。[1] 法学界也结合专业特色对新文科视域中的法学人才培养进行了探讨,“培养模式创新”成为新文科背景下法学人才培养的核心任务与迫切要求。如教育部高等学校法学类专业教学指导委员会主任委员、教育部新文科建设工作组副组长徐显明认为,应当“更新生源构成、培养目标、培养体系、师资队伍、培养模式等”;[2]武汉大学法学院院长冯果教授认为,应当“在育人观念、人才战略定位、专业建设、课程体系、教学模式和授课方式等方面进行全面改革”,[3]并均针对人才培养中法学与其他学科的交叉复合问题提出了建设性意见。

实际上,早在 2012 年 5 月,中共中央政法委员会、中华人民共和国教育部联合推出卓越法律人才教育培养计划,就明确提出要“坚持分类培养,着力打造应用型、复合型法律职业人才”。[4] 2018 年 10 月 8 日,教育部颁布了《关于加快建设高水平本科教育 全面提高人才培养能力的意见》,在卓越法律人才教育培养计划的基础上,提出了《关于坚持德法兼修实施卓越法治人才培养计划 2.0 的意见》,进一步明确相关改革任务和重点举措,其中包括“鼓励高校开发开设跨学科、跨专业新兴交叉课程、实践教学课程,形成课程模块(课程组)供学生选择性修读。鼓励高校深入实施主辅修制度,丰富学生跨专业知识,培养学生跨领域知识融通能力和实践能力。推进法学学科体系、学术体系、话语体系创新,鼓励高校组建跨专业、跨学科、

---

〔1〕“新文科”就是文科教育的创新发展。培养知中国、爱中国、堪当民族复兴大任新时代文科人才;培育新时代社会科学家;构建哲学社会科学中国学派;创造光耀时代、光耀世界的中华文化。推进新文科建设要遵循守正创新、价值引领、分类推进“三个基本原则”;把握专业优化、课程提质、模式创新“三大重要抓手”,抓好中国政法实务大讲堂、中国新闻传播大讲堂、中国经济大讲堂、中国艺术大讲堂“四大关键突破”,培养适应新时代要求的应用型复合型文科人才。参见吴岩:《积势蓄势谋势 识变应变求变——全面推进新文科建设》,2020 年在山东大学召开的由教育部新文科建设工作组主办的新文科建设工作会议上的主题报告;参见齐鲁晚报网 2020 年 11 月 4 日,https://baijiahao.baidu.com/s?id=1682402214219491830&wfr=spider&for=pc。根据该要求,新文科人才的基本内涵应当是,具有民族精神(民族性)和国际视野(世界性),能够适应新时代发展(时代性),具有复合知识背景和较强的应用能力。

〔2〕徐显明:《新文科建设与“新法学”教育的挑战和应对》,载《新文科教育研究》2021 年第 1 期。

〔3〕冯果:《新理念与法学教育创新》,载《中国大学教育》2019 年第 10 期。

〔4〕教育部、中央政法委员会《关于实施卓越法律人才教育培养计划的若干意见》(教高〔2011〕10 号),第 2 条“主要任务”。

跨学院教学团队，整合教学资源，积极探索新型教学模式，编写出版一批具有创新性、交叉性的教材，实现跨专业的师资交叉、资源共享、协同创新”。[1] 这一要求其实是对复合型、应用性法律人才培养实现路径的进一步细化。复合型人才培养不仅是新文科建设、卓越法治人才培养的基本要求，同时也是实务部门由来已久的强烈呼声，[2]因此，笔者重点针对复合型法律人才培养，结合本校法学专业改革实践，谈一点认识。

一、从我国法律先辈求学之路看复合型法律人才培养

我国法律界一些杰出代表都属于复合型法律人才，要么有不同的知名大学求学经历，要么具备丰富的多领域专业知识。以三位著名的先辈为例：钱端升先生、梅汝璈先生和向哲濬先生。钱端升先生是参加我国第一部宪法起草工作、筹建北京政法学院（今中国政法大学）并出任首任院长的著名法学家。钱先生考入清华大学后，先后在美国哈佛大学获得文学硕士学位和哲学博士学位。梅汝璈先生，代表中国出任远东国际军事法庭法官，参与了举世闻名的东京审判，对日本甲级战犯的定罪量刑工作作出了突出的贡献。梅先生在斯坦福大学获得文学士学位，尔后进入芝加哥大学法学院学习，获得法学博士学位。向哲濬先生，代表中国出任远东国际军事法庭检察官，从清华大学毕业后，在耶鲁大学获得文学和法学两个学士学位，然后在华盛顿大学学习国际法，获法学博士学位。

通过这三位法律名人的学习履历可见，他们具有以下共同特点：第一，在求学的过程中都曾经在非法律专业领域学习，获得过非法律专业的学位证书；第二，在法律专业知识之外，还具有深厚的文学底蕴和其他领域的专业知识及经验，如钱端升先生还有丰富的政治学知识，也是著名的政治学

---

〔1〕 教育部、中央政法委员会《关于坚持德法兼修实施卓越法治人才教育培养计划 2.0 的意见》（教高〔2018〕6 号），第 3 条“改革任务和重点举措”。

〔2〕 同济大学工程（土木）——法学创新试验区曾做过一个调查，对复合型人才（包括复合型法律人才）需求达到 10% 以上的单位高达被调查单位的 60%，而真正达到这一数值的被调查单位仅占 20%。参见刘一村、冉凌霄、许佳楠：《土木法学复合型人才的需求及前景》，载《教育教学论坛》2017 年第 34 期。另有针对企业对法律人才需求的调研发现，“毕业生不能仅仅是单一的法律诉讼或法律事务人才，而是成为能够涉猎多领域职业的具有现代法律意识的复合型人才”。参见郑侠、侯帆：《企业对法律及法律专业人才的需求调研——基于以就业为导向的应用型法学人才培养模式研究的视角》，载《教育教学论坛》2012 年第 18 期。

家;向哲浚先生还曾任上海财经学院(现为上海财经大学)外语教研室主任。此外,他们都有海外留学的经历。这些法律先辈的学习背景与新文科提出的具有民族精神、国际视野、复合性知识等要求不谋而合。

二、从其他国家的法学教育看复合型法律人才培养

世界主要有两大法系,反映在不同的人才培养模式上,大陆法系以德国、日本为代表;英美法系以美国为代表。

1. 美国。美国法学院有三种学位:法学硕士(Master of Law, L. L. M.)、法律职业博士(Juris Doctor, J. D.)和法律科学博士(Juris Scientiae Doctor, J. S. D. 或者 S. J. D.),其中法律职业博士生是法学教育的主体,攻读法律职业博士学位的学生必须先取得一个非法学专业的学士学位。

2. 日本。日本法学教育有法学本科和法科大学院,其中法科大学院是日本在各个高水平法学研究教育和法学本科教育基础上建立的,专门培养法律职业人才的高等法学教育机构。法科大学院是“专业研究生院,以培养法律职业(法曹)应该具备的必要的学识和能力为目的”。[1] 在学生来源上,法科大学院与美国的法学教育有类似之处,也强调学生的多元背景,吸收大量非法学本科学生入学。

3. 德国。德国的法学教育模式为:“大学研习 + 职业预备”。法学专业的学生不仅要在大学里学习书本上的法律,还要到司法、行政部门等去训练运用法律的能力。[2] 在第一阶段的大学研习中,学生学习的必修课包括:重要技能和法学外语课程,如修辞学、表达技能、交流和谈话能力,法语法律术语、英语法律术语。[3]

上述三个国家都强调法律人才培养的复合性,在具体的复合模式上有所区别:美国是完全复合模式,即所有法学专业的学生首先必须获得其他专业的学位;日本是复合为主模式,即法科的研究生中有大量来自非法律

---

〔1〕 丁相顺:《J. M. 还是 J. D.? ——中、日、美复合型法律人才培养制度比较》,载《法学家》2008 年第 3 期。

〔2〕 参见杜晓明:《德国法学教育简介》,载李昊、明辉主编:《北航法律评论》(2015 年第 1 辑·总第 6 辑),法律出版社 2016 年版。

〔3〕 参见郑永流:《知行合一经世致用——德国法学教育再述》,载《比较法研究》2007 年第 1 期。

专业的毕业生，并对来自法学专业和非法学专业的学生设置不同的学习年限要求，前者只需要修读 2 年，后者则需修读 3 年；德国则是内涵式复合模式，即将非法律专业的课程和知识内化于法律专业人才培养过程中，以满足培养法律职业人的要求。

三、我国复合型法律人才培养模式分析

从可查知的资料来看，我国复合型法律人才培养自 1996 年开启，南京铁道医学院（后并入东南大学）开始招收医事法学方向学生。1996 年，我国法律（非法学）硕士开始设立，远早于法学硕士（2009 年开始首次招生）。20 余年发展历程，我国主要形成了以下几种培养模式。

（一）复合型专业方向模式

这种模式一般而言是在法学专业内设其他专业方向，如“法学 + 会计学”“法学 + 金融学”“法学 + 工程学”等，培养“法学 + ”复合型人才。在专业课程设置上以法学课程为主，同时兼设另一专业的核心课程，学生毕业时获得法学学位，如东南大学的工程法学方向、南京审计大学的法务会计方向等。也有高校在其他专业复合法学课程，如西南政法大学在德语、电子商务、金融工程等专业中开设法学类课程，培养具有一定法律素养的非法学专业人才。

（二）辅修模式

这种模式是学生在法学专业学习之外，辅修另一专业的专业课程，都通过考核以后可以获得法学本科毕业证和学位证，同时获得另一专业的辅修学位证书。

（三）双专业双学位模式

这种模式是法学专业的学生可以在本科阶段修读第二个专业，在达到两个专业培养要求的情况下，可以获得两个毕业证书和学位证书。如中国政法大学，学生可以用“4 + 2”年时间修读两个专业，在两个专业均达到培养方案要求的前提下，可以获得记载有两个专业学习经历的毕业证和学位证。

前述三种模式各有优缺点。复合型专业方向模式的优点在于学生可以在正常本科 4 年的时间修读完另一个专业的核心课程，达到了解这个专

业相关知识的目的,但由于修学时间有限,也有可能导致两个专业都没有学到位,从而产生“1 +1 <1”的结果。辅修模式的优点在于学生可以利用课余时间修读另一专业,并拿到相应的辅修证书;但缺点在于教师开设辅修课程时,对学生要求不高,教学内容和要求一般会降低,从而影响辅修学位的含金量。双专业双学位模式的优点在于,修读年限比一般本科长,学生在非法学专业课程的学习上比复合型专业方向更为深入,但修读年限长也是让学生犹豫的原因,不过,2 年时间毕竟远低于一个完整的专业培养周期。

(四)法律(非法学)硕士模式

这种模式是其他专业本科毕业生直接考取或推免进入法律硕士阶段学习,所有高校的法律(非法学)硕士,即“非法学本科法律硕士”均为这种模式。在这种模式下,虽然修学时间较长、培养成本相对较高,但学生学习不同专业知识的时间最为充裕,掌握两个专业知识的程度明显高于前三种模式,是最能实现复合型法律人才培养要求的。早在 2006 年,厦门大学朱崇实校长就提出“法学专业不应该在本科设置”[1]的观点,认为应该在硕士研究生阶段再设置法学专业,但这就在根本上改变了我国的法学专业设置,而我国目前有 600 多个高校设有法学本科专业,改革难度可想而知。

此外,还有一个重要的问题,现有的复合型法律人才培养均为传统的“法学 + 某专业知识”的培养思路,离新文科所要求的“复合型”人才差距还很大。新文科视域中的“复合型”不仅仅是专业知识的复合,还要求具有民族精神、家国情怀、国际视野,并能适应时代发展,与时俱进。随着各高校“课程思政”建设的不断推进,法律人才的“民族性”得以提升,但其“时代性”“世界性”方面的素质还不足,如何在有限的时间里培养满足新文科要求的复合型法律人才,是各法学院校应当共同探讨的问题。

四、新文科背景下复合型法律人才培养改革思路

正如冯果教授指出,新文科背景下的法学学科,要加强跨学科建设,但

〔1〕 丁相顺:《J. M. 还是 J. D.? ——中、日、美复合型法律人才培养制度比较》,载《法学家》2008 年第 3 期。

又切忌形式主义,尤其不能简单地将法律、经济、计算机、艺术等课程进行“拼盘”,导致培养出“法律不像法律、经济不像经济,工程不像工程”的四不像人才。[1] 复合型法律人才绝不是法律和不同专业的简单相加,而是让学生将所学法律知识与其他专业知识有机融合,丰富自己的知识底蕴和专业知识面,提升综合能力,以满足社会不同领域对法律人才的需求。因此,无论在哪种培养模式下,都应当注意以下几方面的改革,以实现在新文科背景下复合型人才培养“1 +1 >2”的目的。

(一)丰富基本知识面

在保持法律专业秉性的基础上,丰富复合型法律人才的基本知识面。通过前述法律名人成长之路以及各国法律人才培养模式可见,丰富法律人才知识底蕴是法学教育中不可或缺的环节。复合型法律人才需要掌握的不仅仅是法律专业知识和某专业的基础知识,还要掌握与法律思辨能力和法律职业技能密切相关的哲学、历史、社会学知识、语言技能及现代化技术等。因而,在复合型法律人才培养的课程设置中,应当拓宽思路,增加相关的人文社科类课程和现代信息技术类课程,提升学生的法律思维、写作、表达能力及现代信息技术应用能力,对学生阅读经典著述、撰写论文、法律文书等方面提出明确考核要求。如2021 年我校修订人才培养方案,进一步提升了法学专业学生基础性课程的学分。其中,“国本类”必修课,包括形势与政策、马克思主义基本原理等高校共同的必修课程44 学分,“校本类”必修课程四门,包括简明微积分、审计学通论、现代信息技术前沿概论、数据分析与可视化共12 学分。通识教育选修课包括五类:思想政治类、社会科学类、中华文化类、外国文化类、方法类,其中设置了社会主义发展史、大学语文与写作、唐宋诗词、逻辑学、社会调查与定量分析等选修课共17 学分。

(二)推进跨专业知识深度融合

在复合型法律人才培养中,应将法律专业学习与另一专业学习深度融合,避免“两张皮”现象。如前所述,当前复合型法律人才培养方案的设计往往是在法学专业核心课程和主干课程的基础上再开设另一专业的核心课程。其出发点是让学生能够在掌握法律知识的基础上再掌握或熟悉另

[1] 参见冯果:《新理念与法学教育创新》,载《中国大学教育》2019 年第10 期。

一专业的基础知识,从而达到复合的目的,但在实践中却往往出现两个专业各说各话,特别是另一专业的授课教师在针对复合型法学专业学生教学时,出现教学状态不佳或学生学习效果较差等问题,这个问题产生的原因主要有:对复合型人才培养的定位不准确;学生对待非法学专业课程不够认真;缺乏配套实践教学环节等。笔者认为,首先,应当准确定位不同法学院校人才培养的出口,以本科人才培养为主的高校,宜以应用性为目标,对标毕业生的主要就业去向,开设跨专业课程,如法务会计,若主要出口为企业合规、社会中介机构等,可以能够看懂涉案财务报表为课程设置目标。而以研究生培养为主的高校,特别是在法律(非法学)硕士教育中,有天然的复合型人才培养的基础,但现实中却常常出现学生考上研究生以后对原有专业知识遗忘的情况,没有发挥复合型法律人才的优势。针对该问题,有学者提出:学校应结合自身优势,制定体现自己特色的应用复合型培养方案[1]。笔者认为,要真正发挥不同高校在复合型法律人才培养中的特色和优势,应根据高校自身的特色和优势招收相应本科专业的学生进入法律(非法学)硕士阶段培养。比如,法学专业所在学校工科专业较强的,可以相应招收工科专业本科学生进入法律硕士班;而所在学校经管类专业较强的,则招收经管类专业本科学生进入法律硕士班,并制定相应的特色培养方案。这样,可以将学生原来的专业与法律硕士阶段的学习有机结合起来,真正实现特色化的复合型人才培养。其次,充分利用现代教育手段和教育资源。很多非法学专业课程,学生校内学时不足或效果不佳的,可以利用中国大学慕课、学银在线等公开的教育教学资源,通过课外学习弥补课内学习的不足,以提升跨专业学习的效果。

(三)强化复合性实践

复合型法律人才不仅仅要掌握法律和另一专业领域的基础知识,同时还应当具备相应的职业技能。早在19世纪,美国著名大法官霍姆斯就提出了法律界的至理名言:“法律的生命不在于逻辑,而在于经验。”学以致用是法学专业人才培养的直接追求,社会对复合型法律人才提出的要求更是

---

〔1〕 参见屈茂辉、陈锦红:《应用型复合型卓越法律人才培养方案研究》,载《大学教育科学》2015年第2期。

如此。因而,在复合型法律人才的培养过程中,应当强化实践环节,构建“从课内到课外,从校内到校外”的实践教学模式,不仅在课堂教学上大量采用案例教学、模拟教学等手段,在课外还要大量开展实践活动,同时提供在校外实习实践的机会。如一方面学校与当地实务部门包括司法部门、律师事务所、街道基层组织、企业等合作,让学生实际接触和解决法律纠纷,提升法律应用能力;同时,针对不同法学院校复合型法学教育的特点,还要强化学生在另一专业领域的技能,如我校法务会计方向的学生,为提升其会计、审计实务技能,还专门提供会计核算模拟、企业会计实务等实践活动内容。在用中学,往往是学习的有效路径。

(四)加强复合型师资队伍建设

要培养适应时代发展的复合型人才,教师队伍建设也是亟待解决的问题。首先,参与复合型人才培养的师资队伍,不能是两个专业教师的简单拼凑,教师自身应当具有一定的复合型知识和能力,即便不能做到全员知识复合,至少核心团队成员应当具有复合型知识背景。特别是随着现代经济和技术的发展,很多法学院校已经开始跨专业学科建设和人才培养的尝试,如开设能源法学、家事和医疗法学、工程法学、网络与智能法学、计算法学等具有鲜明时代特征的新兴与交叉专业或专业方向。如果纯粹是法学与工程、医疗、计算机等专业的老师简单相加,最后难免产生前述“两张皮”现象。比如,在法务会计的师资队伍中,就一定要有懂会计、审计的法学专业教师。其次,还要加强教师的现代化技能培训。法学专业教师大多为文科背景,在现代教育技术的运用上相较理工科专业明显有差距,如虚拟仿真实验项目的建设,全国法学专业目前在教育部虚拟仿真实验平台开放的项目仅35个。同时,对利用各类线上资源开展教学也相对滞后。汉代思想家杨雄《法言》有云,“师者,人之模范也”。育人先育己,在复合型法律人才培养的道路上,身为法学专业教师,也还有很长的路要走。

终身学习背景下非全日制法律硕士教育面临的困境与破解*

顾龙涛**

摘　要:非全日制研究生教育本质是一种提供终身学习机会的学位教育。改革后非全日制法律硕士教育面临一些新的问题,应结合我国非全日制研究生培养特点,在招生制度、培养模式、管理规范、评估机制、社会认同等方面加强对非全日制法律硕士培养机制的改革与创新。

关键词:终身学习　非全日制　法律硕士　人才培养

习近平总书记在出席联合国"教育第一"全球倡议行动一周年纪念活动时强调:"始终把教育摆在优先发展的战略位置,不断扩大投入,努力发展全民教育、终身教育,建设学习型社会,努力让每个孩子享有受教育的机会,努力让13亿人民享有更好更公平的教育,获得发展自身、奉献社会、造福人民的能力。"〔1〕党的十九届四中全会提出,构建服务全民终身学习的教育体系。随着我国全面依法治国基本方略的实施,人们对高层次法律人才的需求不断增强,迫切需要构建适合高层次法律人才终身学习的教育体系,保障法律人才享有终身学习的机会。自2017年开始,部分法律硕士培养单位开始招收参加国家统考的非全日制法律硕士,除培养方式不同外,

---

* 基金项目:2018年江苏省研究生教育教学改革项目"非全日制法律硕士培养问题与对策研究"(JGLX18_146)阶段性研究成果。

** 作者简介:顾龙涛,扬州大学法学院讲师,法学硕士,从事法学教育管理研究。

〔1〕《习近平主席在联合国"教育第一"全球倡议行动一周年纪念活动上发表视频贺词》,载《人民日报》2013年9月27日,第3版。

坚持与全日制法律硕士“同一标准,同等质量”进行培养。然而,受制于认识上的偏差和培养机制的缺陷,当前,我国非全日制法律硕士教育面临许多问题,导致社会上存在非全日制法律硕士质量低于全日制法律硕士的刻板印象,从而在职务晋升、人才招录上人为设置障碍,给予不公平待遇。在倡导终身学习的今天,如何推进非全日制法律硕士教育健康发展,需要正本清源,对非全日制法律硕士教育本质进行重新认识。

一、非全日制法律硕士教育本质内涵分析

我国法律硕士(Juris Master,JM)专业学位教育肇始于 1996 年,最早在部分政法院校试点,经过二十多年的快速发展,逐渐成为我国重要的专业学位培养类型。1998 年,国务院学位办开始组织实施在职人员攻读专业硕士学位工作,通过组织全国联考,为在职人员提供一种“授予学位”的在职硕士继续教育。在此背景下,部分法律硕士培养单位与地方实务部门合作开始招收参加全国联考法律硕士,培养有学位、无学历,即“单证”法律硕士。2016 年 9 月,教育部下发了《关于统筹全日制和非全日制研究生管理工作的通知》(教研厅〔2016〕2 号)(以下简称《研究生管理通知》),重新定义了非全日制研究生,规定:“符合国家研究生招生规定,通过研究生入学考试或者国家承认的其他入学方式,被具有实施研究生教育资格的高等学校或其他高等教育机构录取,在基本修业年限或者学校规定的修业年限(一般应适当延长基本修业年限)内,在从事其他职业或者社会实践的同时,采取多种方式和灵活时间安排进行非脱产学习的研究生。”[1]非全日制法律硕士以非脱产方式学习,但需要通过国家研究生统一招生考试,毕业时有学位、有学历的法律硕士,即所谓的“双证”法律硕士。与以往非全日制法律硕士教育相比,新政策下的非全日制法律硕士在报名对象、考试模式、培养标准、毕业文凭都有了很大不同,具体如表 1 所示。

〔1〕 教育部办公厅:《关于统筹全日制和非全日制研究生管理工作的通知》,载研招网 2016 年 9 月 14 日,https//yz. chsi. com. cn/kyzx/201609/20160914/1554112506. html。

表 1 新旧政策背景下非全日制法律硕士的主要区别

区别	报名对象	考试模式	培养标准	论文抽检	文凭
旧政策	本科毕业 3 年及以上	在职人员攻读硕士学位全国联考	同全日制法律硕士不一致	否	单证
新政策	本科毕业生或者专科毕业 2 年	全国硕士研究生统一入学考试	同全日制法律硕士一致	是	双证

与国内不同,“国外对于全日制(full-time)研究生和非全日制(part-time)研究生的界定通常是以学生每学期选修的学分数或每学期在校学习时间,而非在职与否作为标准进行划分”[1]。在美国,非全日制研究生一般有四种方式选择注册入学:(1)与全日制班级跟读;(2)参加高校晚间或周末课程学习;(3)定期开展集中授课培训;(4)定期接受线上教育训练。“美国对非全日制研究生采取学分制注册的办法,学分一般不多于 12 个学分,不少于 3 个学分”。[2] 只要时间许可,同一名学生在不同的学期,可自主决定注册为全日制或非全日制。因此,国外非全日制和全日制的区分主要源于学生对学习方式的选择与学校教育教学具体安排。受制于我国高等教育教学秩序稳定实际需要和社会对非全日制高层法律人才培养方式迫切需求,《研究生管理通知》中将我国“全日制”限定为“全脱产在校学习”的方式,将“非全日制”定义为:“在从事其他职业或者社会实践的同时,采取多种方式和灵活时间安排进行非脱产学习。”这种界定既有别于 2016 年以前基于在职身份,通过全国联考的“非全日制”单证硕士的理解,也不同于英美国家依据学习时间或注册学分对两者的区分。事实上,无论对“非全日制”的内涵从哪个角度考察,都不宜脱离为人们提供一种终身学习机会本质。从这一理解出发,“非全日制研究生教育是现代化社会发展、人的可持续发展所必需的,绝不应该仅定位为全日制研究生教育的有益补充,而应该占有更加重要的地位,发挥独特而显著的作用”。[3]

---

〔1〕 唐继卫、马健生、李洋:《借鉴国际经验完善我国非全日制法律硕士教育》,载《学位与研究生教育》2014 年第 12 期。

〔2〕 谢仁业、张敏:《借鉴国际经验,发展非全日制研究生教育》,载《中国高等教育》2001 年第 19 期。

〔3〕 杨斌、康妮:《亟须激发活力:非全日制研究生教育发展的若干思考》,载《学位与研究生教育》2019 年第 7 期。

二、当前我国非全日制法律硕士教育主要问题

非全日制法律硕士教育制度的设立目的是进一步发挥高校法律人才培养的功能,满足社会对法律人才培养的不同需求,促进我国终身法学教育的发展。但是,当前我国非全日制法律硕士教育还存在一些突出问题,主要体现如下。

(一)定向身份要求限制考生报考选择

从我国各高校对非全日制法律硕士招生对象来看,都是原则上招"定向生",要求考生录取前必须与单位签订定向委培协议。换言之,非全日制法律硕士只能由已走上工作岗位的从业人员报考,未就业的考生通常只能选择全日制的攻读形式。显然招生单位并没有走出非全日制研究生教育等同于在职研究生教育的误区,也有违《研究生管理通知》中的精神。这种限定使许多未就业考生被迫做出无奈的决定,要么选择"全日制"脱产的学习方式,要么违背自己意志签订临时就业协议,选择"非全日制"学习方式。

(二)全国统考机制不利于在职人才选拔

按照《研究生管理通知》要求,2017 年以后,全国联考机制取消,取而代之的是全国统考,非全日制法律硕士考生和全日制法律硕士考生共用一套试卷。将非全日制法律硕士报考资格限制在定向在职考生,但由于这部分考生备考的时间和精力上的不足,在知识的准备和应试能力方面均显较弱。以江苏某省我属重点大学法学院近五年非全日制法律硕士一志愿招录情况为例(见表 2),一志愿报考生源多是一线在职人员,但非全日制法律硕士考生整体上线率偏低,其中,法律硕士(非法学)专业年平均上线率不到 5%,法律硕士(法学)专业更低,平均不到 1%。此外,从招生录取政策来看,由于报考全日制法律硕士可以调剂到非全日制法律硕士,导致很多考生特别是应届毕业生都是首先报考全日制法律硕士,如果没有录取以后再考虑调剂到非全日制法律硕士,把非全日制法律硕士作为较次的拿硕士文凭的一种途径。很多应届本科毕业生进入非全日制法律硕士学习,导致真正想提高学历的有工作经历人员进入非全日制法律硕士学习的机会很少,未能体现"非全日制"方式为在职人员提供终身学习机会优势。更为重要的是,全国统考没有针对非全日制法律硕士的特点出题,大量客观性、记

忆型试题非常不利于对在职考生的能力考查。

表 2 江苏某大学法学院近五年非全日制法律硕士一志愿考生招录情况

年度	报考人数		A 区国家分数线	上线人数		上线率/%	
	法律(非法学)	法律(法学)	总分/专业线/公共课线	法律(非法学)	法律(法学)	法律(非法学)	法律(法学)
2017	61	47	310/66/44	5	0	8.20	0.00
2018	94	75	315/63/42	1	3	1.06	4.00
2019	86	77	320/66/44	3	0	3.49	0.00
2020	141	108	325/69/46	2	1	1.42	0.93

(三)单一培养模式难以满足人才培养多样性需求

《研究生管理通知》要求各培养单位必须与全日制研究生"同一标准,同等质量"开展非全日制研究生教育,这体现了教育部门对我国非全日制研究生教育高质量发展期待。但由于非全日制法律硕士教育起步晚于全日制法律硕士教育,许多培养单位将全日制法律硕士的培养方案简单套用于非全日制法律教育,使得两者在课程内容、考核形式、评估机制趋同。非全日制法律硕士考生来源广泛,知识储备参差不齐,年龄结构多样、学习目标存在差异,按全日制培养方案培养的话,必然会出现公共基础课和专业理论课占比多、实践性、操作型课程设置少、教学模式传统单一等系列问题,从而无法满足非全日制法律硕士的多元化培养需求,会在一定程度上影响非全日制法律硕士人才培养质量。此外,只有充分考虑在职法律硕士的知识、能力以及职业发展路径等方面现实需求,才能推动非全日制法律硕士长远发展。

(四)培养管理不严谨难以确保培养质量

在学习方式上,非全日制法律硕士相对比较灵活自由,专业学习一般采取导师个别指导、集中授课、远程辅导等方式,这就对研究生教育管理、考核评价提出更高的要求。然而,很多培养单位一直都将非全日制法律硕士教育视其为一种"创收手段",不愿"得罪"学生,教育管理普遍比较松散,在对非全日制学生课堂考勤、成绩考核、日常生活管理工作不细致。未能将非全日制法律硕士和全日制法律硕士区分管理、同质考核和评价。这种状况,使我国非全日制法律硕士培养质量难以得到保障。而随着功利性办学和求学动机的出现,非全日制法律硕士教育质量与全日制法律硕士培养质量的差距会进一步加大,最终导致非全日制法律硕士报考人数下降。

(五)社会认同度较低,重新就业难度大

目前,人们对非全日制法律硕士的认同程度普遍低于全日制法律硕士,这无疑是非全日制法律硕士教育必须直面的问题。尽管国家已经要求对非全日制法律硕士与全日制法律硕士必须统一组织实施,同质培养,但社会各界对非全日制法律硕士的认可程度很难在短时间内得到提升。近日,“国务院第八次大督查第十一督查组在广西壮族自治区发现,‘非全日制’研究生遭到不平等对待的现象的确存在”。[1] 社会认可程度不高对非全日制法律硕士而言是致命的,重新就业必然面临挑战与困难,而教育出口问题不解决,必然对非全日制法律硕士培养产生消极影响,学生的学习积极性下降,非全日制文凭含金量下滑,考生的报考积极性也将受挫,形成非全日制法律硕士教育举步维艰,难以良性发展的困境。

三、域外非全日制研究生培养模式的考察

非全日制研究生教育(part-time Master students)在欧美国家比较普及。经过多年的发展,西方国家的非全日制研究生教育制度相对完善,所具有的灵活性特征其对考生的吸引力甚至超越了全日制研究生。域外非全日制研究生教育呈现如下特点。

(一)培养目标突出职业市场导向

有什么样的需求,办什么样的教育。西方国家非全日制研究生教育通常以满足职业市场需求为导向,培养目标确定与社会职业需求紧密相联。各高校一般通过调研,了解实务部门人才的需求,采用“菜单式”培养计划,通过强化学生的专业能力,来满足各行各业对高层次应用型人才的需求,招生数量根据人才市场的需求状况而做出相应调整,体现了明显的市场导向。美国各大学办学自主性强,各有特点,但教育服务于社会需要的宗旨

〔1〕 李占轶:《部分“非全日制”研究生就业遭受不平等对待》,载《新华每日电讯》2021年9月14日,第4版。

是基本立场,教育的最终目的是促进学生知识能力可持续发展。非全日制研究生生源一般是具有丰富实践工作经验的人,在招录时要注重对学习能力和实践能力的考查,以培养的学生能够适应社会人才市场对人才的定义和需求。

(二)实行学分制和弹性学制

"学分制"和"弹性学制"起源于西方国家,目前为世界多数国家高等教育采用。高校一般通过量化的手段,将培养方案中的各个培养环节赋予相应的学分,学生只要修满学分即可毕业。"这种制度最根本的特征在于它实行了彻底的选课制,没有严格的修业年限限制,采用的是自由灵活的弹性学制。"[1]学分制和弹性学制既保证了研究生培养的质量,也方便学生根据实际情况进行学习选择合适的学习方式。学分制和弹性学制契合了非全日制研究生知识学习不连续的特征,培养单位将非全日制研究生的课程学习、专业实训、学位论文写作等量化成相应学分,为学生可持续学习和接受终身教育提供机会。

(三)培养模式采用教科研协作机制

西欧一些国家非全日制研究生培养方案强调理论和实践相结合,以更新研究生专业知识,提高研究生专业实践能力为目标。培养方案一般由高校和用人单位共同制定,采用协作式联合培养机制,注重教学、科研和实践的发展有机结合。在课程设置方面强调理论知识和实践知识相结合,强化启发式教学,注重实践能力的培养与训练,学生在课堂上一般会受到来自大学理论教授和实践领域专家双重指导,这必然有利于非全日制研究生的知识的更新和能力的提升。

(四)实行多元质量评估机制

西方国家非全日制研究生教育围绕本学科培养目标确定质量评价标准,评价主体多元,内外结合,形成全方位的研究生培养质量评估体系。与国内相同,西方多数高校通过内部质量保障机制加强研究生培养管理,在招生录取、课程考核、专业实践、毕业论文写作等方面强调内部监督,以保

---

[1] 唐继卫、马建生、李洋:《借鉴国际经验 完善我国非全日制研究生教育》,载《学位与研究生教育》2014年第12期。

证非全日制研究生培养质量。学生学业状况综合的考核与评估有具体的指标体系,“学生是否通过综合水平测试由本专业的教学指导委员会集体决议”。[1] 此外,一些高校还建立了多元外部评价体系,吸收第三方评估机构、政府部门、民间组织甚至家长委员会参与对研究生教育质量的评估,这种内外呼应、多元结合的质量评价体系,有效地保障了非全日制研究生的培养质量。

四、完善我国非全日制法律硕士教育的对策

在新时代大力倡导终身学习教育理念下,借鉴域外的非全日制研究生培养经验,需要加强对我国非全日制法律硕士培养机制进行改革。

(一)消除考生身份限制,满足考生不同需求

基于非全日制培养方式设置目的是为人们提供一种高学位终身学习机会,对非全日制的招生不应该是考生的在职“定向”身份,而应是能否确保攻读硕士学位期间是否有充足的学习时间。此即无论是“定向”还是“非定向”,考生都能根据自己的实际情况和喜好选择攻读学位的方式,有利于满足不同考生的不同需求,从而吸引更多的民众进入研究生教育体系,促进学习型社会的建设。

(二)优化招生选拔制度,强化实践能力考察

一方面,要科学编制招生计划,服务社会多样化需求。在招生计划编制前,要通过对培养单位的现有办学规模、生源结构、教育质量、学术声誉等进行综合评估,为非全日制法律硕士招生计划的编制提供科学支撑。在招生计划制定过程中可以邀请用人单位、科研合作单位参与,听取法律实务部门的意见,以实现人才培养更好地服务于社会需求这一培养目标。另一方面,注重优化评价标准与方式,强化非全日制法律硕士考生的实践能力考查和评价。非全日制法律硕士初试采取统一考试,单独划线,考试内容突出基础能力与水平的考查。在非全日研究生复试中要注重对考生专业综合素质、法律思维和法律实践能力测试,可考虑校外导师的参与面试,

[1] 樊晓杰:《美国专业学位研究生教育内部质量保障体系研究》,载《大学教育》2014 年第 14 期。

注重既往学业、实践创新能力、法律综合素质等方面考察。在复试线划定和调剂政策可以考虑向非全日制考生适当倾斜,以确保在职考生公平升学的机会。

(三)优化培养方案,突出法律综合素质培养

法律硕士是以法律职业为背景,注重法律专业实践能力培养的高层次专业学位类型。非全日制法律硕士作为给在职法律实务部门提供继续教育、终身学习机会的学位教育,在培养方案的设计时应突出职业胜任能力提升、服务社会能力增强的宗旨。在教学内容的安排和培养环节的设计方面尽量与社会接轨,要结合非全日制法律硕士个人的职业发展路径,满足其在专业知识、能力素养培养方面的现实需求。此外,为提高非全日制法律硕士专业学习的积极性,要增强培养单位研究生教育的包容性,将课程学习、专业实践、学位论文写作等培养环节与全日制法律硕士的培养有序衔接,在奖学金评比、学术活动参与方面给予平等竞争的机会。注重发挥法律实务部门在人才培养中的重要作用,要推进"双师型"导师队伍建设,完善兼职硕士导师管理制度,有效地将校外导师的职责要求与非全日制法律硕士人才培养过程结合起来。强化研究生工作站和实践基地的作用,加强与非全日制法律硕士用人单位联系,主动推动产学结合、协同育人,积极探索为社会培养创新型法律人才的长效运行机制。

(四)强化过程管理,完善质量保障机制

针对非全日制法律硕士培养不能全时在校学习,而集中授课时间短、课程学习任务重的问题,尤其要加强对非全日制法律硕士培养环节的质量管理和监控。一方面,充分利用学校现有平台实现培养过程的全方位管理,在专业学习、中期考核、论文开题、学位申请、毕业答辩等工作中严格按学校规定和要求执行,强化线上线下有效监督;另一方面,应尽快建立非全日制法律硕士教育的独立质量评估机制,在资源投入、课程设计、师资团队、平台建设、学术成就、声誉调查、毕业生情况等多个方面确立独立的评估指标。通过"引入多元化的评估主体和客观公正评估体系",[1]加强对高等学校、政府机构、科研院所、学生家长对质量保障机制的参与。

〔1〕 谢治菊、郭宇:《研究生教育质量保障机制研究》,科学出版社2017年版,第137页。

(五)加强宣传引导,提高社会对非全日制法律硕士的认同度

非全日制法律硕士教育不是一种“次等教育”和“创收手段”,而是当前我国法学教育的重要组成部分,理应得到正视及尊重。当前,国家已经实行全日制和非全日制研究生“统一标准、同质培养”原则,这在一定程度上有利于提高社会对非全日制法律硕士认可度。为了从根本上消除对非全日制法律硕士的误解和偏见,一是要严格执行各项关于非全日制研究生保障制度;二是社会要加强宣传,正确认识和评价非全日制法律硕士学位身份,避免职务晋升、公务员招考,博士招录以及就业上歧视和差别对待。只有全社会真正认同并接受了非全日制法律硕士,非全日制法律硕士教育才能得到真正的发展,才能持续为国家输送多领域、高层次法律人才。

区域法治文化比较:学科属性、核心范畴与研究方法

包振宇[*]

摘　要:区域法治文化比较,也可以称为比较区域法治文化学,承认法治文化的区域性差异,以不同区域法治发展中形成的法治文化现象的差异性和同一性,以及不同区域法治文化多样性统一的发展规律为研究对象,以比较为基本研究方法,是区域法治发展学科(区域发展法学)与比较法学、法律史学、法律文化学、比较文化学等相关比较主义和区域主义学科交叉综合的一门新兴学科。在学科属性上,可以把区域法治文化比较视为比较法的一个新的分支学科,是比较法的研究方法和学科范式转型的产物。传统比较法研究的方法,特别是早期比较法学者提出的文化比较的方法仍然可以作为区域法治文化比较的基本方法,但更值得关注的是对法律文化进行的深描的文化视角或者诠释学的方法。

关键词:区域法治文化比较　学科属性　研究方法

一、区域法治文化比较的学科属性

(一)区域法治文化比较的概念

区域法治发展过程中存在丰富的法律文化传统和法治文化实践,这些文化因素构成了区域法治不可或缺的组成部分。具有独立性和多样性的文化因素既为区域法治发展提供了历史的和现实的资源,也为区域法治发展规定了历史的和现实的约束条件,同时,区域法治文化的发展机理也是区域法治运动发展的内在的动力机制。因此,探索区域法治发展的规律离

* 作者简介:包振宇,南京大学法学博士,华东政法大学博士后,扬州大学法学院副教授,硕士研究生导师。

不开对区域法治文化问题的分析与研究。而人们在分析和研究区域法治发展中的文化现象时，比较是一种最为基本，也是必需使用的方法。“人们的认识过程总是在不同程度上通过比较的方法进行的。通过比较，才可能将不同现象区别开来，了解它们之间的共同点和不同点，确定它们各自的概念”。[1] 虽然在区域法治发展以及区域法治文化的研究中，各个学科都会使用比较的方法，但区域法治文化比较不同于其他任何一门学科：一方面，它以区域的法治文化为其研究对象；另一方面，它又以比较为其基本视角和研究方法。

简言之，区域法治文化比较，也可以称为比较区域法治文化学，承认法治文化的区域性差异，以不同区域法治发展中形成的法治文化现象的差异性和同一性，以及不同区域法治文化多样性统一的发展规律为研究对象，以比较为基本研究方法，是区域法治发展学科（区域发展法学）与比较法学、法律史学、法律文化学、比较文化学等相关比较主义和区域主义学科交叉综合的一门新兴学科。

（二）区域法治文化比较是区域发展法学的一个分支学科

区域法治文化比较是新兴的区域法治发展法学的一个分支学科，是区域法治发展法学体系中不可或缺的重要组成部分，是对区域法治发展法学的学科体系的丰富和完善。这一分支学科是在区域法治发展学科证立并不断丰富过程中形成和逐步发展起来的。

对于区域法治文化比较的学科属性问题，我们认识的发源地在扬州。2014年4月19日至20日，江苏高校区域法治发展协同创新中心和扬州大学法学院在扬州大学共同举办“区域法治发展的文化机理”学术研讨会。在这次会议上，张文显教授在总结区域法治文化时，提出了“区域法治文化的扬州棱镜”的命题，指出具有差异性的区域法治文化的一体化是区域法治发展的成立条件和依据。“区域法治发展的成立条件，不仅有区域经济一体化、社会一体化等客观条件，也包括区域文化的一体化或者区域法治文化的同质化，由此形成了区域法治发展的文化圈、文化带，等等。换言之，文化因素，如民情、民风、习惯、传统，等等，都是区域法治成立的依据，

---

[1] 沈宗灵：《比较法研究》，北京大学出版社1998年版，第5页。

或者说证立的依据。从区域文化推出了区域的法治文化,由此引申出'区域法治文化发生机理''增进区域法治发展的文化证立''区域法治发展的文化基础'等说法,也形成了'区域法治文化的当代发展''区域法治文化建设'等等的命题。"〔1〕这些命题都已经发展成为年轻的区域法治发展法学学科研究的核心范畴。

而区域内法治文化的"一体化",或者说同一性,以及与区域内法治文化同一性对立统一,作为一体两面另一面存在的区域间法治文化的差异性都需要通过比较的方法来认识和把握。区域法治发展法学已经成为我国法学发展前沿的一门新兴学科。公丕祥教授提出,区域法治发展法学的基本命题是法治发展多样性统一的规律,其中区域法治发展的特殊性和个别性的发现是比较的对象和结果,普遍性和一般性也是比较的对象和结果。"只有在这样的基础上,我们才能理解区域法治的运动发展何以会产生那些不同点和相似点,也才能揭示各种特殊的区域法治现象的运动发展的特殊规律,并从中加深对支配区域法治发展的一般规律的透彻把握。"〔2〕

对于区域法治发展规律的认识离不开法治文化的视野,也需要运用比较研究的方法,这就是区域法治文化比较对于区域法治发展法学学科构建和发展在方法论上的意义所在。然而,就发展中的区域发展法学而言,区域法治文化比较的意义不仅仅是提供了一种研究方法,而且构成了一门独立的分支学科。方法和学科之间具有密切联系,一门学科往往有其主要的研究方法。但方法只是进行科学研究手段,而一门独立的学科还需要具有其不同于其他学科的特有的研究对象和研究范式,并形成其他学科研究所无法获取的特有知识体系。区域法治文化比较是否有资格成为区域法治发展法学的一个独立分支学科,取决于在用比较方法研究区域法治文化的过程中,能否取得这一新兴学科的其他分支部门无法取得的新知,并形成一个独立的体系化的知识领域。以此为判断标准,区域法治文化比较完全具备成为区域法治发展法学的潜力。虽然仍然在形成和发展的过程中,但

〔1〕 张文显:《区域法治文化问题的棱镜》,载夏锦文主编:《区域法治发展的文化机理》,法律出版社2015年版,第3页。

〔2〕 公丕祥:《区域法治发展的概念意义》,载公丕祥主编:《变革时代的区域法治发展》,法律出版社2014年版,第117页。

对这一前人很少涉足的法学领域的研究为法学学科提供了一个新的理解系统,确立了一个新的研究范式。随着学术共同体的形成和知识的不断增长,区域法治文化比较应当也可以成为区域发展法学的一个核心分支学科。我们可以从以下三个方面把握区域法治文化比较的学科属性。

1. 这一新的分支学科是比较主义学科与区域法治发展学科的结合

传统的比较主义诸学科,如比较法学、比较文化学等是资本主义全球化时代的产物。随着工业革命产生世界市场,在世界历史的视域内,不同国家、不同民族的制度和文化在全球化的竞争中必然形成比较。在马克思、恩格斯看来,比较主义诸学科的产生是资本主义全球化引起的世界范围文化比较的实践的产物。在《德意志意识形态》中,马克思和恩格斯确认了比较主义学科的科学地位,并对其成就给予高度评价:"对于像比较文化学、比较植物学、比较语言学等等科学……这些科学正是由于比较和确定了被比较对象之间的差别而获得了巨大的成就,在这些科学中比较具有普遍意义。"〔1〕

从根本上讲,学科的研究方法和研究对象之间具有一种天然的对应关系。区域发展法学的研究对象是区域法治。张文显认为区域法治是国家法治在一定区域内的展开,是根据区域不同的自然环境、经济基础、历史传统、民族习惯等因素实施法治治理,形成具有区域特色的法治运行模式,是"国家法治统一性基础上的区域法治的多样性和国家法治整体性基础上的区域法治发展的个别性"。〔2〕 区域法治这一概念本身就是基于"比较和确定了被比较对象之间的差别"的产物。这揭示了区域发展法学本身与生俱来的比较主义学科的基因。

2. 这一新的分支学科是区域主义学科与比较研究的结合

传统的比较研究的范式存在着国家中心主义或者说民族中心主义的问题。比较研究往往以主权国家和民族作为研究的主要对象。例如里文斯东(S. Livingstone)将比较研究分为四类模式:(1)国家作为研究对象;

〔1〕 [德]马克思、恩格斯:《德意志意识形态》,载[德]马克思、恩格思:《马克思恩格斯全集》(第3卷),中共中央马克思恩格斯列宁斯大林著作编译局译,人民出版社1960年版,第518页。

〔2〕 张文显:《变革时代区域法治发展的基本共识》,载公丕祥主编:《变革时代的区域法治发展》,法律出版社2014年版,第3页。

(2)国家作为研究线索;(3)国家作为分析单位;(4)国家作为国际或跨国系统的一个成分。[1] 虽然在比较法的研究中,法系的概念在一定程度上体现了超越国家的区域比较,也有学者认为一些特殊地区的法律制度,也可以成为比较研究的对象,如美国联邦和州的法律以及州际法律的比较,统一国家内部构成独立法域的地区法律制度的比较都属于比较法研究的范围。[2] 但这只是国家主义的比较研究范式的例外,大部分的比较研究仍然是以国家和民族为中心展开的。其研究材料也主要是各主权国家制定的国家法。[3]

不同于传统的比较研究范式,区域法治文化比较提出了区别于国家的"区域"的范畴。区域作为一个源于地理学的概念,已经发展成为一个多学科广泛使用的范畴。"区域"逐渐从社会科学研究的对象,成为一种研究视角和研究方法,并进一步发展成为一种跨学科的研究范式——区域主义,形成了区域地理学、区域经济学、区域政治学、区域社会学区、区域行政学等区域主义的新型学科。区域法治文化比较也属于区域主义学科,其研究以不同于传统民族国家或主权国家的"区域"的法治文化为研究对象,体现了比较研究的范式从传统的国家主义向全球化视野下的区域主义的转化。

3. 这一新的分支学科是文化学科与区域法治发展学科的结合

所谓文化是"社会成员通过学习从社会上获得的传统和生活方式,包括已成模式的重复的思想方式、感情和动作(即行为)"。[4] 简言之,文化是一种行为方式和观念体系。文化学是一门综合性学科。这门学科研究的是文化的起源、演变、传播、结构、功能与本质,文化的共性与个性、特殊规律与一般规律等问题。从广义的文化概念出发,区域法治发展本身就是一种文化现象。从狭义的文化概念出发,区域法治文化属于区域法治发展

---

〔1〕 参见丁子江:《比较方法与新多元比较主义》,载《北京科技大学学报(社会科学版)》2016年第6期。

〔2〕 参见沈宗灵:《比较法研究》,北京大学出版社1998年版,第4页。

〔3〕 在茨威格特和克茨的《比较法总论》的研究中法系是一个重要范畴,区分了罗马法系、德意志法系、英美法系、北欧法系、社会主义法系和其他法系(远东法系、伊斯兰法、印度教法),但在具体的研究中仍然是以国家为单位的立法和司法作为其比较研究的基本对象。参见[德]K. 茨威格特、H. 克茨:《比较法总论》,潘汉典等译,法律出版社2003年版。

〔4〕 [美]马文·哈里斯:《文化人类学》,李培茱、高地译,东方出版社1988年版,第6~7页。

的组成部分,同时与其他法律现象间具有十分紧密的互动关系。而作为区域法治发展学科分析基本单元的"区域"概念,其本身也以某种程度上的文化同质性为其存在基础和根本特征。因此,区域法治文化比较也可以归为综合性的文化学科的一门分支学科。

(三)区域法治文化比较与其他相关学科的关系

1. 区域法治文化比较与比较法学

比较法(Comparative Law)是对不同国家(或特定地区)的法律制度的比较研究。[1] 比较法与文化之间具有十分紧密的关联。有些学者,如德国比较法学家格罗斯菲尔德直接将比较法定义为一种文化。沈宗灵在《比较法研究》一书中指出"比较法或任何法律,都有自己的历史与理论,也都与特定文化有密切联系",尽管他强调不能将文化看作比较法发展的决定因素或者唯一的决定因素,但这种强调本身就从反面揭示了比较法的历史和理论与特定文化之间的联系是无法割裂的。他也认为,法律和文化的关系是所有法学和比较法学都应研究的一个重要课题。[2]

比较法学主要比较不同国家或地区的法律制度、法律观念。这些比较对象大部分均可纳入广义的文化范畴。比较法在进行物质层面的制度比较时,也必须将制度置于文化背景中加以考察。越来越多的比较法学者注意到习惯、民族性格、语言文化、历史、社会价值取向、意识形态、宗教、政治立场等多方面的因素促成了法律制度的形成,并且影响了对该法律制度的解释。这些文化性质的元素隐藏在法律制度后面,对于法治发展起实质的决定作用。[3] 因此,当代比较法对于外国法律制度的研究绝不仅限于对成文规范和教科书的阅读,而是要对体现一个国家、一个民族精神和性格的文化进行深入研究。

一方面,法律文化日益成为比较法的重要研究对象;另一方面,比较研究的范式从传统的国家主义转向区域主义也对比较法的研究产生了实际

---

〔1〕 参见沈宗灵:《比较法研究》,北京大学出版社1998年版,第3页。

〔2〕 参见沈宗灵:《比较法研究》,北京大学出版社1998年版,第45页。

〔3〕 参见张礼洪:《比较法学的目的和方法论》,载《现代法学》2005年第4期。西方学者将这些因素称为"隐素"(crittotipi Kryptotypen),这些所谓的隐素即便不是全部可以归属到文化的范畴,也都与文化具有紧密的联系,因而属于区域法治文化比较的研究对象。

的影响。区域法治文化也因此成为当代比较法的一个新的研究领域。更重要的是,进入21世纪以来,比较法的研究方法,也从传统的概念比较和功能比较的方法,转而更加重视对法律文化进行的深描的文化视角或者诠释学的方法。[1] 可以说,比较法学的研究对象、研究范式和研究方法上的最新的发展成果为区域法治文化比较的研究提供全面的理论和方法准备,在这个意义上,也可以将区域法治文化比较视为当代比较法学科的一个分支。

2. 区域法治文化比较与法律文化学

法律文化学是以法律文化现象为研究对象的学科。法律文化本身就是一种比较意义上地方性知识,每一种法律文化或者说法律文化的不同类型均是相对于其他法律文化比较而言的。传统的比较法律文化研究的对象主要是主权国家或者独立法域间的法律文化现象。传统法律文化研究也关注区域间比较,但其关注的主要是属于较为宏观的区域,如东方—西方、不同法系间法律文化的比较。

区域法治发展学科更加关注法律文化的区域性差异其建立在这种差异性基础上的统一。一方面,区域法治发展受到具有鲜明区域特征的地方法律文化的影响;另一方面,区域法治发展又在具有区域特色的差异性发展中塑造着新的区域法律文化的特征。区域法治文化比较将法律文化学的领域拓展到主权国家内部的不同区域。法律文化学之所以需要重视区域的法治文化研究,主要有以下几个原因:(1)单一民族国家逐渐被多元文化的多民族国家取代,多元法律文化的冲突的解决必须直面对国家内部文化多元化的问题;(2)区域一体化的发展趋势使人们为了整合和协调区域法治需要关注比较法律文化研究;(3)发展中国家在现代化过程中,需要在整合区域的“小传统”的基础上形成统一的法治体系;(4)比较法学和法社会学、法人类学的交叉也由此引入了法律文化的范畴。

3. 区域法治文化比较与比较文化学

比较文化学是对不同文化体系与文明形态的同一性和差异性进行研究的学科,它的目的是把握文化发展的规律性与不同文化体系的特性。这

---

〔1〕 参见苏彦新:《比较法研究的功能论与诠释论评〈比较法的理论与方法概论〉》,载《政法论坛》2019年第1期。

里的同一性和差异性不是简单的形式上的辨异或求同，而是对多样性统一的事物本质的辩证认知。比较文化学是以比较意识、比较思维方式和比较方法为特征的研究学科，而不是简单的形式比较或比附，也不是只有比较的方法论意义，而是本体论、方法论和实践论的统一。[1] 法律既是文化的产物，也是文化的一部分。比较文化学等文化学科在进行文化及其比较研究方面积累了较为丰富的知识，形成了独特的文化研究的方法论。我们在区域法治文化的比较研究时，可以借鉴吸收比较文化学的研究框架和研究方法。

作为一门新兴的法学学科，区域法治文化研究从一开始就呈现跨学科的综合特征，其形成和发展直接受益于相关学科研究的最新发展和成果，与相关学科进行合作的空间广阔。我们应当积极和主动推进与相关学科的交叉融合，除了上述学科外，应注重和法理学、法律史学、法律社会学、法律人类学、各个部门法学的交叉合作，以及特别注意法学以外的人文社会科学学科的跨学科交叉，除了上文已经述及的文化学，还应关注经济学、政治学、社会学、历史学、人类学等学科的比较研究的新发展。

二、区域法治文化比较的历史发展

（一）区域法治文化比较的史前期：上古～1950年

从法律文化现象产生开始，人们就认识到不同区域法治文化的同一与差异，直观的进行形式上的比较。但在研究中尚未形成区域法律文化比较的研究范式和方法论的自觉。

早在甲骨文中我国就有对不同区域文化的记载，殷墟卜辞中有大量关于“土方”“鬼方”“牧方”等民族的记载。[2] 在我国第一部地理文献《尚书·禹贡》中，不仅将天下“随山浚川，任土作贡”分为九州，同时，根据距离文化和政治中心的距离将天下分为“五服”。五服不仅是的地理区划，也是划分不同区域根据各地人民在生活习俗、政治制度和地理环境方面的差异实行不同治理方式的制度：

[1] 参见方汉文：《比较文化学新编》，北京师范大学出版社2011年版，第48页。

[2] 方汉文：《比较文化学新编》，北京师范大学出版社2011年版，第4页。

> 九州攸同，四隩既宅，九山刊旅，九川涤源，九泽既陂，四海会同。六府孔修，庶土交正，厎慎财赋，咸则三壤成赋。中邦锡土、姓，祗台德先，不距朕行。五百里甸服：百里赋纳总，二百里纳铚，三百里纳秸服，四百里粟，五百里米。五百里侯服：百里采，二百里男邦，三百里诸侯。五百里绥服：三百里揆文教，二百里奋武卫。五百里要服：三百里夷，二百里蔡。五百里荒服：三百里蛮，二百里流。东渐于海，西被于流沙，朔南暨声教讫于四海。禹锡玄圭，告厥成功。

以帝都500里之内的地带为“甸服”，即王畿；再向外500里之内为“侯服”，即诸侯领地；再次为“绥服”（已绥靖地区，即中国文化所及的边境地区）、“要服”（结盟的外族地区）和“荒服”（未开化地区），五服分区域分别实行不同的纳贡制度和治理方式。著名历史学家李学勤教授从比较考古学的视角提出在禹贡中的区域分划，不仅包括了黄河、长江两河流域的区域文化，也包括中原文化和边疆地区文化的比较。[1]

同列《尚书》的《吕刑》一篇有关于苗民法律制度的记载：“苗民弗用灵，制以刑，惟作五虐之刑曰法。”[2]这可以算是我国古典文献中区域法律文化比较的滥觞。而《左传》中季扎观乐，在季扎对周乐各诸侯国音乐进行评价的同时，也对各诸侯国的地方历史政治文化进行了比较：

> 吴公子札来聘。……请观于周乐。使工为之歌《周南》、《召南》，曰：“美哉！始基之矣，犹未也，然勤而不怨矣。”为之歌《邶》、《鄘》、《卫》，曰：“美哉，渊乎！忧而不困者也。吾闻卫康叔、武公之德如是，是其《卫风》乎？”为之歌《王》曰：“美哉！思而不惧，其周之东乎！”为之歌《郑》，曰：“美哉！其细已甚，民弗堪也。是其先亡乎！”为之歌《齐》，曰：“美哉，泱泱乎！大风也哉！表东海者，其大公乎？国未可量也。”为之歌《豳》，曰：“美哉，荡

〔1〕参见李学勤：《比较考古学随笔》，广西师范大学出版社1997年版，第4～5页。
〔2〕(西周)吕侯：《尚书·吕刑》。

乎！乐而不淫，其周公之东乎?”为之歌《秦》，曰：“此之谓夏声。夫能夏则大，大之至也，其周之旧乎！”为之歌《魏》，曰：“美哉，渢渢乎！大而婉，险而易行，以德辅此，则明主也！”为之歌《唐》，曰：“思深哉！其有陶唐氏之遗民乎？不然，何忧之远也？非令德之后，谁能若是?”为之歌《陈》，曰：“国无主，其能久乎！”自《郐》以下无讥焉！[1]

在被誉为西方政治法律研究的开山之作《政治学》一书中，亚里士多德根据对古希腊158个城邦政治法律文化的比较研究，论述了国家（城邦）的目的、起源、产生、衰败及保全的原因，政体的分类、变革和维持，理想城邦及其构建，公民的教育等问题。[2]

虽然自法律文化现象产生开始，人们就认识到不同区域法律文化的同一与差异。无论是在东方，还是在西方，对不同国家、不同地域的政治法律文化进行直观的形式上的比较的研究成果十分丰富。但直到20世纪中叶，学者的研究尚未形成区域法律文化比较的研究范式和方法论的自觉。

（二）区域法治文化比较的形成期：1960～2000年

20世纪60年代末美国法律社会学家弗里德曼提出法律文化的概念，最先开始比较法律文化研究的并不是法学家，而是政治学学者埃尔曼。他在20世纪70年代出版的《比较法律文化》，被称为英语学界比较法律文化学科的开山之作。20世纪90年代，比较法学界开始关注法律文化问题。其重要标志是1994年在意大利举办了“比较法律文化”专题研讨会，编辑出版了论文集《比较法律文化论》。

此后，国际上召开了一系列法律文化研讨会，出版了一系列重要的论文集，其中一些被译介到中国。[3]

20世纪80年代末期，随着法律文化概念的引入，中国法学界也掀起了

〔1〕（春秋）左丘明：《左传·襄公二十九年》。

〔2〕参见［古希腊］亚里士多德：《政治学》，吴寿彭译，商务印书馆2009年版。

〔3〕主要包括但不限于［美］埃尔曼：《比较法律文化》，高鸿钧译，清华大学出版社2002年版；［英］菲斯特、［意］奈尔肯：《法律移植与法律文化》，高鸿钧等译，清华大学出版社2006年版；［荷］布鲁因斯马等：《法律文化之追寻》，明辉、李霞译，清华大学出版社2011年版；［德］金斯纳、［意］奈尔肯：《欧洲法律之路——欧洲法律社会学视角》，清华大学出版社2010年版。

比较法律文化研究的热潮。梁治平、张中秋、高鸿钧等学者开始从事比较法律文化研究。[1]

美国政治学家埃尔曼《比较法律文化》等著作表明法学研究中出现了研究法律文化的浪潮,但这些研究主要以国家或更为宏观的法系、东西方为单元,虽然并不缺乏对区域法治文化的研究,但区域的概念往往只是用来表明研究的地域范围,并未成为研究者自觉使用的理论分析框架。

(三)区域法治文化比较的发展期:2000 年至今

进入 21 世纪后,随着具有差异性的区域发展战略逐渐成为我国促进经济社会协调发展的重大国家战略,"区域法治"逐渐成为法学研究中的一个重要范畴。西南政法大学的文正邦先生在 2005 年就针对西部大开发战略,提出"应开展区域法治研究",他指出"区域法治是实施依法治国方略中的一个崭新的法治形态,开展区域法治研究是区域科学发展的题中应有之义"。[2] 南京师范大学的公丕祥教授对区域法治发展的法哲学方法论的阐释,明确了区域对于法学研究的方法论的意义。[3] 夏锦文教授进一步阐释了比较对于区域法治发展研究的方法论意义,他指出:"比较分析不仅已被运用于区域间或区域内的宏观比较,更被引入有关区域法治发展的微观考察中。"[4]这些研究为区域法治文化比较研究的深入开展提供了理论基础。

2013 年 6 月,由南京师范大学牵头,与东南大学、苏州大学、扬州大学、江苏省社会科学院共同组建江苏高校区域法治发展协同创新中心,该中心下设区域法治文化研究平台。江苏高校区域法治发展协同创新中心成立后围绕区域法治发展这一主题组织开展学术研究和教学。从 2014 年开始,区域法治文化研究平台面对江苏高校区域法治发展研究中心联合培养的区域法治发展硕士开设了区域法治文化比较研究的课程,并在扬州大学定

[1] 代表性著作有梁治平主编:《法律的文化解释》,三联书店出版 1994 年版;张中秋:《中西法律文化比较研究》,法律出版社 1998 年版。

[2] 文正邦:《应开展区域法治研究——以西部开发法治研究为视角》,载《法学》2005 年第 12 期。

[3] 公丕祥:《区域法治发展的概念意义——一种法哲学方法论上的初步分析》,载公丕祥主编:《变革时代的区域法治发展》,法律出版社 2014 年版,第 108 ~ 135 页。

[4] 夏锦文:《区域法治发展的基础理论研究框架》,载公丕祥主编:《变革时代的区域法治发展》,法律出版社 2014 年版,第 21 ~ 54 页。

期举办区域法治文化为主题的学术研讨会,形成了一批高质量的研究成果。这些成果中不乏对于区域法治文化的比较研究。如夏锦文教授和陆俊杰博士通过对长三角区域法治文化的比较研究,指出长三角法治文化体现了该区域内人们法治实践活动的过程与所秉持的法的精神,具有历史、地域、文化等方面的合理性,当然也与其他国家及现代中国的其他区域之间存在一定的合理性差别,具有相对稳定的特质。〔1〕张清教授和程冰洁在区域法治大概念下对东亚法制文化进行了比较研究,指出了东亚法制发展的儒家传统文化基因,并以日、韩的法治发展为参照,提出我国法治发展应赋予具有东亚文化气质的新内涵。〔2〕在这些研究中,区域已经不仅仅是研究对象或范围,而是研究者自觉使用的一种新的法治文化比较研究的方法论和研究范式。

三、区域法治文化比较的核心范畴

(一)比较

1. 比较的字义训诂

"比"字为会意字,二人(向右)并靠的样子。《说文》:二人(向左)为从,反从为比,其本义本意是并列、紧靠,有相互对照、同类相比之意。"较"字从车,从交,交亦声。"交"意为"交错""相交"。"车"与"交"联合起来表示"战车相错""战车交会",其本意是敌对双方的战车交会搏杀,有判别高下之意。比较并称就是指将具有可比性的同类事物放在一起进行对照,辨别其异同或高下。

2. 比较是人类逻辑思维的基本方式

人类认识事物的一种基本方法就对事物进行定性和分类。而对事物进行定性和分类的前提就是辨异求同。柏拉图曾经指出,万物的同一性之间存在"居间同一"与"居间不同"的根本特征。

---

〔1〕 参见夏锦文、陆俊杰:《长三角区域法治文化的基本特质与协同理路》,载《法学》2014年第8期。

〔2〕 参见张清、程冰洁:《东亚法治发展的文化依归》,载《学习与探索》2015年第5期。另可参见陈福胜:《俄罗斯与东亚法治发展模式之比较——以不同文化模式为背景的视角》,载《俄罗斯中亚东欧研究》2009年第2期。

人类的逻辑思维的基本原则与方法也起源于比较。以归纳法为例。归纳推理是一种由个别到一般的推理,即由特殊具体的事例推导出一般的原理和原则。而无论是自然界还是社会生活中的一般,都存在于个别、特殊、具体的对象和现象之中。因此,只有通过认识个别,才能认识一般。《墨子》曰:侔也者,比辞而俱行。这就是通过比较,从个别性中发现同一性的认识方法。类比推理同样需要比较。类比推理是由两个对象的某些相同或相似的性质,推断它们在其他性质上也有可能相同或相似的一种推理形式。法学中最为常用的演绎推理,其三段论中大小前提的归入,其实质也是比较,只有通过比较辨别小前提和大前提之间的同一与差异,才能准确将小前提归入大前提从而得出结论。

3. 区域法治文化比较的方法论意义

比较在学科方法论意义上是指运用比较作为学术研究的主要手段,在不同区域的法治文化的历史形态和体系之间进行比较。虽然在比较研究中也会广泛地运用比较的思维方式,但不同于逻辑思维对于事物的形式类比,比较主义的学科方法论更加强调以历史主义的观念对于区域法治文化的差异性和同一性进行判断、扬弃和贯通。比较主义的学科主要处理带有特殊性和差异性的问题,但对于这些个别和具体问题的解决仍然要依靠具有共性的科学规律。

(二)区域

1. 作为地理空间结构的区域

在"区"字的字义中,除了指地域外,还有分别的意思。可见,"区域"一词具有强调不同地域之间的区别和差异的意义,其本身就是比较的认识方法的产物。在地理学中,区域是指地球表面具有内部同一性和外部差异性的地域单元。在空间上,地域之间的异同始终存在,我们可以用经纬度将地球上的每一个地点标识出来。但在区域主义的社会科学研究中,包括区域经济学、区域社会学等学科关注的并不是不同区域与区域内自然界各种不同现象之间的因果关系,而是将区域空间和空间内的人类活动结合在一起进行考察。虽然也需要关注区域内自然因素,但这些自然因素,如气候、环境、地形等,主要是通过影响区域内的人类活动形成不同区域经济、政治和文化等方面的性质和特征。在人类历史的早期阶段,自然因素对于不同区域人类活动共同性和差异性形成的影响是巨大的。人类生产和生活等社会活动的半径限缩在一定的空间范围,从而形成了不同的地域文化。所谓“百里不同风、千里不同俗”。《汉书·地理志》对风俗进行了解释:

> 凡民函五常之性,其刚柔缓急,音声不同,系水土之风气,故谓之风;好恶取舍,动静无常。随君上之情欲。谓之俗。

风字原指自然现象,后引申为风俗、风气。而俗字从人从谷,而人类先民多穴居山谷,其原意也和人类生活的自然环境有关。后也引申为风俗习惯,东汉郑玄的解释是“俗谓土地所生习也”。风、俗的原意都和自然环境有关,人们由于生存地域自然环境的差异,久而久之,就形成不同的习俗。随着特定的生活共同体的人类生产生活空间范围的拓展,经济活动的半径逐渐扩大,习俗的影响范围也逐渐扩大,其影响力最终因山川阻隔或其他人类共同体活动而减弱,就形成了相对固定的块状的文化圈,《禹贡》中的五服就是典型的例子。不同文化圈之间通过便利的交通廊道相互联系,不同地域的习俗文化经由廊道传播交融,形成链状的文化带,大运河文化带、丝绸之路文化带就是典型的例子。

2. 作为人类社会结构的区域

随着人类社会科技文化的不断进步,区域概念中的自然因素的影响不断下降,人类活动的影响则不断上升。西方地理学者吉尔伯特指出三种相互独立的对“区域”概念的理解。一种是把区域看作资本主义发展过程在局部地区的产物;另一种是把区域看作鉴别个人或社会认同(或地方感)的中心;第三种是把区域当作社会相互作用的媒介,强调区域在社会关系的形成和更新中起着基本作用。[1] 这三种理解无一例外的都是强调区域的地理空间要素和人类社会的结构性联系。正如张文显教授所言,“在当代中国,区域不仅意味着以地理因素为基础的空间结构,更重要的是以经济、

---

〔1〕 参见苗长虹:《从区域地理学到新区域主义:20世纪西方地理学区域主义的发展脉络》,载《经济地理》2005年第5期。

政治、社会、文化、历史等因作为基础的社会结构”。[1]

夏锦文教授在总结区域概念在不同学科领域的丰富内涵的基础上,提出“综合各学科来看,区域是指跨越主权国家或行政区划的,在经济、政治和文化等各方面都具有共同性和固有特点(区域性问题)的地域共同体”。[2] 在这里可以借鉴西方地理学科提出的地域体(locality)的概念:地域体是指“由各种不同的个人、团体和社会利益在空间上相结合而产生的社会力量和动因的综合”。[3] 无论是地域共同体还是地域体,所强调的都是区域构成要素中的人类活动的要素,地理空间是区域形成的物质基础,但区域的本质是人类社会的基本结构,是人类在具有地域性的社会生活中形成的共同体。

3. 区别于主权国家的区域

由此可见,“区域”并不是一个单纯的地理学意义上的概念,而是现代区域主义学科的核心范畴,是指在一定地域范围内形成的人类社会生活的共同体。但这一定义仍然无法回答这样一个问题:在法治文化研究中引入“区域”的范畴,方法论乃至学科范式上究竟意义何在?如果单纯从地理空间结构的区别考察,国家也具有一定的地域范围,即领土。相对于全球而言,国家也是一个“区域”。如果把主权国家也定义为区域,那么,区域法治文化比较学科和传统的以国家和民族的法文化为研究对象的研究又有什么区别呢?

区域法治发展法学的研究者们已经意识到,这一新兴学科的区域主义的学科属性决定了它在学科方法论和研究范式上需要对比较法学、法律文化学等传统学科在继承的基础上进行扬弃和创新。出于对学科方法论和研究范式的自觉,大多数研究者在定义区域时,都不约而同地将主权国家排除在区域概念之外。公丕祥教授认为,从全球的角度,“区域不仅仅意味着以地理因素为基础的空间结构,而更多的是通过稳定的经济的或政治的

---

〔1〕 张文显:《变革时代区域法治发展的基本共识》,载公丕祥主编:《变革时代的区域法治发展》,法律出版社2014年版,第3页。

〔2〕 夏锦文:《区域法治发展的基础理论研究框架》,载公丕祥主编:《变革时代的区域法治发展》,法律出版社2014年版,第25页。

〔3〕 苗长虹:《从区域地理学到新区域主义:20世纪西方地理学区域主义的发展脉络》,载《经济地理》2005年第5期。

协议所建立起来的、一定地域范围内甚至是跨地域的国家之间的经济的或政治的乃至军事的区域性国际组织”。从民族国家的意义上讲,“区域一词则表征着一个主权国家的范围内以特定的行政管辖层级所组成的地区单元的集合体”。[1] 夏锦文教授将区域定义为“跨越主权国家或行政区划的”的地域共同体。张文显教授认为“区域是包括省域与跨省域、市域与跨市域、县域与跨县域以及经济特区、自由贸易区等等在内的概念”。[2] 他主要定义了主权国家内部的区域。姜涛教授明确指出:“区域是一个特殊性的概念,是相对于国家的统一性而存在的概念。”[3]

可见,无论学者们如何界定和划分区域法治命题中的“区域”,区别于“主权国家”是“区域”概念内涵中的一个核心特征。它可以指称主权国家内部的特定地域,也可以指称跨越主权国家的国际体系与主权国家体系之间的一种次级国际体系,但主权国家本身不是区域。这是因为区域法治文化比较中的“区域”显然具有不同于国家的特殊性质。“区域法治”与“国家法治”之间的根本区别并不在于法治运行在地域范围上量的差异,两者在法治发展的基本模式、表现形态和动力机制方面存在质的区别。[4] 区域的法治文化现象不仅仅是对国家法治统一性和要求的反映,更反映了特定地域范围的人们的社会共同体在生产和生活的实践活动中形成的带有区域差异性的法治思维方式和行为模式,而正是在这种体现国家法治统一性和区域特殊性矛盾的实践活动中,蕴藏着推动法治发展的内生动力。

(三)法治文化

“文化”一词在中国语文中最早见于《易经》:“刚柔交错,天文也。文明以止,人文也。观乎天文,以察时变,观乎人文,以化成天下。”其中的“观乎人文,以化成天下”蕴含以人文的精神观念改变人的行为模式,使其从愚

---

〔1〕 公丕祥:《区域法治发展的概念意义——一种法哲学方法论上的初步分析》,载公丕祥主编:《变革时代的区域法治发展》,法律出版社2014年版,第108~109页。

〔2〕 张文显:《变革时代区域法治发展的基本共识》,载公丕祥主编:《变革时代的区域法治发展》,法律出版社2014年版,第3页。

〔3〕 姜涛:《区域法治发展路径——一个文化论的解释》,载夏锦文主编:《区域法治发展的文化机理》,法律出版社2015年版,第3页。

〔4〕 参见包振宇、徐李华:《论公民守法的文化推动力——从两种区域法治概念谈起》,载《扬州大学学报(人文社会科学版)》2015年第2期。

昧野蛮走向文明的意义。将文化定义为以人文精神改变人的行为模式,这和西方文化人类学中的文化概念有相通之处。马文·哈里斯认为:"文化是社会成员通过学习从社会上获得的传统和生活方式,包括已成模式的重复的思想方法、感情和动作(即行为)。"[1]从比较的视角,文化具有普遍性,文化的总体意义是人类精神和物质活动的总称,但也有学者在定义文化时强调其特殊性,如本尼迪克特认为,"文化是通过某个民族的活动而表现出来的一种思维和行为模式,一种使民族不同于其他民族的模式"。[2]本尼迪克特的定义强调文化是赋予民族身份认同的符号,是某一民族特有而不同于其他民族的要素。如果将这一定义中的民族替换成区域或其他共同体,同样可以成立。(区域)文化是通过某个特定区域共同体的活动而表现出来的一种思维和行为模式,一种使区域不同于其他区域的模式。

法律文化是文化的一个子系统。张文显教授认为,法律文化是由认知结构、评价结构、心态结构和行为模式结构彼此联结,形成的一个统一的、有序的相互作用的系统。其中,法律认知结构包括感知和认识两个层次。法律评价关涉社会成员对法律现实所作的价值判断和在此基础上进行的价值设定与选择。法律心态是人类在长期的法律生活中形成的普遍心理,是社会、群体以及个人的法律体验和法律情感的结晶和沉积。法律行为模式是指业已模式化的群体法律行为指向或图式。[3]

法治文化的概念和法律文化既有联系,也有区别。法治文化属于法律文化的一部分,但并非所有的法律文化都可以称为法治文化。后者本质上是一种符合以法治作为社会治理主要方式要求的价值观念及其支配下的行为模式。它通过价值判断而非事实判断来影响法治社会中主体的行为决策,使主体的行为模式符合法治的要求。

虽然在现代社会,法治具有被广泛接受的普遍标准,但区域的法治文化现象不仅仅是对国家法治统一性和要求的反映,更反映了特定地域范围的人们的社会共同体在生产和生活的实践活动中形成的带有区域差异性的法治思维方式和行为模式。正是在这种体现国家法治统一性和区域特

---

[1] [美]马文·哈里斯:《文化人类学》,李培茱、高地译,东方出版社1988年版,第6~7页。

[2] [美]本尼迪克特:《文化模式》,张燕等译,浙江人民出版社1987年版,第45~46页。

[3] 参见张文显:《法哲学范畴研究》,中国政法大学出版社2001年版,第240~247页。

殊性矛盾的实践活动中,蕴藏着推动国家和区域法治发展的内生动力。

四、区域法治文化比较的研究方法

(一)比较法的研究方法

在学科属性上,可以把区域法治文化比较视为比较法的一个新的分支学科,是比较法的研究方法和学科范式转型的产物。传统比较法研究的方法,特别是早期比较法学者提出的文化比较的方法仍然可以作为区域法治文化比较的基本方法,但更值得关注的是对法律文化进行的深描的文化视角或者诠释学的方法。

1. 传统比较法的研究方法

传统比较法学者提出的研究方法主要包括以下内容。

(1)宏观比较的方法与微观比较的方法

就区域法治文化比较而言,前者是对区域法治文化体系的整体比较;后者是对区域法治文化具体现象的比较。对区域法文化现象的微观的具体的比较是在宏观上把握和理解区域法治文化的前提,而宏观的总体的比较有保证了微观的具体的比较不会陷入盲人摸象的误区。在不同的研究中可以有所侧重,但两者相互依存,缺一不可。

(2)结构比较的方法与功能比较的方法

结构比较的方法,又称为概念方法,着重以一国法律体系的概念、结构和规范进行比较。而功能方法则更加关注法律的社会效果,强调不同法律秩序所实现的相同或类似的功能。茨维格特和克茨认为比较法的一条基本规律是,"各种不同的法律秩序,尽管在其历史发展、体系和理论的构成及其实际适用的方式上完全不相同,但是对同样的生活问题——往往直到细节上,采取同样的或者十分类似的解决方法"。[1] 对于不同区域的法治文化进行功能比较是必要的,但结构和功能并不是完全对立的,在很多时候,文化差异本身就体现在用不同的形式实现相同的功能。

---

〔1〕 [德]K. 茨威格特、H. 克茨:《比较法总论》,潘汉典等译,法律出版社2003年版,第54页。

(3)静态和动态的比较

静态分析和动态分析的区别主要是时间因素。就区域法治文化而言,对于限定时间的文化传统或文化发展状态的比较属于静态比较,而对不同区域法治文化在发展中相互歧异、趋同的变迁过程的研究则属于动态比较。同样,不能把静态比较和动态比较对立起来,对于区域法治文化发展的动态分析无疑更有助于把握区域法治文化发展的机理和规律。但静态比较是动态分析的前提和基础。只有通过分时段的静态切片研究,才能逐步达到对区域法治文化变迁发展规律的整体认识。

2. 法律比较的诠释论与文化视角

传统比较法的功能研究的方法提示研究者注意发现和研究不同区域法治中“文化的功能等值物”,也有助于发现和研究对不同区域法治文化的同一性,但“却忽视了差异和法律比较的诠释论与文化视角”。[1] 法国比较法学家勒格朗教授在批判功能比较方法时指出:比较法学家必须要做的是聚焦一个特定法律文化的认知结构,以及极为特别地聚集于这种认知结构的认识论基础。因为正是在这种特定的法律文化中,这种认识论基础,恰好以法律思维方式(集体的精神活动),或内景化的法律文化……为其缩影。[2] 文化诠释论认为法律是一种文化思维方式的组成部分,对于法律比较研究不能仅仅停留在文本层面的比较,应当努力揭示并诠释不同区域法治发展的文化情景以及背后的文化和思维方式。诠释论的研究方法并不是要将文化的差异作为法律文本差异的原因,还是强调差异性区域文化赋予了不同区域的法律以特殊的意义。

3. 运用比较方法中应注意问题

高鸿钧教授认为:“当代西方比较法研究虽然抛弃了早期的种族主义或殖民主义偏见,但仍然或明或暗地流露出欧洲中心论和西方法律优越论的倾向。”[3] 虽然我国区域法治文化的比较往往限于一国范围以内不同区

[1] 苏彦新:《比较法研究的功能论与诠释论评〈比较法的理论与方法概论〉》,载《政法论坛》2019 年第 1 期。

[2] 参见苏彦新:《比较法研究的功能论与诠释论评〈比较法的理论与方法概论〉》,载《政法论坛》2019 年第 1 期。

[3] 高鸿钧:《比较法研究的反思:当代挑战与范式转换》,载《中国社会科学》2009 年第 6 期。

域，但西方中心主义以及与其相对应的民族中心主义，仍然以不同的形态存在于区域法治文化比较中。

（二）其他研究方法

1. 历史实证的研究方法

历史实证的研究方法是科学实证主义方法在区域法治文化比较中的运用。公丕祥教授提出区域法治研究要注重对研究对象的具体历史性分析，“要通过深入的历史性分析，证明区域法治现象的运动发展的内在必然性，证明区域法治现象从一种联系秩序过渡到另一种联系秩序的历史逻辑”。[1] 其基本观点是以可以证明的历史事实，即经验的事实和现象作为研究和观察事物的唯一依据，重视材料、重视考据、重视调研，让事实本身说话。

2. 价值评判的研究方法

所谓价值评判的方法，是指研究者运用特定的逻辑和价值标准来比较和判断不同区域法治文化之间的异同。例如，以法的现代性和实质法治为标准对不同区域法治文化建设水平的比较与评价。

3. 法人类学和法社会的研究方法

法人类学对于区域法治文化研究的意义在于揭示了区域文化的“历史的共时性”，应重视区域法治文化传统研究。法人类学的方法对于我国民族区域法治文化比较研究有特殊意义。法社会学对于区域法治文化研究的意义在从传统研究偏重关注对国家正式制度的法文化研究，转变为重视对民间非正式制度的法文化研究。法人类学和法社会学的研究方法都重视田野调查，强调通过社会调查研究掌握第一手的资料。

〔1〕 公丕祥：《区域法治发展的概念意义——一种法哲学方法论上的初步分析》，载公丕祥主编：《变革时代的区域法治发展》，法律出版社2014年版，第130～131页。

新时代卫生法学科建设的机遇、难题与对策

曾　见　刘同君*

摘　要:卫生法学科建设面临的主要问题是目标方向不明确、基本内容无共识及缺少普遍承认的成果。形成这些问题的关键原因主要包括对卫生法学独立学科地位的不当坚持,不合理的建设目标导致学科建设基础薄弱,以及培养目标脱离现实。未来应当转变思路,在尊重法学教育科学规律的基础上,重新理解卫生法学的学科本质,合理重塑卫生法学的学科规划蓝图。首先,应区别基本的培养对象;其次,强调卫生法学的特色化学科建设;最后,还应当重视跨学科的人才培养模式。

关键词:学科建设　卫生法　医事法

卫生法学长期以来被视为医学、卫生学和法学交叉融合的一门新兴学科,其研究范围涵盖广义理解的医疗卫生领域。〔1〕与之内涵相近的是国内外学界常用的"医事法学"概念。〔2〕本文对二者不做进一步的区别,将我国高等院校学科规划和教学计划中目前存在的医事法学视同卫生法学。

* 作者简介:曾见,德国哥廷根大学法学博士,江苏大学法学院副教授、硕士生导师。刘同君,江苏大学教授、硕士生导师,主要研究方向:法理学、法社会学。

〔1〕 主要包括:医疗机构管理制度、执业医师、执业药师、执业护士管理法律制度、传染病防治法律制度、职业病防治法律制度、食品卫生法律制度、突发公共卫生事件应急法律制度、公共卫生监督法律制度、药品管理法律制度、医院管理法律制度、医疗事故处理法律制度、血液及血液制品法律制度、母婴保健法律制度、医疗废物管理制度等。

〔2〕 有观点认为,"医事法学"是医学与法学的交叉融合学科,从而内涵上应当属于卫生法学的下位概念,但是从相关著作的研究范围来看,其内容与一般的卫生法学著作完全一致,参见刘鑫:《医事法学》,中国人民大学出版社2015年版,第3~5页;姜柏生、顾加栋主编:《医事法学》,东南大学出版社2022年版,第1~6页;王岳主编:《医事法》,对外经济贸易大学出版社2013年版,第1~3页。

自从南京铁道医学院于1996年率先开设卫生法学专业以来,卫生法学的学科建设问题一直是法学教育方面受到关注的一个研究话题。本文拟从新时代背景下“全面依法治国”总目标对于法律人才的新要求出发,考察卫生法学科建设面临的机遇和难题,然后简要分析问题的成因,最后提出解决问题的建议,以期促进新时代卫生法学的学科建设。

一、法律职业资格考试改革创造的新机遇

随着中国特色社会主义新时代伟大征程的开启,全面依法治国已经不仅是建设社会主义强国的基本目标之一,而且也是正在全面落实的一项基本治国方略。法制教育的重要性已经被相应提升到新的高度,法律人才的培养和选拔也面临更高要求。为此,中共中央办公厅、国务院办公厅于2015年年底发布的《关于完善国家统一法律职业资格制度的意见》中明确提出了一个重要的改革举措:法律职业人员都应当取得国家统一法律职业资格;只有具备全日制普通高等学校法学类本科学历并获得学士及以上学位才可以参加资格考试。

这一改革举措对于我国已经发展近二十年的卫生法学科建设造成了天翻地覆的冲击,直接造成卫生法学(医事法学)、“公共事业管理(卫生法学方向)”、“公共事业管理(医事法学方向)”或者“临床医学(医事法学方向)”等各种名称的卫生法学专业丧失了存在价值,从而终结了卫生法学科设置混乱的局面,[1]也为新时代对于卫生法学科建设的新探索拉开了序幕。

法律职业资格考试改革创造的这一新机遇也让我们重新认识到,尽管经历了近二十年的探索,卫生法学的学科建设仍然还没有相对成熟的实践。因为长期以来,我国高等院校中既存在属于法学专业的卫生法学或者卫生法学专业(毕业生被授予法学学位),也存在属于公共管理专业,甚至是医学专业的卫生法学或者医事法学专业(毕业生分别被授予管理或者医学学位),另外,还普遍存在单开的卫生法学课程。卫生法学科在高等院校的这一多样化发展经验表明,尽管国家政策的重大调整直接推动了卫生法

〔1〕 参见廖晨歌:《完善医事法学教育的若干思考》,载《中国卫生事业管理》2015年第9期。

学科建设的关键转向,当前的学科发展现状实际上也已经到了一个必须全面总结反思的重要阶段。

二、卫生法学科建设面临的主要问题

学科建设是当前高校管理的一项重点工作,虽然对于学科建设的具体内涵还存在一定的理论争议,但是基本上可以认为,学科建设主要包括学科定位、师资队伍、科学研究、人才培养等几个方面。[1] 其中,学科定位决定了卫生法学发展的基本方向,师资队伍、科学研究和人才培养是卫生法学科建设的主要内容和成果表现。概括来说,卫生法学科建设当前主要面临以下几个问题。

(一)学科定位方向不明确

卫生法学科建设长期面临的首要问题是,学科定位究竟应当以专业为导向,还是以课程为导向。在《关于完善国家统一法律职业资格制度的意见》颁布之前,全国有几十所高校设置了卫生法学类专业,[2]其目标大多是培养具有相关医学知识基础的复合型、应用型法律专门人才。而另一方面,更多的医科院校为了适应专业资格考试对于法律基础知识的要求,普遍把卫生法学类课程确定为医科学生的一门重要专业(选修)课程,其目标主要是使学生理解并掌握卫生法学的基本理论和基本方法,培养和提高学生的卫生法治管理能力以及依法提供医疗卫生服务的法律观念。这种二元制现象随着法律职业资格制度的改革出现了重大改变。许多卫生法学类专业现在已经消失。如今面临的问题是,卫生法学科建设未来是完全以课程为导向,还是在适应新环境的基础上继续原来的二元制。

(二)师资队伍参差不齐

当前,开设卫生法学专业和课程的院校以医学院校为主。然而,目前大多数医学院校都存在卫生法学教师队伍参差不齐的问题。其主要原因在于卫生法学的任课教师需要兼备法学知识和医学知识,但是实际上很多

---

〔1〕 参见郑玉玲主编:《高等院校学科建设探析》,中国中医药出版社2015年版,第1~20页。

〔2〕 参见高延东:《浅谈医药法律人才培养模式》,载《河北企业》2014年第10期。

教师都不具备这样的能力。[1] 一方面，卫生法学涉及的医学领域广泛，即使是医学专业也难以培养这样的通才；另一方面，卫生法学涉及的法律问题涵盖民法、行政法和刑法等主要法律部门，对于法学知识的要求也极高。这就导致在实践中不得不降低对于师资队伍的能力要求，侧重于对其在医学、法学或者其中某一特定领域的素养要求，以至于由医学专业毕业的教师兼任卫生法学授课教师的情况也屡见不鲜。

（三）科学研究缺乏独特性

尽管卫生法学界始终坚持卫生法学的独特性，但是不容争辩的事实是，有关卫生法学的科学研究始终没有表现出应有的独特性。不仅鲜有期刊以卫生法学为主要内容，而且设立卫生法学专栏的期刊也是屈指可数。另外，以卫生法学为主题的期刊在中文核心期刊名录中还从未取得一席之地。在法学类的权威期刊中，有关卫生法学的研究成果通常被归类于传统的民法、行政法或者刑法等主题之下。卫生法学至今也一直没有被中国法学会纳入其体系之下，以至于卫生法学界另起炉灶设立了中国卫生法学会。这就表明，卫生法学科学研究的独特性没有被主流法学界所认同。

（四）人才培养的基本内容无共识

无论是以专业为导向，还是以课程为导向，当前卫生法学人才培养的基本内容既缺少教育行政部门的统一规划，也没有在实践中形成普遍方案。部分院校继续坚持原来的卫生法学本科专业教育，部分院校则在硕士和博士研究生培养层次上设置卫生法学专业；对于临床医学专业课程是否作为卫生法学的基本内容之一，各院校也态度不一。这导致卫生法学人才培养的整体质量与培养目标和社会的现实需求之间存在相当大的差距，存在“医没学好，法没学精”的现象，典型表现是多数院校卫生法学学生司法考试通过率偏低。尽管学生在四（五）年的时间里既学习了医学又学习了法学，但这并不意味着他们就具备了以法学的思维和医学的知识来分析处理医疗卫生领域涉法问题的能力。[2]

---

〔1〕 参见贾长喜、马楠：《高职高专医学院校卫生法学教师队伍建设探索》，载《包头医学院学报》2012年第28期。

〔2〕 参见龙珏：《论医事法学专业人才培养的完善》，载《教育教学论坛》2018年第21期。

三、卫生法学科建设困境的关键成因

对于卫生法学科建设面临困境的主要原因,当前的观点认为在于未形成医法融合的培养理念、没有医法有机结合的课程体系、欠缺医法融合的实践教学和缺少医法复合型人才等。[1] 但是,这些所谓的原因既是难以解决的问题,也是卫生法学科建设困境的各种表象。这些表象之后才真正隐藏着那些需要我们严肃思考的关键性原因。

(一)相对封闭的卫生法学独立学科地位

长久以来,不论卫生法学作为独立专业,还是作为独立课程,众多支持者所追求的目标或者坚持的理念都是,卫生法学应当成为一门独立学科,其理由主要是该学科研究对象的特殊性,也即卫生组织关系、卫生管理关系和卫生服务关系中医学与法律的交叉性,[2]他们甚至构建了卫生法区别于其他法律部门的部门法属性和基本原则,比如,以保护公民生命健康权为根本宗旨,以诸法合体和多种调节手段并用为特征,以保护公民身心健康、预防为主、依靠科技进步、中西医协调发展、动员全社会参与、国家卫生管理与监督为基本原则。[3] 然而,卫生法学全部的研究内容都可以分别归属于传统的民法、行政法及刑法等法律部门。同时,由于卫生(医事)概念的模糊性,卫生法学与传统民法、行政法及刑法下的公认次级学科分类,如侵权法之间没有清晰的边界。也就是说,不论是以专业为导向,还是以课程为导向,卫生法学都缺少充足的独立性。这一点对于卫生法学科建设产生了根本性的影响。

(二)难以企及的卫生法学学科建设基础

由于卫生法学在整个法学体系中缺少充足的独立性,其学科建设就只有从法学体系整体出发,才能真正实现其根本目标。也就是说,完整的卫生法学学科建设工程必须全面涵盖传统民法、行政法及刑法三大领域。这

---

〔1〕 参见刘兰秋、王晓燕:《我国本科教育中的卫生法学人才培养的若干问题研究》,载《中国医学伦理学》2013 年第 1 期。

〔2〕 参见陈绍辉、严桂平:《建立综合性医事法学的思考》,载《南京中医药大学学报(社会科学版)》2009 年第 2 期。

〔3〕 参见姜柏生、顾加栋主编:《医事法学》,东南大学出版社 2022 年版,第 9 ~ 11 页。

就要求学科建设要么是集合各个领域的专业人才专攻卫生法,要么是培养和招募学识能够贯通三大领域的专业人才,而后者的可能性微乎其微。这就导致卫生法学学科建设面临难以克服的人才和资源短缺困难。另一方面,即使克服了这一困难,如此一来,其学科建设结果也与普通法学学科无异,几乎完全丧失了其支持者们所主张的独立性。而当前的卫生法学学科建设实践无一不以部分领域为重点,将其研究领域局限于某一有限范围的法学领域,如人体胚胎保护,试图以此来回避前述学科建设难题,但是这样不可避免的后果是,卫生法学成为民商法或者行政法等学科的一个具体研究方向。因此,卫生法学本身在法学体系中的依赖性导致我们有必要重新思考其学科建设的基本路径。

(三)脱离现实的卫生法学培养目标

以专业为导向的卫生法学科建设普遍以“培养具有相关医学知识基础的复合型、应用型法律专门人才”为基本培养目标。在这一目标的指引下,学生一般需要同时接受法学和医学两类专业课程的学习。这导致在专业设置上,为了满足培养目标,要么必须压缩相关专业课程的数量和课时,要么必须延长学制。前一种方案可能导致学生在医学与法学专业知识方面都存在不足,而后一种方案无疑加重了学习的时间成本。然而,当前不容忽视的现实情况是,如此高的培养目标却没有相应的就业渠道和需求相匹配。在医疗卫生管理领域,卫生法专业的毕业生在就业上面临公共管理和法学专业学生的双重挤压,而在法律服务领域,相比普通法学专业毕业生,卫生法学专业的毕业生也同样没有明显的优势可言。另外,部分中外学者长期呼吁的专业卫生法庭也一直没有成为现实。因此,如何构建符合现实需求的培养目标,也是卫生法学科建设中必须思考的课题。

四、卫生法学科建设的合理路径

基于学科建设面临的困境和造成困境的主要原因,针对新时代卫生法的学科建设我们应当重新思考学科建设的基本方向和主要内容,具体而言,应当从以下三个方面转变思路。

(一)尊重法学教育的科学规律

我国最近二十年的法学教育实践表明,本科阶段过于细化的专业设置不利于法学专业的学生培养。过去普遍存在的经济法和民(商)法等本科法学专业已经全部被取消,转而在研究生培养阶段实行更加细化的专业教育方向。其根本原因在于,本科阶段的教育以打基础为主,强调的是对学生的专业通识教育,过于细化的专业培养目标既限制了法学专业知识的广度,由于学制的要求也难以达到培养目标所要求的专业知识深度。总之,法学教育本科阶段追求更多的是大而全,而非小而精。研究生阶段则情况不同,由于学生已经普遍具备了基本的法学专业知识储备,强调专业特色和知识深度是顺理成章的结果,如此,才能区别于本科教育。卫生法学作为法学的一个分支,其学科建设当然必须尊重法学教育的这一基本规律,未来的专业发展方向应当以研究生教育为主。而对于作为医学生专业课程的卫生法学,则应当强调其通识教育的基本目标。[1]

(二)理解卫生法学的学科本质

由于卫生法学与其他部门法学之间分界的模糊性,把卫生法学视为一个独立学科完全不符合其本质特征。从其界定概念来说,卫生(医事)更接近于一个行业的特征性概念,其范围涵盖医疗卫生活动涉及的所有领域。因此,将卫生法视为行业法更合乎其本质。如果我们从行业法的视角来思考卫生法的学科建设,那么无疑就必须重视其与传统民法、行政法及刑法之间的交叉重叠关系,其学科建设路径要么是以涵盖传统三大法学领域的综合性行业法研究基地为导向,要么是以集合贯通三大法学领域的基本要素为导向的复合型行业法研究基地。另外,还可以后退一步,以三大法学领域中涉及卫生(医事)活动的某一个面向作为学科建设的特色方向。前两种路径无疑只有极少数基础雄厚的院校才有能力尝试,而最后一个路径则是当前卫生法学科建设的现实选择。在此情形下,我们就有必要修正卫生法学科建设的基本目标,即不再追求所谓的学科独立地位,而是现实地将卫生法作为民(商)法、行政法或者刑法学科的一个特色方向。

(三)重塑卫生法学的学科规划蓝图

在尊重法学教育的基本规律和理解卫生法学科本质的基础上,应当如

---

〔1〕 参见祁佳楠、钟红梅:《从用人单位视角审视目前医事法学专业人才培养模式及完善建议——以浙江省6个地区30家医疗机构需求情况为例》,载《中国卫生事业管理》2010年S1期。

何重塑卫生法学的学科规划蓝图,我们就有了清晰的构思。首先,应当区别基本的培养对象。对于法学专业和医学专业,卫生法学的学科建设应当有完全不同的着重点。对于医学专业,应当强调的是法学通识教育和行业法基础知识传授;而对于法学专业,应当重视的是卫生(医事)领域特殊法律问题的深层次研究。因此,医学专业主要是本科教育,而法学专业主要是研究生层次的教育。其次,应当强调卫生法学的特色化学科建设。由于条件限制,卫生法学的学科建设不可能追求“大而全”,而只能以“小而精”为主要目标。因此,应当以民(商)法、行政法或者刑法学科的一个特色方向作为卫生法学的基本培养目标。〔1〕最后,还应当重视跨学科的人才培养模式。卫生法学作为典型的交叉学科,不仅是医学与法学的交叉,同时也是民(商)法、行政法及刑法等三大传统法学领域在医疗卫生领域的交叉。因此,在坚持特色方向培养目标的前提下,我们仍然有必要兼顾不同法学领域的跨学科知识传授。

结　语

卫生法学近年来越来越受到重视。在学科建设方面,一方面,应当尊重卫生法学在专业方向和专业课程上存在的必然性和必要性;另一方面,也应当顺应卫生法学自身的基本特点和发展规律。首先,应当区别化处理法学专业和医学专业针对卫生法学科建设的不同目标。针对法学专业,应当着重于研究生特色专业培养,针对医学专业应当以通识教育为基本目标。其次,应当更加务实地设定培养目标,不追求大而全,而是注重小而精。最后,应当尊重卫生法学跨学科的学科特殊性,注重跨学科知识传授和人才培养。

---

〔1〕 参见翟宏丽:《法科院校卫生法学学科建设的研究与实践》,载黄进主编:《中国法学教育研究》(2016 年第 1 辑),中国政法大学出版社 2016 年版。

高校法学继续教育品牌建设创新与实践

——以扬州大学城市管理研究中心品牌建设为例*

贲永青**

摘　要:本文从高校法学继续教育品牌建设的意义出发,结合扬州大学城市管理研究中心城管执法干部继续教育培训的探索与实践,从品牌定位、培训内容、师资队伍、服务管理和品牌推广方面探究高校法学继续教育品牌建设的路径与措施,为高校法学继续教育品牌建设提供理论支持与经验借鉴。

关键词:法学继续教育　品牌建设　互联网+

改革开放以来,我国高校法学继续教育适应经济社会发展需求应运而生,形成了以成人教育、职业培训、高端研修等为主要方式,学历教育与非学历教育相结合的培养模式,为全社会法治素养培育、法治文化涵养、法治知识传递发挥了重要作用。[1]《国家中长期教育改革和发展规划纲要(2010-2020)年》指出,“继续教育……是终身学习体系的重要组成部分。更新继续教育观念……大力发展非学历继续教育”。高校法学继续教育是非学历继续教育的重要组成部分之一,是我国开展法学继续教育培训的重大创新,也是大规模培训干部、大幅度提高干部队伍素质的重要手段。各

* 基金项目:扬州大学2019年继续教育教改课题“高校非学历继续教育培训品牌建设研究——以扬州大学城市管理研究中心品牌建设为例”(2019jj-jg14);扬州大学法学院国家级一流本科专业建设点院级项目。

** 作者简介:贲永青,博士研究生,扬州大学法学院讲师,从事成人继续教育、经济学等研究。

[1] 参见刘春:《创新高校法学继续教育　培养新时代法治人才》,载《海峡通讯》2019年第8期。

高校法学继续教育如何在"强手如林"的竞争格局中脱颖而出,如何提升学员的教育获得感,需要遵循我国法学继续教育培训规律,树立品牌建设的理念,走品牌发展之路。基于此,笔者围绕扬州大学城市管理研究中心城管执法干部继续教育培训品牌建设的探索与实践,结合工作实际,从品牌定位、培训内容、师资队伍、服务管理和品牌传播五个方面探讨干部培训品牌建设路径,以期为高校法学继续教育品牌建设提供有价值的参考。

一、高校法学继续教育品牌建设的意义

1. 品牌建设是培训工作的根本要求。习近平同志在全国法学继续教育培训工作会议上指出,要把高校作为干部培训的重要阵地,充分发挥它们在学科建设、专业课程、基础研究和教学设施等方面的优势,与党校、行政学院、干部学院形成分工明确、布局合理、优势互补、相互促进的大教育大培训的法学继续教育培训格局。因此,做好高校法学继续教育品牌建设是对党和国家的承诺,是广大党员干部对高校教育服务的信任,是我国法学继续教育培训工作根本要求。

2. 品牌建设是产业运作的内在要求。教育部部长陈宝生在 2019 年全国教育工作会议上的讲话指出,非学历继续教育方兴未艾,社会需求量大,属于"新区建设"[1]。在市场经济条件下,教育作为提高科学文化水平和居民素质的服务部门,同时也具有了产业属性[2]。因此,做好高校法学继续教育品牌建设是产业运作的内在要求。

3. 品牌建设是学科发展的必然要求。干部培训的过程是教学相长的过程,学员的需求对传统的课程理念、课程内容以及教学方法提出新的要求。课程理念要与时俱进,课程内容要理论联系实际,教学方法要以"探索发展、自主学习、协商讨论、意义建构"为理念,突出学员主体地位。品牌建设为学科发展带来新的动能,品牌建设提升了学校与学科的知名度,对于人才培养质量与人才队伍建设具有重要的意义。因此,品牌建设也是学科发展的必然要求。

---

〔1〕 陈宝生:《落实 落实 再落实——在 2019 年全国教育工作会议上的讲话》,载教育部官网,http://www.moe.gov.cn/jyb_xwfb/moe_176/201901/t20190129_368518.html。

〔2〕 参见胡锐:《论法学继续教育培训高校的定位与作用》,载《继续教育》2013 年第 27 期。

二、高校法学继续教育品牌建设的定位

高校法学继续教育品牌建设应当深挖学校教育资源,结合自身优势和特色对品牌进行精准定位,才能确保在干部培训中处于优势地位。高校法学继续教育的定位主要是围绕党和国家的中心任务,充分发挥党校、行政学院和干部学院主渠道、主阵地作用。对党政干部、企业经营管理人员和专业技术人员开展短期专题培训,也是高校发挥服务社会功能、创新人才培养模式、推广科研项目和文化传承传播的重要窗口与重要平台。因此,应围绕党和国家干部培训的需要,同时结合自身的优势与特色进行品牌定位。

1. 深挖学校优势资源。教育供给方式的差异性造成学校教育资源的差异性,教育资源的差异性普遍存在。高校应该深挖自身教育资源的特色和优势,并使之更好地服务于干部培训品牌的创建。以扬州大学为例。首先,扬州大学学校学科门类齐全,涵盖哲学、经济学、法学、教育学、文学、历史学、理学、工学、农学、医学、管理学、艺术学等12大学科门类。开展法学继续教育培训具有优厚的学科优势、师资优势。其次,扬州大学坐落于国家首批历史文化名城扬州,扬州自古就有“烟花三月下扬州”的美誉,具有得天独厚的区位优势。最后,扬州大学城市管理研究中心是全国1000多所高校中唯一的专门研究城市法制管理和城管综合执法的大学科研机构。该中心主任为城市管理法学新学科的奠基人和创始人、住房和城乡建设部市政公用专家委员会专家。学校、学科的优势资源为干部培训品牌建设奠定了基础、指明了方向。

2. 培训品牌精准定位。品牌定位是品牌建设的基础。构建高校法学继续教育品牌要对高校开展法学继续教育培训的资源和优势有清晰的认识,并在此基础上确定品牌定位[1]。习近平总书记指出“城市管理应该像绣花一样精细”,各级政府深入贯彻落实习近平总书记关于城市工作的重要论述,为提升新时期城市精细化管理水平,加大对城市管理干部队伍培

〔1〕 参见梅洁、甘泉:《高校法学继续教育培训品牌建设的探索与实践——以武汉大学品牌建设为例》,载《学校党建与思想教育》2018年第6期。

训力度。在此背景下,作为专门从事城市法制管理研究和城管综合执法的大学科研机构,紧紧围绕城管干部培训需要,充分发挥大学的人才培育和社会服务功能。扬州大学城市管理研究中心在城管干部培训方面具有天然的优势,具备城管干部培训良好的物质基础,品牌定位清晰,品牌优势明显。

三、高校法学继续教育品牌的实施

(一)建立健全师资队伍

有好的教师,才有好的教育。高校法学继续教育品牌建设需要建立健全一支专业化、专家化和职业化的师资队伍。扬州大学城市管理研究中心紧紧围绕城市管理部门培训需要,经过近几年的摸索实践,师资队伍持续优化,建立了一支校内、校外有机融合、统筹兼顾的"双师型"师资队伍。教师涵盖高校知名学者,全国市长研修中心特约授课专家,政府部门诸如住建厅、城管局、规划局、执法局等部门专家。师资队伍素质优良、结构合理,为扬州大学城市管理研究中心城管执法干部继续教育培训品牌建设打下坚实基础。

(二)创建特色培训内容

培训内容是高校法学继续教育的产品,是品牌建设重要的无形资产。基于城市管理的工作属性,探索出"培养+训练"的培训模式。扬州大学城市管理研究中心紧密结合新时代城管综合执法的新理念、新要求和新发展,积极探索城市治理与综合执法体制改革,重点开发了专业知识、综合素能、公共课程和实战演练四大模块的内容。内容紧跟新时代对城管工作的要求,培训内容不断更新,积极满足培训单位的业务要求,课程内容受到培训单位广泛好评。培训模式的先进性、培训内容的实效性为品牌带来积极评价和广泛认知。

(三)提供优质培训服务

高校法学继续教育既要提供高质量的培训内容,更要为学员带来特定或个性化的服务,提供优质的培训服务不仅是一种趋势,更是社会进步的一种必然产物。优质的培训服务是高校法学继续教育的重要组成部分,是参训干部对培训品牌认可、忠诚和信任的重要措施。在培训中注重沟通,营造良好的培训氛围,合理化满足学员住宿、餐饮等用户体验,通过提供优质培训服务,最终实现品牌改进和长期成长。

四、高校法学继续教育品牌的推广

干部培训品牌的推广是高校培训品牌形象自我塑造的过程,更是广大学员积极认可的系列活动过程。主要目的是提升品牌知名度,是塑造品牌的必要环节。高校要进行法学继续教育培训品牌建设,既要遵循干部培育教育规律,也要符合市场规律,重点利用好"口碑"和"互联网+"的推广模式。

(一)围绕"特""优""质",夯实品牌推广的基础

高校法学继续教育品牌推广需要遵循市场规律,企业需要核心竞争力,需要有自己的优质产品或服务,高校法学继续教育品牌的推广亦是如此。中心围绕"特""优""质"下功夫。"特"体现在扬州大学法学院城市管理研究中心是全国1000多所高校中唯一的专门研究城市法制管理和城管综合执法的大学科研机构,以宪法、行政法基本理论为支撑,在行政法学研究领域,初步形成了一个新的行政法学分支学科——城市管理行政法,并使之成为行政法领域中的一个部门行政法。主要任务是承担城市管理法学学科研究和全国城市管理综合执法人才的培训、培养工作。"优"体现在中心主任为中华人民共和国住房和城乡建设部市政公用专家委员会专家、扬州大学法学院王毅教授。该中心现有全职研究人员13人(其中教授5人、副教授6人、讲师2人),兼职研究人员12人,已经形成职称、年龄结构合理的专兼职学术梯队。"质"体现在打造专家团队,建设精品课程切实解决城市管理与执法中的重点和难点问题,增强培训效果的实效性。在品牌的传播方面,充分发挥住建部专家王毅教授的知名度和影响力,利用全国各地城管会议、培训和一些互联网媒介手段宣传推广。城市管理研究中心致力于秩序优化培训课程与服务,优质的课程与服务是品牌推广的基础。

(二)高校法学继续教育品牌推广的路径

信息技术的飞速发展为品牌推广方式带来更多的选择。高校法学继续教育品牌应充分利用"线上"、"线下"及"线上线下混合式"的推广方式,提高高校法学继续教育品牌的知名度和影响力。第一,"线上"模式,即通

过“互联网＋”的方式树立良好的培训形象，提高培训课程和服务的知名度、美誉度和特色度，最终将培训品牌推广出去。该中心通过“毅说城管”微信公众号，“毅直播”平台、网络媒体、电视台、报纸等多家新闻传播单位，积极宣传扬州大学城市管理研究中心及城市管理与行政执法综合能力提升培训项目，在全国取得广泛的影响力，王毅教授也被誉为“全国城管代言人”。第二，“口碑”模式，即通过培训单位的口口相传把培训品牌推广出去。由于部门工作内容的同质性，使培训需要具有同质性，培训课程与服务得到单位部门认可后即可以在同类部门中进行口碑相传播。

总　结

随着高校法学继续教育培训竞争日趋激烈，干部培训应该走品牌化之路。首先，高校要结合自身的优势和特色对品牌进行精准定位。其次，高校在品牌的实施中要注重师资持续优化，建设精品课程内容，提高优质培训服务。最后，高校在品牌的推广中，要善于利用“互联网＋”提高品牌影响力和知名度，增强“用户黏度”，通过口碑相传的方式拓展市场。

后　记

坚持德法兼修是新时代法治人才培养的根本理念。习近平总书记指出,中国特色社会主义法治道路的一个鲜明特点,就是坚持依法治国和以德治国相结合。希望我们的法学教育要坚持立德树人,不仅要提高学生的法学知识水平,而且要培养学生的思想道德素养。首先要把人做好,然后才可能成为合格的法治人才。全面推进依法治国,必须着力建设一支忠于党、忠于国家、忠于人民、忠于法律的社会主义法治工作队伍。要加强理想信念教育,深入开展社会主义核心价值观和社会主义法治理念教育,推进法治专门队伍正规化、专业化、职业化,提高职业素养和专业水平。要坚持立德树人,德法兼修,创新法治人才培养机制,努力培养造就一大批高素质法治人才及后备力量。希望法学专业广大学生德法兼修、明法笃行,打牢法学知识功底,加强道德养成,培养法治精神,而且一辈子都坚守,努力用一生来追求自己的理想。习近平总书记的这些重要论述把握我国法学教育的核心与精髓,为新时代高校培养德法兼修的法治人才指明了方向。

《德法兼修:新时代法治人才培养的理念与实践创新》是《法学教育评论》的第六辑,也是江苏省法学会法学教育研究会 2021 年年会的研讨成果。此次年会以“习近平法治思想在法学教育中的贯彻与法治人才培养”为研讨主题,来自江苏省内各大高校法学院系的 100 多名专家学者会聚扬州大学,共同探讨了习近平“法治和德治相结合”观与法治人才培养、习近平法治思想指导下创新法治人才培养机制、习近平法治思想对法学一流专业建设的指导作用、习近平法治思想概论的课程建设、习近平法治思想指导下法学教育发展的趋势、课程思政与法学职业伦理教育、法学课程与课堂建设、法治人才培养模式与学科建设等重要法学教育议题,展示与交流了新时代法学教育领域的最新研究成果。

借此文集出版之际,感谢江苏省法学会、南京师范大学法学院一直以来对于江苏省法学会法学教育研究会的支持，感谢江苏省内各个法学院系对于法学教育理论研究的热情投入，感谢扬州大学法学院承办研究会2021年年会并为研究成果的出版工作所做的努力，同时也感谢法律出版社对江苏省法学会法学教育研究会年会论文成果出版工作的持续支持，也感谢各位作者能够同意将优质的研究成果汇聚本辑。由于疫情的影响，本辑的出版与预期计划有所延迟，这里不得不说声抱歉。希望以《法学教育评论》（第六辑）的出版为契机，我们一起不断加强法学教育研究，为我国法学教育事业发展和高质量法治人才培养提供更加扎实的理论支撑。

编者

2023年2月